KPMG

GUIDE CANADIEN DE PLANIFICATION FISCALE POUR LES PARTICULIERS
ÉDITION 1995

Préparé par

KPMG

Co-rédacteurs
S.Brian Fisher, CA
Associé
—KPMG, Waterloo (Ontario)

Paul B. Hickey, CA
Associé
—KPMG, Toronto (Ontario)

Collaborateurs à la rédaction - KPMG
Josée St-Denis—Montréal
Tony Swiderski—Vancouver
Bart Singh—Waterloo
Dereka Thibault—Edmonton
Deborah Goch—Toronto
Elizabeth Weizman—Toronto

CARSWELL
Publications spécialisées Thomson

Cette publication est conçue dans le but de vous fournir une information précise et de première autorité. Cette publication est vendue avec l'entente que l'éditeur n'est pas tenu de rendre de consultations dans les domaines du droit, de la comptabilité ou d'autres secteurs professionnels. Si l'opinion d'un conseiller juridique ou l'assistance de tout autre expert est requise, les services d'un professionnel compétent devraient être retenus. L'analyse ci-jointe représente l'opinion des auteurs et ne devrait en aucun temps être interprétée comme une mesure, officielle ou non, émanant d'une quelconque autorité gouvernementale.

Données de catalogage avant publication (Canada)

Vedette principale au titre:

Guide canadien de planification fiscale pour les particuliers

Annuel.
1990/1991—préparé par KPMG Poissant Thibault-Peat Marwick Thorne
ISSN 0838-6072
ISBN 0-459-57422-1 (1995)

1. Planification fiscale - Canada - Ouvrages de vulgarisation - Périodiques. 2. Impôt sur le revenu - Canada - Ouvrages de vulgarisation - Périodiques. I. KPMG Poissant Thibault-Peat Marwick Thorne (Firme).

KE5759.C43   343.7105'2'05   C88-031025-1
KF6499.ZA2C36

Imprimé au Canada

One Corporate Plaza
2075 Kennedy Road
Scarborough (Ontario)
M1T 3V4

Service à la clientèle:
Toronto 1-416-609-3800
Ailleurs au Canada/É.-U. 1-800-387-5164
Télécopieur 1-416-298-5094

APERÇU GÉNÉRAL

TABLE DES MATIÈRES

INDEX

INTRODUCTION

Qu'est-ce que la planification fiscale?

La **planification fiscale** est une activité tout à fait légitime, qui n'a rien d'illégal ou d'immoral. Vous êtes libre, dans les limites de la loi bien sûr, d'arranger vos affaires de manière à minimiser le montant d'impôt à payer. Le gouvernement adhère à ce principe.

La planification fiscale n'est pas synonyme **d'évasion fiscale**. L'évasion fiscale est une façon illégale de se soustraire à l'impôt. Vous évitez l'impôt lorsque vous omettez de déclarer un revenu ou lorsque vous faites une fausse déclaration afin de réclamer des déductions ou des crédits auxquels vous n'avez pas droit. L'évasion fiscale sera sanctionnée par des intérêts, des pénalités, des amendes, voire des peines d'emprisonnement en plus de l'obligation de payer l'impôt exigible.

L'évitement fiscal est l'activité fort nébuleuse qui consiste à se prévaloir des failles des lois fiscales afin d'éluder l'impôt. La *Loi de l'impôt sur le revenu* renferme une règle générale anti-évitement, et par l'utilisation abusive ou indue des dispositions de la *Loi de l'impôt sur le revenu*, vous pourriez vous heurter à cette règle générale anti-évitement. La planification fiscale doit être d'autant plus rigoureuse qu'il est relativement facile de verser dans l'évitement.

Veuillez noter que Revenu Canada ne fait *pas* la loi. La *Loi de l'impôt sur le revenu* est adoptée et modifiée par le Parlement; le rôle de Revenu Canada est de l'administrer et de la faire respecter. Dans le présent guide, nous nous reportons, à l'occasion, à la position de Revenu Canada sur un point particulier afin d'indiquer qu'il s'agit d'une position de l'administration plutôt que d'une question de droit.

Si vous contestez l'interprétation que donne Revenu Canada d'une règle particulière et si vous avez un fondement juridique solide à cet effet, vous êtes parfaitement en droit de vous opposer à un avis de cotisation ou de nouvelle cotisation en produisant un avis d'opposition et, si vous le désirez, en interjetant appel auprès de la Cour canadienne de l'impôt.

En quoi le guide peut-il vous aider?

Dans ce guide, nous exposons les règles et les techniques de planification fiscale les plus courantes dont les contribuables peuvent se prévaloir. La planification fiscale est une activité qui se pratique **tout au long de l'année** et non pas seulement en avril. Vous constaterez que les quelques heures consacrées à la lecture de ce guide et à la compréhension du régime fiscal pourront vous faire réaliser d'importantes économies d'impôt et faciliter la gestion de vos finances personnelles.

Le guide comprend 17 chapitres. Chaque chapitre commence par une explication du sujet traité, suivie de conseils de planification fiscale. Vous pouvez, si vous le désirez, omettre les détails et aller directement à la section des «conseils de planification». Cependant, nous croyons que la compréhension de l'efficacité des techniques de planification commence **d'abord** par la compréhension des règles sous-jacentes.

À la fin de chaque chapitre, nous incluons une liste de publications, émanant de Revenu Canada, que vous pouvez vous procurer auprès de votre bureau de district de Revenu Canada, Impôt (ou auprès du bureau de Revenu Canada, Accise, de votre région pour les publications portant sur la TPS). Ces publications constituent une source de renseignements détaillés sur les sujets traités.

Vous trouverez à la fin du guide des annexes qui vous permettront de faire une estimation de votre impôt pour 1994, compte tenu du régime fiscal des provinces.

Qu'est-ce que le guide ne peut remplacer?

Ce guide ne peut remplacer votre conseiller fiscal. Même si vos affaires sont relativement simples, il y a lieu de consulter un conseiller fiscal compétent (et non pas seulement une personne pouvant remplir des déclarations de revenus). Vous constaterez que les économies réalisées dépassent de loin les honoraires demandés.

Ce guide traite du régime fiscal canadien en termes généraux seulement. En effet, celui-ci est très complexe, beaucoup plus que le guide ne le laisse paraître. Il est donc impossible, dans une publication de cette taille, d'entrer dans tous les détails. Vous pouvez consulter les documents cités en référence pour plus de renseignements, mais vous devriez surtout consulter votre conseiller fiscal au sujet de toute activité projetée.

Le guide n'entre pas dans les détails du traitement fiscal des entreprises, qu'elles soient constituées en société ou non. Seul un bref aperçu en est donné dans les chapitres 7 et 8. Si vous exploitez votre propre entreprise ou gérez une société, vous tirerez grandement profit des conseils personnalisés fournis par un professionnel.

Le régime fiscal a fait l'objet de changements rapides et profonds au cours des dernières années et le processus continue. Si vous pensiez bien connaître les règles fiscales il y a deux ans, vous constaterez qu'elles ont beaucoup changé. Nous ne pouvons pas prédire les modifications que nous réserve l'avenir. Le présent guide reflète la loi et les projets de modification rendus publics au 31 août 1994.

KPMG
Comptables agréés

1

Conseils de planification

- Réclamez l'équivalent du crédit de personne mariée
- Planification familiale
- Déduisez les frais de déménagement
- Le conjoint au revenu le plus élevé devrait déduire les crédits afin de minimiser la surtaxe sur les revenus élevés
- Crédit pour frais médicaux—choix du conjoint réclamant et de la période de 12 mois appropriée
- Frais médicaux—utilisez la disposition de rajustement pour personnes à charge
- Minimisez l'impôt total à payer lors de la séparation ou du divorce
- Voyez si vous pouvez réclamer le crédit pour personnes handicapées
- Prévoyez au moins 1 000 $ de revenu de pension par personne
- Contributions politiques
- Dons de bienfaisance

Dans ce chapitre, nous mettons en lumière les déductions et les crédits les plus courants—mais parfois peu connus—qui peuvent être réclamés dans votre déclaration de revenus.

1.1 GÉNÉRALITÉS

1.1.1 CALCUL DE L'IMPÔT

Pour comprendre le fonctionnement du système de crédits et de déductions, il faut comprendre le processus de calcul de l'impôt de base. Nous en faisons une brève description ci-après. (Remarque : la méthode de calcul de l'impôt provincial pour les résidents du Québec est complètement distincte et n'est pas décrite ci-dessous. Se reporter au chapitre 14.)

Tout d'abord, additionnez vos divers types de revenu : revenu d'emploi et d'entreprise, intérêts, dividendes majorés, gains en capital imposables, etc. Vous obtenez ainsi votre **revenu total**. Vous soustrayez de ce montant certaines déductions afin d'obtenir votre **revenu net** (quelques-unes de ces déductions sont exposées à la section 1.2). Ce montant est utilisé à certaines fins énoncées plus loin dans la déclaration. Ensuite, certaines déductions supplémentaires sont permises, principalement les reports prospectifs de pertes et la déduction des gains en capital (se reporter à la section 4.4), ce qui vous donne votre **revenu imposable**.

Cherchez alors votre **impôt fédéral** à payer dans la table d'impôt ou calculez-le au moyen de la formule présentée à l'annexe 1 de votre déclaration de revenus. Vous soustrayez ensuite les divers **crédits d'impôt non remboursables** (se reporter à la section 1.3) et certains autres crédits comme le crédit d'impôt pour dividendes (se reporter à la section 5.1). Vous obtenez ainsi **l'impôt fédéral de base**.

Vous ajoutez au montant de l'impôt fédéral de base la **surtaxe fédérale** (3 % de l'impôt fédéral de base, plus une surtaxe additionnelle de 5 % applicable aux contribuables à revenu élevé), ainsi que **l'impôt provincial ou territorial** qui représente un pourcentage d'environ 55 % (ce pourcentage varie selon la province ou le territoire concerné) de *l'impôt fédéral de base*. Selon la province, vous pourriez aussi devoir payer une surtaxe provinciale et (ou) un impôt uniforme. Si vous êtes travailleur autonome, il se peut que vous ayez à ajouter, relativement à votre revenu d'entreprise, vos cotisations au Régime de pensions du Canada ou au Régime des rentes du Québec.

Vous réclamez ensuite, en tant que crédit, tout autre crédit non remboursable offert au palier fédéral seulement (se reporter à la section 1.4) et terminez ainsi avec deux montants, soit celui de votre impôt fédéral pour l'année, et celui de votre impôt provincial pour l'année.

Enfin, vous inscrivez toute retenue d'impôt à la source (par votre employeur par exemple) et les acomptes provisionnels versés, lesquels sont tous deux crédités à votre compte. Les crédits remboursables (section 1.5) reçoivent le même traitement, de sorte qu'ils peuvent vous être remboursés même si vous ne payez aucun impôt pour l'année (certaines provinces prévoient aussi des crédits d'impôt remboursables). Le résultat final est le **solde dû** ou le **remboursement demandé**, c'est-à-dire le chèque que vous envoyez le 30 avril ou que vous recevrez lorsque votre déclaration de revenus aura été cotisée.

Vous pouvez ainsi voir pourquoi les crédits non remboursables sont désignés comme tels. Ils peuvent ramener votre impôt à zéro, mais ils ne vous sont pas versés si vous n'avez aucun impôt à payer pour l'année. Ils **peuvent** toutefois donner lieu au remboursement de l'impôt qui a été retenu à la source ou versé par le biais d'un acompte provisionnel.

1.1.2   DÉDUCTIONS ET CRÉDITS

Avant de passer aux déductions et aux crédits disponibles, vous devez comprendre les différences qui existent entre les deux. Vous pouvez vous reporter à la méthode de calcul de la section 1.1.1 au fur et à mesure que nous progresserons dans la présente section.

Une **déduction** réduit le revenu imposable sur lequel votre impôt fédéral est calculé. L'effet combiné des impôts et des surtaxes fédéraux et provinciaux signifie qu'aussi longtemps que vous payez de l'impôt, une déduction a une valeur d'environ 27 % lorsque votre revenu imposable est inférieur à 29 590 $, d'environ 41 % s'il se situe entre 29 590 $ et 59 180 $, et d'environ 50 % lorsqu'il est supérieur à 59 180 $.

En d'autres termes, une déduction de 100 $ (par exemple, des frais de garde d'enfants ou de déménagement déductibles) vaut approximativement entre 27 $ et 50 $ d'économies d'impôt, selon votre tranche d'imposition.

Un **crédit**, d'autre part, est un montant directement applicable à l'impôt. Un crédit d'impôt pour contributions politiques de 100 $ (se reporter à la section 1.4.1 ci-dessous) vaut exactement 100 $ pour vous.

Il existe toutefois une astuce. La plupart des crédits sont pris en compte dans le calcul de l'impôt fédéral de base, *avant que ne soient calculés l'impôt provincial et la surtaxe fédérale.* Il en résulte que la valeur de ces crédits est d'environ 60 % supérieure à celle qu'ils auraient autrement puisqu'ils ont aussi pour effet de réduire l'impôt provincial et la surtaxe fédérale. (Remarque aux résidents du Québec : se reporter au chapitre 14 pour le calcul de l'impôt provincial.)

EXEMPLE

Alexandre estime son impôt fédéral à 6 000 $, auquel s'ajoute pour 1994 la surtaxe fédérale de 3 %. Il vit dans une province où le taux d'imposition provincial est de 58 % de l'impôt fédéral, de sorte que son impôt total à payer est de 9 660 $. (Impôt fédéral, 6 000 $; surtaxe fédérale, 180 $; impôt provincial, 3 480 $.)

Alexandre découvre qu'il est en droit de réclamer un crédit additionnel auquel il n'avait pas pensé. Il s'agit d'un crédit de 100 $ contre l'impôt fédéral. Maintenant, son impôt fédéral s'élève à 5 900 $, la surtaxe de 3 % ne s'élève plus qu'à 177 $ et son impôt provincial à 58 % de 5 900 $ ou 3 422$. Son impôt total à payer est donc de 9 499 $.

Comme vous pouvez le constater, le crédit d'impôt fédéral de 100 $ vaut en fait 161 $ en raison de la surtaxe et de l'impôt provincial moindres qu'il entraîne, même s'il n'existe aucun crédit d'impôt provincial explicite qu'il soit possible de réclamer. Le montant additionnel de 61 $ correspond à 3 % + 58 %, soit la surtaxe fédérale et le taux d'imposition provincial, appliqués au montant de 100 $. (La surtaxe provinciale peut accentuer davantage cet effet.)

Enfin, prenez note de la distinction entre les crédits remboursables et les crédits non remboursables. Puisqu'ils sont traités comme étant payés, tout comme les retenues à la source et les acomptes provisionnels, les crédits remboursables ont toujours la même valeur que leur valeur indiquée. Les crédits non remboursables, tout comme les déductions, perdent toute valeur lorsque vous ne payez aucun impôt pour l'année.

1.2   Déductions

Nous allons maintenant examiner un certain nombre de déductions d'une valeur se situant entre 27 % et plus de 50 % (selon votre revenu et votre province de résidence) du montant que vous déduisez.

1.2.1   Pensions alimentaires et allocations indemnitaires

Les paiements de pension alimentaire et d'allocation indemnitaire (incluant l'entretien du conjoint et d'un enfant) sont *déductibles* pour le payeur et *imposables* pour le bénéficiaire s'ils répondent à un certain nombre de critères précis et bien définis. Ce système profite généralement aux couples en instance de séparation ou de divorce car la personne qui effectue les paiements est souvent dans une tranche d'imposition plus élevée que le bénéficiaire.

Veuillez prendre note que votre droit à la déduction ne dépend pas du fait que le bénéficiaire déclare le revenu ou non. Si vous répondez à toutes les exigences, vous pouvez réclamer la déduction, et il incombe alors à Revenu Canada de prendre des mesures si le bénéficiaire ne déclare pas les paiements aux fins de l'impôt.

Afin d'être déductibles pour vous, tous les paiements doivent constituer une *allocation* fixée d'avance en tant que paiement récurrent. Les montants à payer doivent être fixés au préalable. (Toutefois, s'ils doivent être redressés pour contrer l'inflation, ils peuvent tout de même être considérés comme étant fixés au préalable.)

Les autres exigences sont les suivantes:

- l'allocation doit être versée en vertu d'un arrêt, d'une ordonnance ou d'un jugement rendu par un tribunal compétent ou en vertu d'un accord écrit; et
- elle doit être payable périodiquement pour subvenir aux besoins du bénéficiaire (votre conjoint ou ex-conjoint) et (ou) des enfants issus du mariage; et
- vous et votre conjoint ou ex-conjoint devez vivre séparés à la date des paiements et durant le reste de l'année. Si les montants sont versés à titre de pension alimentaire (plutôt qu'à titre d'allocation indemnitaire) et que le mariage s'est dissous avant 1993, vous devez également être séparés en vertu d'un divorce, d'une séparation légale ou d'un accord écrit de séparation.

Le 3 mai 1994, la Cour d'appel fédérale a statué, dans l'affaire *Thibaudeau*, que la règle exigeant d'inclure dans le revenu les frais de garde d'enfants contrevenait à la Charte canadienne des droits et que, par conséquent, cette règle était inconstitutionnelle. La Cour a statué que cette règle exerçait une discrimination contre les chefs de famille monoparentale. À l'heure actuelle, la question n'est pas réglée; la décision a été portée en appel devant la Cour suprême du Canada qui a suspendu temporairement la décision de la Cour d'appel; simultanément, le gouvernement se penche à nouveau sur les questions de déductibilité et d'imposition de la pension alimentaire et des frais de garde d'enfants. Si vous recevez des paiements à ce titre, vous devrez vous informer au printemps de 1995 du statut de la loi afin de savoir si vous devez déclarer et payer de l'impôt sur les montants que vous avez reçus en 1994.

Les allocations indemnitaires pour d'anciens **conjoints de fait** peuvent aussi être déduites de la même manière si le bénéficiaire est une personne de sexe opposé qui vivait « maritalement » (dans une situation assimilable à une union conjugale) avec vous, ou si vous êtes le parent biologique de l'enfant du bénéficiaire. En ce qui concerne les unions de fait dissoutes avant 1993, les allocations indemnitaires doivent être versées en vertu d'une ordonnance rendue par un tribunal pour être déductibles.

Veuillez prendre note que la définition de l'expression « payable périodiquement » exclut les compensations versées en un seul paiement et les transferts de biens au cours du règlement des droits découlant du mariage.

Les **paiements effectués directement à une tierce partie** plutôt qu'à votre conjoint ou ex-conjoint sont admissibles dans des circonstances limitées. De tels paiements peuvent inclure les frais médicaux, les frais de scolarité et les paiements hypothécaires pour la résidence habitée par votre conjoint ou ex-conjoint. Entre autres exigences, l'ordonnance du tribunal ou l'accord écrit de séparation doit stipuler expressément le versement de tels paiements et l'application à ces paiements des dispositions pertinentes de la *Loi de l'impôt sur le revenu* pour que ces paiements soient déductibles par vous et imposables pour votre conjoint ou ex-conjoint. Dans le cas d'une ordonnance ou d'un accord de séparation intervenu après 1992, ces règles de pratique s'appliquent également dans le cas des unions de fait.

En général, vous pouvez également déduire les paiements effectués **avant l'obtention d'une ordonnance du tribunal ou la signature d'un accord écrit de séparation**, à condition que l'ordonnance ait été rendue ou l'accord conclu à la fin de l'année suivant l'année au cours de laquelle le paiement a été effectué, et que cette ordonnance ou cet accord mentionne expressément que les montants versés antérieurement doivent être considérés comme ayant été versés et reçus conformément à l'ordonnance ou à l'accord.

Si vous recevez une pension alimentaire ou une allocation indemnitaire dans des circonstances où elle est déductible par le payeur, elle devient alors imposable pour vous (sous réserve de modifications découlant de l'affaire *Thibaudeau* dont il a déjà été question). Si vous recevez des paiements pour l'entretien d'un enfant d'un résident des États-Unis, de tels paiements ne seront pas imposés en raison de la convention fiscale entre le Canada et les États-Unis (se reporter à la section 15.2.3). Cependant, si vous versez une pension alimentaire ou une allocation indemnitaire à une personne qui ne réside pas au Canada, vous devrez retenir un pourcentage sur chaque paiement (jusqu'à concurrence de 25 %, selon le pays de résidence du bénéficiaire) et le verser à Revenu Canada.

1.2.2 FRAIS DE DÉMÉNAGEMENT

Les contribuables oublient souvent la déduction des frais de déménagement. Lorsque vous commencez un emploi à un nouveau lieu de travail ou lorsque vous lancez une entreprise et que vous emménagez dans une résidence qui vous rapproche d'au moins 40 kilomètres de votre nouveau lieu de travail par rapport à l'ancienne résidence, vous pouvez déduire des montants très substantiels aux fins fiscales. La déduction est limitée au revenu tiré du nouvel emploi ou de la nouvelle entreprise; l'excédent est reportable à l'année d'imposition subséquente. Cependant, les frais encourus lorsque vous déménagez d'un autre pays pour venir vous installer au Canada ou lorsque vous déménagez du Canada pour vous installer dans un autre pays ne sont pas déductibles aux fins fiscales canadiennes.

Vous pouvez déduire les frais suivants, dans la mesure où ils ne vous ont pas été remboursés par votre employeur :

- les frais raisonnables de déplacement, y compris les frais de repas et de logement pour vous-même et les membres de votre famille, durant le trajet jusqu'à la nouvelle résidence;
- les frais de déménagement et d'entreposage de vos meubles;
- les frais de repas et de logement engagés près de l'ancienne ou de la nouvelle résidence pendant une période n'excédant pas 15 jours;
- les frais d'annulation du bail;
- les frais de vente de l'ancienne résidence, *y compris les commissions versées à un agent immobilier*; et
- lorsque vous vendez votre ancienne résidence, les honoraires pour services juridiques ainsi que tout impôt exigible sur le transfert du titre de propriété lorsque vous achetez une nouvelle résidence.

Les commissions versées à un agent immobilier peuvent atteindre à elles seules plusieurs milliers de dollars.

Les étudiants qui déménagent pour occuper un emploi (y compris un emploi d'été) ou pour lancer une entreprise peuvent aussi déduire des frais de déménagement. Les étudiants qui déménagent pour suivre des cours à plein temps dans un établissement d'enseignement post-secondaire peuvent aussi déduire leurs frais de déménagement, mais seulement jusqu'à concurrence de leur revenu de bourses d'études ou de subventions à la recherche.

1.2.3	Frais de garde d'enfants

Tout en respectant certaines limites, les frais de garde d'enfants peuvent être déduits, habituellement par le conjoint ayant le **revenu le moins élevé**. (Dans l'hypothèse où le conjoint au revenu le moins élevé resterait autrement à la maison pour s'occuper des enfants.) Les services de garde d'enfants comprennent les services fournis par les gardiennes, les garderies, les colonies de vacances et les pensionnats.

Pour que les frais de garde d'enfants soient déductibles, ils doivent avoir été engagés pour vous permettre à vous ou à votre conjoint de travailler, d'exploiter une entreprise, de suivre un cours de formation professionnelle ou de mener des travaux de recherche subventionnés.

Supposons que vous êtes le conjoint au revenu le moins élevé. La déduction pour les frais que vous payez est limitée à 5 000 $ multiplié par le nombre d'enfants âgés de moins de 7 ans à la fin de l'année, plus 3 000 $ multiplié par le nombre d'enfants âgés de 7 ans à 13 ans inclusivement. Elle est aussi limitée aux $2/3$ de votre « revenu gagné » (constitué en général du salaire et du revenu d'entreprise). La déduction est basée sur la date à laquelle les services sont rendus plutôt que sur la date à laquelle ils sont payés. Ainsi, le fait de payer à l'avance, en décembre par exemple, les services qui seront rendus en janvier ne vous donnera pas droit à la déduction un an plus tôt.

Les paiements effectués à un pensionnat ou à une colonie de vacances sont limités à 150 $ par semaine pour les enfants âgés de moins de 7 ans, et à 90 $ par semaine pour les enfants âgés de 7 ans à 13 ans inclusivement.

EXEMPLE

Daniel et Catherine sont mariés et ont deux enfants âgés de moins de 7 ans. Daniel gagne 70 000 $ par année et Catherine 21 000 $. Ils versent 12 000 $ en 1994 à une gardienne pour prendre soin de leurs enfants pendant qu'ils sont au travail.

Catherine doit déduire les frais puisqu'elle est le conjoint ayant le revenu le moins élevé. Sa déduction est le moindre de : a) le montant versé, soit 12 000 $; de b) 5 000 $ par enfant, soit 10 000 $; et de c) $2/3$ de son revenu gagné, soit 14 000 $. Elle peut donc réclamer une déduction de 10 000 $ de son revenu d'emploi de 21 000 $. Cette déduction réduira son impôt à payer d'environ 2 700 $.

Lorsqu'un enfant âgé de plus de 7 ans est **handicapé**, des règles spéciales permettent de réclamer une déduction comme si l'enfant était âgé de moins de 7 ans. La limite d'âge de 14 ans ne s'applique pas non plus à cet enfant.

Il existe des situations où le conjoint ayant le revenu le moins élevé n'est pas présumé prendre soin des enfants. Ces situations sont les suivantes : le conjoint est **handicapé**; le conjoint est placé dans un **établissement carcéral** ou **hospitalier** ou confiné dans **un lit** ou à **un fauteuil roulant** pendant au moins 2 semaines; le conjoint fréquente à plein temps un **établissement d'enseignement post-secondaire**; ou le conjoint a vécu **séparé** du conjoint ayant le revenu le plus élevé. Dans de tels cas, le conjoint ayant le revenu le plus élevé peut réclamer la déduction jusqu'à concurrence de 150 $ par enfant âgé de moins de 7 ans (90 $ par enfant de 7 ans ou plus) pour chaque semaine durant laquelle l'une des situations décrites ci-dessus existe.

Les conjoints de fait qui répondent à certains critères sont assujettis aux mêmes règles que les conjoints mariés, aux fins du calcul des frais de garde d'enfants de même qu'aux fins de l'ensemble des dispositions de la *Loi de l'impôt sur le revenu* (se reporter à la section 1.3.1).

Dans le passé, certains contribuables ont réclamé une déduction pour frais de garde d'enfants à titre de dépense d'entreprise, en se fondant sur une décision que la Cour fédérale a rendue en 1989 (l'arrêt *Symes*). En décembre 1993, la Cour suprême du Canada a statué que les frais de garde d'enfants ne peuvent être considérés comme dépense d'entreprise. Si vous avez réclamé cette déduction par le passé, vous pouvez vous attendre à ce qu'elle soit refusée par Revenu Canada, advenant que vos déclarations fassent l'objet d'une vérification.

1.2.4   AIDE AUPRÈS D'UNE PERSONNE HANDICAPÉE

Il est possible de réclamer une déduction maximale de 5 000 $ pour les soins d'un préposé dont une personne handicapée a besoin pour gagner un revenu. La déduction est limitée aux deux tiers du « revenu gagné » de la personne handicapée (généralement, le salaire et le revenu d'entreprise). Il est également possible de réclamer un crédit pour frais médicaux d'un montant maximal de 5 000 $ (se reporter à la section 1.3.5), même si la personne handicapée n'a pas de « revenu gagné ».

Pour les personnes handicapées ayant un revenu supérieur à environ 30 000 $, il sera toutefois plus avantageux de se prévaloir de la déduction que de réclamer un crédit pour frais médicaux à l'égard des soins du préposé. En effet, avec un revenu de cet ordre, une déduction a plus de valeur qu'un crédit de 27 % sur votre impôt à payer (se reporter à la section 1.1.2).

1.2.5   FRAIS JURIDIQUES

Le traitement fiscal des frais juridiques que vous payez dépend de la raison pour laquelle vous les payez.

En premier lieu, les frais juridiques sont généralement déductibles s'ils sont engagés afin de gagner un revenu d'entreprise ou de biens. Les frais juridiques engagés dans le but d'acquérir ou de sauvegarder des immobilisations ne sont ordinairement pas déductibles, bien qu'il existe un certain nombre d'exceptions.

En deuxième lieu, les frais juridiques associés à une opposition ou à un appel concernant une cotisation (se reporter à la section 13.5) sont déductibles. Ces frais comprennent les frais de négociation avec les fonctionnaires de Revenu Canada avant le dépôt d'un avis d'opposition formel. Ces frais sont également déductibles si vous en appelez d'une cotisation d'impôt sur le revenu du Québec ou d'un gouvernement étranger, ou d'une décision rendue en vertu de la Loi sur l'assurance-chômage ou du Régime de pensions du Canada ou du Régime des rentes du Québec.

En troisième lieu, les frais juridiques engagés pour recouvrer un salaire ou des traitements qui vous sont dus par votre employeur ou un ancien employeur sont déductibles.

En quatrième lieu, il est possible de déduire des frais juridiques s'ils sont engagés en vue d'obtenir une « allocation de retraite » (y compris une indemnité de cessation d'emploi) ou une prestation de pension (se reporter à la section 6.9.6).

Enfin, sont aussi déductibles les frais juridiques engagés pour faire appliquer un droit existant à une pension alimentaire ou à une allocation indemnitaire qui est imposable pour vous (se reporter à la section 1.2.1). Cependant, de tels frais ne sont pas déductibles lorsqu'ils sont engagés pour *établir* un droit à une pension alimentaire ou à une allocation indemnitaire, sauf pour ce qui est des allocations d'entretien pour lesquelles vous devez poursuivre votre conjoint ou ex-conjoint devant un tribunal de la famille ou en vertu de certaines lois provinciales.

1.2.6   RÉSIDENTS DES RÉGIONS NORDIQUES

Si vous habitez une région canadienne éloignée, vous avez droit à une déduction spéciale pour tenir compte du coût de la vie plus élevé, du climat rigoureux et de l'isolement, comparativement aux conditions qui prévalent dans les régions plus populeuses du pays. La déduction est limitée à 20 % de votre revenu net.

Si vous habitez dans une « zone nordique admissible », la déduction est de 15 $ par jour (soit 5 475 $ par année). Si vous habitez plus au sud dans une « zone intermédiaire admissible », vous n'avez droit qu'à la moitié de la déduction. De plus, si votre employeur défraie les coûts de déplacement pour vous et votre famille (c.-à-d., un voyage par année vers le sud du Canada), vous avez droit à une déduction pour compenser, en totalité ou en partie, l'avantage imposable inclus de ce fait dans votre revenu.

Veuillez vous reporter à la section 6.9.9 qui décrit la déduction spéciale applicable aux employés habitant des régions canadiennes éloignées.

1.2.7	Autres déductions

Quelques-unes des autres déductions courantes sont traitées dans les autres chapitres. Veuillez vous reporter, par exemple, aux sections 2.1.3 (cotisations à un REER), 4.3.2 (pertes déductibles au titre d'un placement d'entreprise), 4.4.1 (déduction des gains en capital), 5.3 (intérêts versés) et 6.9 (déductions relatives à un emploi). Certaines des déductions relatives à un travail indépendant (exploitation d'une entreprise) sont traitées au chapitre 7.

1.3	Crédits non remboursables ayant une incidence au palier provincial

Chacun des crédits mentionnés aux sections 1.3.1 à 1.3.3 vaut, en fait, environ 1,6 fois le montant indiqué, après avoir pris en considération l'effet du crédit sur l'impôt provincial et sur la surtaxe fédérale. Un tableau résumant ces crédits est présenté à l'annexe I. (Remarque : l'incidence mentionnée ci-dessus ne s'applique pas au Québec car cette province possède ses propres crédits qui sont déduits de l'impôt à payer du Québec. Donc, les crédits mentionnés ci-après s'appliquent au palier fédéral seulement.)

La plupart des crédits sont exprimés en tant que pourcentage (17 %) d'un montant indiqué. Ce pourcentage de 17 % est le taux d'imposition fédéral qui s'applique à la première tranche de 29 590 $ de revenu. Un crédit de 17 % des frais de scolarité, par exemple, vaut donc environ 27 % en incluant l'impôt provincial, et équivaut à une déduction si vous êtes dans la tranche d'imposition la moins élevée. Au moment de remplir votre déclaration de revenus, vous allez additionner un certain nombre de « montants » et multiplier le total obtenu par 17 %.

Gardez à l'esprit que certains des crédits énoncés ci-dessous peuvent être transférés entre conjoints s'ils ne sont pas autrement utilisables. À cette fin, reportez-vous à l'annexe 2 de la déclaration de revenus générale T1.

1.3.1	Crédits personnels et pour personnes à charge

Chaque particulier a droit à un crédit fédéral de base de 1 098 $, crédit qui compense l'impôt fédéral à payer sur les premiers 6 456 $ de revenu imposable. (Sur la déclaration de revenus, ce crédit est en fait la déduction pour un « montant personnel de base » de 6 456 $ que vous multipliez ultérieurement par 17 %.) Vous pouvez inscrire un crédit fédéral de 915 $ si le revenu de votre conjoint est inférieur à 538 $ ou un montant moindre si votre conjoint a un revenu qui se situe entre 538 $ et 5 820 $.

Si vous n'êtes pas marié et que vous n'avez pas de conjoint de fait ou si vous êtes séparé et que vous subvenez aux besoins d'un autre membre de la famille à votre résidence, vous pouvez réclamer un « **équivalent du crédit de personne mariée** » à l'égard de cette personne. Cet équivalent vous donnera droit à la même déduction que si cette personne était votre conjoint. Avant 1993, un crédit était disponible à l'égard des **enfants à charge** de moins de 18 ans. Ce crédit a été aboli par l'entrée en vigueur de la prestation fiscale pour enfants décrite à la section 1.5.1. Toutefois, le crédit de 269 $ à l'égard des personnes à charge handicapées de 18 ans et plus est toujours disponible.

Depuis 1993, les **conjoints de fait**, qui satisfont à certains critères (voir ci-dessous), sont traités, aux fins de l'impôt sur le revenu, de manière identique aux conjoints mariés. Cela signifie que le crédit d'impôt pour personne mariée est également applicable au conjoint de fait à charge. Cela signifie également que le contribuable qui vit en union de fait ne peut réclamer un « équivalent du crédit de personne mariée ».

Les conjoints de fait sont considérés comme conjoints s'il s'agit de deux personnes de sexe opposé qui « cohabitent dans une situation assimilable à une union conjugale » et qui sont les parents biologiques d'un enfant, ou qui ont cohabité pendant une période d'au moins 12 mois consécutifs. La séparation ne sera pas considérée comme mettant fin à la « cohabitation », à moins que le couple ne soit séparé depuis au moins 90 jours en raison de la rupture de leur relation.

1.3.2   Crédit en raison de l'âge

Si vous êtes âgé d'au moins 65 ans à la fin de l'année, vous obtenez un crédit fédéral additionnel de 592 $. Cependant, à compter de 1994, ce crédit est lié à votre revenu (mais non à celui de votre conjoint). Il est supprimé graduellement lorsque votre revenu net (se reporter à la section 1.1.1) excède 25 921 $. En 1994, le crédit est réduit de moitié lorsque votre revenu net atteint 49 134 $; par ailleurs, vous avez droit à la moitié du crédit, même si votre revenu est très élevé. À compter de 1995, le crédit sera complètement supprimé lorsque votre revenu net aura atteint 49 134 $.

1.3.3   Crédit pour personnes handicapées

Si vous souffrez d'une **déficience mentale ou physique grave et prolongée**, vous avez droit à un crédit fédéral additionnel de 720 $. Votre état doit être attesté par un médecin (ou par un optométriste dans le cas d'une déficience de la vue).

Vous êtes considéré comme souffrant d'une déficience grave et prolongée si vous êtes limité « d'une façon marquée dans vos activités de vie quotidienne », et si votre déficience dure depuis au moins un an ou s'il est raisonnable de s'attendre à ce qu'elle dure au moins un an. La *Loi de l'impôt sur le revenu* prévoit des définitions spécifiques en vue de déterminer si vous êtes admissible. Le formulaire *Certificat pour le crédit pour personnes handicapées* (T2201) énumère les règles applicables.

Si vous avez un enfant à charge qui est admissible au crédit pour personnes handicapées, mais qui ne gagne pas un revenu suffisant pour lui permettre d'utiliser la totalité de ce crédit, vous pouvez profiter dans votre déclaration de revenus de la portion inutilisée d'un tel crédit. Également, si vous subvenez aux besoins d'un enfant à charge handicapé et âgé d'au moins 18 ans, vous pouvez vous prévaloir d'un crédit fédéral additionnel de 269 $.

| 1.3.4 | DONS DE BIENFAISANCE |

Les dons de bienfaisance vous donnent droit à un crédit en deux volets. La première tranche de 200 $ de dons effectués au cours de l'année (total pour tous les organismes de bienfaisance) donne droit à un crédit d'impôt fédéral de 17 %, d'une valeur d'environ 27 % lorsque l'impôt provincial est pris en considération. Tous les dons excédant cette première tranche donnent droit à un crédit d'impôt fédéral de 29 %, taux qui représente environ 50 % compte tenu de l'impôt provincial.

Les dons de bienfaisance excédant 200 $ pour l'année reçoivent, par conséquent, le même traitement que s'ils étaient déductibles lorsque votre revenu se situe dans la tranche d'imposition la plus élevée (revenu imposable supérieur à 59 180 $). Par contre, lorsque votre revenu se situe, dans une tranche d'imposition inférieure, le crédit pour les dons importants est beaucoup plus avantageux que ne le serait une déduction.

(Le montant de 200 $ s'applique à compter de 1994. Pour les années précédentes, le seuil était de 250 $.)

Pour déduire vos dons de bienfaisance, vous devez produire des reçus officiels indiquant le numéro d'enregistrement de l'organisme de bienfaisance bénéficiaire. La politique administrative de Revenu Canada est de vous permettre de déduire des dons attestés par des reçus établis soit à votre nom, soit à celui de votre conjoint (incluant un conjoint de fait admissible (se reporter à la section 1.3.1)).

Les dons que vous pouvez déduire au cours d'une année ne peuvent excéder 20 % de votre revenu net. Si vous avez des reçus pour un montant supérieur, vous devez les produire, créant ainsi un excédent qui peut être reporté prospectivement et déduit au cours de l'une des cinq années subséquentes.

La section 12.7 du chapitre intitulé «Planification successorale» traite d'un certain nombre de règles spéciales applicables aux dons de bienfaisance et offre des techniques intéressantes pour utiliser le crédit auquel donnent droit les dons de bienfiance.

| 1.3.5 | FRAIS MÉDICAUX |

Au-delà d'un certain seuil, les **frais médicaux** vous donnent droit à un crédit d'impôt. Ce seuil a été fixé à 3 % de votre revenu net ou, si votre revenu net dépasse 53 800 $, à un montant fixe de 1 614 $. Tous les frais médicaux admissibles excédant ce montant donnent lieu à un crédit fédéral de 17 %, d'une valeur d'environ 27 % lorsque l'impôt provincial est pris en considération.

EXEMPLE

Étienne a un revenu net de 30 000 $. Ses frais médicaux admissibles se sont élevés à 1 500 $ en 1994.

En soustrayant du montant des frais médicaux d'Étienne 3 % de son revenu net, soit 900 $, l'on obtient le montant de 600 $ qui est admissible au crédit pour frais médicaux. Le crédit fédéral s'élève à 17 % de ce montant, soit 102 $. Il en résultera une réduction de l'impôt provincial et de la surtaxe fédérale d'Étienne d'environ 60 $. Ainsi, ses 1 500 $ de frais médicaux lui auront permis de réaliser une économie d'impôt de 162 $.

Tous les frais déduits pour une année donnée doivent avoir été réglés dans une période de 12 mois se terminant au cours de l'année. Vous pouvez déduire de tels frais pour vous-même, votre conjoint et tout proche parent que vous déclarez à votre charge. Toutefois, si la personne que vous déclarez à votre charge a un revenu net de plus de 6 456 $, cette déduction pour frais médicaux sera réduite.

La liste des frais médicaux admissibles est très longue et vous devriez vous reporter au Bulletin d'interprétation de Revenu Canada (se reporter à la section 1.8) pour obtenir plus de détails. La liste comprend les frais suivants :

- les paiements faits aux médecins, aux dentistes et aux infirmiers;
- les frais d'hospitalisation non couverts par l'assurance-santé publique;
- les procédés de diagnostic;
- les médicaments sur ordonnance;
- les primes versées à un régime d'assurance dentaire ou pharmaceutique;
- les frais de déplacement, de repas et d'hébergement dans certains cas;
- les soins hospitaliers (p. ex., les maisons de santé);
- les services d'un aide pour personne handicapée;
- les chiens-guides (prix d'achat et frais d'entretien);
- les lunettes et les appareils acoustiques;
- les prothèses dentaires;
- les rénovations nécessaires apportées à une résidence pour une personne ayant un handicap moteur grave;
- une longue liste d'appareils d'appoint allant des béquilles aux seringues pour l'insuline, des ascenseurs pour fauteuils roulants, des synthétiseurs de parole pour les aveugles, des avertisseurs visuels d'incendie aux appareils de télécommunication pour les sourds.

1.3.6   FRAIS DE SCOLARITÉ ET POUR ÉTUDES

Les frais de scolarité donnent droit à un crédit fédéral de 17 % si vous les payez pour vous-même. Les frais de scolarité versés pour votre enfant ou une autre personne ne peuvent être déduits, sous réserve des règles de transfert traitées ci-dessous.

Pour donner droit à un crédit, les frais doivent avoir été versés à une université, un collège ou tout autre établissement d'enseignement post-secondaire canadien, ou à un établissement reconnu par Emploi et Immigration Canada. Les frais payés à des établissements d'enseignement post-secondaire dans d'autres pays sont également admissibles. Les frais réclamés doivent totaliser plus de 100 $ par établissement.

Veuillez prendre note que les frais versés à des écoles privées pour l'enseignement primaire ou secondaire ne vous donnent pas droit à un crédit d'impôt. Cependant, en règle générale, les écoles privées confessionnelles sont en mesure de fournir, aux fins fiscales, un reçu pour une partie des frais de scolarité en traitant cette partie des frais comme un don (se reporter à la section 1.3.4) effectué aux fins des activités religieuses de l'école.

En plus du crédit pour frais de scolarité, vous avez droit à un crédit pour **études** de 13,60 $ (au palier fédéral) par mois au cours duquel vous fréquentez *à plein temps* un établissement d'enseignement post-secondaire. Les étudiants handicapés ont droit à ce crédit, même s'ils ne fréquentent un établissement d'enseignement qu'à temps partiel.

Transferts. En règle générale, si vous ne pouvez utiliser vos crédits pour frais de scolarité et pour études (parce que vous n'avez aucun impôt à payer), vous pouvez transférer à votre conjoint ou à un parent ou grand-parent jusqu'à 680 $ de crédits fédéraux combinés pour frais de scolarité et pour études.

1.3.7   CRÉDIT POUR REVENU DE PENSION

Vous pouvez vous prévaloir d'un crédit d'impôt fédéral égal à 17 % de votre revenu de pension sur un montant maximal de 1 000 $ de revenu de pension pour l'année.

Le revenu de pension n'inclut pas les paiements reçus en vertu du Régime de pensions du Canada (RPC) ou du Régime des rentes du Québec (RRQ), de la sécurité de la vieillesse et du supplément de revenu garanti. Il s'agit donc du revenu provenant de régimes de pension privés sous forme de rente. Si vous êtes âgé de plus de 65 ans ou si vous recevez des montants à la suite du décès de votre conjoint, le revenu de pension inclut alors les rentes provenant d'un REER, d'un régime de participation différée aux bénéfices (RPDB) ou les versements provenant d'un fonds enregistré de revenu de retraite (FERR), (se reporter à la section 2.1.6.3) ou la partie revenu d'une rente régulière.

1.3.8   Cotisations au Régime de pensions du Canada ou au Régime des rentes du Québec et primes d'assurance-chômage

Un crédit fédéral égal à 17 % de toutes les cotisations requises au RPC ou au RRQ et des primes d'assurance-chômage est alloué, taux qui passe à environ 27 % de ces montants lorsque l'impôt provincial et la surtaxe provinciale sont pris en considération. Si vous êtes un employé salarié, ces montants sont normalement retenus à la source par l'employeur. Si vous êtes un travailleur autonome, vous devez normalement calculer et verser des cotisations au RPC/RRQ (mais pas de primes d'assurance-chômage) à même votre revenu net d'entreprise.

1.3.9   Autres crédits

Il existe un certain nombre d'autres crédits applicables au calcul de « l'impôt fédéral de base ». Le crédit d'impôt pour dividendes, dont il est question à la section 5.1.2, est l'un de ceux-là.

1.4   Crédits non remboursables—palier fédéral seulement

1.4.1   Contributions politiques

Les contributions versées aux partis politiques fédéraux et aux candidats à une élection fédérale vous donnent droit à un crédit au palier fédéral seulement. Bon nombre de provinces ont aussi leurs propres crédits pour les contributions effectuées aux partis politiques *provinciaux* et aux candidats à une élection *provinciale*.

Veuillez garder à l'esprit que les contributions versées à un candidat au leadership d'un parti politique fédéral ne sont pas admissibles. Cependant, les partis politiques créent parfois des fonds qui vous permettent de contribuer au parti lui-même et d'exiger que votre contribution serve à appuyer un candidat particulier au leadership.

Afin d'encourager le versement de petites contributions politiques par un grand nombre de personnes, le crédit est particulièrement généreux pour de telles contributions. Le crédit est de 75 % des premiers 100 $ contribués, de 50 % des prochains 450 $ contribués et de 33,33 % des derniers 600 $ de contribution. Il n'existe aucun crédit additionnel pour les contributions excédant 1 150 $.

EXEMPLE

Renaud a contribué 200 $ au Parti libéral fédéral en 1994.

Le crédit pour la contribution politique faite par Renaud en 1994 sera égal à 75 % des premiers 100 $ (75 $) et à 50 %

des 100 $ suivants (50 $), pour un total de 125 $. Il n'y a au-cune réduction de l'impôt provincial résultant de ce crédit.

1.4.2 AUTRES CRÉDITS

Les autres crédits fédéraux incluent, premièrement, le crédit d'im-pôt à l'investissement, lequel représente, pour ceux qui exploitent une entreprise, un encouragement à investir dans des régions parti-culières ou des secteurs particuliers de l'économie (se reporter à la section 7.2.9), et deuxièmement le crédit pour impôt étranger qui compense l'incidence de l'impôt étranger payé afin de réduire ou d'éliminer la double imposition.

1.5 CRÉDITS REMBOURSABLES—PALIER FÉDÉRAL SEULEMENT

Un crédit « remboursable » est un crédit qui vous est remboursé même si vous ne payez aucun impôt pour l'année.

1.5.1 PRESTATION FISCALE POUR ENFANTS

Jusqu'en 1992, le crédit d'impôt pour enfants était un crédit rem-boursable. Il a été aboli et remplacé par une somme mensuelle non imposable, la « prestation fiscale pour enfants », qui regroupe les avantages antérieurs des allocations familiales, du crédit d'impôt pour enfants et du crédit d'impôt pour enfants à charge. Le crédit d'impôt pour enfants ne paraît donc plus sur votre déclaration de re-venus. La prestation fiscale pour enfants est destinée aux familles à faible revenu ou à revenu moyen. Elle commence à diminuer pro-gressivement lorsque le revenu de la famille dépasse 25 921 $. Selon le nombre d'enfants que vous avez et le fait que vous récla-miez ou non des frais de garde d'enfants, vous pouvez recevoir une partie de la prestation fiscale pour enfants même si le revenu de vo-tre famille est assez élevé.

1.5.2 CRÉDITS POUR TPS

Le crédit pour TPS est destiné aux familles à faible revenu. Il a été créé pour compenser la taxe sur les produits et services que paient les consommateurs sur la plupart des biens et services (se reporter au chapitre 17). Ce crédit est habituellement de 198 $ par adulte (jusqu'à concurrence de 303 $ dans certains cas) et de 105 $ par en-fant à charge dans la famille, et il est réduit de 0,05 $ pour chaque dollar du revenu des parents, qui excède 25 921 $. Le versement anticipé de ce crédit est payé aux familles admissibles à chaque trimestre, selon leur revenu de l'année précédente.

EXEMPLE

Jean-Philippe et Valérie sont mariés et ont deux enfants à charge. Leur revenu familial combiné s'élève à 25 000 $.

En 1994, le crédit pour TPS auquel cette famille aura droit sera de 606 $ (198 $ par adulte et 105 $ par enfant). Étant donné que leur revenu combiné est inférieur à 25 921 $, ils ont droit au crédit maximal. En fait, ce montant de 606 $ compense la TPS payée sur 8 657 $ de produits et services achetés au cours de l'année. Par conséquent, bien que ce crédit soit versé par le biais du régime fiscal, il vise à amoindrir l'incidence de la TPS sur les familles à faible revenu.

1.5.3 REMBOURSEMENT DE LA TPS

Outre le crédit pour TPS décrit à la section 1.5.2, certains employés et associés de sociétés de personnes peuvent demander un remboursement de la TPS sur leur déclaration de revenus. Ce remboursement peut être obtenu par des salariés qui déduisent des dépenses d'emploi et par des associés qui réclament des déductions pour des dépenses qu'ils ont engagées hors de la société de personnes afin de gagner un revenu d'associé (se reporter aux sections 6.9.1 et 17.4 pour obtenir plus de détails à ce sujet).

1.6 DISPOSITION DE RÉCUPÉRATION DES PRESTATIONS DE SÉCURITÉ DE LA VIEILLESSE ET D'ASSURANCE-CHÔMAGE

Les prestations de sécurité de la vieillesse sont versées mensuellement à la plupart des résidents du Canada âgés de 65 ans ou plus. Dans le cas de contribuables à revenu élevé, ces versements font entièrement l'objet d'une récupération par le biais d'un impôt spécial à verser au moment de la production de leur déclaration de revenus.

Cette mesure s'applique aux contribuables dont le revenu net (après la plupart des déductions comme les cotisations à un REER) est supérieur à 53 215 $. Le revenu de chaque contribuable est considéré séparément (indépendamment du revenu du conjoint).

Pour chaque dollar de revenu excédant 53 215 $, 0,15 $ des prestations de sécurité de la vieillesse sont remboursées, jusqu'à récupération complète de ces prestations. En d'autres termes, les prestations de sécurité de la vieillesse sont entièrement récupérées lorsque le revenu net atteint environ 83 500 $.

Le montant du remboursement constituera une déduction aux fins fiscales, de sorte que vous ne serez pas imposé une deuxième fois sur ce revenu de prestations.

EXEMPLE

Mathieu est une personne du troisième âge. En 1994, il reçoit des prestations de sécurité de la vieillesse totalisant 4 500 $. Son revenu net, qui inclut ces prestations, s'élève à 63 215 $.

Le revenu de Mathieu excédant 53 215 $ est de 10 000 $; 15 % de ce dernier montant équivaut à 1 500 $. La récupération est donc de 1 500 $. Comme cette somme a été remboursée en raison de la disposition de récupération, Mathieu la déduit de son revenu (son revenu net est ramené à 61 715 $) afin de tenir compte du fait que les 1 500 $ avaient été pris en compte à l'origine dans son revenu. De fait, la disposition de récupération l'oblige à rembourser 1 500 $ des 4 500 $ qu'il a reçus, et il paie de l'impôt à son taux marginal habituel sur les 3 000 $ restants.

Une autre forme de récupération s'applique aux prestations d'assurance-chômage. Si votre revenu net dépasse 60 840 $, vous devrez rembourser, par l'intermédiaire de votre déclaration de revenus, une tranche de toute prestation d'assurance-chômage reçue au cours de l'année. Cependant, le montant total que vous devrez rembourser ne dépassera jamais 30 % des prestations. Le reste, soit 70 %, demeure imposable de la manière habituelle.

1.7	**Conseils de planification**

1.7.1	Réclamez l'équivalent du crédit de personne mariée

Si vous êtes célibataire, veuf, divorcé ou séparé de votre conjoint et subvenez aux besoins d'un autre membre de la famille (tel un enfant) dans votre foyer, veillez à réclamer votre crédit « équivalent du crédit de personne mariée » pour cette personne. La valeur de ce crédit sera d'environ 1 459 $.

Rappelez-vous que vous n'avez plus le droit de réclamer ce montant si vous vivez en union de fait, selon les critères définis à la section 1.3.1.

1.7.2	Planification familiale

Les considérations fiscales ne devraient pas entrer en ligne de compte dans la décision d'avoir (ou d'adopter) des enfants, mais signalons tout de même que si vous avez ou adoptez un enfant, vous pourriez être admissible à la prestation fiscale pour enfants au palier fédéral (se reporter à la section 1.5.1). De plus, notez bien que si vous vivez au Québec, le gouvernement de cette province verse aux familles des allocations en espèces à l'égard des nouveaux-nés ou des enfants adoptés (se reporter à la section 14.2.6).

Si vos enfants travaillent à temps partiel (soit par exemple l'été, s'ils livrent des journaux, etc.), et que leur revenu est inférieur au montant de base de 6 456 $, montant sous lequel aucun impôt n'est perçu, vous pourriez quand même envisager de produire pour eux une déclaration de revenus. Ils pourront ainsi déclarer leur revenu gagné aux fins des REER, ce qui leur permettra de se constituer un montant de cotisations inutilisées qu'ils pourront déduire dans une année ultérieure, au moment où leur revenu deviendra imposable (se reporter à la section 2.1.3). Une telle mesure est particulièrement utile lorsque les enfants sont des adolescents qui devraient gagner des revenus beaucoup plus importants au cours des sept années suivantes.

1.7.3 DÉDUISEZ LES FRAIS DE DÉMÉNAGEMENT

Lorsque vous envisagez de déménager, assurez-vous, dans la mesure du possible, que ce déménagement coïncide avec un changement de lieu de travail ou d'entreprise et qu'il vous rapproche d'au moins 40 kilomètres de votre nouveau lieu de travail comparativement à votre ancienne résidence. Des déductions substantielles pourraient alors être réclamées, dans la mesure où votre employeur ne rembourse pas les frais de déménagement (se reporter à la section 1.2.2).

1.7.4 LE CONJOINT AU REVENU LE PLUS ÉLEVÉ DEVRAIT RÉCLAMER LES CRÉDITS AFIN DE MINIMISER LA SURTAXE SUR LES REVENUS ÉLEVÉS

Lorsque la possibilité existe de choisir lequel des conjoints réclamera certains crédits, tel le crédit pour dons de bienfaisance, veuillez noter que les crédits ont une valeur un peu plus grande pour les particuliers à revenu très élevé en raison de la surtaxe additionnelle qui s'applique aux particuliers dont «l'impôt fédéral de base» est élevé. Cette surtaxe est constituée d'un taux additionnel de 5 % de l'impôt fédéral de base excédant 12 500 $. La plupart des provinces ont aussi institué des surtaxes sur les montants élevés d'impôt provincial à payer, surtaxes qui peuvent accroître davantage l'incidence des crédits.

Si vous avez à payer une ou plusieurs de ces surtaxes, mais non votre conjoint, il serait à votre avantage de réclamer tous les crédits qu'il est possible de répartir entre vous.

1.7.5 CRÉDIT POUR FRAIS MÉDICAUX—CHOIX DU CONJOINT RÉCLAMANT ET DE LA PÉRIODE DE 12 MOIS APPROPRIÉE

Comme vous l'avez constaté, vous ou votre conjoint pouvez réclamer tous les frais médicaux engagés pour vous deux. À cause du seuil de 3 % du revenu net (se reporter à la section 1.3.5), vous devriez inscrire sur une seule déclaration de revenus tous les frais médicaux de votre famille. Il sera généralement plus avantageux que le conjoint ayant le revenu le moins élevé réclame le crédit, à condition que ce conjoint ait un impôt à payer assez élevé pour tirer profit du crédit puisque le seuil de 3 % représentera alors un montant moins élevé. Par contre, le crédit pourra être un peu plus avantageux pour un conjoint à revenu élevé étant donné qu'il réduira l'application des surtaxes fédérale et provinciales sur les revenus élevés (se reporter à la section 1.7.4).

Au moment de réclamer les frais médicaux, vous pouvez choisir toute période de 12 mois se terminant au cours de l'année. Si, par exemple, vous n'avez fait aucune réclamation pour 1993, et si vous avez engagé des frais médicaux élevés en février 1993, janvier 1994 et novembre 1994, vous auriez intérêt à utiliser janvier 1994 comme la fin de votre période de 12 mois, à réclamer les frais de février 1993 et de janvier 1994 pour l'année 1994, et à laisser de côté les frais de novembre 1994 pour les réclamer dans votre déclaration de revenus de 1995.

Vous pouvez aussi planifier la période de réclamation des frais médicaux puisqu'ils sont fondés sur la date à laquelle ils sont *payés*. Si vous utilisez la fin de décembre pour la période de 12 mois et que vous avez des frais impayés (peut-être pour l'achat de matériel médical ou des soins dentaires élevés) que vous devez régler au début de la nouvelle année, envisagez de les régler d'avance afin de pouvoir les réclamer un an plus tôt.

1.7.6	FRAIS MÉDICAUX—DÉDUCTION POUR PERSONNES À CHARGE

Tel que nous l'avons vu à la section 1.7.5 ci-dessus, tous les frais médicaux de votre famille devraient être regroupés sur une seule déclaration de revenus et ce, dans le but de réduire les conséquences du seuil de « 3 % ou 1 614 $ ». Vous pouvez prendre en considération les dépenses de toutes les personnes suivantes lorsqu'elles sont à votre charge et que vous en assurez la subsistance : un enfant, un petit-enfant, un parent, un grand-parent, un frère, une soeur, un oncle, une tante, un neveu ou une nièce; que ces parents soient les vôtres ou ceux de votre conjoint (incluant un conjoint de fait admissible, tel qu'il est indiqué à la section 1.3.1). À l'exception de votre enfant ou petit-enfant ou de l'enfant ou petit-enfant de votre conjoint, ces personnes doivent résider au Canada.

Si la personne à charge a un revenu net inférieur à 6 456 $, vous pouvez prendre en considération tous ses frais médicaux. Si son revenu net est de plus de 6 456 $, les frais médicaux que vous pouvez prendre en compte sont réduits de 68 % du montant dépassant ce revenu net. Si le revenu de la personne à charge est suffisamment élevé, vous serez dans l'impossibilité de réclamer une tranche quelconque de ses frais médicaux puisque la réduction excédera alors la valeur totale de tels frais. (Notez que ce qui importe, ce n'est pas de savoir qui a payé les frais, mais bien qui était le patient.)

Minimisez l'impôt total à payer lors de la séparation

Comme en fait mention la section 1.2.1, le traitement des paiements de pension alimentaire pourrait être modifié incessamment. Jusqu'à ce que la Cour suprême du Canada fasse connaître sa décision dans l'affaire *Thibaudeau* et que le gouvernement rende publiques de nouvelles propositions à cet égard, il est impossible de prévoir les règles qui prévaudront. En attendant, nous vous indiquons la façon de procéder selon les règles en vigueur à l'heure actuelle.

Bien que la rupture d'un mariage soit souvent l'occasion d'âpres disputes, vous et votre conjoint devriez coopérer (par l'entremise de vos avocats si besoin est) afin de minimiser votre impôt total à payer et partager les économies qui en résultent. Si vous versez des paiements de soutien pour subvenir aux besoins de votre conjoint ou de vos enfants et si vous êtes dans une tranche d'imposition plus élevée que votre conjoint, il serait avantageux pour les deux parties que vous arriviez à un accord écrit de séparation conforme aux exigences de la *Loi de l'impôt sur le revenu* afin que les allocations indemnitaires soient déductibles pour vous et imposables pour votre conjoint (se reporter à la section 1.2.1). L'impôt que votre conjoint aura à payer sera plus que compensé par les économies que vous aurez réalisées.

Par exemple, si vous êtes dans la tranche d'imposition de 41 % (revenu imposable entre 29 590 $ et 59 180 $) et que votre conjoint est dans la tranche d'imposition de 27 % (revenu inférieur à 29 590 $), vous économisez alors 410 $ d'impôt et votre conjoint paie 270 $ pour chaque tranche de 1 000 $ des paiements de soutien faits par vous.

Les mêmes règles s'appliquent lorsqu'un couple vivant en union de fait se sépare, sous réserve qu'il satisfasse aux critères établis pour les conjoints de fait et énoncés à la section 1.3.1.

Voyez si vous pouvez réclamer le crédit pour personne handicapée

Si vous-même, ou un membre de votre famille, êtes sérieusement malade ou invalide, voyez si vous pouvez réclamer le crédit pour personne handicapée (se reporter à la section 1.3.3). Le crédit peut être transféré à un autre membre de la famille dans de nombreux cas lorsque la personne handicapée ne reçoit aucun revenu.

Prévoyez au moins 1 000 $ de revenu de pension par personne

En raison du crédit pour revenu de pension (se reporter à la section 1.3.7), vous devriez tenter d'obtenir un revenu de pension admissible d'au moins 1 000 $ et un revenu de pension additionnel de 1 000 $ pour votre conjoint.

Pour 1994, vous pourrez jusqu'au 1er mars 1995 transférer des paiements de rente d'un régime de pension privé au REER de votre conjoint jusqu'à concurrence de 6 000 $ (se reporter à la section 2.5.6). Si vous vous prévalez de cette option, vous ne devriez pas transférer le montant en entier, mais conserver 1 000 $ de revenu pour vous-même afin de pouvoir utiliser le crédit pour revenu de pension. Si, par contre, votre revenu se trouve dans la tranche d'imposition de 50 % (c'est-à-dire si votre revenu imposable dépasse 59 180 $), vous devez garder à l'esprit que vous paierez quand même plus de 23 % en impôts sur les 1 000 $ de revenu de pension que vous n'aurez pas transférés, le crédit pour revenu de pension ne valant qu'environ 27 % en économies d'impôt (se reporter à la section 1.3).

Les paiements de rente provenant d'un REER et la partie revenu d'une rente ordinaire seront également admissibles au crédit pour revenu de pension une fois que vous aurez dépassé l'âge de 65 ans ou à tout âge si de tels paiements ont été reçus par suite du décès de votre conjoint.

1.7.10   CONTRIBUTIONS POLITIQUES

Si vous êtes intéressé à en avoir plus pour votre argent, envisagez d'effectuer une contribution à votre parti politique fédéral ou à votre candidat favori à une élection fédérale. Une contribution de 100 $ ne vous coûtera que 25 $ (se reporter à la section 1.4.1).

1.7.11   DONS DE BIENFAISANCE

Si vous n'effectuez que de petits dons au cours de l'année, envisagez de combiner les dons de deux années ou plus dans une année afin de dépasser le seuil de 200 $. Un don de 100 $ au-dessus du seuil de 200 $ pour l'année ne vous coûtera qu'environ 50 $ plutôt que 73 $ en-dessous de ce seuil.

Si vous-même et votre conjoint effectuez des dons chacun de votre côté, vous devriez combiner vos reçus et les déduire tous ensemble sur une seule déclaration (Revenu Canada autorise cette pratique) afin d'éviter deux fois le crédit inférieur sur les dons de 200 $ ou moins. En raison des surtaxes fédérale et provinciale imposées sur les revenus élevés, le conjoint ayant le revenu le plus élevé devrait déduire tous les dons.

Une fois que vos dons dépasseront 200 $, voyez à effectuer vos dons supplémentaires en décembre plutôt qu'au début de la nouvelle année. Vous pourrez ainsi jouir de votre économie d'impôt réalisée par le biais du crédit pour dons de bienfaisance un an plus tôt.

Si vous envisagez de faire don d'oeuvres d'art ou autres « biens culturels » de grande valeur à un musée ou à une galerie, consultez votre conseiller fiscal sur la façon de maximiser le reçu pour votre don sans devoir comptabiliser un gain en capital à l'égard de ce don.

Si vous souhaitez faire don à une université d'une somme importante, somme qui représentera plus de 20 % de votre revenu net pour l'année, informez-vous auprès de l'université afin de savoir si ce don pourrait être considéré comme un « don à l'État » (il s'agit en principe d'un don fait au gouvernement provincial, mais destiné à l'université).

1.8 Documents de référence

Vous pouvez obtenir un exemplaire des publications suivantes en téléphonant ou en vous présentant à votre bureau de district de Revenu Canada, Impôt :

Bulletin d'interprétation IT-99R4, « Frais judiciaires et comptables »

Bulletin d'interprétation IT-110R2, « Dons déductibles et reçus officiels de dons »

Bulletin d'interprétation IT-118R3, « Pensions alimentaires et allocations indemnitaires »

Bulletin d'interprétation IT-178R3, « Frais de déménagement »

Bulletin d'interprétation IT-495R, « Frais de garde d'enfants »

Bulletin d'interprétation IT-513, « Crédits d'impôt personnels »

Bulletin d'interprétation IT-515R, « Crédit d'impôt pour études »

Bulletin d'interprétation IT-516R, « Crédit d'impôt pour frais de scolarité »

Bulletin d'interprétation IT-517, « Crédit d'impôt pour pension »

Bulletin d'interprétation IT-519, « Crédits d'impôt pour frais médicaux et pour handicapés »

Bulletin d'interprétation IT-523, « Ordre des dispositions qui s'appliquent au calcul du revenu imposable d'un particulier et de son impôt à payer »

Circulaire d'information 75-2R4, « Contributions à un parti politique enregistré ou à un candidat à une élection fédérale »

Brochure « Séparation ou divorce? »

Brochure « Vous déménagez? »

Brochure « Services de l'impôt offerts aux personnes handicapées »

Formulaire T1-M, « Demande de déduction de frais de déménagement »

Formulaire T778, « Calcul de la déduction pour frais de garde d'enfants »

Formulaire T929, « Frais de préposé aux soins »

Formulaire T2201, « Certificat pour le crédit pour personnes handicapées »

Formulaire T2202A, « Certificat pour le crédit de frais de scolarité et d'un montant relatif aux études »

Formulaire T2222 « Calcul des déductions pour les habitants de régions éloignées »

Formulaire T1 GSTC de la déclaration de revenus générale T1, « Crédit pour TPS »

2
—

CONSEILS DE PLANIFICATION

▪ Cotisez autant que vous le pouvez à un REER

▪ Cotisez au début de l'année plutôt que d'attendre le mois de février suivant

▪ Envisagez un REER autogéré pour plus de souplesse

▪ Envisagez des actions d'une corporation agréée à capital de risque de travailleurs pour votre REER

▪ Envisagez de cotiser à un REER plutôt que de verser des cotisations additionnelles à un RPA

▪ Cotisez au REER de votre conjoint (ou conjoint de fait) si le revenu prévu au moment de votre retraite risque d'être plus élevé

▪ Transférez vos allocations de retraite ou vos indemnités de cessation d'emploi à votre REER

▪ Transférez jusqu'à 6 000 $ de prestations de pension au REER de votre conjoint avant le 1er mars 1995

▪ Envisagez de verser une cotisation non déductible à votre REER jusqu'à un maximum de 8 000 $

▪ Envisagez de retirer, conformément au Régime d'accession à la propriété, des fonds de votre REER afin d'acheter ou de construire une maison

▪ Retirez des fonds de votre REER dans les années où votre revenu est peu élevé

▪ Convertissez votre REER en une rente ou en un FERR lorsque vous atteignez l'âge de 71 ans

▪ Envisagez d'établir un régime individuel de pension

▪ Cherchez à savoir à quelle date les cotisations de l'employeur à un régime de retraite vous sont acquises

▪ Envisagez un REÉÉ pour vos enfants

Les régimes de revenu différé, plus particulièrement les REER et les régimes de pension agréés (RPA) (antérieurement régimes enregistrés de pension), sont les abris fiscaux les plus couramment utilisés au Canada. En termes simples, presque tout le monde devrait en profiter.

Le concept qui sous-tend les régimes de revenu différé est fort simple, bien que dans le détail, les règles puissent se révéler plutôt compliquées. Dans le présent chapitre, nous vous familiariserons avec les règles de base afin que vous puissiez

comprendre le système en général, et ensuite nous traiterons des options qui vous sont offertes et des mesures que vous pouvez prendre aux fins de la planification fiscale.

Les résidents du Québec devraient également consulter le chapitre 14 portant sur la fiscalité québécoise.

2.1 RÉGIMES ENREGISTRÉS D'ÉPARGNE-RETRAITE (REER)

2.1.1 QU'EST-CE QU'UN REER?

Vous entendez beaucoup parler des REER au mois de février de chaque année, lorsque la date d'échéance annuelle pour cotiser approche. Bien que l'acronyme REER signifie : « Régime enregistré d'épargne-*retraite* », un REER n'existe pas nécessairement en vue de la retraite. Il peut être utilisé tout simplement comme mécanisme de report de l'impôt.

Le concept à l'origine des REER est fort simple. Si vous consentez à mettre de côté une partie de votre salaire et à ne pas y avoir immédiatement accès, ce revenu, de même que les intérêts et le revenu supplémentaire qu'il rapporte, seront imposés lorsqu'ils auront été *reçus* plutôt que lorsqu'ils auront été *gagnés*.

> *EXEMPLE*
>
> *Si vous gagnez 60 000 $, vous payez de l'impôt sur 60 000 $.*
>
> *Supposons que vous gagnez 60 000 $, mais que vous placez 2 000 $ de ce revenu dans un REER. Vous serez imposé sur 58 000 $ seulement, soit le montant que vous avez* **reçu**.
>
> *Lorsque la somme de 2 000 $ mise de côté aura, quelques années plus tard, augmenté à 3 000 $ en franchise d'impôt, vous pourrez alors retirer de votre REER la somme de 3 000 $ qui sera ajoutée à votre revenu et imposée à ce moment-là. Encore là, vous serez imposé l'année où vous aurez reçu la somme initiale de 2 000 $, maintenant augmentée à 3 000 $, plutôt que l'année où vous l'avez* **gagnée.**

Les règles régissant les REER sont bien sûr plus complexes que ne l'illustre l'exemple ci-dessus. Le montant que vous pouvez cotiser à un REER est limité de bien des façons.

2.1.2 COMMENT ÉTABLIR UN REER?

Un REER peut être établi très facilement dans presque toute banque ou société de fiducie, ou par l'entremise d'un courtier en valeurs mobilières ou d'un agent d'assurance-vie. En résumé, vous ne faites que remplir un formulaire et cotiser un montant d'argent au régime. Certains établissements vous remettront votre reçu officiel pour fins d'impôt immédiatement, mais la plupart vous l'enverront par courrier quelques semaines plus tard, à temps pour que vous puissiez le joindre à votre déclaration de revenus.

2.1.3   QUEL MONTANT POUVEZ-VOUS COTISER?

Les cotisations à un REER sont déductibles pour toute année si elles sont effectuées dans l'année ou dans les *60 jours suivant la fin de l'année*. Par conséquent, si vous cotisez d'ici le 1er mars 1995, vous pouvez obtenir une déduction sur votre déclaration de revenus de 1994 (et le remboursement qui en résulte vous parviendra au cours du printemps de 1995). Comme 1996 est une année bissextile, veuillez prendre note que la date d'échéance pour votre cotisation de 1995 est le 29 février 1996 et non le 1er mars.

Le montant que vous pouvez cotiser à un REER est limité de trois façons : en dollars, soit 13 500 $ pour 1994 et 14 500 $ pour 1995; en pourcentage, soit 18 % du revenu gagné de l'année précédente; et par votre « facteur d'équivalence ». Nous examinerons donc chacun de ces facteurs.

Le plafond en dollars du REER

Le plafond des cotisations à un REER sera haussé jusqu'à 15 500 $, mais cette hausse s'échelonnera sur plusieurs années :

Année	Plafond des cotisations à un REER
1991	11 500 $
1992	12 500 $
1993	12 500 $
1994	13 500 $
1995	14 500 $
1996	15 500 $

Le pourcentage du revenu gagné de l'année précédente

La déduction annuelle est limitée à **18 %** du revenu gagné de l'année **précédente**. En d'autres mots, le plafond de votre cotisation annuelle pour 1994 (devant être versée avant le 1er mars 1995) s'établit à 18 % de votre revenu gagné en 1993.

Le « revenu gagné » est synonyme de « salaire » pour la plupart des employés, soit le montant brut du salaire avant les déductions de l'impôt sur le revenu, des primes d'assurance-chômage, des cotisations au RPC (ou RRQ), etc., qui font l'objet de retenues à la source. Le « revenu gagné » inclut le revenu d'entreprise si vous êtes un travailleur autonome ou un associé actif dans une entreprise. Il comprend également :

- les subventions de recherche, moins les dépenses déductibles afférentes;
- les redevances afférentes à des ouvrages ou à des inventions dont vous êtes l'auteur ou l'inventeur;
- les sommes imposables telles les pensions alimentaires, les allocations indemnitaires et les montants reçus pour subvenir aux besoins d'un enfant (se reporter à la section 1.2.1);

■ le revenu net de location tiré de biens immeubles;

■ le revenu de prestations d'invalidité du RPC/RRQ.

Les déductions suivantes *diminuent* le revenu gagné:

■ les pensions alimentaires, les allocations indemnitaires et les montants versés pour subvenir aux besoins d'un enfant;

■ la plupart des frais déductibles relatifs à un emploi, tels les cotisations syndicales et les frais de déplacements (mais non les cotisations à un régime de retraite).

Le revenu gagné n'inclut pas la plupart des revenus de placement, tels les intérêts ou les dividendes, et les gains en capital. De plus, il ne comprend pas les prestations de pension, les allocations de retraite, les indemnités de cessation d'emploi, les prestations consécutives au décès et tout montant provenant d'un REER, d'un FERR ou d'un régime de participation différée aux bénéfices (RPDB).

Si votre revenu gagné en 1993 s'élève à 75 000 $ et plus, vos cotisations à un REER pour 1994 seront limitées à 13 500 $ (moins le montant du facteur d'équivalence dont il est question ci-après). Autrement, vos cotisations seront limitées à 18 %.

De la même façon, si votre revenu gagné en 1994 s'élève à 80 555 $ ou plus, vos cotisations à un REER pour 1995 seront limitées à 14 500 $ (moins le montant du facteur d'équivalence dont il sera question ci-après). Autrement, vos cotisations pour 1995 seront limitées à 18 %.

Le facteur d'équivalence

Une fois que le montant maximal de vos cotisations à un REER est établi en calculant 18 % du revenu gagné de l'année précédente, et en tenant compte du plafond en dollars du REER qui figure dans le tableau ci-dessus, vous devez y soustraire le montant correspondant à votre **facteur d'équivalence** (FE), s'il y a lieu. Le FE représente la valeur présumée des prestations de retraite que vous avez gagnées au cours de l'année précédente en vertu d'un régime de pension agréé. En d'autres termes, plus le montant épargné en vue de la retraite (qu'il soit versé par vous ou votre employeur) est important, moins il vous sera permis de cotiser à un REER en vertu de la *Loi de l'impôt sur le revenu*.

Si vous ne participez *pas* à un RPA ou à un régime de participation différée aux bénéfices dans le cadre de votre emploi, votre facteur d'équivalence est nul et vous êtes ainsi en mesure de verser dans un REER la cotisation maximale de 18 % de votre revenu gagné de l'année précédente (sans excéder le plafond en dollars du REER).

Autrement, votre facteur d'équivalence servant à établir votre cotisation au REER pour 1994 devrait être inscrit sur votre feuillet T-4 de 1993 ainsi que sur l'avis de cotisation que vous aurez reçu au printemps de 1994 à la suite de la production de votre déclaration de revenus pour 1993.

Dans le cas des régimes de pension « à cotisations déterminées » (se reporter à la section 2.2.1), le facteur d'équivalence représente le total des cotisations effectuées à votre régime par vous ou par votre employeur. La même règle s'applique aux régimes de participation différée aux bénéfices (se reporter à la section 2.3), sauf que les cotisations ne sont versées que par l'employeur. Quant aux régimes de pension « à prestations déterminées » (celui auquel la plupart des gens participent), le facteur d'équivalence est établi à partir d'un calcul qui prend en considération le montant des prestations que vous recevrez au moment de votre retraite en contrepartie des années de service.

Dans certains cas, un **facteur d'équivalence pour services passés** (FESP) pourrait également réduire le montant de votre plafond de cotisations à un REER. De façon générale, un FESP intervient lorsque vos prestations de retraite, en vertu d'un régime à prestations déterminées, augmentent rétroactivement.

EXEMPLE

Geneviève participe au régime de pension agréé de son employeur. Elle a un revenu gagné de 60 000 $ en 1993 et le FE de 1994 inscrit sur son feuillet T4 de 1993 et sur l'avis de cotisation qu'elle a reçu de Revenu Canada vers le milieu de 1994 se chiffre à 3 200 $.

Avant de tenir compte de son facteur d'équivalence, Geneviève établit le montant de ses cotisations pour 1994 en calculant 18 % de son revenu gagné de 1993 n'excédant pas le plafond de 13 500 $, ce qui correspond à 10 800 $. Ensuite, elle doit y soustraire le montant de son facteur d'équivalence, soit 3 200 $. Par conséquent, le montant que Geneviève sera en mesure de verser dans son REER avant le 1er mars 1995 et qui fera l'objet d'une déduction dans sa déclaration de revenus de 1994 s'élève à 7 600 $.

Le report prospectif des déductions inutilisées et des cotisations non déduites au titre des REER

Dans la mesure où vous ne versez pas le maximum déductible au titre des REER, vous pouvez « reporter » le montant de la déduction inutilisée et effectuer cette cotisation au cours d'une des sept années subséquentes. Cependant, il est intéressant de noter que dans de nombreux cas, la période du report prospectif peut être de bien plus que de sept ans puisque les déductions inutilisées peuvent s'appliquer au nouveau revenu gagné, créant ainsi de nouvelles déductions inutilisées.

De même, lorsque vous versez des cotisations à votre REER, mais choisissez de ne pas les déduire durant l'année au cours de laquelle vous avez cotisé, vous pouvez déduire ce montant en tout temps au cours des années subséquentes (pourvu que le total de vos cotisations n'excède pas le plafond REER établi pour cette même année).

EXEMPLE

Geneviève, de l'exemple précédent, a un maximum déductible au titre des REER de 7 600 $ en 1994. Elle décide cependant *de ne verser qu'une cotisation de 5 000 $ dans un REER pour cette même année.*

Geneviève est donc en mesure de reporter prospectivement la cotisation inutilisée de 2 600 $. Elle peut verser une cotisation plus élevée au cours d'une des sept prochaines années (1995 à 2001) et probablement plus tard, à condition de continuer à avoir un revenu gagné. Si le plafond des cotisations au REER de Geneviève pour 1995 se chiffre également à 7 600 $, elle pourra ainsi y verser jusqu'à 10 200 $, montant qui sera déductible en 1995.

Nous vous recommandons de vérifier attentivement le plafond de cotisation inscrit sur l'avis de cotisation que vous avez reçu de Revenu Canada. En cas d'erreur, vous n'aurez pas droit de déduire une cotisation que vous auriez pu, par ailleurs, déduire.

2.1.4   QUELLE EST L'ÉCONOMIE D'IMPÔT RÉALISÉE?

Quelle est l'économie d'impôt réalisée sur votre cotisation? Tout dépend de votre taux marginal d'imposition. Les taux varient d'une province à l'autre en raison des différents taux provinciaux d'impôt (se reporter à l'annexe II), mais ils sont *approximativement* les suivants :

27 % sur un revenu inférieur à 29 590 $;

41 % sur un revenu entre 29 590 $ et 59 180 $; et

50 % sur un revenu supérieur à 59 180 $.

Dans l'exemple ci-dessus, si le revenu imposable de Geneviève, diminué de toute autre déduction, se situait entre 34 590 $ et 59 180 $, sa cotisation de 5 000 $ à un REER lui permettrait de toute façon d'économiser 41 % de ce montant, soit 2 050 $ pour 1994. D'autre part, dans le cas d'un particulier dont le revenu imposable serait supérieur à 59 180 $, même en comptant la déduction au titre du REER, ce même montant de 5 000 $ donnerait lieu à une économie d'environ 2 500 $. De toute évidence, les REER sont plus avantageux, du point de vue fiscal, pour ceux qui ont un revenu plus élevé.

Vous devriez garder à l'esprit la valeur de votre déduction et tenter de profiter du mécanisme de report prospectif, lorsque vous demandez vos déductions afférentes à votre REER. Par exemple, si votre revenu annuel est peu élevé, il pourrait être avantageux de verser la *cotisation* maximale admise à votre REER, mais de reporter la *déduction* à une année subséquente, soit lorsque vous serez assujetti à un taux marginal d'imposition supérieur. Cependant, assurez-vous de ne pas être obligé de payer l'impôt minimum (se reporter au chapitre 11), lorsque vous réclamez d'importantes déductions au titre de votre REER pour une année donnée.

2.1.5   QUE DEVIENNENT LES FONDS VERSÉS DANS LE REER?

Tant que les fonds demeurent dans le REER, ils ne sont pas assujettis à l'impôt. Quels que soient les montants d'intérêts, de dividendes, de gains ou de pertes en capital qui en résultent, aucun impôt ne sera perçu tant que les fonds ne seront pas retirés du REER. (Comme nous le verrons, vous devez liquider le REER à la fin de l'année au cours de laquelle vous atteignez l'âge de 71 ans, bien qu'il soit encore possible de reporter une partie de l'impôt à payer.)

L'incidence des intérêts composés en franchise d'impôt est fort impressionnante. Comparez les deux situations suivantes: A, vous investissez 5 000 $ de votre salaire dans un REER pendant une période de 10 ou 20 ans à un taux d'intérêt de 10 %; et B, vous gagnez le même taux d'intérêt de 10 %, mais assujetti à l'impôt. L'exemple suppose un taux marginal d'impôt de 50 %.

	1994	2004	2014
A. Investir 5 000 $ dans			
un REER:	5 000 $	12 969 $	33 637 $
Après le retrait:		6 484 $	16 818 $
B. Ne pas placer 5 000 $ dans un REER, donc être imposé sur ce montant immédiatement:	2 500 $	4 072 $	6 633 $

Dans le cas A, vous payez 50 % en impôt lorsque vous retirez les fonds mais, entre temps, leur valeur a augmenté substantiellement. Après 20 ans, votre cotisation de 5 000 $ vaut 16 818 $ *après* impôt. Dans le cas B, puisque le taux d'intérêt annuel de 10 % est imposé, il ne vous reste que 5 % à réinvestir en vue d'obtenir des intérêts composés. Le fait que vous puissiez, dans le cas B, utiliser en tout temps la somme de 6 633 $ (après 20 ans), sans avoir à payer sur ce montant l'impôt de 50 % comme dans le cas A, est quand même loin de compenser la valeur des intérêts composés en franchise d'impôt.

Bien entendu, si vous payez des intérêts qui ne sont pas déductibles comme des intérêts hypothécaires, qui sont également composés avant impôt, il serait peut-être plus avantageux de rembourser votre prêt hypothécaire que d'effectuer des cotisations à un REER. Dans ce cas, vous pouvez généralement profiter de vos déductions inutilisées en contribuant et déduisant un montant plus élevé à votre REER dans une année subséquente, lorsque vous disposerez des fonds pour le faire.

Comme nous l'avons mentionné plus haut, votre REER peut être investi sous différentes formes. La plus simple, et habituellement la moins rentable, consiste en un compte de dépôts qui produit des intérêts mensuellement ou deux fois par année. De nombreux particuliers investissent plutôt dans des certificats de placement garanti (CPG) à plus long terme ou dans des dépôts à terme. Si vous traitez avec une banque, une société de fiducie ou une compagnie d'assurance-vie, ces placements sont les plus courants, la seule différence résidant dans le taux d'intérêt que vous pouvez obtenir, par exemple, d'un CPG de 1 an par rapport à un CPG de 5 ans. (Bien entendu, vous ne voudrez pas geler vos fonds pendant 5 ans si vous prévoyez les retirer plus tôt pour vous prévaloir, par exemple, du Régime d'accession à la propriété (se reporter à la section 2.1.8).)

Si vous êtes ambitieux et désireux de prendre un peu plus de risques en investissant dans des actions ou des obligations de votre choix, vous pouvez établir un REER **autogéré**. Pour ce faire, on a ordinairement recours à un courtier en valeurs mobilières ou à une institution financière qui réclamera des frais annuels variant de 100 $ à 150 $ (en plus des commissions ordinaires sur tout échange d'actions). Vous décidez alors dans quels titres vous désirez investir votre REER. Ce n'est pas une forme d'investissement nécessairement sûre et, pour cette raison, il existe des restrictions relativement aux placements admissibles afin que vos fonds soient au moins investis de manière raisonnable. Les « placements admissibles » aux fins d'un REER comprennent :

- les montants en espèces;
- les obligations municipales, gouvernementales et de sociétés d'État;
- les certificats de placement garanti, les dépôts à terme et les bons du Trésor;
- certains prêts hypothécaires assurés par le gouvernement;
- les actions ou les obligations de sociétés inscrites aux bourses canadiennes;
- les fonds mutuels;
- les actions inscrites à certaines bourses étrangères et les obligations de certains gouvernements étrangers (cependant, l'investissement dans des valeurs étrangères ne peut être supérieur à 20 % du REER;
- les actions de certaines petites entreprises.

Les règles relatives aux détails (p. ex., quels prêts hypothécaires et les actions de quelles petites entreprises constituent des placements admissibles?) sont extrêmement complexes et vous devriez consulter un conseiller professionnel si vous désirez investir dans votre REER autogéré autrement que par des bons du Trésor et des obligations de sociétés d'hydro-électricité (considérés en général comme étant des placements très sûrs, soit dit en passant). Si vous êtes un investisseur avisé, un REER autogéré peut se révéler beaucoup plus rentable à long terme.

Vous pouvez même prendre des mesures pour placer votre propre prêt hypothécaire dans votre REER. En d'autres termes, vous versez des fonds dans votre REER, vous recevez une déduction fiscale et vous vous accordez un prêt avec ces fonds. Ce n'est pas facile à faire, toutefois, car le prêt hypothécaire doit être assuré par le gouvernement fédéral et diverses autres restrictions s'appliquent.

L'idée d'investir dans votre propre prêt hypothécaire peut vous sourire, mais elle n'est pas nécessairement la meilleure sur le plan financier. Puisque l'investissement doit être fait au taux du marché, il se peut, selon l'importance de votre prêt hypothécaire, que vous ne soyez pas en meilleure posture, une fois que tous les frais juridiques, les droits d'expertise, etc., auront été pris en considération.

Si vous ou votre conjoint n'avez pas été propriétaire d'une maison pendant les cinq dernières années, vous pouvez emprunter des fonds dans votre REER pour acheter ou construire une maison. Il sera question plus loin, dans la section 2.1.8, de ce programme appelé « Régime d'accession à la propriété ».

2.1.6 COMMENT PROCÉDER AU RETRAIT DE VOS FONDS D'UN REER?

Il existe essentiellement quatre façons de procéder au retrait de vos fonds d'un REER, et il vous faut faire un choix à la **fin de l'année au cours de laquelle vous atteignez l'âge de 71 ans**. Ces quatre méthodes sont énumérées ci-après.

2.1.6.1 LE RETRAIT DES FONDS

La première, et la plus facile, est le simple **retrait**. Le montant des fonds retirés du REER est inclus dans votre revenu dans l'année où les fonds sont retirés et imposé comme un revenu ordinaire, bref comme si c'était un salaire, même si une partie de la valeur du REER est constituée de gains en capital (qui, à l'extérieur d'un REER, sont imposés en partie seulement, à moins d'être entièrement exonérés d'impôt). Un impôt sera retenu à la source par l'établissement financier et remis à Revenu Canada (et au ministère du Revenu du Québec) pour vous (se reporter à la section 2.5.9). Puis, sur votre déclaration de revenus, vous inscrivez le plein montant du retrait et le montant retenu à la source pour ensuite soit recevoir un remboursement, soit devoir régler la différence entre le montant d'impôt retenu et le montant d'impôt à payer.

2.1.6.2 L'ACHAT D'UNE RENTE

La deuxième méthode consiste en l'achat d'une **rente**. Aucune partie du REER ne sera imposée immédiatement, mais les paiements de rente seront imposés au fur et à mesure que vous les recevrez. (Comme nous l'avons indiqué à la section 1.3.7, un revenu maximum de 1 000 $ par année peut être exonéré d'impôt au moyen du crédit d'impôt pour revenu de pension.)

Il existe trois types généraux de rentes : la « rente à échéance fixe » payable à vous ou à votre succession pendant un nombre fixe d'années; la « rente viagère à bénéficiaire unique » qui vous sera versée aussi longtemps que vous vivrez; et la « rente réversible » qui sera versée aussi longtemps que vous ou votre conjoint vivrez. De nombreuses autres options sont offertes, comme une rente viagère assortie d'une période garantie, d'une indexation suivant l'inflation, d'une réduction du montant des paiements au moment du décès de votre conjoint ou du début du versement de la pension de sécurité de la vieillesse, et ainsi de suite. Il y a lieu de discuter avec votre agent d'assurance-vie des possibilités offertes et de leur incidence sur les paiements de rente mensuels que vous recevrez. (Une rente viagère ne peut être achetée qu'auprès d'une compagnie d'assurance-vie. Vous pouvez également acquérir une rente à durée certaine auprès de sociétés de fiducie.)

2.1.6.3	LA CONVERSION D'UN REER EN FERR

La troisième option qui s'offre à vous est de convertir votre REER en un **fonds enregistré de revenu de retraite** (FERR). Un FERR est somme toute similaire à un REER, en ce sens que vous pouvez l'investir dans divers types de valeurs. Toutefois, vous devez retirer de votre FERR au moins un « montant minimum » chaque année et le déclarer aux fins de l'impôt sur le revenu. (Encore une fois, un montant maximal de 1 000 $ par année peut être exonéré d'impôt au moyen du crédit d'impôt pour revenu de pension, comme nous l'avons mentionné à la section 1.3.7.)

Pour un FERR établi avant 1993, le montant que vous devez en retirer chaque année jusqu'à ce que vous atteigniez l'âge de 78 ans correspond à 1/N de la valeur du FERR au début de l'année, N correspondant au nombre d'années restantes avant que vous (ou votre conjoint) n'atteigniez l'âge de 90 ans. À compter de l'âge de 78 ans, le montant que vous devez retirer d'un FERR établi en 1993 ou plus tard correspond à une fraction qui augmente graduellement chaque année et qui sera de 20 % au moment où vous atteindrez l'âge de 94 ans.

2.1.6.4	LA CONVERSION D'UN REER IMMOBILISÉ EN UN FONDS DE REVENU VIAGER (FRV)

Un fonds de revenu viager peut remplacer une rente viagère lorsque certains particuliers, qui participaient antérieurement à un régime de pension agréé, quittent leur emploi ou mettent fin à leur adhésion au régime. Le FRV constitue également une option pour ceux qui ont transféré des fonds de retraite à un **REER immobilisé** (se reporter à la section 2.1.7.2).

Un FRV s'apparente à un FERR (se reporter à la section 2.1.6.3) pour fins fiscales, assorti toutefois de restrictions additionnelles. Comme c'est le cas pour tout autre FERR, un retrait minimum doit être effectué chaque année. De plus, aux termes d'un FRV, le montant qui peut être retiré chaque année jusqu'à l'âge de

80 ans est assujetti à une limite *maximale*. (Par conséquent, les fonds demeurent « immobilisés », au même titre qu'un régime de retraite ou un REER immobilisé.) Le solde des fonds d'un FRV doit servir à acheter une rente viagère au plus tard le 31 décembre de l'année au cours de laquelle le particulier atteint l'âge de 80 ans.

En termes de source de revenu, un FRV peut remplacer avantageusement une rente viagère. Les FRV sont maintenant disponibles dans toutes les provinces, à l'exception de Terre-Neuve et de l'Île-du-Prince-Édouard; cependant, l'achat d'un FRV ne peut (jusqu'à présent) être effectué avec des fonds régis par la réglementation fédérale (par opposition à provinciale) en matière de pensions. Vous devriez donc faire appel à votre conseiller professionnel afin de déterminer si vous pouvez vous prévaloir des FRV.

| 2.1.7 | RÈGLES SPÉCIALES RÉGISSANT LES REER |

Un certain nombre de règles traitent des situations particulières à l'égard des REER. Nous n'y ferons référence que brièvement et il vous incombe donc de consulter des conseillers professionnels si de telles situations s'appliquent à votre cas.

| 2.1.7.1 | RÉGIMES DU CONJOINT |

Les règles régissant les REER vous permettent de cotiser à un REER pour votre conjoint et de réclamer la déduction pour vous-même. Le total de vos cotisations à votre propre REER et à celui de votre conjoint reste assujetti aux mêmes plafonds (18 % du revenu net de l'année précédente ou (pour 1994) 13 500 $, moins le montant du facteur d'équivalence de l'année précédente, s'il y a lieu). L'avantage réside dans le fait que votre conjoint sera la personne qui, éventuellement, déclarera le revenu aux fins de l'impôt lorsque les fonds seront retirés au moment de la retraite ou autrement. Si votre conjoint a un revenu moins élevé que le vôtre, l'impôt sur le revenu pourrait, en conséquence, être beaucoup moindre.

Si votre conjoint retire de son REER les sommes que vous y avez cotisées au cours de l'année et *des deux années subséquentes* (se reporter à la section 3.3.11), le montant ainsi retiré devra être inclus dans votre revenu (et non pas dans celui de votre conjoint), ceci pour empêcher que les REER du conjoint soient utilisés à des fins de « fractionnement du revenu » (se reporter au chapitre 3).

EXEMPLE

David et Marisa sont mariés. David cotisera 5 000 $ au REER de Marisa en février 1995 et réclamera la déduction sur sa déclaration de revenus de 1994.

Si Marisa retire les fonds d'ici la fin de 1997, une somme de 5 000 $ sur le montant retiré sera traitée comme un revenu

*de David et non de Marisa. (Si, toutefois, David cotise en dé-
cembre 1994, la date est ramenée à la fin de 1996.)*

Cette règle ne s'applique pas si les conjoints sont séparés ou di-
vorcés.

Veuillez prendre note qu'en général, le fait que vous et votre
conjoint vous vous sépariez ou vous divorciez aura peu d'incidence
sur la propriété réelle des fonds en vertu de la législation provinciale. Dans la plupart des provinces, la règle exige que de tels fonds
soient mis en commun et partagés entre les conjoints. À cet égard,
il existe des règles permettant un fractionnement des fonds d'un
REER en franchise d'impôt.

| 2.1.7.2 | TRANSFERTS D'UN REER ET TRANSFERTS À UN REER |

Les REER peuvent, en général, faire l'objet d'un transfert à d'autres REER ou à des FERR sans incidence fiscale, simplement au
moyen de la production d'un formulaire dûment rempli.

Aux termes de la législation sur les pensions, il se peut que
vous ne puissiez retirer vos prestations de pension du régime de votre employeur au moment de votre départ. Cette législation est
connue sous le nom de législation «d'immobilisation». Les prestations de pension assujetties à cette législation peuvent être toutefois
transférées à un REER immobilisé (appelé «compte de retraite immobilisé» au Québec). Les REER immobilisés sont assujettis
essentiellement aux mêmes restrictions en matière de retrait de
fonds que celles régissant le régime de retraite d'origine. En règle
générale, vous ne pourrez par exemple avoir accès aux fonds du régime immobilisé avant l'âge de retraite prévue par votre régime
d'origine, moins 10 ans. Par contre, le REER immobilisé vous offrira une plus grande souplesse en matière de choix de placement. Il
peut en outre être converti en un fonds de revenu viager ou FRV (se
reporter à la section 2.1.6.4).

Le transfert d'un régime de pension agréé à un REER immobilisé ou à un FRV, s'il est permis en vertu de la législation sur les
pensions, n'entraîne habituellement aucune incidence fiscale, bien
qu'en vertu de la *Loi de l'impôt sur le revenu,* des restrictions peuvent être imposées sur les montants pouvant être transférés d'un
régime de pension «à prestations déterminées».

Des règles spéciales permettent qu'une «allocation de retraite»
(qui, telle qu'elle est définie dans la *Loi de l'impôt sur le revenu,* inclut l'indemnité de cessation d'emploi et les montants accordés en
raison d'un congédiement injustifié) soit transférée en franchise
d'impôt à un REER plutôt que d'être imposée en tant que revenu
lorsqu'elle est reçue. Le montant pouvant ainsi être transféré est
normalement limité à 2 000 $ par année de service, et majoré de
1 500 $ pour les années d'emploi antérieures à 1989 et à l'égard
desquelles les cotisations de l'employeur ne sont pas acquises par
l'employé. (Si le montant que vous transférez est important, il pourrait donner lieu à un impôt minimum. Se reporter au chapitre 11.)

Jusqu'au 1er mars 1995, les paiements périodiques provenant d'un régime de pension agréé ou d'un régime de participation différée aux bénéfices, peuvent être déductibles s'ils sont versés à un REER du conjoint, sous réserve d'un plafond de 6 000 $. Cette déduction ne sera plus disponible après l'année d'imposition 1994.

2.1.7.3   DÉCÈS

Au moment de son décès, un contribuable est normalement imposé sur le montant total des fonds dans tout REER ou FERR qu'il détenait, sauf si les fonds sont légués au conjoint du contribuable qui, dans ce cas, sont inclus dans le revenu du conjoint (se reporter à la section 12.7.1). Dans la mesure où les fonds proviennent d'un REER, ils peuvent être transférés au REER ou FERR du conjoint, de façon à permettre une déduction qui annule l'inclusion au revenu. Ces fonds peuvent aussi être utilisés pour l'achat d'une rente. Dans les cas où il n'y a pas de conjoint survivant et que les fonds du REER ou du FERR sont légués à un enfant ou un petit-enfant à charge financièrement, les fonds provenant du REER ou du FERR seront imposés comme revenu de l'enfant ou du petit-enfant du défunt au titre de paiement forfaitaire, ou encore ils seront utilisés pour l'achat d'une rente échéant à l'âge de 18 ans. L'exécuteur de la succession du défunt devrait obtenir les conseils d'un professionnel en la matière.

Se reporter au chapitre 12 pour obtenir des renseignements généraux sur les répercussions fiscales du décès.

2.1.8   LE RÉGIME D'ACCESSION À LA PROPRIÉTÉ

Instauré en 1992 à titre de mesure temporaire, le Régime d'accession à la propriété est maintenant considéré comme un programme permanent, bien qu'il ne soit plus accessible à tous les contribuables. Les règles énumérées ci-dessous s'appliquent après le 1er mars 1994.

Si vous êtes admissible, vous pouvez retirer, en vertu du Régime d'accession à la propriété, jusqu'à **20 000 $ de votre REER** sous forme **d'emprunt** pour acheter ou construire une maison, sans que ce retrait soit considéré comme un revenu. Vous devez ensuite rembourser l'emprunt, sans intérêt, sur les 15 années suivantes.

Qui peut se prévaloir du Régime d'accession à la propriété?

Le Régime ne peut être utilisé que par ceux que le gouvernement désigne comme étant « **acheteur d'une première maison** ». Vous n'êtes pas « acheteur d'une première maison » si vous avez déjà possédé et habité une maison au cours des **quatre dernières années civiles** qui était votre résidence principale. Vous pouvez acquérir une maison pendant l'année en cours (la 5e année civile), à condition de retirer les fonds en vertu du Régime au cours des 30 jours suivant la date d'acquisition. Si votre conjoint possédait et habitait une maison pendant cette période et si vous avez habité dans cette maison au cours de votre union, vous n'êtes pas admissible non plus. (Rappelez-vous que le terme « conjoint » s'applique également au conjoint de fait, selon la description qui en est faite à la section 1.3.1.) De plus, vous ne pouvez, en règle générale, vous prévaloir du Régime si vous vous en êtes prévalu dans le passé.

(Ces restrictions sont nouvelles. La version antérieure du Régime d'accession à la propriété, soit celle en vigueur du 26 février 1992 au 1er mars 1994, continue à s'appliquer à tous les particuliers, sans exception.)

Comment le régime fonctionne-t-il?

Vous pouvez emprunter (retirer) jusqu'à 20 000 $ de votre REER en vertu du Régime. Si vous et votre conjoint possédez un REER, vous pouvez emprunter, à deux, un maximum de 40 000 $, à condition de devenir conjointement propriétaires de la maison. Vous devez acheter une maison admissible avant le 1er octobre de l'année suivant celle du retrait. Vous devez également habiter la maison qui sera considérée comme étant votre résidence principale au plus tard un an après en avoir conclu l'achat. Le retrait ne sera pas imposable. Cependant, votre REER doit être composé de fonds en liquidités; si les fonds sont immobilisés dans un CPG ou dans tout autre placement à long terme, vous devrez alors prendre les mesures nécessaires pour les transformer en liquidités dans votre REER avant de pouvoir les retirer.

Lorsque vous retirez les fonds, vous devez remplir le formulaire T1036, certifiant que vous avez conclu une entente par écrit en vue d'acheter une nouvelle maison et en donner l'adresse. Ainsi, l'institution financière ne retiendra pas d'impôt sur les fonds qu'elle vous versera.

Veuillez remarquer que le Régime d'accession à la propriété ne vous octroie pas le droit de retirer des fonds de votre REER si vous n'aviez pas déjà ce droit. Si les fonds de votre REER sont investis dans des dépôts à terme ou dans d'autres obligations à long terme, vous devrez alors négocier avec l'institution financière le retrait de ces fonds. De la même façon, si les fonds de votre REER sont immobilisés dans le REER collectif de votre employeur ou dans un « REER immobilisé », il vous sera peut-être impossible d'y avoir accès.

Après avoir emprunté les fonds, vous devez conclure l'acquisition au plus tard le 30 septembre de l'année *suivante*. (Cette échéance peut être prolongée de un an si l'entente échoit et si vous achetez une autre maison en remplacement.) Si vous retirez une somme inférieure au maximum permis de 20 000 $, vous pouvez retirer un montant additionnel jusqu'au 31 janvier suivant et traiter le tout comme un seul retrait.

Vous devez commencer à rembourser les fonds à compter de la deuxième année suivant le retrait. Vous pouvez choisir d'effectuer le remboursement d'une année jusqu'à 60 jours après la fin de l'année.

Si vous n'êtes pas en mesure de rembourser le montant prévu, vous devrez inclure le montant non remboursé dans votre revenu, aux fins de l'impôt. En effet, ce montant sera traité comme un retrait permanent de votre REER sur lequel vous serez imposé.

EXEMPLE

Charles détient un REER d'une valeur de 30 000 $. En septembre 1994, il signe une entente en vue d'acheter une nouvelle maison. En novembre 1994, il remplit le formulaire T1036 et retire 15 000 $ de son REER. L'achat de la maison est conclu en janvier 1995.

Il ne sera pas imposé sur le montant de 15 000 $ qu'il a retiré, ce qui lui permettra d'appliquer le montant complet à l'achat de la maison. Comme Charles a retiré les fonds en 1994, il doit rembourser 1 000 $ ($1/15$ du total) au titre de son REER en 1996 ou, au plus tard, le 1er mars 1997. S'il ne rembourse que 600 $, il devra inclure la somme de 400 $ dans son revenu de 1996 et il sera imposé sur ce montant.

Si Charles ne rembourse que la somme de 1 000 $ en 1996 (ou, au plus tard le 1er mars 1997), il devra verser $1/14$ du solde, un autre 1 000 $ en 1997 (ou, au plus tard le 1er mars 1998). Supposons qu'il rembourse 8 000 $ en 1996 et qu'il ne lui reste que 7 000 $ à remettre. En 1997, il devra de nouveau rembourser $1/14$ du solde, soit 500 $. Le fait d'avoir remboursé un montant plus élevé que prévu réduira, sans toutefois éliminer, son obligation de continuer à rembourser le solde au cours des années subséquentes.

Cotisations de l'année où vous utilisez le Régime

Vous ne pouvez pas déduire le montant de votre cotisation à un REER si vous décidez, pour vous prévaloir du Régime d'accession à la propriété, de retirer ce montant dans un délai de 90 jours suivant la date où vous l'avez versée. Aux fins de cette règle, tout solde faisant déjà partie de votre REER peut être considéré comme ayant été d'abord retiré. Par conséquent, la déduction sera refusée dans la mesure où le montant de votre nouvelle cotisation fait partie du retrait (effectué dans le délai de 90 jours suivant son versement).

Régime d'accession à la propriété—certaines situations particulières

Le Régime d'accession à la propriété peut servir en vue de construire une nouvelle maison sur un terrain qui vous appartient déjà. Au lieu de conclure une entente en vue de l'achat d'une maison, vous devez conclure une entente en vue de sa construction.

Si vous retirez les fonds sans toutefois conclure l'achat, vous pouvez, en règle générale, annuler votre participation au régime et remettre les fonds dans votre REER, sans incidence négative du point de vue fiscal. Par contre, si vous achetez une autre maison admissible, vous pouvez continuer à bénéficier du régime.

Si vous avez cotisé au REER de votre conjoint, celui-ci doit habituellement attendre jusqu'à trois ans avant de retirer les fonds, sans quoi vous serez imposé pour le montant du retrait (se reporter à la section 2.1.7.1). Cependant, grâce au Régime d'accession à la propriété, votre conjoint peut retirer les fonds en vue d'acheter une maison admissible; s'il advenait qu'il ne rembourse pas les fonds dans le délai total prévu de 15 ans, le revenu de votre conjoint, et non le vôtre, serait augmenté du montant non remboursé. (Toutefois, rappelez-vous que si votre conjoint retire les fonds, mais n'achète pas une maison admissible, de sorte que le montant complet retiré soit imposable dans l'année en cours, la règle d'attribution du revenu *s'appliquera* alors et vous, non votre conjoint, serez imposé sur le retrait.)

Si, à quelque moment que ce soit, vous ne résidez plus au Canada, vous serez tenu de rembourser le solde impayé au titre de votre REER dans un délai de 90 jours. Autrement, le solde sera inclus dans votre revenu pour l'année où vous deviendrez non-résident.

Advenant votre décès et qu'il reste un solde impayé, ce solde sera inclus dans votre revenu pour l'année du décès et votre succession sera tenue de payer l'impôt qui en découlera (se reporter à la section 12.1.1.). Cependant, si vous avez un conjoint survivant, votre exécuteur testamentaire et votre conjoint peuvent choisir de permettre à votre conjoint de rembourser les fonds pendant la période prévue de 15 ans, et le solde ne sera pas inclus dans votre revenu l'année de votre décès.

Devez-vous utiliser le Régime d'accession à la propriété?

À première vue, le Régime semble intéressant, puiqu'il vous permet d'avoir rapidement accès à une somme d'argent assez importante. Cependant, vous devez prendre en considération les coûts suivants.

Premièrement, vous perdez l'incidence des **intérêts composés en franchise d'impôt** (se reporter à l'exemple donné à la section 2.1.5). Cependant, ceci est compensé en partie par le fait que vous réduisez probablement les intérêts hypothécaires que vous auriez par ailleurs à payer avec de l'argent après impôt. Toutefois, la valeur du REER peut être significativement moins importante à votre retraite qu'elle ne l'aurait été en d'autres circonstances. Si vous dépendez de votre REER pour votre revenu de retraite, vous devez prévoir l'incidence de la baisse de revenu qui résultera du retrait d'une part importante des fonds et du remboursement sur une période de 15 ans.

Deuxièmement, vous devez vous assurer de disposer des **liquidités** nécessaires pour rembourser votre REER; sinon, vous serez imposé sur les fonds que vous aurez retirés. Lorsque vous calculez le montant dont vous aurez besoin pour vous acquitter de vos versements hypothécaires et de vos taxes foncières, n'oubliez pas d'inclure un minimum de $1/15$ du remboursement au titre du REER chaque année, à compter de la deuxième année suivant le retrait (exigible au plus tard 60 jours suivant la fin de l'année). Bien entendu, comme vous remboursez des fonds empruntés et que vous ne versez pas de nouvelles cotisations au titre de votre REER, vous ne bénéficiez d'aucune déduction pour les montants que vous remboursez.

Troisièmement, vous pourriez ne pas bénéficier d'une cotisation au titre de votre REER pour l'année courante. Ceci dépend du solde de votre REER. Il n'y a pas de problème si vous effectuez un retrait n'excédant pas la valeur de votre REER 90 jours avant la date du retrait. Autrement, vous devrez peut-être reporter le versement de la cotisation de l'année courante à une année subséquente. Il se trouverait alors une année pour laquelle les fonds ne pourront accumuler d'intérêts en franchise d'impôt et une augmentation de l'impôt exigible pour l'année courante, étant donné qu'aucune cotisation ne pourrait être déduite.

Néanmoins, si vous avez besoin des fonds pour vous aider à acheter votre première maison, le Régime d'accession à la propriété peut constituer une aide précieuse.

2.2   RÉGIMES DE PENSION AGRÉÉS (RPA)

2.2.1   RPA COURANTS

Un régime de pension agréé est mis sur pied par un employeur pour ses employés. La quasi-totalité des grandes sociétés et bon nombre de petites offrent de tels régimes qui se distinguent du Régime de pensions du Canada (ou, au Québec, du Régime des rentes du Québec) auquel tous les contribuables qui sont des employés et des travailleurs autonomes doivent cotiser.

L'employeur cotise (et déduit aux fins de l'impôt) un montant annuel pour le compte de chaque employé. Contrairement à la plupart des avantages relatifs à un emploi, ces montants ne sont pas imposés en tant qu'avantage provenant d'un emploi dans l'année où ils ont été versés. Les employés sont plutôt imposés sur le revenu de pension lorsqu'ils le *reçoivent*, ce qui survient normalement au moment de la retraite.

Dans certains cas, les employés peuvent être soit tenus, soit libres de faire des cotisations additionnelles au régime, cotisations qu'ils peuvent déduire aux fins de l'impôt au cours de l'année de cotisation.

Une fois qu'un employé prend sa retraite ou devient autrement admissible à la pension (p. ex., en changeant d'emploi après un certain nombre d'années de participation au régime), la totalité du revenu de pension est imposée en tant que revenu régulier au fur et à mesure que ce revenu est perçu. Un montant maximal de 1 000 $ par année peut être exonéré d'impôt par le biais du crédit d'impôt pour revenu de pension, comme l'indique la section 1.3.7.

Il existe deux types généraux de régimes de pension : les RPA à cotisations déterminées et les RPA à prestations déterminées. **Les régimes à cotisations déterminées** sont analogues aux REER en ce sens que c'est le montant des prestations de pension. Les régimes de retraite de la plupart des employés sont des **régimes à prestations déterminées**. Avec de tels régimes, vous savez dès le départ quel sera le montant de votre pension, lequel est habituellement calculé suivant un pourcentage de votre salaire réel sur un nombre d'années précis. Il incombe alors à l'employeur de cotiser suffisamment, et aux responsables de la gestion de la caisse de retraite d'investir judicieusement afin de s'assurer que le régime dispose toujours de fonds suffisants pour le versement de telles prestations.

2.2.2   RÉGIMES INDIVIDUELS DE PENSION (RIP)

Un régime individuel de pension (RIP) est exactement ce que son nom suggère : un régime de pension agréé conçu et structuré pour un seul particulier. Les propriétaires exploitants sont maintenant en mesure de satisfaire aux conditions afin que ce type de régime de retraite soit agréé par Revenu Canada.

Le concept du RIP est une stratégie d'épargne-retraite à deux volets. D'une part, votre employeur (ou votre société si vous en êtes le propriétaire exploitant) établit un régime de pension agréé personnalisé à prestations déterminées (RIP/RPA) dont vous serez le bénéficiaire exclusif. D'autre part, vous versez la cotisation maximale admissible à votre propre REER (ou à celui de votre conjoint), bien que le fait de participer à un RIP réduise considérablement votre plafond de cotisations à un REER. Le concept du RIP est différent de la stratégie usuelle qui serait de contribuer le montant maximum admissible à votre REER.

En général, le concept du RIP vous conviendra si :

- vous occupez un poste de cadre supérieur et (ou) êtes le propriétaire exploitant d'une société ;
- vous êtes âgé de plus de 40 ans ; et
- votre salaire de base est supérieur à environ 100 000 $.

Un RIP peut également être intéressant si vous participez déjà à un RPA collectif de l'employeur mais que les prestations ne sont pas aussi élevées que vous le désirez.

Si vous avez plus de 40 ans, le principal avantage du RIP est que vous ou votre employeur serez en mesure de verser des cotisations annuelles déductibles plus importantes que celles qu'il vous serait possible d'effectuer en vertu du REER régulier. En plus de maximiser les économies d'impôt, la possibilité de verser des cotisations admissibles plus importantes dans un RIP occasionne également en quelque sorte une forme d'épargne obligatoire. De plus, un RIP demeure habituellement à l'abri des créanciers tandis que la plupart des REER ne le sont pas.

À la cessation d'emploi ou à la retraite, tout surplus découlant du RIP peut être remis au participant après avoir payé l'impôt personnel. Le surplus désigne l'excédent de l'actif du RIP moins le coût réel des prestations déterminées en vertu de ce régime. Il est également possible de conserver ce surplus à l'abri de l'impôt, dans la mesure où votre RIP le permet, en constituant une rente viagère au moment de votre retraite (faites en sorte que votre RIP administre et vous paie [le bénéficiaire du régime] une rente viagère plutôt que d'en acheter une d'une compagnie d'assurance-vie). Cela pourrait se traduire par la possibilité de reporter l'impôt à payer sur tout surplus découlant du RIP longtemps après le moment de votre retraite, et même probablement jusqu'à votre décès et à celui de votre conjoint.

En fonction des circonstances, un RIP peut aussi vous donner l'occasion de verser des cotisations pour services passés et vous permettre de profiter encore davantage de l'abri fiscal que ces régimes vous procurent.

Les règles régissant les RIP sont assez complexes. N'hésitez pas à communiquer avec votre conseiller en fiscalité pour obtenir plus de renseignements.

2.3 RÉGIMES DE PARTICIPATION DIFFÉRÉE AUX BÉNÉFICES (RPDB)

Les régimes de participation différée aux bénéfices sont moins courants que les régimes de pension agréés. Ils fonctionnent de la même façon, en ce sens que les cotisations sont versées par l'employeur et imposées comme revenu de l'employé seulement lorsqu'il les reçoit, normalement au moment de la retraite.

Cependant, les cotisations de l'employeur au RPDB sont calculées en relation avec ses bénéfices et ne sont normalement pas exprimées en fonction d'un montant fixe en dollars par employé chaque année. De tels régimes peuvent être utilisés, par exemple, par des petites sociétés qui ne peuvent prédire quels seront leurs bénéfices et ne désirent pas s'engager dans de fortes cotisations à un régime de pension si elles encourent des pertes dans l'année.

Les cotisations de l'employeur à un RPDB sont habituellement limitées à 7 250 $ pour 1994 (7 750 $ pour 1995) pour chaque employé. Elles ne peuvent non plus dépasser 18 % de la rémunération versée à l'employé par l'employeur pendant l'année. Les cotisations de votre employeur à un RPDB entraîneront une hausse de votre facteur d'équivalence et réduiront, par conséquent, le montant des cotisations admises à un REER (se reporter à la section 2.1.3).

Un employé ne peut pas verser de cotisations à un RPDB.

Les RPDB ne peuvent être établis pour des employés qui sont aussi des actionnaires importants (les actionnaires qui détiennent plus de 10 % de toute catégorie d'actions) dans la société de l'employeur, ou pour des membres de leur famille. De tels régimes ne peuvent donc être utilisés pour les propriétaires exploitants de petites entreprises.

2.4   RÉGIMES ENREGISTRÉS D'ÉPARGNE-ÉTUDES (REÉÉ)

Les REÉÉ diffèrent quelque peu des régimes que nous venons de voir. Les cotisations à un REÉÉ ne sont *pas* déductibles. Toutefois, le revenu qui s'accumule dans le régime n'est pas assujetti à l'impôt, de sorte que les REÉÉ bénéficient de l'incidence favorable des intérêts composés en franchise d'impôt que nous avons décrite dans la section 2.1.5 ci-dessus.

Il existe deux façons d'adhérer à un REÉÉ. Vous pouvez souscrire à un régime collectif existant. Deux ou trois d'entre eux font l'objet d'une grande campagne publicitaire dans les revues sur les enfants et les cabinets de pédiatres. Si vous le désirez, vous pouvez établir un régime personnel, auquel cas vous aurez la haute main sur le placement des fonds ainsi que sur la désignation des bénéficiaires du régime.

Habituellement, les enfants ou petits-enfants bénéficiaires (ou les enfants d'un ami ou d'un parent) sont inscrits lorsqu'ils sont jeunes. Lorsque l'enfant fréquente le collège ou l'université, le REÉÉ fournit un revenu pour couvrir les frais de ses études. Le revenu sera imposable pour l'enfant qui, normalement, n'aura pas d'autres revenus importants et ne paiera donc que peu ou pas d'impôt.

Si l'enfant ne poursuit pas d'études post-secondaires, seuls les montants cotisés à un REÉÉ, mais non le revenu accumulé sur ces montants au fil des années, peuvent être recouvrés par le cotisant. Le revenu de placement excédentaire accumulé reste à la disposition d'autres bénéficiaires comme bourse d'études ou peut être versé à des institutions d'enseignement.

Le plafond de la cotisation annuelle de chaque particulier est fixé à 1 500 $ et celui de la cotisation totale à 31 500 $ à l'endroit de chaque bénéficiaire. De plus, la période maximale durant laquelle le revenu accumulé dans le REÉÉ n'est pas assujetti à l'impôt sera de 26 ans. Dans le cas des REÉÉ établis après le 20 février 1990, les prestations ne seront versées qu'aux personnes inscrites comme étudiant à *plein temps.*

2.5   CONSEILS DE PLANIFICATION

Maintenant que nous avons fait un tour d'horizon du système des régimes de revenu différé, examinons certaines des techniques de planification disponibles.

2.5.1   COTISEZ À UN REER TÔT DANS L'ANNÉE ET SOUVENT

Si vous avez à la banque des économies qui vous rapportent des intérêts, vous devriez en cotiser la plus grande partie possible à un

REER, même si vous êtes jeune et ne songez pas encore à votre retraite. L'exemple présenté à la section 2.1.5 montre combien il est rentable d'avoir des fonds qui produisent un revenu en franchise d'impôt.

Vous devriez également cotiser tôt dans l'année et non pas attendre l'échéance. Par exemple, votre cotisation pour 1995 peut être faite en tout temps du 1er janvier 1995 au 29 février 1996, si vous prévoyez la déduire dans votre déclaration de revenus de 1995. Si vous cotisez au début de 1995, tout le revenu gagné pour cette année s'accumulera en franchise d'impôt. L'incidence des cotisations faites tôt dans l'année après plusieurs années sera impressionnante. Assurez-vous, cependant, de ne pas excéder le plafond des cotisations admissibles avant de verser votre cotisation pour l'année et n'oubliez pas que toute cotisation annuelle sera limitée à 18 % de votre revenu gagné *l'année précédente*.

Vous pouvez accumuler toutes les cotisations inutilisées au titre d'un REER, s'il ne vous est pas possible de cotiser au cours d'une année donnée, en vue de verser la cotisation et de réclamer la déduction afférente au REER au cours d'années subséquentes, avant la fin de la période du report prospectif.

Si vous avez l'argent nécessaire et la possibilité de cotiser à un REER, mais ne voulez pas demander la déduction afférente à un REER pour une année où vous êtes assujetti à un taux d'imposition inférieur, versez votre cotisation durant l'année en question, mais reportez votre déduction. Comme nous l'avons mentionné à la section 2.1.3, vous êtes en mesure de demander la déduction au cours d'une année subséquente. En fait, si vous prévoyez être imposé à un taux supérieur au cours des prochaines années, cette stratégie vous permettra non seulement de favoriser la croissance de vos fonds en franchise d'impôt, mais aussi de maximiser vos économies d'impôt.

À des fins de liquidités, vous voudrez peut-être donner des instructions pour le virement mensuel de quelques centaines de dollars de votre compte bancaire ordinaire au compte de votre REER, ce qui assurera le versement régulier de vos cotisations à ce dernier pendant toute la durée de l'année.

Lorsque vous envisagez d'effectuer des placements à l'intérieur de votre REER, n'oubliez pas le principal inconvénient lié aux placements à long terme, tels les CPG de cinq ans. Si, pour des fins fiscales, vous décidez de retirer des fonds plus tôt (se reporter à la section 2.5.7 ci-dessous) ou de vous prévaloir du Régime d'accession à la propriété (se reporter à la section 2.1.8), vous risquez d'avoir des problèmes.

2.5.2 Envisagez d'établir un REER autogéré

Malgré les frais d'administration annuels, un REER autogéré vous donne la possibilité d'obtenir un meilleur rendement et, surtout, beaucoup plus de souplesse. Cependant, vous devez avoir le temps d'y consacrer toute l'attention nécessaire.

Envisagez de cotiser dans votre REER autogéré des actions (ou des placements portant intérêt) que vous détenez déjà plutôt que d'effectuer des cotisations en espèces. Des actions de petites entreprises ne peuvent être cotisées que dans des circonstances limitées (entre autres, vous ne devez pas être un actionnaire majoritaire de la société). Cependant, la plupart des actions et obligations de sociétés canadiennes cotées en bourse sont admissibles. Si vous avez l'intention de détenir certaines actions pendant une longue période, vous pouvez les cotiser à votre REER et obtenir ainsi une déduction fiscale sans sortie de fonds en espèces.

Cependant, veuillez prendre note que les gains en capital et les dividendes sont entièrement assujettis à l'impôt lorsqu'ils sont retirés du REER puisque vous êtes imposé sur le montant total retiré. Ainsi, si vous cotisez des actions (ou achetez des actions à l'intérieur de votre REER), tout gain en capital et tout dividende seront éventuellement imposés à un taux plus élevé que si vous les receviez directement (se reporter aux sections 4.2 et 5.1.2). Cependant, si vous laissez les fonds dans le REER pendant une période suffisante, le report de l'impôt et les intérêts composés en franchise d'impôt devraient plus que compenser la différence de taux d'imposition.

Le transfert de placements à votre REER peut donner lieu à un gain en capital puisque le transfert sera réputé avoir été fait à la juste valeur marchande. Vous devriez être en mesure d'utiliser la déduction des gains en capital pour les gains accumulés avant le 22 février 1994 (se reporter à la section 4.4) afin d'éliminer l'impôt sur le gain. Toutefois, il ne sera pas possible de déduire une perte en capital découlant d'un transfert des placements à votre REER (se reporter à la section 4.3).

Si vous détenez un REER autogéré, veillez à payer les frais d'administration à même vos fonds personnels et non à même votre compte REER. (En règle générale, votre courtier ou institution financière vous laissera le choix à cet égard.) Si vous payez ces frais à même les fonds de votre REER, vous réduisez la valeur des fonds qui peuvent s'accumuler en franchise d'impôt. Si vous vous servez d'un autre compte pour les payer, Revenu Canada vous permettra de les déduire à titre de « frais financiers » sur votre déclaration de revenus. Cette déduction ne modifie en rien votre plafond de cotisations et en supposant que les frais s'élèvent à 125 $, vous pouvez effectivement vous prévaloir d'une déduction fiscale maximale pour 1994 de 13 625 $ au titre de votre REER.

2.5.3   ENVISAGEZ DE PARTICIPER À UNE CORPORATION AGRÉÉE À CAPITAL DE RISQUE DE TRAVAILLEURS

Si vous habitez en Ontario, au Québec, en Colombie-Britannique, au Nouveau-Brunswick, en Saskatchewan, au Manitoba, en Nouvelle-Écosse ou à l'Île-du-Prince-Édouard, un crédit de 40 %

est accordé pour un placement allant jusqu'à concurrence de 5 000 $ par année dans une « corporation agréée à capital de risque de travailleurs » ou CACRT (se reporter aux sections 5.4.9 et 14.3.4). À Terre-Neuve, en Alberta et dans les territoires, seul un crédit fédéral de 20 % est accordé.

Vous pouvez acheter des actions d'une CACRT et les verser dans votre REER. De plus, vous pouvez habituellement acheter directement les actions par le biais de votre REER autogéré, à condition que le REER utilise les « nouveaux » fonds que vous cotisez à cette fin. D'une façon ou de l'autre, vous réclamez le crédit sur votre déclaration de revenus personnelle.

Associé à la déduction au titre des cotisations à un REER, un placement de 5 000 $ dans une CACRT peut vous coûter aussi peu que 340 $ après impôt. Particulièrement, si, par ailleurs, vous ne versez pas la cotisation maximale permise au titre de votre REER, il pourrait être avantageux pour vous d'envisager la possibilité d'effectuer un placement dans une CACRT au titre de votre REER. Avant de prendre une telle décision, assurez-vous d'en évaluer les avantages relatifs du point de vue investissement, puisqu'il s'agit en général d'un risque plus élevé et d'un placement peu susceptible de pouvoir être converti en espèces, c'est-à-dire non « liquide » (se reporter aux sections 5.4.9 et 5.7.6).

2.5.4 ENVISAGEZ DE COTISER À UN REER PLUTÔT QUE DE FAIRE DES COTISATIONS ADDITIONNELLES À UN RPA

Si, jusqu'à maintenant, vous avez fait des cotisations volontaires à votre régime de pension agréé à cotisations déterminées, envisagez donc plutôt de cotiser à un REER. Le montant que vous pouvez cotiser sera normalement le même, mais le REER vous donnera une plus grande souplesse à l'avenir. Toutefois, si vous désirez vous assurer de ne jamais avoir accès aux fonds avant la retraite, alors il y a tout lieu de continuer de cotiser à votre régime de pension.

2.5.5 COTISEZ AU REER DE VOTRE CONJOINT

Si vous prévoyez que le revenu de votre conjoint restera moins élevé que le vôtre, soit au moment de la retraite, soit à une date antérieure (y compris par exemple, en raison d'un congé de maternité prévu), vous devriez envisager d'effectuer des cotisations, si minimes soient-elles, au REER de votre conjoint plutôt qu'au vôtre, et de les effectuer en décembre, au plus tard, plutôt qu'au mois de février suivant. Votre conjoint pourra alors retirer les fonds à une date ultérieure (après avoir attendu la troisième année suivant l'année du versement de la dernière cotisation à l'un des régimes de votre conjoint) et payer un montant d'impôt moindre que celui que vous auriez à payer sur le même revenu. Nous étudierons plus en détail cette technique dans le chapitre sur le fractionnement du revenu, à la section 3.3.11.

Finalement, si vous êtes âgé de plus de 71 ans et avez eu un « revenu gagné » au cours de l'année précédente, rappelez-vous qu'un droit de cotisation à un REER vous sera attribué pour l'année courante. À condition que votre conjoint soit âgé de moins de 72 ans, vous êtes toujours en mesure de cotiser à son REER et de déduire le montant de la cotisation de votre revenu.

2.5.6   TRANSFÉREZ DES MONTANTS À VOTRE REER DANS LA MESURE DU POSSIBLE

Comme nous l'avons souligné à la section 2.1.7.2, les allocations de retraite et les indemnités de cessation d'emploi peuvent être transférées à votre REER, jusqu'à concurrence de 2 000 $ par année de service, plus 1 500 $ pour les années d'emploi antérieures à 1989 à l'égard desquelles les cotisations de l'employeur ne sont pas acquises par l'employé. Si vous effectuez de tels transferts, assurez-vous d'examiner les répercussions éventuelles de l'impôt minimum (se reporter au chapitre 11).

Jusqu'au 1er mars 1995, vous pourrez également transférer au REER de votre conjoint des versements périodiques provenant d'un régime de pension agréé ou d'un RPDB, jusqu'à concurrence de 6 000 $, et bénéficier d'une déduction du montant qui aurait été autrement assujetti à l'impôt.

Vous devriez, dans la mesure du possible, tirer parti de ces options, particulièrement lorsque vous pouvez ainsi accroître votre revenu admissible au crédit d'impôt pour revenu de pension au cours des années subséquentes (se reporter à la section 1.3.7).

2.5.7   ENVISAGEZ DE VERSER UNE COTISATION NON DÉDUCTIBLE DE 8 000 $ À UN REER

Une pénalité fiscale de 1 % par mois s'appliquera aux montants versés à un REER qui excèdent le plafond des cotisations admissibles (se reporter à la section 2.1.3). Cependant, une marge cumulative de 8 000 $ sera accordée avant le prélèvement de la pénalité, de sorte qu'un particulier ayant excédé par inadvertance le plafond fixé ne sera pas touché par cette mesure.

Si vous avez déjà cotisé le montant maximum pour les années 1994 et 1995, envisagez de verser une cotisation additionnelle pour un total de 8 000 $, afin de bénéficier de l'accumulation des revenus en franchise d'impôt. Vous ne serez pas touché par cette pénalité fiscale tant que votre cotisation totale, depuis le 1er janvier 1991 et pour le reste de votre vie, n'excédera pas 8 000 $. À cet égard, vous serez toujours en mesure de cotiser le montant excédentaire, jusqu'à concurrence de 8 000 $, et de réclamer la déduction de ce montant au cours d'une ou deux années subséquentes.

Tel qu'il a été mentionné ci-haut (se reporter à la section 2.5.5), le droit de cotisation à un REER est offert après l'âge de 71 ans si vous avez un revenu gagné. Par conséquent, vous serez en mesure de demander une déduction pour une partie ou la totalité de votre cotisation non déductible de 8 000 $ après avoir atteint l'âge de 72 ans si, bien entendu, vous aviez un revenu gagné suffisant l'année précédente.

2.5.8   PLANIFIEZ LE RÉGIME D'ACCESSION À LA PROPRIÉTÉ

Si vous prévoyez acheter une première maison, examinez le Régime d'accession à la propriété (se reporter à la section 2.1.8) qui pourrait vous donner accès à des liquidités plus importantes. Cependant, n'oubliez pas de tenir compte de deux facteurs. D'abord, vous devez planifier d'avoir les liquidités suffisantes pour rembourser le montant retiré pendant la période de 15 ans exigée, de manière à ce que les fonds retirés de votre REER ne soient pas simplement imposés comme revenu. Ensuite, votre revenu de retraite sera réduit du montant qui aurait été par ailleurs gagné en franchise d'impôt, n'eût été du solde moins élevé qui composera votre REER pendant un certain nombre d'années. Se reporter aux commentaires présentés à la section 2.1.8, sous la rubrique « Devez-vous utiliser le Régime d'accession à la propriété? ».

Si vous êtes sur le point de vous marier et si votre futur conjoint possède une maison dans laquelle vous habiterez, envisagez d'emprunter des fonds au titre du Régime d'accession à la propriété avant votre mariage. Une fois mariés, vous ne serez plus en mesure de le faire. (Cependant, il n'existe pas de restriction en ce sens si votre conjoint possède déjà une maison, à condition de ne pas y habiter pendant le mariage. Par conséquent, si vous prévoyez acheter une nouvelle maison après votre mariage, vous ne devriez pas (toute raison romantique mise à part) emménager dans la maison actuelle de votre conjoint avant d'avoir procédé à un retrait au titre du Régime.)

La même chose s'applique si vous cohabitez en union libre depuis moins de 12 mois (et n'avez pas d'enfant de cette union). Si vous habitez ensemble depuis au moins 12 mois, vous êtes considérés comme étant « mariés » aux fins d'imposition (se reporter à la section 1.3.1). Si votre conjoint est propriétaire de votre maison actuelle et que vous prévoyez emménager dans une plus grande maison, vous devez envisager retirer des fonds au titre du Régime d'accession à la propriété avant d'avoir vécu ensemble pour une période de 12 mois. Cependant, l'acquisition de la nouvelle maison devra être conclue (ou en partie conclue) à votre nom.

Si vous prévoyez acheter une nouvelle maison à une date proche de l'échéance de quatre ans qui vous rendra à nouveau admissible à titre « d'acheteur d'une première maison », envisagez la possibilité d'attendre pour effectuer l'achat à une date où vous pourrez utiliser le Régime d'accession à la propriété. Par exemple, si vous avez vendu votre dernière maison en 1990, vous pourrez utiliser le Régime à compter du 1er janvier 1995.

Si le solde de votre REER ne se chiffre pas encore à 20 000 $ et si vous avez l'intention d'utiliser intégralement le Régime d'accession à la propriété, versez votre cotisation assez tôt pour qu'il s'écoule 90 jours avant de retirer les fonds. Vous pourrez alors également retirer le montant que vous avez versé et profiter de la déduction au titre de votre cotisation.

2.5.9   RETIREZ DES FONDS DE VOTRE REER DANS LES ANNÉES OÙ VOTRE REVENU EST PEU ÉLEVÉ

Les REER peuvent être considérés comme un moyen de réduire vos impôts et non simplement comme un mécanisme d'épargne-retraite. Si vous êtes encore assez jeune et peu préoccupé par votre revenu à la retraite, vous pouvez retirer des fonds de votre REER si vous avez avantage à le faire sur le plan fiscal.

Supposez, par exemple, que vous planifiez de prendre un congé pour vous occuper de vos jeunes enfants, pour partir en vacances pendant une période prolongée ou pour entreprendre un quelconque projet. Au cours de ces années, votre revenu sera moins élevé et ce sera une période mieux indiquée pour retirer des fonds de votre REER et peut-être payer l'impôt au taux de 27 % plutôt qu'aux taux de 41 % ou de 50 %. L'avantage de l'imposition à faible taux devra être soupesé par rapport à l'avantage de la croissance en franchise d'impôt que procure le maintien des fonds dans le REER.

Au cours d'une année où vous prévoyez gagner un faible revenu, année qui ferait suite à une année à revenu élevé, vous pourriez même envisager de cotiser en février, de réclamer une déduction (au taux de 41 % par exemple) pour l'année précédente, et de retirer ensuite les fonds afin d'être imposé au taux plus faible de 27 %.

Vous aurez, cependant, à prévoir la retenue d'impôt sur les retraits du REER. En vertu du Règlement de l'impôt sur le revenu, un retrait fait l'objet d'une retenue de 10 % (18 % au Québec, taux fédéral et provincial combinés) lorsqu'il ne dépasse pas 5 000 $, de 20 % (30 % au Québec) lorsqu'il se situe entre 5 000 $ et 15 000 $, et de 30 % lorsqu'il dépasse 15 000 $ (35 % au Québec). Vous pourrez peut-être organiser vos retraits de manière à ce qu'ils fassent l'objet de la plus faible retenue d'impôt possible, ce qui vous laisserait libre d'utiliser les fonds jusqu'à ce que vous produisiez votre déclaration de revenus au mois d'avril suivant. Cependant, rappelez vous que vous pourriez avoir une obligation fiscale au 30 avril, dans la mesure où votre taux d'imposition sur le revenu serait supérieur au taux de retenues d'impôt.

2.5.10   LORSQUE VOUS ATTEIGNEZ L'ÂGE DE 71 ANS

À la fin de l'année au cours de laquelle vous atteindrez l'âge de 71 ans, vous devrez décider de ce que vous ferez des fonds de votre

REER. Un retrait en bloc est rarement le meilleur choix puisque vous seriez ainsi imposé sur le revenu total et qu'aucune fraction de celui-ci ne serait admissible au crédit d'impôt pour revenu de pension (se reporter à la section 1.3.7). Si vous désirez plutôt avoir un certain contrôle sur les placements, vous devriez acheter un FERR (se reporter à la section 2.1.6.3). Si vous préférez simplement recevoir un revenu mensuel régulier sans plus de tracasseries, communiquez avec votre agent d'assurance-vie et achetez une rente (se reporter à la section 2.1.6.2).

Si vous constituez une rente, étudiez l'incidence des tranches d'imposition sur votre revenu. Évidemment, votre principale préoccupation est de disposer chaque mois d'un revenu suffisant pour satisfaire à vos besoins. Une rente à plus long terme serait préférable si, tout en répondant à vos besoins, elle maintenait votre revenu en deçà des tranches d'imposition élevées.

2.5.11   ENVISAGEZ D'ÉTABLIR UN RÉGIME INDIVIDUEL DE PENSION

Si vous êtes un cadre supérieur dont le salaire s'élève à plus de 100 000 $ et que votre employeur n'offre pas de régime de pension agréé (ou s'il offre un régime qui, à vos yeux, n'est pas suffisamment généreux), vous devriez envisager de discuter avec votre employeur de la possibilité d'établir un RIP (se reporter à la section 2.2.2 ci-dessus) à votre nom dans le cadre de votre rémunération globale. Si vous êtes le propriétaire exploitant d'une société, rien ne vous empêche d'établir un RIP.

Vous devrez prendre en considération une multitude de facteurs et de questions complexes avant de conclure qu'un RIP constitue un bon choix pour vous. Il est donc impératif de consulter un professionnel en la matière.

En général, nous pouvons affirmer que parmi les avantages découlant d'un RIP, nous retrouvons les suivants : permet à vous et à votre employeur de maximiser les cotisations déductibles; maximise les épargnes à l'abri de l'impôt en vue de la retraite (et potentiellement la valeur de votre succession); et place ces fonds à l'abri des créanciers. De plus, votre employeur sera tenu de verser des cotisations additionnelles dans le RIP si le rendement de l'investissement est faible et que les fonds sont insuffisants (selon l'avis d'un actuaire) pour vous payer les prestations déterminées prévues en vertu du régime. Ce dernier « avantage » constituera sans aucun doute un sujet de préoccupation pour votre employeur.

Il convient également de prendre en considération l'importance des désavantages potentiels d'un RIP. Par exemple, vous perdrez la flexibilité du fractionnement du revenu lors de votre retraite, étant donné que les cotisations ne peuvent être versées à l'égard de votre conjoint dans votre RIP comme il est possible de le faire avec les REER. Contrairement aux REER dont les fonds peuvent être encaissés en tout temps, les cotisations versées à un RIP ne seront encaissables, en vertu des lois concernant les prestations de retraite, qu'au moment de la retraite, où elles seront destinées à constituer des prestations de retraite (généralement sous la forme d'une rente viagère ou d'un fonds de revenu viager). Dans le cas d'un REER, diverses options vous seront néanmoins offertes au moment de votre retraite ou de votre départ (se reporter à la section 2.1.6). De plus, les frais d'établissement et d'administration d'un RIP seront plus élevés que ceux de votre REER et ce, principalement en raison de la complexité de la législation régissant les régimes de retraite. Par exemple, il sera nécessaire de procéder à une évaluation actuarielle lors de la création du régime et, par la suite, à tous les trois ans et de remplir certains formulaires à tous les ans.

2.5.12 ACQUISITION DE DROITS AUX PRESTATIONS D'UN RPA

Si vous participez à un régime de pension d'une société, cherchez à savoir après combien de temps les cotisations de l'employeur vous sont acquises. Une fois qu'elles vous sont acquises, la totalité de vos prestations de pension vous appartiennent et la plupart des employeurs permettront qu'elles vous suivent si vous changez d'emploi. Par contre, si elles ne vous sont pas acquises lorsque vous quitterez cet emploi, vous recevrez le montant des cotisations que vous avez versées, en espèces, mais aucune prestation de pension au moment de votre retraite. L'acquisition de droits à vos prestations de pension peut constituer un critère important dans toute décision concernant un changement d'emploi.

2.5.13 ENVISAGEZ UN REÉÉ

Si vous avez des enfants qui, vous l'espérez, entreprendront des études collégiales ou universitaires et envisagez de financer leurs études, songez à investir dans un REÉÉ. Vous pourriez aussi être intéressé à appuyer l'effort scolaire de vos petits-enfants, de vos neveux et nièces ou d'autres enfants.

2.6 DOCUMENTS DE RÉFÉRENCE

Vous pouvez obtenir un exemplaire des publications suivantes en téléphonant ou en vous présentant à votre bureau de district de Revenu Canada, Impôt :

Bulletin d'interprétation IT-124R5, « Contributions à des régimes enregistrés d'épargne-retraite »

Bulletin d'interprétation IT-167R5, « Caisses ou régimes enregistrés de pensions—Cotisations des employés »

Bulletin d'interprétation IT-307R2, « Régime enregistré d'épargne-retraite pour le conjoint d'un contribuable »

Bulletin d'interprétation IT-320R2, « Régimes enregistrés d'épargne-retraite—Placements admissibles »

Bulletin d'interprétation IT-337R2, « Allocations de retraite »

Bulletin d'interprétation IT-363R2, « Régimes de participation différée aux bénéfices—Déductibilité des contributions et imposition des sommes reçues ou attribuées »

Circulaire d'information 72-22R8, « Régimes enregistrés d'épargne-retraite »

Circulaire d'information 77-1R4, « Régimes de participation aux bénéfices »

Circulaire d'information 78-18R4, « Fonds enregistrés de revenu de retraite »

Circulaire d'information 79-8R3, « Formules à utiliser pour faire un transfert direct de fonds à des régimes ou d'un régime à un autre ou pour acheter une rente »

Circulaire d'information 93-3, « Régimes enregistrés d'épargne-études »

« Guide d'impôt Pensions et REER »

Formulaire TIE-0VP, « Déclaration de revenus des particuliers relative aux versements excédentaires aux REÉÉ »

Formulaire T1023, « Calcul du revenu gagné pour 19— »

Formulaire T1036, « Régime d'accession à la propriété– Demande de retrait après le 1er mars 1993 »

Formulaire T1037, « Régime d'accession à la propriété– Remboursement du REER »

Formulaire T2097, « Déclaration de montants transférés à un REER pour 19___ »

Formulaire T2205, « Calcul des montants provenant d'un REER ou d'un FERR au profit du conjoint à inclure dans le revenu de 19___ »

3

CONSEILS DE PLANIFICATION

- Le conjoint au revenu le plus élevé devrait payer les dépenses du ménage
- Versez un salaire ou des honoraires de consultation à votre conjoint et (ou) à vos enfants
- Prêtez des éléments d'actif générant un revenu d'entreprise plutôt qu'un revenu de biens
- Prêtez des fonds au taux d'intérêt requis par la loi lorsque ces fonds peuvent être investis en vue d'obtenir un rendement plus élevé
- Payez les intérêts sur les emprunts de placement de votre conjoint
- Transférez des biens à leur juste valeur marchande en vue de leur appréciation future
- Prêtez ou transférez des fonds à votre conjoint ou à vos enfants afin de leur permettre de gagner un revenu d'appoint (à l'égard du revenu attribué réinvesti)
- Déposez les prestations fiscales pour enfants dans un compte au nom des enfants
- Transférez à vos enfants les gains en capital futurs
- Payez directement les impôts et les acomptes provisionnels de votre conjoint si son revenu est moins élevé
- Transférez des actions qui rapporteront des dividendes en capital
- Cotisez au REER de votre conjoint
- Donnez des fonds, pour fins de placement, à un enfant qui aura l'âge de 17 ans avant la fin de l'année
- Encouragez vos enfants à investir les fonds qu'ils possèdent
- Transférez des prestations du RPC à votre conjoint si vous avez tous deux plus de 60 ans et que l'un d'entre vous a des prestations plus élevées que l'autre
- Transférez à votre conjoint les crédits d'impôt inutilisés
- Payez vos enfants de 18 ans et plus pour des services de garde d'enfants

3.1 FRACTIONNEMENT DU REVENU—POURQUOI?

Le régime fiscal canadien utilise un système de taux d'imposition *progressifs*, selon lequel le taux marginal d'impôt (impôt sur le revenu additionnel) augmente au fur et à mesure que le revenu impo-sable s'accroît.

Le taux marginal d'impôt varie d'une province à une autre, mais il est *approximativement* le suivant :

27 % sur un revenu inférieur à 29 590 $;

41 % sur un revenu entre 29 590 $ et 59 180 $; et

50 % sur un revenu supérieur à 59 180 $.

Par conséquent, comme vous pouvez le constater, l'impôt à payer sur deux revenus de 30 000 $ sera beaucoup moindre que ce-lui sur un seul revenu de 60 000 $. Dans cet exemple, l'économie serait approximativement de 4 500 $. Le « fractionnement » du re-venu entre, par exemple, un contribuable ayant un revenu élevé et son conjoint qui ne travaille pas ou des enfants, présente des avan-tages certains.

La *Loi de l'impôt sur le revenu* renferme un certain nombre de mesures visant à prévenir les stratagèmes de fractionnement du re-venu les plus évidents. Les règles sont devenues beaucoup plus strictes ces dernières années, à la suite des modifications qui sont entrées en vigueur en 1985 et en 1989. Toutefois, il existe encore certaines possibilités de fractionnement. Nous examinerons d'abord ces règles afin que vous puissiez comprendre le contexte dans le-quel la planification pourra s'effectuer, et nous jetterons ensuite un regard sur les possibilités de planification qui demeurent disponi-bles.

Veuillez prendre note que la plus grande partie de ce chapitre ne s'applique pas à votre cas si vous n'avez pas de fonds investis qui rapportent des revenus assujettis à l'impôt. La meilleure tech-nique de planification fiscale est d'utiliser tout surplus de fonds disponible pour le paiement des intérêts non déductibles, notam-ment, les intérêts sur votre hypothèque ou sur le solde de vos cartes de crédit.

3.2 RÈGLES EMPÊCHANT LE FRACTIONNEMENT DU REVENU

3.2.1 PAIEMENTS INDIRECTS

La *Loi de l'impôt sur le revenu* stipule qu'un paiement ou un trans-fert effectué « suivant les instructions ou avec l'accord » d'un contribuable à toute autre personne doit être inclus dans le calcul du revenu du contribuable dans la mesure où il le serait s'il avait été fait au contribuable. Par exemple, si vous prenez des dispositions pour que votre employeur verse une partie de votre salaire à votre conjoint, vous serez tout de même imposé sur le revenu et vous n'aurez rien accompli.

3.2.2 ATTRIBUTION ENTRE CONJOINTS

Supposons que vous gagnez 90 000 $ par année et que votre con-joint gagne 10 000 $. Votre taux marginal d'impôt (impôt sur tout revenu additionnel) est de 50 % et celui de votre conjoint est de 27 %. Vous détenez pour 10 000 $ d'obligations qui vous rapportent 1 000 $ d'intérêts par année. Vous décidez alors de donner ou de prêter les obligations à votre conjoint. En retour, vous espérez payer 270 $ d'impôt plutôt que 500 $.

Voici le genre d'opération auquel les **règles d'attribution** s'appliqueraient. Ces règles attribuent le revenu d'un bien (dans notre exemple, le revenu de placements de 1 000 $ réalisé chaque année) à la personne qui a transféré ou prêté le bien.

Les règles d'attribution à l'égard des conjoints stipulent que lorsque vous *transférez ou prêtez directement ou indirectement un bien* (incluant de l'argent à votre conjoint ou à une personne qui est devenue par la suite votre conjoint), alors tout *revenu* ou toute *perte sur le bien*, ainsi que tout *gain ou toute perte en capital* engendré lors de la disposition du bien en question, vous seront *attribués*. Ainsi, dans notre exemple, le revenu de 1 000 $ sur le placement de 10 000 $ que vous avez donné à votre conjoint doit être déclaré dans votre déclaration de revenus et non dans celle de votre conjoint, ce qui veut dire que ce revenu donnera lieu à un impôt de 500 $ et non de 270 $. Année après année, vous serez imposé sur tout revenu provenant de ce placement de 10 000 $ aussi longtemps que vous et votre conjoint resterez unis. Si, par exemple, vous aviez transféré des actions que votre conjoint aurait vendues quelque temps après, le gain ou la perte en capital calculé sur le prix initial que *vous* aviez payé devrait être déclaré comme étant *votre* gain ou perte en capital, sous réserve des règles relatives aux gains en capital (se reporter au chapitre 4).

Il convient de noter que les conjoints de fait qui répondent aux critères énoncés à la section 1.3.1 sont traités de la même façon que le sont les conjoints pour fins d'imposition et qu'ils sont, par conséquent, assujettis à ces règles d'attribution.

Il existe une exception à cette règle d'attribution, exception qui s'applique aux règles que nous verrons aussi plus tard. Si vous transférez un bien à sa juste valeur marchande (p. ex., si vous vendez les obligations à votre conjoint pour 10 000 $ en espèces) et déclarez le gain qui en résulte, la règle ne s'appliquera pas. (Si vous subissez une perte lors du transfert, une règle spéciale considère que la perte est nulle. Toutefois, pour fins d'impôt, la perte refusée peut être ajoutée au coût d'acquisition pour votre conjoint.) Cependant, si la contrepartie inclut une dette (p. ex., vous vendez les obligations pour un billet de 10 000 $), ou si vous prêtez simplement des fonds ou un bien à votre conjoint, vous devez réclamer (et bien sûr déclarer) l'intérêt sur le prêt afin d'échapper à la règle d'attribution. Le taux d'intérêt doit être au moins égal au taux prescrit de Revenu Canada à cette date ou au taux d'intérêt du marché. Pour que cette exception puisse s'appliquer, l'intérêt doit être *versé* chaque année ou le 30 janvier suivant au plus tard. Si l'échéance du 30 janvier vient à expiration sans que l'intérêt n'ait été versé, le revenu de cette année et *tous* les revenus éventuels réalisés sur le bien prêté seront attribués au prêteur.

EXEMPLE

Le 1er janvier 1994, vous prêtez 10 000 $ en espèces à votre conjoint qui dépose les fonds à la banque et réalise des intérêts de 500 $ pendant l'année.

Si vous ne réclamez pas d'intérêts, le revenu d'intérêts de 500 $ vous sera attribué et deviendra imposable pour vous. Le taux d'intérêt minimum devrait être :

soit le taux qui s'appliquerait entre deux parties sans lien de dépendance (supposons 8 % pour cet exemple);

soit le taux prescrit par Revenu Canada à la date du prêt (supposons 7 %).

Si votre conjoint doit payer des intérêts à la date anniversaire du prêt et vous verse effectivement au moins 700 $ d'intérêts d'ici le 30 janvier 1996, l'intérêt de 500 $ ne vous sera pas attribué. Cependant, il vous faudra bien entendu déclarer le revenu d'intérêts de 700 $ reçu de votre conjoint, ce qui ne vous avance pas beaucoup. En plus, votre conjoint ne peut techniquement déduire que 500 $ de l'intérêt qui vous a été versé, puisque le montant additionnel de 200 $ ne servait pas à gagner un revenu.

Le taux d'intérêt prescrit par Revenu Canada à cette fin, taux qui est établi chaque trimestre, correspond à celui qui s'applique aux paiements tardifs et aux remboursements d'impôt, moins 2 %. Se reporter à la section 13.3.

3.2.3	ATTRIBUTION À L'ÉGARD D'ENFANTS MINEURS

Supposons que vous prêtiez des obligations d'une valeur de 10 000 $ à votre fille, qui fréquente l'école secondaire. Peut-elle gagner 1 000 $ d'intérêts sans avoir à payer quelque impôt?

Les règles d'attribution s'appliquent aux enfants âgés de moins de 18 ans. Lorsque le bien est transféré ou prêté, il y aura attribution du revenu (ou de la perte), mais *non pas* du gain ou de la perte en capital. Les règles d'attribution ne s'appliquent qu'aux années pendant lesquelles l'enfant est âgé de moins de 18 ans *à la fin* de l'année.

La règle ne s'applique pas à tous les enfants âgés de moins de 18 ans. Tout dépend de la relation de l'enfant avec le contribuable qui transfère ou prête le bien. Les règles d'attribution s'appliquent lorsque le contribuable et l'enfant « ne traitent pas sans lien de dépendance », expression qui est définie aux termes de la *Loi de l'impôt sur le revenu* comme incluant toutes les personnes qui sont « liées ». En général, l'expression englobe les enfants, les petits-enfants et les arrière-petits-enfants (y compris les enfants du conjoint, les conjoints des enfants, etc.; l'expression « conjoint » comprenant un conjoint de fait, tel qu'il est indiqué à la section 1.3.1) du contribuable, ainsi que ses frères et soeurs (incluant ses beaux-frères et ses belles-soeurs [que le contribuable soit marié ou vive en union de fait]). Cette règle s'applique aussi aux nièces et aux neveux. Pour ce qui est des autres relations, la question de savoir si deux contribuables traitent sans lien de dépendance ou non est une « question de fait ».

Les règles d'attribution en ce qui concerne les enfants mineurs ne s'appliquent pas au revenu gagné en investissant la nouvelle prestation pour enfants qui a remplacé les allocations familiales (se reporter à la section 1.5.1).

Prenez note que si la règle ne s'applique pas aux gains et aux pertes en capital, en ce qui concerne les enfants mineurs, le transfert du bien à l'enfant mineur sera généralement réputé avoir été effectué à une juste valeur marchande. Par conséquent, tout gain ou perte en capital qui s'est accumulé jusqu'à la date du transfert sera réputé avoir été réalisé immédiatement par le cédant et ce n'est que le gain ou la perte cumulé *après* le transfert qui, lorsqu'il sera réalisé par l'enfant, sera imposé.

Les exceptions que nous avons vues à la section 3.2.2 ci-dessus, lorsque le bien transféré est acquis à sa juste valeur marchande ou lorsque des intérêts sont versés sur toute dette ou tout emprunt, s'appliquent également à cette règle d'attribution.

| 3.2.4 | ATTRIBUTION À L'ÉGARD DES PRÊTS À D'AUTRES MEMBRES DE LA FAMILLE |

Une autre règle s'applique aux prêts (mais non aux transferts) de biens à d'autres personnes avec lesquelles le contribuable « ne traite pas sans lien de dépendance », telles, par exemple, ses enfants âgés de plus de 18 ans, ou ses beaux-parents ou grands-parents. Lorsque l'une des principales raisons pour lesquelles le prêt a été consenti était de réduire l'impôt au moyen du fractionnement du revenu, le revenu découlant de ce prêt sera attribué au prêteur. Par conséquent, si vous prêtez 10 000 $ à votre fils majeur, qui fréquente l'université, dans le but de lui faire gagner un revenu d'intérêts de 1 000 $ sur lequel il ne paiera que peu ou pas d'impôt (plutôt que de lui remettre les 10 000 $ pour qu'il paie directement ses frais de scolarité), alors l'intérêt de 1 000 $ vous sera attribué. Veuillez noter que l'exception dont nous avons discuté à la section 3.2.2 ci-dessus s'applique à ce cas, si des intérêts sont réclamés et payés.

| 3.2.5 | RÈGLES SPÉCIALES ANTI-ÉVITEMENT |

Si vous êtes assez astucieux et débrouillard, vous avez sans doute imaginé quelques moyens de contourner les règles que nous venons de décrire. Cessez de vous donner cette peine! La *Loi de l'impôt sur le revenu* renferme un certain nombre de règles spéciales qui ont été conçues afin de prévenir les échappatoires que d'habiles planificateurs fiscaux ont utilisées ces dernières années. Nous les résumerons brièvement. En fait, d'autres que vous ont probablement déjà pensé à toutes les possibilités auxquelles vous songiez.

1) *Bien substitué.* Si un bien est substitué au bien transféré ou prêté, les règles d'attribution s'appliqueront au revenu ou aux gains en capital découlant du bien substitué, et ainsi de suite *à l'infini* (dans la mesure où l'attribution s'appliquerait au revenu provenant du bien initial). Par conséquent, si vous donnez 10 000 $ d'obligations à votre conjoint, qui les vend par la suite pour acheter 10 000 $ d'actions, tous les dividendes ou gains en capital réalisés sur les actions vous seront attribués.

2) *Transferts à une fiducie ou à une société.* En général, les transferts à une fiducie donnent lieu à l'application des règles d'attribution au même titre que si le transfert avait été effectué directement aux bénéficiaires de la fiducie. Les transferts à une société qui donnent lieu à un avantage pour une « personne désignée » (conjoint ou enfant mineur lié, selon la même définition que celle donnée à la section 3.2.3 ci-dessus) sont également visés dans la plupart des cas. Par exemple, si vous et votre conjoint détenez chacun la moitié des actions d'une société, et si vous donnez 10 000 $ à la société afin que votre conjoint en retire un avantage, vous serez alors imposé comme si vous aviez reçu des intérêts de la société. La règle d'attribution ne s'applique pas s'il s'agit d'une « société exploitant une petite entreprise » (se reporter à la section 4.3.2).

3) *Prêts et transferts multiples.* Si vous prêtez ou transférez des biens à un tiers, qui à son tour les prête ou les transfère à une « personne désignée » (votre conjoint ou un enfant mineur lié), l'opération sera traitée comme si vous aviez prêté ou transféré ce bien directement.

4) *Garanties.* Si vous prenez des dispositions pour qu'un tiers (p. ex., une banque) prête des fonds à une « personne désignée » en vertu de votre garantie, cette opération sera traitée comme si vous aviez prêté les fonds directement.

5) *Remboursement d'un prêt en cours.* Si vous prêtez des fonds à une « personne désignée » et que celle-ci les utilise pour rembourser un autre prêt qu'elle avait obtenu pour acheter un bien, votre prêt sera traité comme s'il avait été utilisé pour l'achat de ce bien. (C'est l'envers du cas mentionné en 1) ci-dessus au sujet du « bien substitué ».) Ainsi, par exemple, si votre conjoint emprunte 10 000 $ pour investir dans des obligations, et que vous lui prêtez ensuite 10 000 $ pour qu'il rembourse ce prêt, alors les intérêts tirés des obligations vous seront attribués.

6) *Attribution renversée.* Les règles d'attribution peuvent ne pas s'appliquer lorsque vous tentez de retourner la situation aux dépens de Revenu Canada et de les appliquer à des fins contraires à celles auxquelles elles sont destinées.

7) *Règle générale anti-évitement.* La Loi prévoit une règle générale anti-évitement applicable à toutes les opérations. Si vous trouvez un moyen de contourner les règles d'attribution, et que ce

moyen n'est touché par aucune règle existante mais représente une utilisation abusive ou indue des dispositions de la *Loi de l'impôt sur le revenu*, vous pourriez alors être touché par la règle générale anti-évitement.

3.3 Conseils de planification

Dans la présente section, nous discuterons des possibilités de planification permettant de procéder au fractionnement du revenu. Afin d'obtenir de bons résultats, il vous faudra conserver soigneusement une solide documentation. Le maintien de comptes bancaires distincts par les conjoints vous permettra de retracer adéquatement les fonds de chacun. (En vertu du droit de la famille des provinces, cette façon de faire n'influera pas normalement sur les droits de l'un ou l'autre conjoint aux fonds de la famille en cas de rupture du mariage.)

3.3.1 Le conjoint au revenu le plus élevé devrait payer les dépenses du ménage

La technique la plus simple est de s'assurer que les dépenses quotidiennes de subsistance (épicerie, versements hypothécaires ou loyers, factures de cartes de crédit, etc.) soient réglées par le conjoint ayant le revenu le plus élevé. Cette façon de faire permettra au conjoint au revenu le moins élevé de se constituer un capital à des fins d'investissement en vue de gagner éventuellement un revenu qui sera imposé à un taux peu élevé.

3.3.2 Versez un salaire ou des honoraires de consultation à votre conjoint et à vos enfants

Si vous exploitez une entreprise, soit personnellement, soit par le biais d'une société, plutôt que de gagner simplement un revenu d'emploi, envisagez de verser un salaire à votre conjoint et (ou) à vos enfants. Le salaire doit être « raisonnable » par rapport aux services rendus à l'entreprise. De tels services peuvent comprendre la tenue de livres, le classement et autres travaux de soutien administratif, la planification du développement de l'entreprise et la direction par intérim de la société. Les vérificateurs de Revenu Canada font habituellement preuve de souplesse dans l'interprétation de ce qui constitue un salaire « raisonnable », à condition que les services soient effectivement fournis.

L'incidence des « charges sociales » et des cotisations au Régime de pensions du Canada, au Régime des rentes du Québec et à l'assurance-chômage doit être évaluée à la lumière des économies d'impôt que devrait permettre une telle stratégie.

Voyez également si votre conjoint peut vous fournir des services sous contrat (services de conseil) plutôt qu'à titre d'employé. Votre conjoint pourrait ainsi jouir des avantages inhérents à un revenu d'un travail indépendant (se reporter au chapitre 7), incluant la déduction des dépenses et le report de l'imposition, en choisissant une date de clôture d'exercice appropriée. Il s'agit d'une tactique audacieuse qui ne devrait être utilisée qu'après l'obtention de conseils de la part d'un professionnel en la matière.

Vous pourriez également choisir de former une société de personnes avec votre conjoint. L'imposition des sociétés de personnes est traitée à la section 7.3.

| 3.3.3 | PRÊT OU TRANSFERT D'ÉLÉMENTS D'ACTIF DE L'ENTREPRISE |

Comme nous l'avons mentionné, les règles d'attribution s'appliquent aux revenus provenant de *biens*, tels les intérêts, les dividendes, les loyers et les redevances. Elles ne s'appliquent pas, cependant, aux revenus tirés d'une *entreprise*. Par conséquent, si vous pouvez transférer ou prêter des éléments d'actif d'une entreprise, de manière à ce que votre conjoint ou votre enfant exploite l'entreprise de façon régulière et continue afin de gagner un revenu d'entreprise plutôt qu'un revenu de biens, alors les règles d'attribution ne s'appliqueront pas. Une telle démarche ne devrait être entreprise qu'après avoir obtenu les conseils d'un professionnel afin de vous assurer que toutes les formalités juridiques requises pour le transfert seront adéquatement respectées et que la possibilité de l'application de la règle générale anti-évitement sera minimisée.

Veuillez prendre note qu'une telle démarche n'est habituellement pas possible si vous êtes un associé déterminé dans une société de personnes (y compris une société en commandite). Le revenu provenant de l'entreprise de la société de personnes représente techniquement un revenu d'entreprise, mais il est réputé être un revenu de biens aux fins des règles d'attribution, à moins que le contribuable ne soit activement engagé dans l'entreprise de la société de personnes ou n'exploite une entreprise similaire.

| 3.3.4 | PRÊTS PORTANT INTÉRÊT |

Comme nous l'avons vu à la section 3.2.2, les règles d'attribution ne s'appliquent pas lorsque les biens ou les fonds sont prêtés, et que des intérêts sont réclamés à un taux minimal, à condition que les intérêts soient effectivement versés. Lorsqu'il est prévu que des biens produiront vraisemblablement un rendement bien supérieur à celui auquel donnerait lieu le taux minimal (le moindre d'un taux du marché raisonnable et du taux prescrit par Revenu Canada), il devient rentable de prêter les fonds ou les biens et de réclamer un taux d'intérêt suffisant afin d'éviter l'application des règles d'attribution.

L'excédent du rendement des biens sur le montant de l'intérêt réclamé sera alors transféré au contribuable ayant le revenu le moins élevé sans être attribué au prêteur.

Si les taux d'intérêt montent, le taux courant prescrit par Revenu Canada peut être relativement bas puisqu'il s'écoule un certain temps avant sa mise à jour à chaque trimestre. À la fin de juin 1994, par exemple, le taux d'intérêt courant avait grimpé jusqu'à 7 ou 8 % et le taux prescrit était encore de 4 %. Lorsqu'une telle occasion se présente, étudiez la possibilité de conclure avec votre conjoint un prêt portant intérêt, de façon à ce qu'il soit « immobilisé » au taux prescrit peu élevé, et proposez à votre conjoint d'investir aux taux courants du marché.

3.3.5   Versez des intérêts sur les prêts entre conjoints

Si votre conjoint a conclu un emprunt de placement, étudiez la possibilité de verser les intérêts. La règle d'attribution ne s'appliquera pas à condition que vous ne remboursiez aucune tranche du capital au titre de cet emprunt. Cette technique permet de conserver les biens de votre conjoint et, par conséquent, d'augmenter son revenu de placement.

3.3.6   Transferts à la juste valeur marchande

Comme nous l'avons constaté, les règles d'attribution ne s'appliquent pas lorsque le bien est transféré pour une contrepartie égale à la juste valeur marchande du bien. (Lorsque la contrepartie inclut des dettes, tels des billets, l'intérêt doit être réclamé comme nous l'avons souligné ci-dessus.) Encore une fois, un transfert à la juste valeur marchande peut être avantageux lorsqu'il est prévu que les biens produiront un rendement élevé ou s'apprécieront éventuellement.

3.3.7   Réinvestissement du revenu attribué

Nous avons vu que les règles d'attribution s'appliquent au revenu de biens prêtés ou transférés. Mais qu'en est-il du revenu gagné (revenu d'appoint) sur le revenu déjà assujetti aux règles d'attribution? Supposons que vous donniez à votre conjoint 10 000 $ qui lui permettent de gagner 1 000 $ d'intérêts la première année, intérêts qui vous sont attribués. Au cours de la deuxième année, votre conjoint investit, outre les 10 000 $, les 1 000 $ d'intérêts qui produisent à leur tour des intérêts de 100 $.

Ce « revenu d'appoint » ne vous sera pas attribué puisqu'il ne s'agit pas d'un revenu de biens qui ont été transférés. C'est votre conjoint qui sera imposé sur le revenu gagné sur le réinvestissement du revenu attribué. Avec le temps, un revenu d'appoint appréciable peut être ainsi produit. Cependant, une documentation minutieuse devra être conservée. Vous pourriez demander à votre conjoint de gérer deux comptes bancaires distincts; le premier contiendrait le revenu qui vous est attribué et l'autre tout revenu d'intérêt provenant de ce premier compte. Seul le revenu provenant des fonds du premier compte serait porté à votre déclaration de revenus.

3.3.8   PRESTATIONS FISCALES POUR ENFANTS

Les prestations fiscales pour enfants, prestations qui sont non imposables, ont remplacé les allocations familiales en vigueur avant 1993, le crédit d'impôt pour enfants et le crédit d'impôt pour enfants à charge (se reporter à la section 1.5.1).

Les règles d'attribution ne s'appliquent pas à ces prestations. Si vous les déposez dans un compte établi au nom de l'enfant, le revenu de placement gagné sur ce compte ne vous sera pas attribué. Au fil du temps, un investissement important pourra être constitué, et le revenu qui en sera tiré sera imposable pour l'enfant. Il se peut que vous souhaitiez retirer à chaque année le solde de ce compte afin de l'investir dans des obligations ou des dépôts à terme offrant un rendement supérieur.

3.3.9   TRANSFERT DE GAINS EN CAPITAL FUTURS AUX ENFANTS

Comme nous l'avons vu à la section 3.2.3 ci-dessus, les règles d'attribution à l'égard des enfants mineurs ne s'appliquent pas aux gains en capital. Si vous avez des biens susceptibles de s'apprécier considérablement avec le temps (tels les actions d'une société), envisagez de les transférer à vos enfants ou à une fiducie pour vos enfants. Tous les dividendes vous seront attribués aussi longtemps que vos enfants seront âgés de moins de 18 ans à la fin de l'année au cours de laquelle les dividendes sont versés, mais les gains en capital sur la vente des éléments d'actif ne le seront pas.

Par exemple, supposons que vous détenez des actions dans votre société exploitée activement. Vous aviez fait un investissement initial de 10 000 $ qui a maintenant une valeur de 20 000 $. Cependant, vous prévoyez que la société aura un bon rendement au cours des années à venir. Si vous donnez les actions à vos enfants, vous serez réputé en avoir disposé pour 20 000 $, mais il est possible que tout gain en capital qui en résulte jusqu'au 22 février 1994 soit protégé par la déduction pour gains en capital (se reporter à la section 4.4). Si, quelques années plus tard, vos enfants vendent les actions pour 100 000 $, le gain en capital de 80 000 $ sera imposable pour eux et non pour vous et peut-être à un taux marginal moins élevé.

Les autres biens qui peuvent convenir à un transfert aux enfants sont ceux qui produisent ordinairement des gains en capital et non pas un revenu. À titre d'exemples, citons les bijoux, les oeuvres d'art et les actions spéculatives de sociétés ouvertes.

Les transferts aux enfants devraient être faits suivant les conseils d'un professionnel. Comme la question de savoir si les mineurs peuvent détenir légalement des biens, tels des actions, n'est pas claire dans certaines provinces, vous pourriez avoir à établir une fiducie à cette fin.

3.3.10   PAIEMENT DE L'IMPÔT DU CONJOINT

Un des moyens, pour vous, de transférer des fonds efficacement est de payer directement l'impôt de votre conjoint, soit l'impôt à payer en avril et tous les acomptes provisionnels exigibles au cours de l'année. Assurez-vous simplement de tirer le chèque avec lequel vous payez l'impôt de votre conjoint sur votre propre compte. Comme le montant que vous versez va directement au gouvernement et n'est pas investi par votre conjoint, il n'y a aucun bien dont le revenu risque d'être attribué. Il en résulte que tous les fonds que votre conjoint utiliserait pour payer son impôt peuvent être investis sans que le revenu vous soit attribué.

3.3.11   PAIEMENT DE DIVIDENDES EN CAPITAL

D'ordinaire, les dividendes qui sont versés sur les actions que vous transférez à votre conjoint ou à des enfants mineurs vous sont attribués. Cependant, le régime fiscal prévoit que les « dividendes en capital » sont toujours exonérés d'impôt. De tels dividendes représentent une distribution du quart non imposable des gains en capital d'une société. (Se reporter à la section 8.2.4 pour un exemple.)

Si vous transférez des actions d'une société, actions sur lesquelles sont versés des dividendes en capital, il n'y aura pas d'attribution du revenu car, en premier lieu, ces dividendes ne sont imposables pour personne et, ensuite, tout revenu tiré du réinvestissement des dividendes ne sera pas attribué. Cette technique peut fonctionner pour les actions des sociétés de portefeuille privées, mais elle doit être utilisée prudemment. Il s'agit d'une planification fiscale audacieuse et vous ne devriez vous y engager qu'après avoir consulté un spécialiste. Certaines règles anti-évitement pourraient entrer en jeu et convertir les dividendes non imposables en dividendes imposables.

3.3.12   REER DU CONJOINT

Comme nous l'avons vu à la section 2.1.7.1, la *Loi de l'impôt sur le revenu* vous autorise à cotiser à un REER au profit de votre conjoint. Lorsque les fonds seront convertis en une rente ou un FERR au moment de la retraite, ils ne feront pas l'objet d'une attribution de revenu à votre endroit.

Une autre technique peut être employée en tout temps avant la retraite. Lorsque les cotisations que vous avez versées au REER de votre conjoint sont retirées par ce dernier, ces cotisations sont imposables pour vous si vous avez fait quelque cotisation à un REER de votre conjoint pendant l'année du retrait ou les deux années antérieures. Cela signifie que le fractionnement du revenu est permis à condition de pouvoir attendre de 24 à 36 mois et de ne pas effectuer de cotisations au REER de votre conjoint entre-temps. Cela signifie également de renoncer aux avantages de l'augmentation de la valeur des fonds dans le REER en franchise d'impôt (se reporter à la section 2.1.5).

EXEMPLE

Le 31 décembre 1994, vous cotisez 13 500 $ au REER de votre conjoint.

Cette cotisation vous donne droit à une déduction de 13 500 $ pour 1994 (en supposant que votre droit de cotisation à un REER le permet — voir la section 2.1.3 — et que vous n'avez versé aucune cotisation à votre propre REER pour 1994). Tout retrait d'un montant ne dépassant pas 13 500 $ du REER de votre conjoint en 1995 ou en 1996 vous sera attribué. Mais le 1er janvier 1997, votre conjoint pourra retirer la totalité des 13 500 $ qui deviendront imposables pour lui ou elle, à condition que vous ne fassiez aucune cotisation à l'un de ses REER en 1995, 1996 ou 1997.

Bien entendu, lorsque vous cotisez au REER de votre conjoint, votre plafond de cotisation à votre propre REER diminue d'autant, de sorte que les avantages fiscaux de cette technique sont fort limités, bien qu'elle entraîne un fractionnement du revenu à long terme. Cependant, vous devez également prendre en considération que le fait pour votre conjoint d'avoir un revenu plus élevé à la retraite pourrait affecter son admissibilité au crédit en raison de l'âge (se reporter à la section 1.3.2) et provoquer la récupération des prestations de sécurité de la vieillesse (se reporter à la section 1.6) — si ces programmes existent encore!

Prenez note également que dans cet exemple, si vous effectuez votre cotisation pour 1994, le 1er janvier 1995 plutôt que le 31 décembre 1994, votre conjoint devra attendra au 1er janvier 1998 pour retirer les fonds afin qu'ils ne vous soient pas attribués. Les cotisations aux REER de votre conjoint ne devraient donc pas être versées en janvier ou en février comme c'est bien souvent le cas pour les vôtres.

3.3.13   ENFANTS ÂGÉS D'AU MOINS 17 ANS

Envisagez de donner à vos enfants des fonds qu'ils pourront investir. Si votre enfant atteint l'âge de 17 ans durant l'année au cours de laquelle vous effectuez ce don, les fonds peuvent être investis dans un certificat de placement garanti ou un dépôt à terme d'un an (ou plus). Ainsi, l'intérêt sur cet investissement ne devra pas être déclaré avant l'année au cours de laquelle l'enfant atteindra l'âge de 18 ans et les règles d'attribution ne s'appliqueront pas. (Si l'investissement couvre plus d'un an, les intérêts devront quand même être déclarés chaque année (se reporter à la section 5.2.2).) À moins d'être prêt à subir les règles d'attribution mentionnées à la section 3.2.4, ne prêtez aucun fonds.

Vous pourriez également envisager de lui donner un montant suffisant pour couvrir ses frais de scolarité et de subsistance pendant les quatre ans ou plus que dureront ses études universitaires. Bien entendu, vous devez envisager la possibilité de perdre ces fonds puisqu'ils appartiendront légalement à votre enfant. Si cette possibilité vous crée un problème, envisagez d'avoir recours à une fiducie (avec les conseils juridiques appropriés).

3.3.14   ENCOURAGEZ VOS ENFANTS À INVESTIR LES FONDS QU'ILS POSSÈDENT

Envisagez d'accorder un prêt sans intérêt à votre enfant, lequel serait l'équivalent du revenu qu'il gagne durant l'été et dépense. De cette façon, votre enfant pourrait toucher un revenu de placement provenant de ses propres revenus, et ce revenu de placement ne vous serait pas attribué.

Supposons, par exemple, que vous avez une fille qui fréquente l'université et dont le revenu s'élève à 10 000 $ pour l'été. Et supposez que l'entente entre vous deux est la suivante : elle utilise son revenu d'emploi pour payer ses frais de scolarité et ses dépenses courantes. Si vous lui accordez un prêt sans intérêt de 10 000 $, elle pourrait alors utiliser ce montant pour payer ses frais de scolarité et ses dépenses courantes, et investir l'argent qu'elle a gagné durant l'été. Étant donné que son placement de 10 000 $ provient de ses revenus, les revenus gagnés sur ce montant ne vous seront pas attribués, mais seront imposés au taux marginal d'impôt de votre fille (ou seront même exonérés d'impôt, si son revenu total est suffisamment bas). Vous pouvez répéter cette opération pendant toutes les années durant lesquelles votre fille poursuivra ses études universitaires. Lorsqu'elle aura complété son programme d'études, elle pourra rembourser la totalité du prêt à même les fonds qu'elle aura investis. Vous pourriez également réduire le montant du prêt chaque année puisqu'elle disposera de fonds additionnels provenant de ses revenus de placement.

3.3.15   CESSION DES PRESTATIONS DU RPC

Vous pouvez décider de faire verser à votre conjoint une partie de vos prestations de retraite du Régime de pensions du Canada ne dépassant pas 50 %, à condition que vous soyez tous les deux âgés de plus de 60 ans. Si l'un de vous procède à une telle cession, une partie des prestations de l'autre conjoint sont automatiquement cédées au premier conjoint.

Lorsque les deux conjoints ont droit au montant maximal des prestations de retraite du RPC, la cession ne donne lieu à aucun avantage puisque chacun des conjoints cédera la moitié du montant maximal à l'autre. Cependant, si l'un des conjoints reçoit de fortes prestations du RPC et que l'autre ne reçoit rien ou presque, la cession peut effectivement donner lieu à un transfert jusqu'à concurrence de la moitié du revenu du RPC.

Les règles d'attribution ne s'appliquent pas précisément à une cession des prestations de retraite du RPC. Si vous-même et votre conjoint êtes âgés de plus de 60 ans et si, tout en étant dans une tranche d'imposition plus élevée, vous recevez des prestations du RPC plus élevées, vous devriez songer à effectuer une telle cession en remplissant un formulaire que vous pouvez vous procurer auprès de Santé et Bien-être Canada. Une telle cession peut ne pas être avantageuse si elle affecte votre crédit d'impôt de personne mariée (se reporter à la section 1.3.1).

Depuis le 1er janvier 1994, il est possible de céder à votre conjoint des prestations de retraite provenant du Régime des rentes du Québec.

3.3.16 TRANSFERT DE CRÉDITS D'IMPÔT AU CONJOINT

Le transfert de crédits d'impôt n'est pas réellement une mesure de fractionnement du revenu, mais devrait faire partie intégrante de la planification fiscale d'un couple. Se reporter aux sections 1.3 et 5.1.3.5.

3.3.17 PAYEZ VOS ENFANTS DE 18 ANS ET PLUS POUR DES SERVICES DE GARDE D'ENFANTS

La déduction pour frais de garde d'enfants a été traitée à la section 1.2.3. Aucune déduction n'est permise à l'égard des paiements que vous versez à une personne de moins de 18 ans qui vous est liée. Lorsque vos enfants atteignent l'âge de 18 ans et que vous êtes le conjoint au revenu le moins élevé, vous pouvez les payer pour des services de garde d'enfants qui vous permettent de gagner un revenu d'emploi ou un revenu d'entreprise. Vos enfants majeurs doivent alors vous remettre un reçu et déclarer, aux fins fiscales, le revenu ainsi gagné.

3.4 DOCUMENTS DE RÉFÉRENCE

Vous pouvez obtenir un exemplaire des publications suivantes en téléphonant ou en vous présentant à votre bureau de district de Revenu Canada, Impôt :

Bulletin d'interprétation IT-295R4, « Dividendes imposables reçus par un conjoint après 1987 »

Bulletin d'interprétation IT-307R2, « REER pour le conjoint d'un contribuable »

Bulletin d'interprétation IT-335R, « Paiements indirects »

Bulletin d'interprétation IT-369R, « Attribution du revenu provenant d'une fiducie à un auteur ou disposant »

Bulletin d'interprétation IT-510, « Transferts et prêts de biens faits après le 22 mai 1985 à un mineur lié »

Bulletin d'interprétation IT-511R, « Transferts et prêts de biens entre conjoints et dans certains autres cas »

Formulaire T2205, « Calcul des montants provenant d'un REER ou d'un FERR au profit du conjoint à inclure dans le revenu de 19__ »

4

- Examinez attentivement si vos gains et pertes constituent une opération de revenu ou de capital

- Effectuez un choix à l'égard de vos titres canadiens afin que le gain soit imposé à titre de gain en capital

- Utilisez les reports prospectifs et rétrospectifs de pertes

- Choisissez, pour votre déclaration de revenus de 1994, d'utiliser les gains réalisés jusqu'au 22 février 1994 et, à ce titre, déterminez soigneusement les biens concernés et la valeur que vous utiliserez.

- Envisagez de remettre après la fin de l'année la vente, en totalité ou en partie, d'un bien

- Envisagez de transférer des titres à un REER plutôt que de verser des cotisations en espèces

- Déduisez une réserve pour gains en capital lorsque le produit de la disposition n'a pas été reçu en totalité

- « Réorganisez » la société pour que ses actions deviennent des actions admissibles de société exploitant une petite entreprise

- Choisissez de conserver à la propriété louée son statut de résidenceprincipale

- Planifiez en tenant compte de votre PNCP, lorsque vous utilisez la déduction pour gains en capital

Comme vous le savez peut-être, les gains et pertes en capital reçoivent un traitement particulier dans notre régime fiscal. Les gains en capital sont imposés à un taux moins élevé que le revenu régulier et chaque particulier a droit à une déduction sur un certain montant de base de gains en capital qui, bien qu'ayant été éliminée en grande partie, est encore disponible par le biais d'un choix spécial sur votre déclaration de 1994. Dans le présent chapitre, nous décrirons les règles s'appliquant aux gains et aux pertes en capital en général, pour ensuite faire un tour d'horizon des possibilités de planification.

4.1   QU'ENTENDONS-NOUS PAR IMMOBILISATION?

Avant d'aborder les règles qui s'appliquent aux gains et aux pertes en capital, il serait bon de comprendre ce que nous entendons par

« immobilisation ». Une immobilisation est un bien qui donne lieu à un gain ou à une perte en capital lorsqu'il est vendu. Il diffère d'un bien dont la vente produit un revenu d'entreprise qui est inclus en entier dans la déclaration de revenus. Par exemple, si vous spéculez sur des biens immeubles en achetant et en vendant un certain nombre de propriétés, vos gains sur les ventes effectuées représenteront probablement un revenu d'entreprise plutôt qu'un gain en capital.

Il n'existe aucune règle précise définissant ce qu'est une immobilisation. Le seul commentaire contenu dans la *Loi de l'impôt sur le revenu* définit une « entreprise » comme « un projet comportant un risque ou une affaire de caractère commercial ». Les tribunaux ont formulé, au fil des années, des directives desquelles se dégage un tableau général. Si vous achetez un bien dans l'intention de le revendre, et surtout si vous le vendez rapidement et effectuez plusieurs opérations de ce genre, votre revenu est plus susceptible d'être considéré comme un revenu d'entreprise. Si vous achetez le bien dans l'intention de gagner un revenu (p. ex., un loyer ou des dividendes), surtout s'il s'agit d'une opération isolée et que vous le détenez pendant une longue période, alors tout gain réalisé sur la vente de ce bien est susceptible d'être considéré comme un gain en capital.

Si vous voulez vous assurer que vos opérations sur le marché boursier donnent toujours lieu à des gains en capital plutôt qu'à un revenu d'entreprise, vous pouvez produire le formulaire T123, « Choix visant la disposition de titres canadiens », avec votre déclaration de revenus d'une année quelconque. Une fois ce formulaire produit, *tous* les « titres canadiens » que vous détiendrez seront considérés comme des immobilisations pour le reste de votre vie. Ces titres comprennent, en général, des actions de sociétés canadiennes, des placements dans des fonds mutuels, ainsi que des obligations, des débentures et autres titres de dette émis par des particuliers ou des sociétés résidant au Canada (à l'exception des sociétés liées). Certains contribuables, notamment les négociants et les courtiers en valeurs mobilières, n'ont pas le droit d'exercer un tel choix.

Si vous n'êtes pas certain que le bien que vous détenez est une immobilisation, vous devriez consulter vos conseillers professionnels.

4.2 GAINS EN CAPITAL

Les gains en capital sont réalisés seulement au moment de la vente du bien (ou de sa disposition présumée en vertu de règles spéciales, comme nous le verrons aux sections 4.5.4 et 4.5.5). Par exemple, si vous détenez un bien locatif dont la valeur a été multipliée par dix, vous ne payez pas d'impôt sur la plus-value tant que vous ne le vendez pas. Le gain en capital est imposé seulement au cours de l'année où le bien est vendu.

La méthode de calcul d'un gain en capital est facile à comprendre. Le produit de la disposition (normalement le prix de vente), moins les frais de vente (p. ex., les commissions) et le « **prix de base rajusté** », donne le gain en capital. Dans la plupart des cas, le prix de base rajusté représente simplement le coût du bien, mais ce montant peut être modifié de plusieurs façons. (Se reporter à la section 7.3.5 pour le prix de base rajusté d'une participation dans une société.) Si vous avez utilisé le choix de réaliser une partie de la déduction pour gains en capital (se reporter à la section 4.4.1), votre « coût » sera plus élevé que le coût réel.

Les gains en capital sont, en effet, imposés à un taux moins élevé que le revenu ordinaire car n'est inclus dans le revenu que le **gain en capital imposable**, qui représente $3/4$ du gain en capital. (Pour les années 1972 à 1987, cette fraction était de $1/2$, autrement dit seule la moitié du gain en capital était imposée; pour 1988 et 1989, cette fraction était de $2/3$.)

EXEMPLE

Roxanne a payé 5 000 $ (y compris la commission) pour des actions de la Banque Nationale en 1987. En 1994, elle vend les actions pour 6 100 $, montant sur lequel son courtier prélève une commission de 100 $.

En 1994, Roxanne réalise un gain en capital de 1 000 $. Le gain en capital imposable, qui est inclus dans son revenu aux fins de l'impôt, s'élève aux $3/4$ de 1 000 $, soit 750 $.

Roxanne peut aussi avoir droit à la déduction pour gains en capital, ce que nous verrons à la section 4.4.

Nous avons fait mention des taux marginaux de l'impôt sur le revenu ordinaire dans les chapitres précédents. Avec l'imposition des $3/4$ des gains en capital, les taux réels de l'impôt sont *approximativement* les suivants :

Tranche de revenu	Revenu d'emploi	Gain en capital ($3/4$)
0 $ à 29 590 $	27 %	20 %
29 591 $ à 59 180 $	41 %	31 %
59 181 $ et plus	50 %	37 %

Les chiffres exacts varient d'une province à l'autre.

Si vous avez des gains en capital très importants, les règles relatives à l'impôt minimum peuvent s'appliquer. Veuillez vous reporter au chapitre 11.

4.3 PERTES EN CAPITAL

4.3.1 PERTES EN CAPITAL ORDINAIRES

Une perte en capital se produit lorsque le calcul du gain en capital donne lieu à un montant négatif, ce qui veut dire que le prix de base rajusté est supérieur au produit de la disposition moins les frais de vente. Tout comme les gains en capital sont moins imposés que le revenu régulier, les pertes en capital sont moins utiles au contribuable que les pertes régulières (pertes d'entreprise).

Une **perte en capital déductible** est égale aux $^{3}/_{4}$ d'une perte en capital. Ce montant peut être déduit des gains en capital imposables. Cependant, dans des circonstances normales, si vous n'avez pas de gain en capital imposable, la perte *ne peut* être déduite d'autres revenus.

EXEMPLE

Guillaume gagne un salaire annuel de 40 000 $. En octobre 1994, il vend pour 6 000 $, après le versement des commissions, certaines actions d'une société minière qui lui avaient coûté 2 000 $ il y a plusieurs années. En novembre 1994, il vend quelques lingots d'or qu'il avait achetés en 1982 pour 18 000 $, mais ne reçoit que 10 000 $ en raison de la baisse du cours de l'or.

Guillaume a réalisé un gain en capital de 4 000 $ sur les actions, ce qui représente un gain en capital imposable de 3 000 $. Il subit également une perte en capital sur l'or de 8 000 $, laquelle donne lieu à une perte en capital déductible de 6 000 $. Cette perte élimine donc complètement le gain en capital imposable, mais les 3 000 $ de perte en capital déductible qui restent ne peuvent servir à réduire son revenu de 40 000 $ (son salaire). Ils ne peuvent être utilisés que pour réduire les gains en capital imposables réalisés au cours d'autres années comme vous le verrez ci-dessous.

Les pertes en capital déductibles qui ne peuvent être utilisées au cours d'une année donnée, comme dans l'exemple ci-dessus, peuvent être reportées **rétrospectivement** et déduites des gains en capital imposables de l'une des trois années antérieures, sous réserve de l'utilisation ou non de la déduction pour gains en capital au cours de cette année antérieure. Ce report peut être effectué même si la déclaration de l'année antérieure a déjà fait l'objet d'une cotisation. Ces pertes, dont le solde est connu sous l'expression « pertes en capital nettes », peuvent aussi être reportées **prospectivement** à l'infini et déduites des gains en capital imposables de toute année future.

Avant le 23 mai 1985, un maximum de 2 000 $ par année de pertes en capital déductibles pouvait être déduit d'autres revenus (tel un revenu d'emploi). Si vous avez disposé de toute immobilisation à perte avant cette date, vous pouvez encore utiliser cette déduction de 2 000 $ par année. Vos pertes en capital nettes non utilisées, subies avant le 23 mai 1985, moins toute déduction pour gains en capital réclamée depuis cette date, représentent votre « solde des pertes en capital subies avant 1986 ».

4.3.2   PERTES DÉDUCTIBLES AU TITRE D'UN PLACEMENT
           D'ENTREPRISE

Il existe une exception à la règle générale voulant que les pertes en capital déductibles ne puissent être déduites du revenu ordinaire.

Cette exception s'applique aux **pertes déductibles au titre d'un placement d'entreprise** qui surviennent en cas de perte sur des actions d'une **société exploitant une petite entreprise** ou de créance due par cette société.

L'expression « société exploitant une petite entreprise » possède une signification bien précise dans la *Loi de l'impôt sur le revenu*. Il n'est pas nécessaire, en fait, que la société soit petite. Elle doit toutefois répondre à certains critères, c'est-à-dire résider au Canada, être une société privée, ne pas être contrôlée d'aucune façon par des non-résidents ou des sociétés ouvertes et, plus important encore, utiliser la totalité ou presque (90 % ou plus au sens de Revenu Canada) de ses éléments d'actif dans une entreprise exploitée activement, principalement au Canada. Les actions et les titres de créances dans d'autres sociétés exploitant une petite entreprise peuvent être aussi admissibles à titre d'éléments d'actif.

Une perte en capital sur les actions ou les dettes d'une société exploitant une petite entreprise (incluant, dans certains cas, le simple constat que la créance est devenue douteuse et ne sera pas remboursée) est appelée une « perte au titre d'un placement d'entreprise ». Les ³/₄ de ce montant, la « perte déductible au titre d'un placement d'entreprise » (PDTPE), peuvent être déduits de tout autre revenu, tel un revenu d'emploi ou de placement. Cependant, le montant de la PDTPE pouvant être déduit d'autres revenus doit être réduit par toute déduction pour gains en capital réclamée au cours d'années antérieures. En outre, si une PDTPE est déduite d'autres revenus, un montant égal de gains en capital imposables doit être réalisé au cours d'années ultérieures avant qu'il ne soit possible d'utiliser à nouveau la déduction pour gains en capital. La possibilité de se prévaloir d'une PDTPE représente un encouragement supplémentaire à investir dans des entreprises privées canadiennes.

EXEMPLE

Mélanie exploite une entreprise en qualité de propriétaire d'un magasin de vêtements dont elle tire un revenu net d'entreprise de 50 000 $ par année. En 1985, Mélanie a investi 10 000 $ dans des actions de la Bijouterie XYZ Ltée, société que dirige son frère et qui répond à la définition de « société exploitant une petite entreprise ». En décembre 1994, la société fait faillite et les actions de Mélanie perdent toute leur valeur.

Mélanie subit, en 1994, une perte de 10 000 $ au titre d'un placement d'entreprise, perte qui donne lieu à une perte déductible au titre d'un placement d'entreprise de 7 500 $. Elle peut déduire cette perte de son revenu d'entreprise de 50 000 $ et sera donc imposée, en 1994, comme si elle n'avait gagné que 42 500 $.

Les pertes déductibles au titre d'un placement d'entreprise qui ne peuvent être utilisées en entier (parce que votre revenu est insuffisant) reçoivent le même traitement que les pertes d'entreprise dont nous discuterons à la section 7.4. Ces pertes peuvent être reportées soit rétrospectivement et déduites du revenu au cours des trois années antérieures (même si vous avez déjà produit des déclarations de revenus et payé des impôts pour ces années), soit prospectivement et déduites du revenu au cours des sept années postérieures. Tout solde inutilisé à la fin de la septième année devient une perte en capital déductible.

4.4   LA DÉDUCTION POUR GAINS EN CAPITAL

Chaque particulier (mais non une fiducie ou société) a droit à une « déduction pour gains en capital ». Aux termes de la *Loi de l'impôt sur le revenu* et dans les formulaires de Revenu Canada, elle est ainsi appelée *déduction pour gains en capital*. Le gain en capital imposable est encore inclus dans le revenu aux fins de l'impôt, mais une **déduction** compensatoire du revenu net est permise dans le calcul du « revenu imposable », dernière étape sur la déclaration de revenus avant le calcul de l'impôt et des crédits d'impôt (se reporter à la section 1.1.1).

L'élimination de la déduction « règulière » pour gains en capital annoncée dans le budget fédéral de 1994 est entrée en vigueur le 22 février 1994. Cependant, comme vous pourrez le constater en vous reportant à la section 4.4.2, vous avez la possibilité de produire un choix qui vous permet d'utiliser votre déduction jusqu'à cette date. Les déductions spéciales applicables aux actions de petites entreprises et aux exploitations agricoles sont encore en vigueur; les sections 4.4.4 et 4.4.5 traitent de cette question.

4.4.1   DÉDUCTION RÉGULIÈRE JUSQU'AU 22 FÉVRIER 1994

La déduction régulière couvre jusqu'à **100 000 $** de gains en capital. Son élimination est entrée en vigueur le 23 février 1994, sous réserve de la production d'un choix spécial dont il sera question à la section 4.4.2. Examinons d'abord la déduction, telle qu'elle s'applique pour la disposition des biens entre le 1er janvier et le 22 février 1994. (Ces dispositions doivent faire partie de votre déclaration de revenus de 1994 devant être produite au plus tard le 30 avril 1995.)

Comme cette déduction s'applique après avoir inclus dans le revenu le gain en capital imposable, elle est en fait de **75 000 $** pour compenser l'inclusion des ³/₄ du gain. Des règles sont prévues en vue de la transition d'une fraction à une autre si vous avez utilisé une partie de votre déduction avant 1990, lorsque les fractions de l'inclusion étaient de ¹/₂ ou ²/₃.

EXEMPLE

Frédéric n'a utilisé aucune partie de sa déduction pour gains en capital dans le passé. En janvier 1994, il vend certaines actions qu'il avait achetées il y a plusieurs années, réalisant ainsi un gain en capital net de 60 000 $.

Les ³/₄ du gain de 60 000 $, soit 45 000 $, entrent dans le revenu de Frédéric pour 1994, mais une déduction des gains en capital compensatoire de 45 000 $ est permise dans le calcul de son « revenu imposable » de sorte qu'il ne paie aucun impôt supplémentaire. Du montant de 100 000 $, Frédéric pourra encore réaliser 40 000 $ de gains en capital ou 30 000 $ de gains en capital imposables, qui seront en fait exonérés d'impôt.

Comme nous pouvons le constater dans cet exemple, il importe peu que vous pensiez en termes de déduction couvrant 100 000 $ (dans cet exemple, 60 000 $ plus 40 000 $) de gains en capital, ou 75 000 $ (45 000 $ plus 30 000 $) de gains en capital imposables, puisque cela revient au même.

Il existe de nombreuses restrictions quant à l'utilisation de la déduction. Nous en discutons ci-dessous et dans la section 4.4.3.

Le gouvernement fédéral a introduit en 1992 une restriction quant à l'utilisation de la déduction sur les biens immobiliers. Une telle mesure s'applique aux **biens de placement**, tels les biens locatifs et les **résidences secondaires**, comme les maisons de campagne. La restriction ne touche ni les biens immobiliers utilisés dans une entreprise exploitée activement par le contribuable (par ex., un magasin ou une usine), ni l'exonération accordée sur les résidences principales (se reporter à la section 4.5.3). La nouvelle restriction s'applique cependant aux actions d'entreprises (ou aux participations dans une société de fiducie ou de personnes) dont la valeur, dans l'ensemble, est attribuable à des immeubles. Pour clarifier notre propos, l'expression « placements immobiliers » désigne tous les biens de placement touchés par cette restriction.

La déduction sur les placements immobiliers achetés après février 1992 est supprimée.

La déduction s'applique cependant aux placements immobiliers achetés avant cette date, au prorata du nombre de mois de détention de 1972 à février 1992. C'est-à-dire le nombre de mois de détention jusqu'en février 1992, divisé par le nombre total de mois de détention. Seul le gain en capital multiplié par la fraction établie (précédant mars 1992) est admissible à la déduction. (L'année qui sert de base au calcul des deux opérations est 1972, cette année étant la première où les gains en capital furent imposés. Si vous déteniez le bien immobilier avant 1972, votre coût de base est établi sur sa valeur au début de 1972.)

EXEMPLE

Jules a acheté une maison de campagne le 15 mars 1990. Il la vend le 1ᵉʳ février 1994 et réalise un gain de 100 000 $. Il n'a jamais encore utilisé la déduction à laquelle il a droit.

Il a été propriétaire de sa maison de campagne pendant 48 mois, dont 24, soit la moitié, avant mars 1992. Seule la moitié du gain de 100 000 $ lui donne droit à la déduction et il sera imposé sur 37 500 $, c'est-à-dire sur les ³/₄ de 50 000 $ (puisque les ³/₄ des gains en capital sont imposés).

> *Vous remarquerez que ceci s'applique même s'il n'existe aucune augmentation de la valeur du bien immobilier après février 1992 (c'est-à-dire que s'il avait vendu la maison en février 1992, il aurait eu droit à la déduction globale). Veuillez noter également que la valeur marchande du bien au 29 février 1992 n'a aucune incidence dans le calcul. Il n'est pas nécessaire d'obtenir une évaluation pour fins d'impôt. Ce qui importe, c'est la période de détention et le gain total réalisé à la vente de la maison de campagne.*

Sous la rubrique intitulée « Investissements dans les biens immobiliers » de la section 4.4.2, nous traiterons de l'interaction qui existe entre cette règle et l'élimination de la déduction des gains en capital.

4.4.2   CHOIX PERMETTANT DE CONSTATER LES GAINS CUMULÉS AU 22 FÉVRIER 1994

Remarque : les propos de cette section sont fondés sur l'avant-projet de loi publié en août 1994. N'étant pas encore finalisées, il est possible que les propositions qu'il contient soient modifiées avant qu'elles ne soient adoptées. Cependant, l'idée générale qui s'en dégage devrait demeurer inchangée.

Le budget fédéral du 22 février 1994 a éliminé la déduction régulière pour les gains réalisés après cette date. Les gains sur les ventes conclues entre le 1er janvier et le 22 février 1994 sont encore admissibles à la déduction dont traite la section 4.4.1, sous réserve des restrictions énumérées à la section 4.4.3.

De plus, le budget présente également la possibilité de produire un **choix** pour les gains cumulés jusqu'au 22 février 1994, dans le cas où vous n'avez pas vendu le bien. Dans la mesure où, par ailleurs, vous auriez été en mesure de réclamer la déduction (se reporter aux sections 4.4.1 et 4.4.3), vous pouvez produire un *choix* de façon à traiter tout bien comme si vous l'aviez vendu le jour du budget à un prix désigné et comme si vous l'aviez **immédiatement racheté** au même prix. Dans la plupart des cas, la production de ce choix n'aura pas d'incidence fiscale dans l'immédiat, mais permettra d'assurer un prix de base plus élevé pour le bien concerné (se reporter à la section 4.2). Par conséquent, lorsque vous vendrez le bien, l'impôt sur le gain en capital sera moins élevé ou complètement éliminé. La production de ce choix pourrait éventuellement vous accorder une perte en capital (se reporter à la section 4.3). (À l'origine, le budget proposait qu'aucune perte en capital ne serait permise, mais cette règle n'a pas été incluse dans l'avant-projet de loi.)

Le prix que vous aurez fixé pour vous prévaloir du choix ne pourra être supérieur à la juste valeur marchande du bien. Si vous surévaluez la juste valeur marchande (fixée sur vérification par Revenu Canada), le montant choisi sera réputé ne pas être supérieur à cette juste valeur marchande. Par conséquent, vous ne pouvez pas ultérieurement « rajuster à la hausse » le coût du bien en lui attribuant une juste valeur marchande plus élevée que celle du 22 février 1994. Toutefois, vous ne serez pas autrement pénalisé, à condition de ne pas avoir produit un choix supérieur à 10 % de la juste valeur marchande réelle. (Ce pourcentage offre une certaine marge en cas d'erreur si vous ne connaissez pas exactement la valeur du bien.)

S'il est établi que le choix produit est supérieur à 10 % de la juste valeur marchande du bien, le montant excédentaire *réduira* d'autant votre nouveau prix de base rajusté (PBR) qui découlera du montant de rachat réputé. Cette règle est conçue pour vous empêcher d'effectuer un choix trop élevé qui pourrait entraîner l'annulation de l'avantage découlant de l'utilisation de la déduction. Dans les cas extrêmes, la réduction du nouveau PBR pourrait donner un PBR moindre qu'avant la production du choix, ce qui veut dire qu'il vous en coûterait de l'argent!

EXEMPLE

Roméo n'a utilisé aucune partie de sa déduction pour gains en capital dans le passé. Il y a plusieurs années, il a acheté pour 40 000 $ un certain nombre d'actions de la Société Incognito. En décembre 1994, il vend les actions pour 100 000 $. Il est d'avis qu'au 22 février 1994, les actions valaient 100 000 $, soit le même montant auquel il les avait vendues.

Roméo peut produire un choix sur sa déclaration de revenus de 1994 en vertu duquel il serait réputé avoir vendu les actions le 22 février 1994 à un montant ne dépassant pas 100 000 $. S'il choisit 100 000 $, il sera réputé disposer d'un gain de capital de 60 000 $ (c'est-à-dire 100 000 $ moins son coût de 40 000 $). Les trois-quarts de 60 000 $, soit 45 000 $, seront ajoutés au revenu de Roméo pour 1994, mais comme une déduction compensatoire pour gains en capital de 45 000 $ est accordée dans le calcul de son « revenu imposable », il ne paie pas d'impôt additionnel.

En raison du choix produit par Roméo, le coût de ses actions devient 100 000 $. À la vente subséquente de 100 000 $ conclue en décembre 1994, il ne réalisera aucun gain ou perte en capital.

Supposons que Revenu Canada établisse par la suite que les actions ne valaient que 95 000 $ en février 1994, le nouveau coût des actions de Roméo ne serait plus que de 95 000 $, de sorte que son gain en capital au titre de la vente de décembre s'établirait à 5 000 $. Il ne serait donc pas autrement pénalisé, à condition que son choix ne soit pas supérieur à 10 % de la valeur réelle des actions au 22 février 1994.

Supposons qu'en réalité les actions valaient 90 000 $, Roméo serait pénalisé d'avoir produit un choix supérieur à 99 000 $ (soit 10 % de plus que 90 000 $). La partie « excédentaire » de son choix serait de 1 000 $ (soit 100 000 $ moins

99 000 $). Le PBR de ses actions s'établirait à 90 000 $ (la juste valeur marchande), moins le montant « excédentaire » de 1 000 $, soit 89 000 $. Par conséquent, il obtiendrait un gain en capital de 11 000 $ du montant de 100 000 $ obtenu de la vente de ses actions en décembre 1994; si son choix avait été de 99 000 $, son gain en capital se serait établi à 10 000 $.

Le choix doit être produit sur votre déclaration de revenus de 1994 et transmis à Revenu Canada au plus tard le 30 avril 1995. Cependant, si vous négligez de produire votre choix dans les délais exigés, vous pouvez le faire jusqu'au 30 avril 1997 au plus tard, à condition de payer une pénalité. La pénalité est de $1/300$ (soit $1/3$ de 1 %) du gain en capital imposable résultant du choix, pour chaque mois ou partie de mois de retard de la production du choix.

EXEMPLE

Roméo (de l'exemple ci-dessus) néglige de produire son choix en avril 1995 et le fait le 5 juillet 1995.

Il a un retard de trois mois (mai, juin et une partie de juillet). La pénalité s'établit à $3/300$ X 45 000 $ (le gain en capital imposable résultant du choix de Roméo), soit 450 $.

Si vous produisez votre choix dans les délais exigés, vous pouvez décider de le révoquer ou de le modifier à une date ultérieure (en ce qui concerne le même bien) jusqu'à la fin de 1997. La seule pénalité imposée, pour chaque mois ou partie de mois après la date d'échéance du 30 avril 1995, sera $1/300$ de tout gain en capital imposable *additionnel* résultant du fait que vous avez porté à la hausse votre choix.

Si vous produisez un choix supérieur à 10 % de la valeur du bien, vous n'aurez pas le droit de révoquer ou de modifier ce choix.

Entités intermédiaires fonds mutuels et autres

Certaines participations peuvent produire des gains en capital calculés au niveau d'investissement qui vous sont ensuite transférés, de sorte que vous pouvez produire le gain en capital sur votre déclaration de revenus. Ces participations s'appellent des « **entités intermédiaires** ». Elles comprennent les fonds communs de placement (se reporter à la section 5.1.3.4), les fonds réservés (semblables aux fonds communs de placement, sauf qu'ils sont offerts par l'intermédiaire des sociétés d'assurance-vie), les sociétés de personnes (se reporter à la section 7.3.3), les sociétés de placement, les sociétés de placements hypothécaires, les régimes de participation des employés aux bénéfices et certaines autres fiducies spéciales.

Il existe deux façons d'obtenir des gains en capital par le biais d'entités intermédiaires. Premièrement, les gains réalisés dans l'entité vous sont transférés. Deuxièmement, vous pouvez vendre votre participation dans l'entité.

Vous pouvez choisir de vous prévaloir de la déduction pour gains en capital en ce qui concerne des actions par le biais d'entités intermédiaires. Cependant, les conséquences de ce type de choix peuvent être très différentes que dans le cas d'autres biens. Plutôt que d'augmenter le prix de base de votre placement (comme dans l'exemple ci-dessus), votre choix a pour effet de créer un « **solde des gains en capital exonérés** » que vous pouvez utiliser pour réduire tout gain en capital découlant du bien. Par conséquent, vous pouvez protéger pour les années futures les gains « transférés », même si vous n'avez pas encore vendu le placement. Ce solde ne s'applique qu'aux années d'imposition qui se terminent en *2004*, après quoi l'effet du choix sera annulé (sous réserve de toute modification future des règles concernées). De plus le solde des gains en capital exonérés ne peut vous protéger que contre l'impôt sur les gains en capital; il ne peut créer ou augmenter une perte en capital, comme cela se produit pour d'autres biens avec l'augmentation du prix de base.

Vous devrez retracer le « solde des gains en capital exonérés » de chaque fonds commun de placement ou autre placement pour lequel vous aurez produit ce choix. Vous ne pouvez utiliser le solde d'un fonds pour protéger la répartition des gains en capital d'un autre fonds.

Placements en biens immobiliers

Si vous produisez un choix concernant un bien immeuble, la déduction que vous pouvez réclamer en vertu de ce choix est limité à la tranche de la participation que vous déteniez dans le bien avant mars 1992. Cette règle a été décrite dans la section 4.4.1 ci-dessus.

Cette restriction limitera le montant auquel vous pourrez hausser le prix du bien en vue de réduire l'impôt découlant d'une éventuelle disposition. Cependant, l'utilisation du choix n'entraînera pas d'impôt sur la tranche du gain qui n'est pas admissible à la déduction (c'est-à-dire pour les mois de gain de mars 1992 à février 1994). Si, en réalité, vous avez vendu le bien à la mi-février 1994, avant la publication du budget, vous devez payer l'impôt sur 24 mois de gains, comme c'est le cas dans l'exemple de la section 4.4.1 ci-dessus; mais si vous ne l'avez pas vendu et avez simplement produit un choix, vous bénéficiez du prix de base augmenté sans avoir comme coût initial à payer de l'impôt sur les 24 mois de gains.

Si vous avez réclamé la déduction pour amortissement (se reporter à la section 7.2.4) sur un placement dans un bien immeuble, vous devez normalement payer de l'impôt sur la « récupération » de cette déduction pour amortissement si vous vendez le bien pour un montant plus élevé que le solde non amorti. Cependant, lorsque vous produisez le choix de vous prévaloir de la déduction pour gains en capital, la récupération est impossible même si, d'un point de vue technique, vous êtes réputé avoir vendu le bien. Toute récupération sera reportée jusqu'à ce que vous ayez réellement vendu le bien (ou que vous soyez réputé l'avoir vendu pour toute autre raison, par exemple en cas de décès ou d'émigration; se reporter aux sections 4.5.4 et 4.5.5).

4.4.3   AUTRES LIMITES À L'UTILISATION DE L'EXONÉRATION

La *Loi de l'impôt sur le revenu* renferme des règles visant à prévenir une utilisation abusive de la déduction des gains en capital. La
déduction vise à exempter de l'impôt les gains en capital. Si vous
réussissez, toutefois, à utiliser le régime d'imposition des gains en
capital pour déduire une partie des pertes en capital d'autres revenus, les règles vous empêcheront de vous prévaloir également de
la déduction. Nous verrons ceci en détail dans la présente section.
Veuillez prendre note que ces règles s'appliquent aussi bien à la déduction « régulière », disponible seulement jusqu'au 22 février
1994, qu'à la déduction sur 500 000 $ de gains sur les biens agri-
coles et sur les actions d'une société exploitant une petite
entreprise. Vous trouverez des explications à ce sujet dans les sections 4.4.4 et 4.4.5.

4.4.3.1   PERTES EN CAPITAL DÉDUITES DU REVENU RÉGULIER

Deux types de pertes en capital peuvent être déduites du revenu régulier. Il s'agit des pertes déductibles au titre d'un placement
d'entreprise (se reporter à la section 4.3.2) et, rare privilège, des
pertes en capital subies avant 1986 (qu'il reste encore à épuiser à
raison de 2 000 $ par année; se reporter à la section 4.3.1).

   Si vous avez l'un ou l'autre de ces types de pertes, vous perdrez votre déduction pour gains en capital dans la mesure où les
pertes sont, ou peuvent être, déduites de votre revenu ordinaire, car
l'on considère que de telles pertes devraient en premier lieu être déduites de vos gains en capital imposables. En d'autres mots, vous
ne pouvez à la fois avoir un gain qui est abrité de l'impôt par la déduction pour gains en capital, et déduire également certaines pertes
en capital de vos autres revenus.

4.4.3.2   PERTE NETTE CUMULATIVE SUR PLACEMENTS (PNCP)

Comme nous le verrons à la section 5.3, l'intérêt versé sur un prêt
est déductible si l'emprunt est contracté pour acheter des actions ordinaires. Même si la vraie raison pour laquelle vous achetez les
actions est de réaliser des gains en capital, le fait que les actions
pourraient rapporter des dividendes (qui représentent un revenu
d'un bien) suffit, en général, pour que l'intérêt sur le prêt soit déductible en tant qu'intérêt sur des fonds empruntés afin de gagner
un revenu d'un bien.

   Les responsables de l'élaboration de la politique fiscale ont
jugé inéquitable le fait que des personnes puissent obtenir des prêts
importants, déduire les intérêts et utiliser les fonds empruntés pour
acheter des actions qui prendront de la valeur et leur rapporteront
un gain en capital en franchise d'impôt grâce à la déduction pour

gains en capital. Un terme a été mis à ce genre d'opération depuis 1988.

Votre déduction des gains en capital (utilisée comme nous l'avons vu, dans le calcul de votre « revenu imposable ») est donc *réduite* par le montant de votre **perte nette cumulative sur placements** ou PNCP. L'on estime que si vous empruntez des fonds et faites l'acquisition d'un placement dont la valeur s'accroît, vous ne devriez pas être en mesure d'obtenir à la fois la déduction pour gains en capital et la déduction de vos intérêts.

Le calcul est en fait plus compliqué. Votre PNCP représente la totalité de vos **frais de placements** moins la totalité de vos **revenus de placements** cumulés depuis le 1er janvier 1988. Les « frais de placements » comprennent les intérêts que vous avez déduits, les honoraires des conseillers en placements, les pertes d'une société de personnes (sauf lorsque vous êtes un associé actif), les pertes de biens locatifs et la plupart des pertes pour les déductions d'abris fiscaux. Le revenu de placements inclut les intérêts, les dividendes (« majorés » de $1/4$ comme l'explique la section 5.1.2), les revenus de location et les revenus des sociétés de personnes dans lesquelles vous ne prenez pas une part active.

EXEMPLE

Laurence n'a utilisé aucune partie de sa déduction pour gains en capital dans le passé, mais a réclamé un total de 10 000 $ en frais de placements depuis 1988, de sorte que sa PNCP s'établit à 10 000 $. Il y a plusieurs années, il a acheté un certain nombre d'actions pour une somme de 40 000 $. Le 22 février 1994, la valeur des actions s'établissait à 100 000 $.

Sur sa déclaration de revenus de 1994, Laurence peut produire le choix comme s'il était réputé avoir vendu ses actions le 22 février 1994 pour une somme de 100 000 $. S'il produit ce choix, il sera réputé avoir obtenu un gain en capital de 60 000 $ (soit 100 000 $ moins le coût des actions de 40 000 $). Les trois-quarts de 60 000 $, soit 45 000 $, sont ajoutés au revenu de Laurence pour 1994. En raison de son solde de 10 000 $ au titre de la PNCP, la déduction compensatoire au titre des gains en capital ne s'établit qu'à 35 000 $.

En effet, Laurence doit « éliminer » son solde au titre de la PNCP et payer l'impôt sur 10 000 $ avant de pouvoir utiliser la déduction pour gains en capital. Pour savoir s'il est avantageux de procéder ainsi, il faut évaluer à long terme, pour chaque cas particulier, les possibilités d'obtenir un gain en capital élevé lors de la disposition du bien.

Prenez note que la restriction relative à la PNCP s'applique même si les frais de placements et le gain en capital ne sont pas reliés. Cependant, les gains en capital imposables qui sont imposés parce que vous ne réclamez pas votre déduction pour gains en capital réduisent, en fait, l'impact de votre solde de PNCP.

Soulignons également que le calcul de la déduction (et de la PNCP) est fait à la *fin* de l'année. Il est donc possible de réaliser un gain en capital que vous croyez libre d'impôt, mais pour lequel vous ne pourrez réclamer la déduction en raison du solde de la PNCP, que vous avez établi plus tard au cours de la même année.

4.4.4 BIENS AGRICOLES ADMISSIBLES

Comme nous l'avons vu ci-dessus, la déduction pour gains en capital couvre normalement 100 000 $ de gains en capital réalisés par un particulier au cours de sa vie. Cependant, cette déduction couvre 500 000 $ de gains en capital dans deux cas spéciaux (375 000 $ de gains en capital imposables). Ces déductions couvrant 500 000 $ de gains n'*ont pas* été abolies le 22 février 1994. Le premier est celui des **biens agricoles admissibles**.

La déduction pour 500 000 $ de gains en capital s'applique généralement aux exploitations agricoles familiales et aux quotas agricoles qui répondent à certaines conditions. En termes généraux, si vous avez fait l'acquisition du bien agricole avant le 18 juin 1987, et que ce bien a été utilisé dans le cadre de l'exploitation d'une entreprise agricole par vous-même ou par un membre de votre famille soit pendant l'année de sa disposition, soit pendant l'une des cinq années précédentes, ce bien sera alors désigné bien agricole admissible. Si vous l'avez acquis après le 17 juin 1987, vous devrez l'avoir détenu pendant au moins deux ans, avoir pris une part active dans l'exploitation agricole de façon régulière et continue et avoir gagné un revenu brut plus élevé de cette activité que de toutes autres sources. Des règles semblables s'appliquent pour permettre la déduction des gains réalisés sur la vente des actions provenant d'une corporation agricole familiale ou d'une participation dans une société agricole familiale.

Les biens agricoles admissibles ne sont pas assujettis aux restrictions décrites à la section 4.4.2 quant à la déduction pour gains en capital sur les placements immobiliers.

Si vous détenez des biens agricoles que vous envisagez de vendre, vous devriez demander les conseils d'un professionnel afin de déterminer votre admissibilité à la déduction pour 500 000 $ de gains.

4.4.5 ACTIONS ADMISSIBLES D'UNE SOCIÉTÉ EXPLOITANT UNE PETITE ENTREPRISE

Le deuxième cas spécial donnant lieu à une déduction accrue est celui des **actions admissibles d'une société exploitant une petite entreprise**. Cette fois-ci encore, 500 000 $ de gains en capital seront exempts d'impôt. Prenez note, cependant, que vous ne pouvez réclamer qu'une déduction maximale couvrant 500 000 $ de gains en capital provenant d'une combinaison des déductions régulières, au titre des biens agricoles et au titre des actions admissibles d'une société exploitant une petite entreprise pendant votre vie.

Les définitions des expressions « société exploitant une petite entreprise » et « action admissible d'une société exploitant une petite entreprise » sont fort complexes. En général :

- la société doit utiliser la totalité ou presque (soit 90 % ou plus de leur juste valeur marchande selon Revenu Canada) de ses éléments d'actif dans une entreprise qu'elle exploite activement au Canada, plutôt que dans des placements par exemple, sauf pour ce qui est des actions et des titres de créance dans d'autres sociétés exploitant une petite entreprise;

- les actions ne doivent avoir été détenues que par vous ou une personne « liée » pendant une période de deux ans avant leur disposition; et

- tout au long de cette période de deux ans, plus de 50 % des éléments d'actif de la société doivent avoir été utilisés dans une entreprise exploitée activement ou investis dans d'autres sociétés exploitant une petite entreprise.

Consultez votre conseiller fiscal pour plus de détails au sujet des actions que vous détenez.

Vous pouvez faire un choix spécial qui vous permet de profiter de la déduction pour 500 000 $ de gains en capital au titre des actions admissibles d'une société exploitant une petite entreprise lorsque la société devient une société ouverte, et ce, sans même devoir vendre les actions. (Dès qu'une société devient une société ouverte, les actions de celle-ci ne sont plus admissibles à l'exonération.)

4.5   CAS PARTICULIERS

4.5.1   BIENS ANTÉRIEURS À 1972

Si vous avez des biens que vous détenez depuis une date antérieure à 1972, au moment où les gains en capital n'étaient aucunement imposés, seuls les gains accumulés depuis la fin de l'année 1971 seront imposés. Pour les actions émises dans le public, l'évaluation est très facile; il n'en va pas nécessairement de même pour les biens immeubles et les actions de sociétés fermées dont l'évaluation au 31 décembre 1971 peut se révéler difficile à effectuer. Lorsque vous déclarez un tel gain, il vous faudra faire une estimation de la valeur du bien à cette date et l'utiliser comme le coût du bien (en supposant qu'elle soit plus élevée que le coût réel pour vous).

4.5.2   RÉSERVES

Lorsque vous vendez un bien et que vous réalisez un gain en capital, mais ne recevez pas immédiatement la totalité du produit de cette vente, vous pourriez être en mesure de déduire une **réserve** afin de reporter la déclaration du gain aux fins fiscales.

Supposons, par exemple, que vous décidiez de vendre une maison que vous aviez mise en location. La maison vous avait coûté 100 000 $ et vous la vendez 300 000 $, mais vous consentez un prêt hypothécaire de 150 000 $. Vous pouvez normalement déduire une réserve sur le gain en capital reflétant la fraction du prix d'achat que vous n'avez pas touchée. Dans ce cas, comme vous n'avez reçu que la moitié du prix d'achat, vous n'aurez à déclarer que la moitié du gain dans l'année de la vente.

Aux termes des règles afférentes aux réserves, vous devez déclarer au moins $1/5$ du gain chaque année (cumulativement), afin que la totalité du gain en capital soit déclarée la quatrième année suivant celle de la vente.

4.5.3   RÉSIDENCE PRINCIPALE

Comme vous le savez probablement, un gain réalisé lors de la vente de votre maison est, ordinairement, totalement exonéré d'impôt. Il s'agit d'une exonération distincte de la déduction pour gains en capital dont il a été question dans la section 4.4. Dans le cas présent, vous n'avez même pas à inclure le gain dans votre revenu.

L'exonération est fondée sur la définition de l'expression « résidence principale » qui désigne, entre autres, une maison, une copropriété, une participation au capital-actions d'une coopérative d'habitation constituée en société, ainsi que le terrain entourant la maison, jusqu'à un maximum de $1/2$ hectare (environ 1,2 acre). La résidence doit « normalement avoir été habitée » par vous-même, votre conjoint ou un de vos enfants afin d'être admissible à l'exonération. Par conséquent, vous ne pouvez utiliser cette dernière pour une propriété que vous aviez mise en location sans jamais l'avoir habitée, ni pour un terrain vacant.

Depuis 1982, chaque famille est limitée à une résidence principale à la fois. À cette fin, la famille est définie de façon à comprendre vous-même, votre conjoint (ou votre conjoint de fait, tel que l'indique la section 1.3.1) et tout enfant non marié âgé de moins de 18 ans. Par conséquent, si vous désignez votre maison en tant que résidence principale pour une période de plusieurs années, votre conjoint ne peut en même temps désigner votre maison de campagne comme résidence principale. (La désignation n'est faite qu'au moment où vous produisez votre déclaration de revenus pour l'année au cours de laquelle vous vendez la propriété, et c'est donc à ce moment-là que vous déciderez pour quelle propriété vous réclamez l'exonération.)

Si un membre de votre famille était propriétaire d'une seconde résidence (p. ex., une maison de campagne) depuis une date antérieure à 1982, il est possible qu'une exonération partielle soit encore disponible car avant 1982, chaque contribuable avait droit à une exonération pour résidence principale et le concept de « famille » n'avait pas encore été défini. Dans de tels cas, le gain cumulé jusqu'au 31 décembre 1981 peut continuer d'être exonéré.

Lorsque vous mettez en location la résidence, une exonération est aussi disponible dans certains cas, soit avant, soit après que vous l'ayez utilisée comme votre propre résidence. Si vous déménagez et mettez en location votre résidence, vous pouvez continuer de la déclarer comme votre résidence principale pour une période allant jusqu'à quatre ans (à condition, bien sûr, de ne déclarer aucune autre propriété comme résidence principale et de faire connaître votre choix lorsque vous produisez votre déclaration de revenus pour l'année au cours de laquelle vous la mettez en location). Si vous déménagez en raison d'un changement de votre lieu de travail ou de celui de votre conjoint, la période de quatre ans pourra être prolongée indéfiniment, à condition que vous emménagiez à nouveau dans cette résidence lorsque vous quitterez cet emploi.

Si vous faites l'acquisition d'une résidence et la mettez en location, pour ensuite vous y installer à une date ultérieure, vous pouvez, lorsque vous produisez votre déclaration de revenus pour l'année au cours de laquelle vous emménagez dans cette résidence, choisir de reporter le gain en capital qui s'appliquerait normalement à la conversion d'une résidence servant à gagner un revenu en résidence à usage personnel. Si vous faisiez ce choix, vous pourriez être en mesure d'obtenir une exonération pour la période de quatre ans au cours de laquelle la résidence aurait été mise en location.

4.5.4   DÉCÈS

Au moment de votre décès, vous êtes réputé, aux fins fiscales, avoir vendu vos biens en immobilisation à leur juste valeur marchande courante, donnant lieu ainsi à un gain en capital sur toute plus-value accumulée depuis leur acquisition. Ceci afin de prévenir l'accumulation des gains indéfiniment en franchise d'impôt. En réalité, bien qu'il n'existe aucun impôt successoral ou droits successoraux au Canada, on appelle parfois l'imposition des gains en capital accumulés «impôt au décès».

EXEMPLE

Patrick a acheté des actions de Bell Canada en 1974. Lorsqu'il décède en novembre 1994, les actions valent 20 000 $ de plus que le prix auquel il les a payées (après déduction de toutes les commissions). Supposons qu'il a déjà utilisé la déduction pour gains en capital pour d'autres immobilisations.

Patrick sera réputé avoir vendu les actions avant son décès pour un gain en capital de 20 000 $, dont les ³/₄ (soit 15 000 $) seront inclus dans son revenu pour l'année de son décès.

Lorsque les biens sont légués à votre conjoint, le gain est reporté jusqu'à son décès, moment où la totalité des gains en capital devient imposable pour votre conjoint. Une fiducie établie en faveur de votre conjoint peut également être utilisée pour le report des gains si certaines conditions sont satisfaites. Toutefois dans les deux cas, les exécuteurs testamentaires pourront choisir de ne pas appliquer cette règle à un ou plusieurs biens en immobilisation afin d'utiliser vos pertes en capital nettes inutilisées et ainsi augmenter le prix de base des biens pour votre conjoint.

Toute perte en capital nette d'années antérieures reportée prospectivement et qui, comme nous l'avons vu à la section 4.3.1, ne peut normalement être déduite que des gains en capital imposables, peut être déduite de tous les autres revenus pour l'année du décès et l'année précédant le décès, mais seulement après que la déduction pour gains en capital ait été réclamée.

Pour de plus amples détails sur le traitement des gains en capital au décès, veuillez vous reporter à la section 12.1.2.

4.5.5   AUTRES RÈGLES

Transferts à des personnes ne traitant pas à distance — Lorsque vous donnez ou vendez un bien à un membre de votre famille, vous êtes normalement réputé avoir reçu la juste valeur marchande pour ce bien, et tout gain (ou perte) en capital accumulé doit être déclaré aux fins fiscales. Cependant, si vous transférez le bien à votre conjoint, ce bien est normalement réputé avoir été vendu au prix coûtant, à moins que vous n'ayez fait le choix de réaliser le gain. Cette règle s'applique également aux conjoints de fait qui répondent aux critères énoncés à la section 1.3.1.

Bien à usage personnel — Vous ne pouvez déclarer une perte en capital sur un bien à usage personnel, sauf s'il s'agit de « biens meubles déterminés » (timbres, pièces de monnaie ou livres rares, oeuvres d'art et bijoux). Toute perte sur ces derniers peut seulement être déduite des gains réalisés sur les biens meubles déterminés. De même, les gains en capital réalisés sur un bien à usage personnel ne sont imposables que si le prix de vente du bien excède 1 000 $.

Si vous convertissez un bien à usage personnel en bien servant à gagner un revenu, vous êtes normalement réputé l'avoir vendu à sa juste valeur marchande, ce qui vous obligerait à déclarer aux fins fiscales tout gain en capital accumulé.

Options — Des règles spéciales s'appliquent afin de calculer les gains en capital lorsque vous achetez ou cédez des options (p. ex., sur le marché boursier).

Perte apparente — Si vous vendez un bien (p. ex., des actions) afin de réaliser une perte en capital, et si vous-même ou votre conjoint, ou une société sous votre contrôle, faites l'acquisition d'un bien identique dans les 30 jours précédant ou suivant la date de la vente susmentionnée, la perte en capital sera appelée « perte apparente » et ignorée aux fins fiscales. La perte ainsi refusée sera ajoutée au coût du bien identique.

Produit tiré d'une assurance ou d'une expropriation — Si votre bien est perdu ou détruit ou fait l'objet d'une expropriation, tout règlement d'assurance ou paiement d'expropriation est considéré comme un produit de disposition aux fins du calcul décrit à la section 4.2.

Émigration — Si vous quittez le Canada et devenez non-résident, vous serez réputé avoir vendu la plupart de vos biens à leur juste valeur marchande et vous aurez à déclarer tous les gains en capital qui en résultent. À moins d'avoir produit un autre choix, cette règle ne s'appliquera pas à certains biens, tels les terrains et les actions dans des sociétés privées, dont tout gain en capital sera imposé par le Canada même si vous êtes non-résident. Toutefois, même s'il s'agit d'un tel bien, soit un « bien canadien imposable », il se peut qu'en vertu d'une convention fiscale entre le Canada et le pays où vous résidez, le gain en capital ne soit pas imposable lorsque vous vendez le bien en question.

4.6   **Conseils de planification**

4.6.1   Gains et pertes en capital ou revenu et perte d'entreprise?

Comme nous l'avons vu, les gains en capital ne sont imposés que partiellement ($\frac{3}{4}$) et les gains réalisés jusqu'au 22 février 1994 peuvent être admissibles à la déduction pour gains en capital. Il vaut donc mieux réaliser des gains en capital qu'un revenu régulier.

D'autre part, l'utilisation des pertes en capital est fort limitée, alors que les pertes d'entreprise peuvent être déduites de tout autre revenu.

Dans la mesure du possible et des limites de la loi, vous devriez tenter de qualifier vos gains comme des gains en capital et vos pertes comme des pertes d'entreprise. Par exemple, si vous achetez ou vendez un titre sur le marché boursier, la façon dont vous qualifiez l'opération peut dépendre de son résultat (gain ou perte). Lorsque vous êtes près de la limite qui sépare le revenu du gain en capital (se reporter à la section 4.1), vous disposez d'une certaine marge de manoeuvre pour qualifier le résultat de l'opération dans l'une ou l'autre catégorie. Bien entendu, vous devez faire preuve de cohérence et ne pas prendre deux opérations essentiellement identiques et dire que l'une a produit un gain en capital et l'autre une perte d'entreprise.

Si vous achetez et vendez des biens immeubles et que vous réussissez dans ce domaine, essayez d'obtenir pour vos dossiers des données soutenant que vous vous êtes engagé dans des opérations en capital. Par exemple, vous voudrez démontrer que vous achetez des biens purement pour leur valeur de placement en tant que biens locatifs, et que toute vente de tels biens n'était pas prévue au départ, mais dictée par les circonstances.

Il se peut que Revenu Canada vous émette un avis de nouvelle cotisation au sujet de ces classifications si vous faites l'objet d'une vérification. À ce moment, vous devrez décider soit de contester la cotisation au moyen d'un avis d'opposition (se reporter à la section 13.5.1.), soit de l'accepter et de payer l'impôt que vous auriez payé sans cette tentative, plus les intérêts.

4.6.2   Effectuez un choix à l'égard de vos titres canadiens

Si vous jouez à la bourse, ou si vous achetez et vendez des actions ou des titres de dette de sociétés privées, vous pourriez vouloir effectuer un choix à l'égard de vos titres canadiens (se reporter à la section 4.1) afin de vous assurer que toutes vos opérations actuelles et futures donneront lieu à des gains en capital. Cette mesure empêchera Revenu Canada de soutenir que vous achetez des titres dans le but de les vendre et de réaliser ainsi un revenu d'entreprise plutôt que des gains en capital.

Un tel choix a cependant pour inconvénient de faire en sorte que vous ne pourrez jamais déduire dans l'avenir les pertes subies sur des titres canadiens en tant que pertes d'entreprise. Comme cette stratégie est de toute façon difficile à mettre en oeuvre à l'égard des actions, cet inconvénient n'en est peut-être pas un pour vous. Vous devriez évaluer votre situation financière dans son ensemble et obtenir les conseils d'un expert afin de voir l'incidence probable d'un tel choix.

4.6.3   Ayez recours aux reports prospectifs et rétrospectifs de pertes

Si vous avez des pertes en capital nettes ou des pertes déductibles au titre d'un placement d'entreprise qui ne peuvent être déduites pendant l'année en cours, voyez si vous pouvez les reporter rétrospectivement sur l'une de vos trois déclarations de revenus précédentes. Revenu Canada est tenu de réouvrir votre dossier et d'émettre un avis de nouvelle cotisation lorsque vous faites une telle réclamation.

Veillez aussi à effectuer un suivi de toute perte de ce genre que vous ne pouvez reporter rétrospectivement, afin de les reporter prospectivement et de les utiliser au cours d'années futures.

4.6.4   Produisez le choix d'utiliser la déduction pour gains en capital sur votre déclaration de 1994 et choisissez soigneusement les biens à ce titre

Comme il en a été question dans la section 4.4.2, la décision de « cristalliser » les gains en capital cumulés au 22 février 1994 doit être produite au plus tard le 30 avril 1995, si l'on veut éviter d'être pénalisé. Assurez-vous de la produire afin de vous prévaloir de la déduction et d'augmenter le prix de base de toute immobilisation sur laquelle vous avez cumulé des gains.

Même si vous avez vendu le bien à une date ultérieure en 1994, produisez ce choix afin d'utiliser tout gain réalisé avant le 22 février 1994. De cette façon, seul le gain subséquent (le cas échéant) sera imposable. (Se reporter à l'exemple de la section 4.4.2.)

Si vos gains cumulés sont plus élevés que la déduction disponible, choisissez soigneusement les biens donnant lieu au choix. En général, vous devriez fixer votre choix en relation avec les biens que vous prévoyez vendre en premier ou que vous aurez déjà vendus au moment de produire votre déclaration de revenus de 1994. En agissant de cette façon, le gain en capital qui résultera de la vente du bien sera minimisé.

Veillez à ce que votre choix ne soit pas supérieur à 10 % de la juste valeur marchande du bien : en d'autres mots, soyez assez conservateur dans votre évaluation. Si votre choix excède 10 % du montant qui sera éventuellement déterminé comme étant correct (par Revenu Canada ou un tribunal), l'excédent *réduira* en réalité votre prix de base rajusté. Dans certains cas, cela signifie qu'il peut être moins bon de produire une surévaluation comme choix que de ne produire aucun choix.

Si, le 22 février 1994, il est impossible d'évaluer le bien avec certitude, envisagez d'obtenir une évaluation professionnelle à l'appui de votre choix. Rappelez-vous qu'il peut s'écouler deux ou trois ans avant que Revenu Canada n'effectue la vérification de votre réclamation; une évaluation récente effectuée par un tiers indépendant constitue la meilleure preuve que le montant que vous avez choisi était justifié.

Soyez conscient que le choix effectué peut avoir des effets connexes. Il peut augmenter votre « revenu net », ce qui peut entraîner une réduction de votre crédit en raison de l'âge (se reporter à la section 1.3.2), de votre crédit pour frais médicaux (se reporter à la section 1.3.5), de votre prestation fiscale pour enfants (se reporter à la section 1.5.1) et de votre crédit pour TPS (se reporter à la section 1.5.2). Vous pourriez également être dans l'obligation de rembourser les prestations de sécurité de la vieillesse et d'assurance-chômage (se reporter à la section 1.6) en plus d'être assujetti à l'impôt minimum (se reporter au chapitre 11). Si vous habitez au Manitoba ou en Saskatchewan, un « impôt minimum » provincial de 2 % sur le revenu net s'appliquera au gain en capital imposable. En contrepartie, si vous effectuez d'importants dons de bienfaisance, le seuil plus élevé d'imposition découlant de votre revenu net plus élevé vous donnera droit de déduire ces dons (se reporter à la section 1.3.4).

Rappelez-vous également que votre choix pourrait produire un autre résultat que celui que vous escomptiez si vous avez subi des pertes en capital en 1994. Toutes les pertes doivent être déduites des gains en capital pour l'année (se reporter à la section 4.3.1) avant que le solde des gains, s'il y a lieu, soit protégé au moyen de la déduction pour gains en capital.

4.6.5   DIFFÉREZ UNE PARTIE OU LA TOTALITÉ DE VOS GAINS JUSQU'APRÈS LA FIN DE L'ANNÉE

Si vous vendez un élément d'actif après la fin de l'année, tout impôt sur le gain en capital sera applicable un an plus tard, ce qui vous permettra d'utiliser les fonds pendant une année supplémentaire, à moins que vous ne soyez tenu de verser des acomptes provisionnels (se reporter à la section 13.2.2). Une vente effectuée le 31 décembre 1994 sera assujettie à l'impôt au moment de remplir votre déclaration de revenus en avril 1995, alors que l'élément d'actif vendu le 1er janvier 1995 sera imposable au moment de remplir votre déclaration de revenus en avril 1996.

Prenez note que le règlement des opérations sur le marché boursier intervient cinq jours ouvrables après la date de l'opération. (Cette pratique est courante dans l'industrie des valeurs mobilières et reconnue par Revenu Canada.) En raison des fins de semaine et des congés fériés, les ventes de valeurs mobilières effectuées après le 21 décembre 1994 seront normalement différées en 1995, aux fins fiscales, bien que nous vous conseillions de vérifier la date limite auprès de votre courtier.

Dans certaines circonstances, vous pourriez être intéressé à vendre la moitié de l'actif à la fin de décembre et l'autre au début du mois de janvier. Cette procédure permettra de répartir le gain en capital sur deux années, et cela peut s'avérer avantageux pour deux raisons. Premièrement, vous serez en mesure de réduire votre taux marginal d'impôt qui s'applique sur les deux années, en maintenant votre revenu imposable total en dessous de 59 000 $ par année. Deuxièmement, vous pourrez éviter de payer un impôt minimum, en utilisant l'exemption de base de 40 000 $ de l'impôt minimum offerte pour chaque année (se reporter au chapitre 11).

4.6.6   TRANSFÉREZ DES TITRES NÉGOCIABLES À UN REER

Si vous avez un REER autogéré, un transfert d'actions dans celui-ci pourrait vous permettre de déduire votre cotisation annuelle sans avoir à y verser des fonds en espèces. De même, si le REER renferme des montants en espèces, vous pouvez vendre des actions à votre REER contre ces montants en espèces, ce qui vous permettrait d'en tirer quelques liquidités (bien entendu, cette opération ne serait pas considérée comme une cotisation au régime). De l'une ou l'autre façon, vous pouvez avoir à payer de l'impôt sur tout gain en capital accumulé sur les actions (ou sur les gains accumulés depuis le 22 février 1994, si vous avez produit un choix en ce sens; se reporter à la section 4.4.1).

La détention d'actions dans un REER est assujettie à certaines limites et pose certains inconvénients (se reporter aux sections 2.1.5 et 2.5.2).

4.6.7   DÉDUISEZ UNE RÉSERVE POUR GAINS EN CAPITAL

Si vous vendez des biens en immobilisation sans toutefois recevoir la totalité du produit de cette vente, envisagez de déduire une réserve à l'égard de la partie du gain qui n'a pas encore été reçue au cours d'une année donnée. Par exemple, si vous consentez un prêt hypothécaire sur un bien que vous vendez, ou si vous vendez un bien contre une série de paiements échelonnés dans le temps, une telle démarche s'appliquerait. Se reporter à la section 4.5.2 ci-_____ pour plus de détails. Cependant, cette mesure ne sera peut-____ _____ si vous risquez de vous retrouver dans une ____ élévé dans les années futures, comme nous ____ 4.6.4.

4.6.8   ___IÉTÉ DE LA RÉSIDENCE PRINCIPALE

___onjoint étiez propriétaires de deux résidences ____ principale et une maison de campagne) depuis une date antérieure à 1982, vous pourriez structurer vos avoirs de façon à ce que soit exonérée la fraction antérieure à 1982 du gain en capital sur la résidence secondaire. Consultez un expert en la matière.

Si vous avez des enfants majeurs, envisagez de leur donner la propriété d'une résidence secondaire. Si vous êtes propriétaire de votre maison et que votre fils de 19 ans est propriétaire de la maison de campagne, il pourra la désigner comme sa résidence principale lorsqu'il la vendra. Cependant, au moment où vous ferez le transfert en sa faveur, vous aurez à déclarer toute plus-value depuis le moment où vous l'avez achetée (sous réserve d'une réduction si vous avez choisi d'utiliser votre déduction pour gains en capital dans ce cas). Vous devrez aussi être conscient des conséquences *juridiques* de ce que vous faites, c'est-à-dire de donner votre maison de campagne, avant de vous lancer dans une telle opération à des fins fiscales.

4.6.9   UTILISEZ LA DÉDUCTION POUR LES ACTIONS ADMISSIBLES DE SOCIÉTÉ EXPLOITANT UNE PETITE ENTREPRISE

Si vous détenez des actions dans une petite entreprise et que vous envisagez de les vendre ou de les transférer à vos enfants, vous devriez chercher à savoir si les actions de la société sont admissibles à la déduction pour des gains en capital de 500 000 $. Il se peut que vous puissiez entreprendre des démarches qui vous permettront de « réorganiser » la société de façon à ce qu'elle satisfasse aux critères énoncés à la section 4.4.5.

Il est également possible de transférer à une société en franchise d'impôt les éléments d'actif d'une entreprise que vous exploitez personnellement (en qualité de propriétaire), afin de tirer profit de cette déduction. Ce procédé, connu sous le nom de « roulement en vertu de l'article 85 », ainsi que d'autres mécanismes servant à « cristalliser » la déduction requièrent les conseils d'un spécialiste (se reporter à la section 8.8.6).

Le gouvernement fédéral procède actuellement à une nouvelle étude de la déduction pour 500 000 $ de gains en capital au titre des actions admissibles d'une petite entreprise et des biens agricoles. Vous voudrez peut-être tirer avantage de cette déduction au cas où elle serait abolie.

4.6.10   CHOISISSEZ DE CONSERVER À LA PROPRIÉTÉ LOUÉE SON STATUT DE RÉSIDENCE PRINCIPALE

Si vous déménagez de votre résidence et la mettez en location, ou si vous avez acquis un bien locatif que vous prévoyez occuper à une date ultérieure, vous pouvez choisir sur votre déclaration de revenus de traiter le bien comme s'il s'agissait d'une résidence principale, même durant la période de location. Se reporter à la section 4.5.3.

4.6.11   SI VOUS ÉMIGREZ, OPTEZ POUR LA RÉALISATION DES GAINS EN CAPITAL EXONÉRÉS D'IMPÔT

Si vous devenez non-résident du Canada, vous serez réputé avoir vendu tous vos biens en immobilisation à leur juste valeur marchande le jour de votre départ. Cette règle ne s'appliquera pas aux « biens canadiens imposables » puisque les gains en capital réalisés sur ceux-ci seront imposés de toute façon au moment de leur disposition (se reporter à la section 4.5.5 ci-dessus), sous réserve de toute dérogation incluse dans une convention fiscale entre le Canada et le nouveau pays où vous résidez.

Cependant, une fois que vous devenez non-résident, vous ne pouvez utiliser la déduction pour gains en capital. Par conséquent, si votre déduction pour des gains en capital de 500 000 $ n'est pas entièrement utilisée et si vous détenez des biens canadiens imposables (c'est-à-dire des biens agricoles et des actions dans des sociétés privées résidant au Canada) qui sont admissibles à la déduction, vous pouvez opter, dans la déclaration produite pour l'année où vous avez émigré, pour l'inclusion de tels biens dans la disposition présumée à la juste valeur marchande. De cette façon, vous réaliserez un gain qui sera couvert par la déduction couvrant 500 000 $ de gains en capital, et seule l'augmentation par rapport à la juste valeur marchande actuelle sera imposée au Canada lorsqu'en qualité de non-résident, vous disposerez éventuellement de ces biens.

Si vous devenez non-résident, vous devez obtenir les conseils d'un professionnel. Les incidences de la législation fiscale canadienne, de la législation fiscale du pays étranger et de toute convention fiscale conclue entre le Canada et le pays où vous résiderez devront être prises en considération.

4.6.12 PLANIFIEZ EN FONCTION DE VOTRE SOLDE DE PNCP

Comme il est stipulé dans la section 4.4.3.2, vous ne serez pas en mesure de réclamer la déduction pour gains en capital (que ce soit par le biais du choix décrit à la section 4.4.2 ou d'une disposition réelle), si vous avez un solde de perte nette cumulative sur placements (PNCP). La PNCP est calculée à la **fin** de l'année, soit le 31 décembre. Si vous avez un solde de PNCP, envisagez de la réduire ou de l'éliminer avant cette date. Vous pouvez le faire en augmentant votre revenu de placements. Par exemple, si vous êtes propriétaire-exploitant d'une société par actions (se reporter au chapitre 8), vous pouvez abaisser votre salaire et augmenter les dividendes que vous verse la société, de façon à utiliser votre solde de PNCP. Vous pouvez également, si vous en avez l'occasion, vous faire verser des intérêts à l'avance avant la fin de l'année ou reporter les versements d'intérêts déductibles après le 31 décembre, de façon à réduire votre PNCP.

4.7 DOCUMENTS DE RÉFÉRENCE

Vous pouvez obtenir un exemplaire des publications suivantes en téléphonant ou en vous présentant à votre bureau de district de Revenu Canada, Impôt :

Bulletin d'interprétation IT-78, « Biens en immobilisation au 31 décembre 1971—Biens identiques »

Bulletin d'interprétation IT-84, « Biens en immobilisation détenus le 31 décembre 1971—Règle de la médiane (Marge libre d'impôt) »

Bulletin d'interprétation IT-107, « Coûts de la disposition de biens en immobilisation touchés par la règle de la médiane »

Bulletin d'interprétation IT-120R4, « Résidence principale »

Bulletin d'interprétation IT-133, « Opérations boursières—Date de disposition des actions »

Bulletin d'interprétation IT-170R, « Vente de biens—Quand elle doit être incluse dans le calcul du revenu »

Bulletin d'interprétation IT-218R, « Profits, gains en capital et pertes sur la vente de biens immeubles »

Bulletin d'interprétation IT-232R2, « Pertes autres que les pertes en capital, pertes en capital nettes, pertes agricoles restreintes, pertes agricoles et pertes comme commanditaire ou assimilé »

Bulletin d'interprétation IT-236R3, « Réserves—Disposition de biens en immobilisation »

Bulletin d'interprétation IT-387R2, « Sens de l'expression biens identiques »

Bulletin d'interprétation IT-456R, « Biens en immobilisation—Certains rajustements du prix de base »

Bulletin d'interprétation IT-459, « Projet comportant un risque ou une affaire de caractère commercial »

Bulletin d'interprétation IT-479R, « Transactions de valeurs mobilières »

Bulletin d'interprétation IT-484R, « Pertes au titre d'un placement d'entreprise »

« Guide d'impôt Gains en capital »

Formulaire T123, « Choix visant la disposition de titres canadiens »

Formulaire T657, « Calcul de la déduction pour gains en capital »

Formulaire T936, « Calcul de la perte nette cumulative sur placement »

Formulaire T2091, « Désignation de la résidence principale »

5

CONSEILS DE PLANIFICATION

- Structurez vos placements pour rendre vos intérêts déductibles

- Faites l'acquisition de placements qui viendront à échéance après la fin de l'année

- Envisagez la possibilité d'acquérir des actions privilégiées afin de hausser votre rendement après impôt

- Envisagez de constituer une fiducie pour les enfants

- Envisagez d'effectuer des investissements dans des abris fiscaux, tels des investissements dans des sociétés en commandite dans le but de financer des commissions dans des fonds mutuels

- Étudiez la possibilité d'investir dans une corporation agréée à capital de risque de travailleurs

- Envisagez la possibilité d'acquérir un contrat d'assurance-vie exonéré

- Étudiez la possibilité de constituer votre portefeuille de placements en société par actions

Dans le présent chapitre, nous verrons comment les placements sont imposés, comment les intérêts peuvent être déductibles et quels types d'abris fiscaux sont disponibles. Après avoir décrit les règles, nous présenterons un certain nombre de conseils fiscaux à la fin du chapitre.

5.1 DIVIDENDES

5.1.1 QU'EST-CE QU'UN DIVIDENDE?

Un dividende provient d'une répartition des bénéfices d'une société à ses actionnaires. Une société peut avoir plusieurs catégories d'actions. Les **actions privilégiées** d'une société sont, en règle générale, celles sur lesquelles les dividendes sont versés en premier, avant d'être versés sur les **actions ordinaires**.

En règle générale, les actions privilégiées donnent droit à un dividende fixe, annuel ou trimestriel. D'une certaine manière, elles sont semblables aux obligations ou autres titres de créance puisque le rendement est exprimé en pourcentage fixe. Cependant, une société n'est pas *tenue* de verser des dividendes sur ses actions privilégiées aussi longtemps qu'elle n'en verse pas sur ses actions ordinaires. Si la société subit des pertes, son conseil d'administration peut très bien décider de ne pas verser de dividendes sur les actions privilégiées.

Sur le plan fiscal, pour les particuliers, les dividendes versés sur les actions privilégiées sont traités de la même façon que ceux des actions ordinaires (en ce sens que les dividendes sont fonction des bénéfices de la société).

5.1.2   COMMENT LES DIVIDENDES SONT-ILS IMPOSÉS?

Les dividendes reçus d'une société canadienne par les particuliers sont imposés d'une façon plutôt singulière qui reflète le fait que la société qui les verse a déjà payé de l'impôt sur ses bénéfices. Le montant inclus dans le revenu du particulier est « majoré » afin de refléter le montant total du revenu *avant impôt* que la société est présumée avoir gagné. Le particulier reçoit alors un crédit visant à compenser l'impôt (environ 20 %) que la société est présumée avoir payé. Le revenu *réel* gagné ou l'impôt payé par la société ne sont en aucun cas pris en considération.

Les dividendes de sociétés canadiennes reçus par les particuliers sont majorés d'un quart, ce qui veut dire que vous ajoutez 25 % au montant reçu et inscrivez ce total à titre de revenu de dividendes sur votre déclaration de revenus. Le crédit d'impôt fédéral pour dividendes représente $2/3$ du montant de la majoration, soit $2/3$ de 25 % ou, si vous voulez, 13,33 % du total inscrit à titre de revenu de dividendes. Au Québec, le crédit d'impôt représente 8,87 % du dividende majoré. Ailleurs, le crédit d'impôt pour dividendes est majoré de moitié environ puisque l'impôt provincial est calculé sur un impôt fédéral réduit. (Dans l'exemple ci-dessous, nous utilisons un taux d'impôt combiné fédéral/provincial de 46 %.)

EXEMPLE

Sylvie réside au Québec et gagne 35 000 $ par année. Elle détient également des actions dans Canada Inc., dont elle reçoit un dividende de 1 000 $ en 1994.

Pour 1994, le revenu de Sylvie sera de 35 000 $, plus le dividende de 1 000 $ majoré d'un quart, soit 250 $, pour un revenu total de 36 250 $ sur lequel sera calculé son impôt. Sylvie pourra alors déduire de cet impôt ses crédits de base (se reporter au chapitre 1) ainsi qu'un crédit d'impôt pour dividendes de 166,67 $ (13,33 % du dividende majoré de 1 250 $) qui, après l'abattement du Québec, équivaut à 131,16 $. Lorsqu'elle calculera son impôt au Québec en utilisant un taux d'imposition combiné fédéral-provincial d'environ 46 % (incluant la surtaxe fédérale et après l'abattement du Québec), *elle obtiendra une réduction d'impôt de 110,87 $ (8,87 % du dividende majoré). Le dividende de 1 000 $ de Sylvie a donc été imposé à un taux marginal d'environ 46 % de 1 250 $, soit 575 $, mais cet impôt a été réduit par des crédits d'impôt pour dividendes fédéral et provincial nets de 242 $. Le dividende est ainsi imposé au taux d'environ 33 % plutôt qu'au taux de 46 %.*

(Veuillez vous reporter à la section 8.2.1 pour obtenir plus de détails au sujet du crédit d'impôt pour dividendes dans le cas des sociétés.)

Le crédit d'impôt pour dividendes donne lieu à l'imposition des dividendes aux taux *approximatifs* suivants au Québec :

Tranche de revenu	Revenu salarial	Revenu de dividendes
23 001 $ à 29 590 $	38 %	22 %
29 591 $ à 50 000 $	46 %	32 %
50 001 $ à 58 319 $	47 %	34 %
58 320 $ à 59 180 $	48 %	35 %
59 181 $ et plus	51 %	38 %

Rappelez-vous que ces pourcentages ne s'appliquent qu'aux dividendes de sociétés canadiennes et ne tiennent pas compte des crédits d'impôt personnel de base du fédéral et du Québec. Les dividendes des sociétés étrangères sont imposés en tant que revenu ordinaire.

5.1.3 CAS PARTICULIERS

5.1.3.1 DIVIDENDES EN ACTIONS

Une société versera parfois ses dividendes sous forme de **dividendes en actions** plutôt que de dividendes en espèces et vous devez payer de l'impôt sur les dividendes en actions, même si vous n'avez reçu aucun montant en espèces. La majoration et le crédit d'impôt pour dividendes s'appliquent aussi dans ce cas. Le montant du dividende sur lequel la majoration est calculée est l'augmentation du capital versé à la suite de l'émission des nouvelles actions.

5.1.3.2 DIVIDENDES EN CAPITAL

Vous pourriez aussi recevoir de sociétés privées canadiennes des **dividendes en capital**. Ils sont entièrement exonérés d'impôt (se reporter à la section 3.3.11). Un dividende en capital résulte généralement de la distribution du quart non imposé des gains en capital. Comme nous l'avons vu à la section 4.2, cette fraction d'un gain en capital n'est pas imposée. Le système de dividendes en capital est utilisé pour distribuer la fraction non imposée des gains en capital sans incidence fiscale pour l'actionnaire. (Se reporter à la section 8.2.4 pour un exemple.)

5.1.3.3 DIVIDENDES REÇUS PAR UNE SOCIÉTÉ PAR ACTIONS

Les **dividendes entre sociétés** ne sont normalement pas assujettis à l'impôt suivant l'hypothèse qu'une fois l'impôt payé sur son revenu, une société peut distribuer sans autre incidence fiscale son bénéfice par le biais d'une série de sociétés de portefeuille, jusqu'à ce qu'un particulier reçoive un dividende à l'autre bout de la chaîne. Toutefois, un impôt spécial remboursable (« impôt de la partie IV ») peut s'appliquer aux dividendes entre sociétés dans certaines circonstances, y compris la plupart des dividendes reçus au titre de placements dans les sociétés inscrites en bourse. L'impôt de la partie IV est de 25 % jusqu'à la fin de 1994 et augmentera pour s'établir à 33 ⅓ % à compter de 1995.

5.1.3.4 FONDS MUTUELS

Les fonds mutuels sont des biens mis en commun et investis par des gestionnaires professionnels, soit dans des placements de nature générale, soit dans un secteur d'activité particulier (comme l'immobilier et les ressources naturelles). Une société de fonds mutuels (aussi appelée « société de placement à capital variable » dans l'avant-projet de loi du 8 août 1994 en ce qui concerne l'impôt sur le revenu) versera des dividendes, mais pourra désigner à titre de « dividendes sur les gains en capital » la totalité ou une partie des dividendes afin de refléter les gains en capital réalisés par le fonds mutuel. Pour le contribuable, de tels dividendes sont traités comme des gains en capital plutôt que comme des dividendes et sont assujettis au traitement habituellement réservé aux gains en capital (incluant l'admissibilité à la déduction pour gains en capital), décrit au chapitre 4.

5.1.3.5 CHOIX DE TRANSFÉRER DES DIVIDENDES DU CONJOINT

Comme le crédit d'impôt pour dividendes est déductible de l'impôt exigible, il n'a aucune valeur s'il n'y a aucun impôt à payer. Si le revenu de votre conjoint est très peu élevé et que vous réclamez à son égard le crédit pour personnes mariées (se reporter à la section 1.3.1), même un montant relativement peu élevé de revenus de dividendes, lorsque majoré de 25 %, peut dépasser la limite de revenu de 538 $ fixée pour les personnes mariées et, par conséquent, réduire votre crédit d'impôt de personne mariée. De même, puisque votre conjoint ne paie aucun impôt, le crédit d'impôt pour dividendes n'est d'aucune utilité.

Dans ce cas, vous pouvez choisir de déclarer la totalité du revenu de dividendes de votre conjoint dans votre propre déclaration de revenus. Bien que ce revenu risque d'être imposé à un taux d'imposition plus élevé, cette mesure évitera cependant l'érosion du crédit d'impôt de personne mariée. Vous devrez calculer l'impôt selon ces deux scénarios afin de voir lequel est le plus avantageux. Ce choix est effectué en incluant les dividendes directement dans l'annexe 5 (État des revenus de placements) de votre déclaration de revenus et non dans l'annexe 2 (Montants transférés du conjoint).

5.2   Revenu d'intérêts

5.2.1   Règle générale

Le revenu d'intérêts est imposé aux mêmes taux que le revenu d'emploi ou d'entreprise.

5.2.2   Intérêts courus

Supposons que vous ayez acquis un dépôt à terme de 5 ans de 1 000 $ qui rapportera 1 500 $ après cinq ans. Quand devez-vous déclarer l'intérêt de 500 $?

La réponse dépend de la date à laquelle vous avez acquis le placement. Si vous l'avez acquis après 1989, vous devrez déclarer, **chaque année**, les intérêts courus à la date anniversaire de l'acquisition. Votre institution financière émettra un feuillet T5 indiquant le montant d'intérêts courus sur tous les placements à long terme.

Si vous avez acquis le placement avant 1990, vous devrez déclarer les intérêts courus au moins à **tous les trois ans**, bien que vous ayez le choix de les déclarer chaque année, si vous le préférez ainsi.

Ces règles s'appliqueront à presque tous les types de placements, y compris les obligations à coupons détachés (se reporter à la section 5.2.3 ci-dessous), les Obligations d'épargne du Canada et les prêts hypothécaires ou les prêts consentis à des parents et sur lesquels l'intérêt peut courir.

EXEMPLE

En 1990, Christine prête 10 000 $ à son cousin qui fréquente l'université et a besoin de cette somme pour ses frais de scolarité et de logement. Son cousin consent par écrit à lui verser un intérêt annuel de 10 % (non composé) sur le prêt, mais indique qu'il ne remboursera ni le prêt, ni les intérêts, tant qu'il n'aura pas obtenu son diplôme et un emploi.

À compter de 1991, Christine est tenue de déclarer le revenu d'intérêts courus de 1 000 $ et de payer de l'impôt sur cette somme à chaque année. Si son cousin lui paie 15 000 $

*en 1995 en remboursement du prêt et des intérêts, elle ne décla-
rera que 1 000 $ de revenu d'intérêts en 1995 puisqu'elle aura
déjà déclaré 4 000 $ au cours des quatre années précédentes.*

5.2.3   OBLIGATIONS À COUPONS DÉTACHÉS ET COUPONS DÉTACHÉS

Les obligations à coupons détachés sont des obligations à long
terme émises ou garanties par le gouvernement (p. ex., des obligations d'Hydro-Québec) qui rapportent des intérêts lorsque leurs
coupons sont encaissés. Une obligation type peut avoir une
échéance de 20 ans, valoir 100 000 $ et être accompagnée de cou-
pons donnant droit à 5 000 $ d'intérêts, encaissables à tous les six
mois. À la fin de la période de 20 ans, le porteur n'aurait plus qu'à
encaisser l'obligation pour 100 000 $.

Les maisons de courtage acquièrent souvent de telles obligations dont elles détachent les coupons pour les revendre séparément.
Dans notre exemple, l'obligation de 100 000 $ venant à échéance
dans 20 ans pourrait être vendue pour 15 000 $, alors que les qua-
rante coupons de 5 000 $ seraient vendus à des prix reflétant leur
durée de vie avant l'échéance.

Aux fins de l'impôt, l'écart entre le prix escompté de l'obligation (ou des coupons) et le montant que vous recevez lorsqu'elle est
remboursée est considéré comme étant l'intérêt. À cause de la règle
annuelle (ou des trois ans si l'obligation est achetée avant 1990) relative aux intérêts courus, de telles obligations n'intéressent pas de
nombreux contribuables puisqu'ils auront à payer l'impôt chaque
année sur des intérêts qu'ils ne recevront pas avant un certain
temps. Toutefois, elles représentent un excellent placement pour les
REER et autres régimes de report d'impôt (se reporter au
chapitre 2).

Il faut faire preuve de prudence lorsque vous achetez des obligations à coupons détachés ou des coupons détachés, ou encore
toute obligation à long terme. Si vous devez les vendre avant leur
échéance, vous constaterez que leur valeur varie considérablement
en raison des fluctuations des taux d'intérêt. En règle générale, si
les taux d'intérêt ont grimpé, la valeur de revente de votre obligation ou de votre coupon aura nécessairement baissé.

5.2.4   PRIMES EN ARGENT COMPTANT SUR LES OBLIGATIONS
D'ÉPARGNE DU CANADA

Certaines séries d'Obligations d'épargne du Canada rapportent des
primes en argent comptant. De telles primes sont annoncées et versées afin de hausser le taux d'intérêt sur les obligations lorsque les
taux d'intérêt ont augmenté dans l'ensemble. Le gouvernement es-
père ainsi réduire le nombre d'obligations encaissées et éviter
d'avoir à emprunter des fonds ailleurs.

La moitié des primes en argent comptant est assujettie à l'impôt, ce qui signifie que vous devez inclure la moitié de la prime dans votre revenu d'intérêts. Elles ne sont plus, comme c'était le cas auparavant, traitées comme des gains en capital.

5.3 Déductibilité des frais d'intérêts

En règle générale, les frais d'intérêts sont déductibles aux fins fiscales aussi longtemps que le prêt est utilisé **pour gagner un revenu** d'une entreprise ou d'un bien. Par conséquent, si vous empruntez de l'argent pour acheter des actions sur le marché boursier ou investir dans une entreprise, l'intérêt que vous payez est généralement déductible.

D'autre part, si vous achetez un placement assorti d'un taux d'intérêt fixe, vous pouvez déduire l'intérêt sur votre emprunt, mais seulement à un taux qui ne dépasse pas le taux d'intérêt que rapporte le placement. Par exemple, si vous empruntez des fonds au taux de 15 % pour ensuite les prêter à un parent en réclamant un taux d'intérêt de 10 %, vous ne pouvez déduire qu'un intérêt de 10 % sur votre emprunt. Lorsque le placement acquis est composé d'actions privilégiées, c'est le montant majoré du dividende (se reporter à la section 5.1.2) qui détermine le montant de l'intérêt pouvant être déduit. Si le taux de dividende est de 8 %, représentant 10 % lorsqu'il est majoré de 25 %, seul un intérêt de 10 % sur l'emprunt pourra être déduit.

Les intérêts ne sont pas déductibles lorsque l'emprunt a été contracté pour d'autres fins que celles de gagner un revenu assujetti à l'impôt. Citons à titre d'exemples :

- les emprunts hypothécaires pour l'achat d'une maison, sauf si vous utilisez un bureau à domicile à des fins d'entreprise (se reporter à la section 7.2.7);
- les prêts consentis pour l'achat d'une automobile utilisée uniquement à des fins personnelles;
- les cartes de crédit, sauf lorsque les frais sont engagés pour des dépenses d'entreprise;
- les emprunts contractés pour cotiser à un REER; et
- les intérêts sur des impôts ou des acomptes provisionnels en retard.

En règle générale, il est accepté de déduire l'intérêt versé sur les fonds empruntés pour investir dans des actions ordinaires, en raison du fait qu'elles peuvent rapporter des dividendes, même s'il s'agit d'actions d'entreprises négociées pour les gains en capital qui ne rapporteront vraisemblablement pas de dividendes dans un avenir rapproché. Le projet de loi déposé par le ministère des Finances en décembre 1991 soulève certaines questions quant à la continuation de cette politique. Cependant, dans les notes explicatives des mesures législatives, le ministère des Finances déclare son intention de continuer à permettre la déduction des intérêts au titre de ces emprunts.

Si vous vendez le bien pour lequel vous avez emprunté, vous pourrez continuer à déduire les intérêts dans certains cas, même si la source de revenus à l'origine n'existe plus. Ces nouvelles règles adoptées en juin 1994 ne s'appliquent qu'aux pertes de source de revenus subies en 1994 et au cours des années suivantes.

L'intérêt sur un emprunt contracté pour l'achat d'une automobile qui est utilisée à des fins d'emploi ou d'entreprise, est limité à la fraction de cet usage multiplié par 250 $ ou 300 $ par mois. Se reporter aux sections 6.9.1 et 7.2.5.

Revenu Canada porte une attention spéciale aux déductions pour frais d'intérêts. Il est donc sage de garder dans vos dossiers, avec votre déclaration de revenus, une documentation exacte indiquant le montant de l'emprunt contracté, l'utilisation faite de cet emprunt et l'intérêt payé au cours de l'année, ainsi que les états financiers pertinents et peut-être même une lettre de confirmation de votre établissement financier. Il pourrait être indiqué de présenter ces renseignements avec votre déclaration de revenus si vous avez procédé ainsi durant les années précédentes.

5.4   ABRIS FISCAUX

En matière de planification fiscale, les abris fiscaux ne jouissent plus de l'importance qu'ils ont déjà eue. Pour diverses raisons, on compte désormais relativement peu d'instruments offerts au public et servant d'abris fiscaux à votre revenu imposable ordinaire.

Contrairement à l'idée que nous nous en faisons, les abris fiscaux ne sont généralement pas des « échappatoires ». Certains types de placements reçoivent un traitement préférentiel par suite de mesures prises délibérément par le gouvernement pour stimuler l'activité économique dans un secteur particulier. Qu'il s'agisse de placements à l'Île du Cap Breton, de productions cinématographiques canadiennes, d'activités de recherche ou d'exploration pétrolières et gazières, les crédits et les allégements prévus dans la *Loi de l'impôt sur le revenu* existent pour vous encourager vous, le contribuable, à investir des fonds dans un secteur précis.

Vous ne devriez investir dans un abri fiscal que s'il existe, après en avoir évalué les avantages fiscaux, un espoir raisonnable de profit. Les seuls avantages fiscaux ne devraient que rarement dicter vos décisions en matière de placement.

Lorsque vous investissez dans des abris fiscaux, prenez garde à l'application possible de l'**impôt minimum** (se reporter au chapitre 11). Les résidents du Québec sont aussi invités à lire le chapitre 14. Enfin, vous devez toujours être conscient du risque possible d'application de la règle générale anti-évitement mentionnée dans l'introduction.

Il n'est pas question des REER ou d'autres régimes de report d'impôt dans la présente section. Ces sujets ont été traités de manière détaillée dans le chapitre 2.

5.4.1   NUMÉRO D'IDENTIFICATION DE L'ABRI FISCAL

Quiconque vend une participation dans un abri fiscal sera tenu d'obtenir un numéro d'identification de Revenu Canada et d'inscrire ce numéro sur tous les documents et les états financiers relatifs à cet abri fiscal. *En l'absence du numéro d'identification, vous ne pourrez réclamer l'avantage rattaché à l'abri fiscal.*

Aux fins de cette règle, un abri fiscal est défini, en général, comme étant un placement vous donnant droit, sur une période de quatre ans, à des allégements ou à des déductions qui dépasseront votre placement (déduction faite de tout crédit d'impôt ou autre avantage que vous recevez). Les actions accréditives (se reporter à la section 5.4.4) et les régimes de revenu différé que nous avons étudiés au chapitre 2 (REER, etc.) sont exclus de cette définition.

À cause de cette règle, il vous faudra faire preuve de prudence lorsque vous investirez dans des abris fiscaux. Prenez note, toutefois, que le numéro d'identification n'indique pas l'approbation, par Revenu Canada, des avantages proposés. Il ne fait qu'assurer que l'abri fiscal a été enregistré à des fins administratives, facilitant ainsi à Revenu Canada la vérification et l'émission d'un nouvel avis de cotisation, advenant qu'il décide éventuellement de refuser en totalité ou en partie les avantages fiscaux.

5.4.2   SOCIÉTÉS EN COMMANDITE

L'acquisition d'une participation dans une société en commandite constitue une autre forme d'abri fiscal. Une société en commandite est une **société de personnes,** en ce sens que vous partagez les bénéfices de l'entreprise avec d'autres associés et déclarez directement comme votre revenu un pourcentage du revenu (ou de la perte) de la société de personnes, que vous ayez reçu ou non une part des bénéfices. Le traitement de ce revenu ou de cette perte diffère de celui des bénéfices d'une société par actions (dénommée « société » dans la présente publication) qui ne sont déclarés que lorsqu'ils sont distribués en tant que dividendes, comme nous l'avons vu à la section 5.1.2 ci-dessus. Cependant, une société en commandite est similaire à une société en ce sens que vous ne détenez dans l'une comme dans l'autre qu'une *responsabilité limitée* et que vous ne pouvez être poursuivi pour ses dettes. En général, la perte que vous risquez de subir se limite à votre mise de fonds initiale.

Les sociétés en commandite représentent un placement attrayant lorsque des pertes (soit des pertes réelles dues aux frais de démarrage de l'entreprise, soit des pertes créées aux fins fiscales en raison des allégements élevés offerts sur certains types de placements) sont prévues au cours des premières années d'existence des entreprises de ces sociétés, car vous pouvez déclarer ces pertes directement sur votre propre déclaration de revenus.

Cependant, vous ne pouvez réclamer une déduction supérieure au coût initial de votre placement. Les règles sur la « fraction à risques » contenues dans la *Loi de l'impôt sur le revenu* stipulent que vous ne pouvez déduire un montant supérieur à la fraction à risques que vous avez dans une société en commandite.

EXEMPLE

Luc investit 6 000 $ pour une participation de un centième (¹/₁₀₀) dans une société en commandite qui exploite une entreprise véritable. Au cours de sa première année d'existence, la société en commandite déclare une perte de un million de dollars aux fins fiscales en raison des dépenses élevées et des déductions spéciales offertes.

Bien que un centième de la perte représente un montant de 10 000 $, Luc ne peut déduire que 6 000 $, « montant de sa fraction à risques », sur sa déclaration de revenus. L'autre montant de 4 000 $ pourra être déduit du revenu futur de Luc provenant de la société en commandite.

5.4.3   SOCIÉTÉS EN COMMANDITE UTILISÉES DANS LE BUT DE FINANCER DES COMMISSIONS DANS DES FONDS MUTUELS

Les sociétés en commandite à titre de véhicule de placements ont été traitées dans la section 5.4.2. Pour leur part, les fonds mutuels ont été abordés à la section 5.1.3.4.

Plusieurs fonds mutuels sont des fonds sans frais d'acquisition, ce qui signifie que l'investisseur ne verse aucuns frais pour adhérer aux fonds ou pour revendre ses unités au fonds, en autant qu'il détienne les unités pendant une période de temps donnée (habituellement entre cinq et huit ans).

Lorsqu'un courtier en valeurs mobilières vend une unité d'un fonds mutuel, il reçoit une commission équivalant à environ 3 % du placement. Lorsqu'il s'agit d'un fonds sans frais d'acquisition, l'investisseur n'a pas à verser d'argent pour payer la commission du courtier. Cet argent doit provenir d'ailleurs.

Une société en commandite de fonds mutuel (SCFM) est une société en commandite établie dans le but de financer ces commissions. Lorsque vous investissez dans une SCFM, votre placement est utilisé pour financer les commissions versées aux courtiers qui vendent les unités d'un fonds mutuel donné. Vous recevez alors un revenu du fonds mutuel sur plusieurs années, sous forme de « frais de placement », qui constituent une portion des frais de gestion annuels de la société de fonds mutuel. Ces frais de gestion reflètent la valeur marchande du fonds, de sorte qu'en réalité, vous investissez indirectement dans le fonds mutuel même. Dans la mesure où les investisseurs revendent leurs unités avant le moment où ils peuvent le faire sans verser de frais de rachat, vous obtenez une part de ces frais payés par les investisseurs.

Aux fins de l'impôt, Revenu Canada vous permet de réclamer à titre de dépenses déductibles votre quote-part des commissions de vente que la société en commandite a versées avant le 1er juillet 1995, sur une période de trois ans, comme suit : 50 % la première année, 25 % la deuxième année et 25 % la troisième année. Toutefois, Revenu Canada a décidé qu'à compter du 30 juin 1995, les commissions seront amorties sur une période de trois ans, selon la méthode linéaire. Votre revenu provenant des frais de placement et des frais de rachat est imposé dans les années où vous le touchez.

La SCFM représente un placement avantageux, particulièrement si vous vous trouvez dans une tranche d'imposition élevée et que vous prévoyez être dans une tranche inférieure, dans quelques années (p. ex., si vous envisagez de prendre votre retraite). Il va de soi que vous devez étudier avec soin les prospectus afin de bien mesurer les risques et les avantages, comme vous le feriez pour tout autre placement. Bien que les SCFM représentent un placement attrayant, elles peuvent être dépourvues de liquidités, et votre profit anticipé dépendra du rendement du fonds.

| 5.4.4 | PRODUCTIONS CINÉMATOGRAPHIQUES ET TÉLÉVISÉES |

Les productions cinématographiques et télévisées canadiennes portant visa étaient un abri fiscal intéressant à cause de la possibilité qu'il y avait de déduire la totalité d'un placement sur deux années. Cette possibilité, cependant, n'existe plus et les films ne représentent plus des investissements intéressants pour des raisons purement fiscales. Les avantages fiscaux de ces productions peuvent encore être substantiels, mais celles-ci ne servent plus d'« abri » pour d'autres revenus.

Les avantages fiscaux dépendent du fait que la production **porte visa** ou non. Pour qu'un visa soit délivré à une production, celle-ci doit respecter un certain nombre de critères quant au contenu canadien et au moins 5 % de votre investissement doit être versé initialement, le reste devant être réglé au cours des quatre années suivantes.

Les productions portant visa vous donnent droit à une déduction pour amortissement de 30 % sur le solde de votre investissement chaque année. Par exemple, un investissement de 1 000 $ vous permettrait de déduire 300 $ la première année, laissant un solde de 700 $. La deuxième année, vous pourriez déduire 30 % de 700 $, soit 210 $ et ainsi de suite. De même, si vos investissements cinématographiques produisent un revenu, vous pourriez être en mesure de déduire de ce revenu (revenu net tiré de tous vos investissements cinématographiques) le coût total du film.

La déduction disponible pour les productions **ne portant pas visa** est limitée à 15 % au cours de la première année et à 30 % au cours des années subséquentes, calculée en fonction de la valeur résiduelle et applicable *uniquement à l'égard des revenus nets des films pour chaque année.*

5.4.5   INVESTISSEMENTS DANS L'INDUSTRIE DES RESSOURCES

Les secteurs de l'exploration pétrolière et gazière et de l'exploration minière reçoivent des encouragements fiscaux particuliers. Les abris fiscaux dans ces secteurs prennent habituellement la forme d'une participation dans des sociétés en commandite (se reporter à la section 5.4.2 ci-dessus) ou d'**actions accréditives**. Toutefois, leur attrait a diminué grandement au cours des dernières années.

Les actions accréditives sont des actions spéciales émises par une société engagée dans l'exploration des ressources. En vertu de la *Loi de l'impôt sur le revenu*, la société peut « renoncer » à certaines de ses dépenses relatives aux ressources, après quoi elle ne pourra plus les déduire aux fins de l'impôt. En retour, elle transfère le droit de réclamer ces déductions aux détenteurs des actions accréditives. Si la société existe depuis quelques années seulement et ne réalise aucun bénéfice de toute façon, la transmission des déductions permet aux actionnaires d'utiliser des allégements qui ne pourraient autrement être utilisés à l'heure actuelle par la société.

Que vous investissiez dans une société en commandite ou dans des actions accréditives, les déductions particulières que vous obtiendrez dépendront de la classification des revenus et dépenses de la société en commandite ou de la société par actions. Vous recevrez un relevé et (ou) un feuillet de renseignements indiquant votre quote-part de la totalité ou d'une partie : du revenu ou de la perte d'entreprise (sociétés en commandite seulement); du revenu de placements et des dividendes (société en commandite seulement); des frais d'exploration au Canada (déductibles en totalité); des frais d'aménagement au Canada (déductibles à 30 %); des frais à l'égard de biens canadiens relatifs au pétrole et au gaz (déductibles à 10 %); de l'allocation relative à des ressources (25 % de certains revenus de production et de traitement).

Au moment d'investir dans un abri fiscal, vous pouvez habituellement obtenir une estimation des dépenses prévues et de leur classification, accompagnée d'une description des conséquences pour votre déclaration de revenus.

5.4.6   ENTREPRISES COMMERCIALES

Certains abris fiscaux prennent la forme d'investissements dans des entreprises commerciales courantes, soit par le biais de sociétés en commandite, soit par l'achat direct d'un bien. Il existe des cas où le bien est admissible à un taux élevé de déduction pour amortissement, vous donnant ainsi un allégement appréciable par rapport à votre investissement en espèces.

Le régime fiscal limite les déductions pour amortissement qu'il est possible de réclamer à l'égard d'un certain nombre de biens, tels les maisons de santé, les véhicules de loisir, les hôtels et les bateaux de plaisance, lorsque vous n'êtes pas engagé activement dans l'exploitation quotidienne de l'entreprise. En général, les restrictions limitent votre réclamation au revenu tiré de cette entreprise, de sorte que vous ne pouvez utiliser la déduction pour amortissement afin d'abriter de l'impôt d'autres revenus. Consultez un spécialiste pour plus de détails sur les restrictions à l'égard de tout type particulier de biens.

5.4.7	POSITIONS À DOUBLE OPTION SUR DES MARCHANDISES

Si vous êtes très audacieux et prêt à prendre le risque d'une application possible, par Revenu Canada, de la règle générale anti-évitement contenue dans la *Loi de l'impôt sur le revenu*, vous pouvez envisager de recourir à des positions à double option sur des marchandises et autres opérations similaires.

Dans une position à double option sur des marchandises, vous prendriez une position « acheteur » et une position « vendeur » sur certaines marchandises, positions qui ne s'annuleraient pas tout à fait. D'ici la fin de l'année, les cours auraient fluctué et vous auriez une perte sur l'un des contrats, mais un gain sur l'autre. Vous vous débarrasseriez alors du contrat ayant perdu de sa valeur avant la fin de l'année et vous pourriez soit vendre l'autre contrat durant l'année suivante, soit acheter un nouveau contrat à des fins de protection au moment où vous vendriez votre position ayant perdu de sa valeur. Il en résulterait une perte durant l'année en cours, perte compensée par un gain l'année suivante, ou, en d'autres termes, un report de l'impôt.

Pour que la technique susmentionnée fonctionne, vous devez vous considérer comme un spéculateur afin que les opérations donnent lieu à un revenu ou à une perte d'entreprise, plutôt qu'à un gain ou à une perte en capital (comme nous l'avons vu à la section 4.3.1, les pertes en capital ne sont pas très utiles). Revenu Canada est d'avis que lorsque vous avez choisi de traiter vos gains et pertes à titre de revenu, vous ne pouvez faire volte-face et les déclarer à titre de gains et pertes en capital dans le futur.

5.4.8	INVESTISSEMENTS DANS DES BIENS IMMEUBLES

Dans le passé, les IRLM (immeubles résidentiels à logements multiples) représentaient des abris fiscaux populaires car ils procuraient des déductions qui n'étaient pas offertes habituellement sur les biens immeubles. Cependant, ils ont été éliminés progressivement depuis plusieurs années et 1993 était la dernière année pour laquelle les propriétaires d'IRLM pouvaient continuer de réclamer les avantages fiscaux.

Les biens immeubles représentent encore de bons investissements lorsque les avantages fiscaux sont combinés aux revenus de location et à l'appréciation du capital. Les frais d'intérêts sur l'emprunt hypothécaire, les impôts fonciers et les frais d'entretien peuvent tous être déduits. La déduction pour amortissement à l'égard des immeubles est habituellement de 4 % par année sur la valeur résiduelle, mais ne peut être normalement utilisée pour réaliser ou augmenter une perte déduite d'autres revenus. (Aucune déduction pour amortissement n'est offerte pour les terrains.)

| 5.4.9 | CORPORATIONS AGRÉÉES À CAPITAL DE RISQUE DE TRAVAILLEURS |

Une « corporation agréée à capital de risque de travailleurs » ou CACRT, est un fonds créé par un organisme syndical qui offre du capital de risque à des entreprises nouvelles pour en favoriser le démarrage.

Un placement allant jusqu'à 5 000 $ dans une CACRT vous donne droit à un crédit spécial d'impôt fédéral de 20 %. De plus, toutes les provinces, sauf l'Alberta, le Nouveau-Brunswick et Terre-Neuve, accordent un crédit d'impôt provincial additionnel de 20 % que vous devez demander en remplissant le formulaire T1C au titre de votre déclaration de revenus provinciale (se reporter à la section 14.3.4 si vous habitez au Québec). À l'instar des cotisations à un REER, vous pouvez effectuer un placement jusqu'à 60 jours après la fin de l'année pour être admissible au crédit d'impôt pour l'année en cause. Un placement au titre d'une CACRT peut être effectué par le biais de votre REER (se reporter à la section 2.5.3).

En règle générale, vous pouvez racheter votre placement en tout temps, bien que certaines restrictions et charges peuvent s'appliquer selon le fonds dans lequel vous avez investi. Si vous ne conservez pas votre placement pendant au moins cinq ans (deux ans si vous avez 65 ans, prenez votre retraite ou cessez de résider au Canada), vous devrez rembourser les crédits spéciaux.

| 5.5 | FIDUCIES |

Une fiducie est un arrangement par lequel un fiduciaire détient des biens au profit d'un ou de plusieurs bénéficiaires. Une fiducie peut être établie en tout temps ou au moment du décès par le biais d'un testament.

Les fiducies sont imposées en tant que contribuables distincts. Une fiducie créée au moment du décès sera imposée aux mêmes taux qu'un particulier. Toutes les autres fiducies sont imposées à un taux uniforme, qui est le taux maximum d'imposition (environ 50 %, variant selon les provinces).

Les fiducies peuvent être un moyen pratique de transférer un revenu à des enfants ou à d'autres parents. Lorsqu'une fiducie distribue son revenu à ses bénéficiaires, ce sont ces derniers, et non la fiducie, qui paient de l'impôt sur ce montant. Dans certains cas, il est également possible pour la fiducie et les bénéficiaires de choisir d'un commun accord d'être imposés *comme si* la fiducie avait versé un revenu aux bénéficiaires, même si tel n'est pas le cas. (Cette façon de procéder peut être utile lorsque les bénéficiaires sont des enfants qui peuvent gagner un montant de revenu appréciable sans avoir à payer de l'impôt sur celui-ci.)

Tous les arrangements portant sur des fiducies devraient être conclus avec les conseils d'un expert, compte tenu surtout des règles d'attribution traitées au chapitre 3.

Pour de plus amples renseignements sur les fiducies, se reporter à la section 12.3.

5.6	CONTRATS D'ASSURANCE-VIE EXONÉRÉS

Le secteur de l'assurance-vie a récemment mis au point des produits intéressants au moyen desquels il est possible d'accumuler des sommes d'argent à l'abri de l'impôt. Toutefois, avant d'envisager l'achat d'un tel contrat, il convient d'examiner plusieurs aspects de la question notamment, les coûts relatifs à la mortalité et aux frais d'administration sous-jacents, le taux de rendement minimum garanti, le rendement de cette somme si elle ne se trouvait pas à l'abri de l'impôt, le montant d'assurance-vie requise, les revenus visés, etc.

5.7	CONSEILS DE PLANIFICATION
5.7.1	STRUCTUREZ VOS PLACEMENTS POUR RENDRE VOS INTÉRÊTS DÉDUCTIBLES

Comme nous l'avons vu à la section 5.3 ci-dessus, les intérêts sur les emprunts pour l'achat de biens personnels et les emprunts hypothécaires pour l'achat d'une maison ne sont pas déductibles normalement, alors que les intérêts sur les emprunts pour acquérir des placements servant à gagner un revenu sont déductibles. Dans la mesure du possible, vous devriez vous assurer que les emprunts que vous contractez donnent droit à une déduction de l'intérêt.

Si vous avez fait un emprunt hypothécaire pour l'achat d'une maison et disposez de placements qui peuvent être vendus facilement, voyez si vous pouvez vendre les placements, rembourser l'emprunt hypothécaire et emprunter de nouveaux fonds (garantis par la même hypothèque, le cas échéant) afin d'acquérir de nouveaux placements. Vous devrez, bien entendu, déclarer tout gain en capital réalisé sur la vente des placements, au-delà du niveau pour lequel vous pouvez avoir effectué un choix aux fins de la déduction pour gains en capital en vigueur au 22 février 1994 (se reporter à la section 4.4.1).

Il est possible que la règle générale anti-évitement s'applique. Consultez un spécialiste en fiscalité afin de minimiser les risques.

| 5.7.2 | FAITES L'ACQUISITION DE PLACEMENTS QUI VIENDRONT À ÉCHÉANCE APRÈS LA FIN DE L'ANNÉE |

Une des techniques de report d'impôt, d'usage courant, consiste à faire l'acquisition de placements venant à échéance après la fin de l'année plutôt qu'avant. Par exemple, si vous investissez dans des bons du Trésor le 15 juillet et que vous pouvez choisir le 29 décembre ou le 2 janvier comme date d'échéance, vous devriez choisir, tout bien considéré, le 2 janvier. De cette manière, vous reporterez la déclaration du revenu et le paiement des impôts d'une année.

Les considérations d'ordre fiscal ne devraient pas avoir préséance sur les considérations relatives aux placements, à savoir les taux de rendement offerts et la date à laquelle vous aurez besoin des fonds.

| 5.7.3 | FAITES L'ACQUISITION D'ACTIONS PRIVILÉGIÉES |

Comme elles rapportent des dividendes et non des intérêts, les actions privilégiées peuvent offrir un meilleur taux de rendement après impôt tout en procurant un rendement presque garanti. (Le rendement n'est jamais totalement garanti, mais bon nombre de grandes sociétés publiques continueront de remplir leurs obligations en matière de versement des dividendes sur les actions privilégiées, même lorsqu'elles subissent des pertes.)

Les rendements sur les actions privilégiées reflètent habituellement le fait que les dividendes sont moins lourdement imposés que les intérêts (et que les versements de dividendes ne sont pas déductibles pour la société). Si les taux d'intérêt courants gravitent autour de 8 %, les rendements des actions privilégiées pourraient bien se situer autour de 6 %. Vous devrez surveiller les cours des actions privilégiées sur le marché afin de déceler les meilleurs rendements. Il y a lieu également de se reporter à l'annexe V qui contient un tableau comparatif du rendement dividendes-intérêts.

| 5.7.4 | CONSTITUEZ UNE FIDUCIE POUR VOS ENFANTS |

Envisagez de constituer une fiducie pour le soutien financier ou les études de vos enfants. Vous devrez obtenir les conseils fiscaux et juridiques appropriés à cet effet, tout en tenant compte des règles d'attribution. Il y a lieu de se reporter au chapitre 3 en ce qui a trait aux règles d'attribution.

| 5.7.5 | ENVISAGEZ D'EFFECTUER DES INVESTISSEMENTS DANS DES ABRIS FISCAUX |

Un certain nombre d'abris fiscaux présentés à la section 5.4 peuvent se révéler de bons placements. Sur le plan strictement fiscal, les investissements dans l'industrie des ressources et les sociétés en commandite utilisées dans le but de financer les sociétés en commandite de fonds mutuel, utilisées dans le but de financer les commissions dans des fonds mutuels, peuvent offrir les meilleurs avantages. Vous devez toujours vous assurer que les placements sont rentables sur le plan financier, plutôt qu'uniquement en termes d'allégements fiscaux.

Pour ce qui est des films, évaluez, entre autres, la réussite professionnelle passée des personnes engagées dans la production, le budget alloué à la promotion et à la publicité, les possibilités de ventes par le biais du réseau de distribution traditionnel, de la télévision payante et des ventes de vidéocassettes, le mécanisme de distribution et la structure des paiements faits aux investisseurs.

Pour ce qui est des investissements dans l'industrie des ressources, examinez les antécédents des promoteurs, les évaluations géologiques et d'ingénierie disponibles, le type de travaux d'exploration à entreprendre et l'incidence fiscale des divers types de dépenses prévues.

En ce qui a trait aux sociétés en commandite utilisées dans le but de financer les commissions des fonds mutuels, étudiez le rendement des sociétés en commandite précédentes utilisées dans le but de financer la même catégorie de fonds mutuels, le rendement des fonds mutuels gérés par le même gestionnaire et les rachats antécédents d'unités dans ce groupe de fonds mutuels.

Pour tout placement, assurez-vous d'obtenir un numéro d'identification d'abri fiscal s'il répond à la définition d'un abri fiscal.

Soyez toujours vigilant à l'égard de l'application possible de la règle générale anti-évitement lorsque des abris fiscaux sont offerts sans être sanctionnés au préalable par Revenu Canada.

N'oubliez pas également l'application possible de l'impôt minimum (se reporter au chapitre 11).

| 5.7.6 | ÉTUDIEZ LA POSSIBILITÉ D'INVESTIR DANS UNE CORPORATION AGRÉÉE À CAPITAL DE RISQUE DE TRAVAILLEURS |

Vous trouverez la définition d'une CACRT à la section 5.4.8. Vous pouvez transférer un placement dans une CACRT à votre REER ou acheter un tel placement par le biais de votre REER avec les « nouveaux » fonds cotisés à cette fin (se reporter à la section 2.5.3).

Si vous habitez dans une province qui offre un crédit correspondant à celui du fédéral, vous recevrez 40 % de votre placement initial par le biais de crédits sur votre déclaration de revenus. Si vous investissez le montant maximum de 5 000 $ au plus tard le 1er mars 1995 pour l'année d'imposition 1994, le coût réel de votre placement sera de 3 000 $. Si vous transférez ensuite ce placement dans votre REER (ou effectuez le placement par le biais de votre REER avec de « nouveaux » fonds), vous êtes en mesure de déduire le montant total de 5 000 $; si votre tranche d'imposition est de 53 %, vous pourrez alors économiser 2 650 $ de plus.

Il en résulte que le coût en espèces d'un placement de 5 000 $ peut être aussi bas que 350 $, si, par ailleurs, le plafond de cotisations de votre REER le permet. Cependant, comme nous l'avons déjà mentionné (se reporter à la section 2.5.3), vous devez d'abord étudier les avantages relatifs des placements dans ce genre de fonds avant de prendre une décision.

| 5.7.7 | FAITES L'ACQUISITION D'UN CONTRAT D'ASSURANCE-VIE EXONÉRÉ |

Un contrat d'assurance-vie exonéré (se reporter à la section 5.6) peut vous aider à répondre à deux objectifs de planification fiscale : vous procurer une protection d'assurance-vie et accumuler des revenus de retraite à l'abri de l'impôt. Il est absolument nécessaire de faire appel à un professionnel pour apprécier la valeur de ce type de « placement ».

| 5.7.8 | ÉTUDIEZ LA POSSIBILITÉ DE CONSTITUER VOTRE PORTEFEUILLE DE PLACEMENTS EN SOCIÉTÉ PAR ACTIONS |

Une société, même si elle vous appartient, est d'un point de vue juridique une entité distincte (se reporter à la section 8.1). Si vous gagnez un revenu de placements important, envisagez le transfert des placements dans une société afin de bénéficier des taux d'imposition des sociétés inférieurs aux taux d'imposition les plus élevés appliqués sur le revenu des particuliers. Souvent, cette société sera une nouvelle société de portefeuille formée à cette fin. (Soyez toutefois vigilant si vous transférez des placements dans une société exploitant activement une entreprise, car vous pouvez compromettre l'admissibilité des actions d'une société à la déduction accrue pour 500 000 $ de gains en capital (se reporter à la section 4.4.5)).

Les taux varient d'une province à l'autre, mais le taux maximal sur les intérêts d'un particulier est habituellement d'environ 50 %, tandis que le taux maximal sur les dividendes est d'environ 33 % (se reporter à la section 5.1.2). Pour les sociétés, le taux d'imposition des revenus de placements est d'environ 44 %, tandis que les dividendes tirés de placements dans des sociétés canadiennes sont généralement admissibles à un remboursement spécial d'impôt de 25 % jusqu'à la fin de 1994 et de 33 1/3 % pour 1995 (se reporter à la section 5.1.3.3).

Lorsque la société vous verse des dividendes de son revenu, un ensemble de règles fiscales complexes s'appliquent, y compris un remboursement à la société et un crédit d'impôt pour dividendes majorés pour les dividendes que vous avez reçus (se reporter à la section 5.1.2). L'incidence sera à peu près la même que si vous aviez gagné un revenu directement plutôt que par le biais d'une société. En fait, vous pourriez même y perdre au change. Il n'y a donc pas d'avantage à gagner un revenu de placements de votre société si vous devez vous verser ce revenu dans l'immédiat.

Toutefois, si vous n'avez pas besoin de vous verser un revenu de façon régulière, vous pouvez réaliser un report d'impôt substantiel en *laissant le revenu de placements dans la société et en le réinvestissant*. Vous pouvez reporter environ 5 à 9 points de pourcentage de l'impôt sur le revenu en intérêts (les montants varient d'une province à l'autre). À compter de 1995, il sera pratiquement impossible d'économiser sur le revenu en dividendes.

Par exemple, si votre portefeuille génère un revenu en dividendes de 50 000 $ par année, l'impôt sur le revenu pourrait être de 22 000 $, tandis que celui appliqué sur votre revenu en tant que particulier serait d'environ 26 000 $. Si vous ne touchez pas ce revenu, la société peut alors disposer des 4 000 $ d'impôt reporté et les réinvestir, même si un impôt supplémentaire d'environ 4 000 $ devra éventuellement être versé lorsque la société paiera des dividendes. Entre-temps, la société aura bénéficié du revenu généré par les 4 000 $.

Il faut tenir compte de plusieurs autres facteurs importants lorsque l'on envisage de constituer en société un portefeuille de placements. Dans ce cas, il est préférable d'obtenir les conseils d'un professionnel (se reporter à la section 12.4 portant sur le gel successoral).

5.8   DOCUMENTS DE RÉFÉRENCE

Vous pouvez obtenir un exemplaire des publications suivantes en téléphonant ou en vous présentant à votre bureau de district de Revenu Canada, Impôt :

Bulletin d'interprétation IT-66R6, « Dividendes en capital et dividendes en capital d'assurance-vie »

Bulletin d'interprétation IT-67R3, « Dividendes imposables reçus de corporations résidant au Canada »

Bulletin d'interprétation IT-148R2, « Biens récréatifs et cotisations à un club »

Bulletin d'interprétation IT-195R4, « Biens locatifs— Restrictions relatives à la déduction pour amortissement »

Bulletin d'interprétation IT-232R2, « Pertes autres que les pertes en capital, pertes en capital nettes, pertes agricoles restreintes, pertes agricoles et pertes comme commanditaire ou assimilé »

Bulletin d'interprétation IT-274R, « Biens locatifs—Coût en capital de 50 000 $ ou plus »

Bulletin d'interprétation IT-295R4, « Dividendes imposables reçus après 1987 par un conjoint »

Bulletin d'interprétation IT-367R3, « Déduction pour amortissement—Immeubles résidentiels à logements multiples »

Bulletin d'interprétation IT-381R2, « Fiducies—Déduction des sommes payées ou payables à des bénéficiaires et transmission de gains en capital imposables à des bénéficiaires »

Bulletin d'interprétation IT-394R, « Choix fait par un bénéficiaire privilégié »

Bulletin d'interprétation IT-396R, « Revenu en intérêts »

Bulletin d'interprétation IT-445, « Déductibilité de l'intérêt sur les fonds empruntés pour consentir un prêt à un taux d'intérêt inférieur à un taux raisonnable ou pour honorer une garantie donnée moyennant une contrepartie insuffisante dans les cas où il y a lien de dépendance »

Bulletin d'interprétation IT-503, « Actions relatives à l'exploration et à l'aménagement »

Bulletin d'interprétation IT-524, « Fiducies—Transfert de dividendes imposables à un bénéficiaire après 1987 »

« Guide d'impôt Revenus de location »

Formulaire T776, « État des loyers de biens immeubles »

CONSEILS DE PLANIFICATION

■ Faites en sorte d'obtenir des avantages non imposables

■ Dans la mesure du possible, demandez une réduction des retenues à la source

■ Versez l'intérêt exigible sur un prêt de l'employeur dans les 30 jours suivant la fin de l'année

■ Envisagez de participer à un régime de participation des employés aux bénéfices afin d'améliorer la situation de vos liquidités

■ Transférez vos allocations de retraite directement à un REER

■ Envisagez de participer à un régime d'options d'achat d'actions, à un régime d'achat d'actions ou à un régime fantôme d'intéressement à l'entreprise

■ Tenez un registre soigné de l'utilisation d'une automobile pour affaires et maximisez le parti que vous pouvez en tirer

■ Minimisez l'avantage imposable relatif aux frais de fonctionnement d'une automobile

■ Évitez les automobiles fournies par l'employeur avec un coût excédant 24 000 $

■ Réduisez le temps où l'automobile de l'employeur est disponible pour votre usage personnel

*En règle générale, tous les **revenus**, y compris les pourboires, et tous les **avantages** tirés de votre emploi ou afférents à celui-ci sont imposés, à moins que la* Loi de l'impôt sur le revenu *ne stipule expressément le contraire. En général également, vous ne pouvez réclamer de déductions de votre revenu d'emploi en dehors de celles qui sont précisément permises par le régime fiscal. Il existe, cependant, plusieurs règles spéciales et nous traiterons de certaines d'entre elles dans le présent chapitre.*

6.1 AVANTAGES AFFÉRENTS À UN EMPLOI

6.1.1 AVANTAGES NON IMPOSABLES

Certains avantages ne sont pas imposables, même si bon nombre d'entre eux constituent des dépenses déductibles pour l'employeur.

Le gouvernement donne donc aux employeurs un encouragement à fournir ces avantages, puisque les rendements après impôt sont plus élevés que pour les salaires versés.

Les avantages non imposables comprennent:

1. les cotisations à un régime de pension agréé (la pension étant imposable au moment de son versement—se reporter à la section 2.2);

2. les cotisations à un régime d'assurance collective contre la maladie ou les accidents;

3. les cotisations à un « régime privé d'assurance-maladie » qui couvrirait les médicaments, les frais médicaux et les frais hospitaliers non couverts par un régime public d'assurance-maladie, ainsi que les frais pour soins dentaires;

4. les services scolaires gratuits ou subventionnés pour vos enfants;

5. les cotisations à un régime de prestations supplémentaires de chômage;

6. les cotisations à un régime de participation différée aux bénéfices;

7. le remboursement des frais de déménagement à l'occasion d'un changement de lieu de travail;

8. le paiement des droits d'adhésion à des clubs lorsque votre adhésion au club peut éventuellement être avantageuse pour l'entreprise de l'employeur (cependant, ces droits ne sont normalement pas déductibles pour l'employeur);

9. les escomptes accordés à un employé, lorsque de tels escomptes sont alloués couramment à d'autres employés (à condition qu'ils ne soient pas inférieurs au coût défrayé par l'employeur);

10. un cadeau de Noël, de mariage ou autre cadeau similaire n'excédant pas 100 $, lorsque l'employeur n'en déduit pas le coût aux fins fiscales;

11. les services d'orientation qui touchent la santé physique ou mentale, la cessation d'emploi ou la retraite;

12. les repas subventionnés, lorsque vous êtes tenu de payer des frais raisonnables pour le coût de la nourriture;

13. les uniformes ou vêtements spéciaux requis pour votre travail;

14. le transport au lieu de travail s'il est fourni directement par l'employeur;

15. logement, repas et transport à un chantier particulier, où vous travaillez temporairement, ou à un chantier éloigné de toute agglomération établie;

16. l'utilisation des installations récréatives de votre employeur;

17. les laissez-passer aux employés de compagnies de transport par autobus, chemin de fer ou avion, sauf aux employés de lignes aériennes si leur place a été retenue et confirmée;

18. les frais de transport et de stationnement, qu'ils soient payés directement par l'employeur ou qu'ils vous soient remboursés, si vous êtes aveugle ou invalide en raison d'une incapacité motrice;

19. le coût d'un préposé pour vous aider à accomplir votre travail, si vous souffrez d'une invalidité.

Veuillez prendre note que lorsque votre employeur cotise à un régime d'assurance contre la maladie ou les accidents, à un régime d'assurance contre l'invalidité ou à un régime d'assurance de sécurité du revenu, tous les montants reçus de l'assurance seront imposables [mais seront réduits par les primes que vous avez versées dans le régime (auparavant, ces primes n'étaient pas déductibles)].

6.1.2   AVANTAGES IMPOSABLES

En général, les avantages afférents à un emploi autres que ceux susmentionnés sont imposés comme si vous aviez reçu l'équivalent en argent. Citons comme exemples:

1. les pourboires que vous recevez des clients;

2. la pension et le logement gratuit ou à loyer peu élevé (avec quelques exceptions pour les chantiers éloignés ou particuliers);

3. vos frais de voyage à des fins personnelles, y compris les frais de voyage de votre conjoint lorsqu'il vous accompagne dans un voyage d'affaires, sauf dans les cas où, durant le séjour, votre conjoint participe principalement aux activités professionnelles, et ce, à la demande de votre employeur;

4. l'utilisation à des fins personnelles d'une automobile de l'employeur (se reporter à la section 6.4 ci-dessous);

5. les cadeaux, sauf si leur valeur ne dépasse pas 100 $ par année comme nous l'avons mentionné ci-dessus;

6. l'utilisation par vous-même et (ou) votre famille d'une propriété de villégiature fournie par l'employeur;

7. les voyages à titre de vacances, les prix et les primes d'intéressement;

8. les crédits de passagers assidus que vous accumulez grâce à des voyages d'affaires payés par votre employeur et que vous utilisez pour des voyages personnels (c'est la position de Revenu Canada sur la question, laquelle n'a pas encore été débattue devant les tribunaux);

9. les paiements des primes versées en vertu de régimes provinciaux (publics) d'assurance-maladie (plusieurs provinces ont cessé de percevoir de telles primes);

10. les primes d'assurance-vie (avant la fin de juin 1994, la première tranche de 25 000 $ du capital d'une assurance-vie collective n'était pas imposable);

11. le remboursement du coût des outils utilisés dans le cadre de votre travail;

12. les frais de scolarité, dans la plupart des cas, sauf lorsque vous recevez un congé rémunéré durant les heures normales de travail pour assister aux cours, auquel cas il est présumé que les études profitent à l'employeur;

13. les prêts aux employés (se reporter à la section 6.2 ci-dessous);

14. les régimes d'options d'achat d'actions (imposés uniquement lorsque vous exercez l'option—se reporter à la section 6.3 ci-dessous);

15. la préparation des déclarations de revenus et les conseils financiers (sauf les conseils concernant la retraite ou la cessation d'emploi).

En général, lorsque l'employeur paie la taxe sur les produits et services (se reporter à la section 17.1), pour les biens ou services que vous recevez au titre d'avantage imposable, le montant de cet avantage imposable sera accru de 7 % pour tenir compte de la TPS. Ceci s'applique, par exemple, aux avantages imposables afférents à l'utilisation d'une automobile.

| 6.2 | PRÊTS AUX EMPLOYÉS |

Si vous recevez de votre employeur (ou de votre ancien employeur ou de votre employeur éventuel) un prêt ne portant pas intérêt ou portant intérêt à un taux peu élevé, vous êtes réputé avoir reçu un avantage afférent à votre emploi. L'avantage est calculé au taux d'intérêt courant prescrit par Revenu Canada, taux qui varie trimestriellement, déduction faite de tout intérêt que vous versez au cours de l'année ou dans les 30 jours suivant la fin de l'année. Le taux prescrit correspond à celui appliqué aux paiements d'impôt tardifs, moins 2 %; veuillez vous reporter à la section 13.3 à cet effet. (Il pourrait exister une déduction compensatoire du montant réputé constituer des intérêts, comme nous le verrons plus loin.)

EXEMPLE

Julie reçoit un prêt de 10 000 $ de son employeur le 1er janvier. Elle est cependant tenue de le rembourser un an plus tard sans intérêt. Supposons que le taux prescrit soit de 6 % pendant toute l'année.

Julie est réputée avoir reçu un avantage afférent à son emploi de 600 $ et sera tenue d'inclure ce montant dans son revenu d'emploi.

Exceptions

Un **prêt consenti pour l'achat d'une maison** sera imposé de la même façon que les autres prêts aux employés, mais le taux appliqué dans le calcul de l'intérêt implicite pendant les cinq premières années ne sera pas supérieur au taux prescrit en vigueur au moment où le prêt a été consenti au cours des cinq premières années. À la fin de cette période de cinq ans, ce prêt sera présumé être un nouveau prêt et le taux prescrit à ce moment-là sera le taux maximum applicable pour la période suivante de cinq ans.

EXEMPLE

Thierry reçoit un prêt sans intérêt de son employeur pour l'aider à s'acheter une maison. (Il ne change pas de lieu de travail, mais déménage simplement d'un appartement à une maison.) À cette date, le taux d'intérêt prescrit est de 6 %. Deux ans plus tard, les taux d'intérêt ont généralement augmenté, et le taux prescrit grimpe à 10 %.

Thierry paiera de l'impôt sur l'intérêt considéré comme avantage calculé à 6 % seulement du montant du prêt. Si le taux prescrit était passé en-dessous de 6 %, il aurait payé de l'impôt sur l'intérêt implicite au taux plus bas aussi longtemps que celui-ci serait resté en-deçà de 6 %.

Lorsque vous **changez de lieu de travail** et recevez un prêt pour l'achat d'une nouvelle résidence qui vous rapproche d'au moins 40 kilomètres de ce nouveau lieu de travail vous avez droit à une déduction spéciale, lorsque vous calculez votre revenu imposable, équivalente aux intérêts implicites des premiers 25 000 $ de ce prêt, pendant 5 ans. Prenez note que vous devez toujours inclure le montant total des intérêts au titre d'un avantage imposable, et ensuite réclamer la déduction spéciale dans une autre section de votre déclaration de revenus.

Lorsque vous utilisez des fonds empruntés à votre employeur pour faire l'acquisition de **placements** ou l'achat d'une **automobile** (ou d'un avion) qui servira aux fins de votre emploi, vous pouvez obtenir une déduction compensatoire. Le montant de l'intérêt implicite que vous déclarez en tant qu'avantage imposable est réputé être *l'intérêt payé par vous*. Par conséquent, lorsqu'un tel intérêt aurait autrement été déductible, vous pouvez le déduire. (Comme nous l'avons vu à la section 5.3, l'intérêt versé sur les prêts consentis pour l'acquisition de placements est déductible, et nous verrons à la section 6.9.1 que l'intérêt versé sur les prêts consentis pour l'achat d'une automobile est déductible lorsque cette voiture est exigée aux termes de votre contrat d'emploi.) Cela a pour effet d'éliminer le coût fiscal de l'avantage imposable.

Lorsque vous êtes à la fois **actionnaire** et employé, ou lorsqu'un membre de votre famille est un actionnaire, vous devez être particulièrement prudent. Il est possible que le montant *intégral* du prêt, plutôt que l'intérêt implicite, doive être inclus dans votre revenu aux fins fiscales, à moins que des conditions rigoureuses ne soient satisfaites. (Tel peut être le cas même si vous ne détenez qu'une participation très mineure et que vous n'avez rien à voir avec les raisons pour lesquelles vous êtes devenu admissible à un tel prêt.) En général, vous pouvez éviter l'application de cette règle lorsque le prêt est consenti à certaines fins spécifiques et lorsque des arrangements de bonne foi sont conclus au moment où le prêt est accordé en vue de son remboursement dans un délai raisonnable. Une autre possibilité est de rembourser le montant total du prêt dans un délai d'un an, en s'assurant que ce prêt ne fait pas partie d'une série de prêts et de remboursements. (Voir la section 8.2.6.)

6.3 RÉGIMES D'OPTIONS D'ACHAT D'ACTIONS

Un régime d'options d'achat d'actions est un arrangement par lequel une société donne à un employé le droit (une option) d'investir dans ses actions à un prix déterminé. Ce prix peut ou peut ne pas être inférieur au cours du marché au moment où l'option est accordée. Par exemple, supposez que vous travaillez pour une société dont les actions se négocient à 20 $ l'action. En 1994, vous recevez une option vous permettant d'acheter jusqu'à 1 000 actions à 20 $ l'action, option qui est valable jusqu'en 1996. Advenant que l'action se négocie à 30 $ en 1995, vous pourriez exercer l'option et acheter 1 000 actions pour 20 000 $ et ensuite, si vous le désirez, vendre ces actions sur le marché pour 30 000 $.

Suivant la règle générale, vous êtes réputé avoir reçu un avantage afférent à votre emploi, non pas lorsque l'option est accordée (en 1994 dans l'exemple mentionné), mais lorsque vous l'exercez (en 1995). L'avantage imposable représente la différence entre le prix que vous payez (20 000 $) pour les actions et la valeur de ces actions lorsque vous exercez l'option (30 000 $). Vous auriez ainsi à inclure un avantage imposable de 10 000 $ dans votre revenu d'emploi pour 1995. (Le prix de base rajusté des actions sera de 30 000 $ pour vous, ce qui fait que vous ne serez pas doublement imposé lorsque vous les vendrez éventuellement.)

Toutefois, une déduction compensatoire partielle est disponible si certaines conditions sont satisfaites. La première veut que les actions en question soient des actions ordinaires et non des actions privilégiées. La deuxième condition est que le prix d'exercice ne soit pas inférieur à la juste valeur marchande des actions au moment où l'option a été accordée. (Autrement, vous pourriez simplement exercer l'option le jour où vous la recevez, de sorte que l'avantage équivaudrait à un montant en espèces.) En troisième lieu, vous devez traiter sans lien de dépendance avec la société (ce qui veut dire essentiellement que vous-même ou des membres de votre famille ne la contrôlez pas). Si ces conditions sont satisfaites, vous pouvez réclamer une déduction de ¼ du montant de l'avantage imposable. Cette déduction a pour effet d'assujettir l'avantage imposable au taux d'imposition de $3/4$ équivalent à celui du gain en capital.

Une autre exception au système d'imposition des options d'achat d'actions existe lorsque votre employeur est une **société privée dont le contrôle est canadien** et que vous traitez avec lui sans lien de dépendance. Si tel est le cas, vous ne déclarez l'avantage imposable qu'au moment de la *vente* des actions plutôt qu'au moment de l'exercice de l'option qui donne lieu à leur acquisition. En outre, si vous avez détenu ces actions pendant une période d'au moins deux ans suivant leur acquisition, vous pouvez encore, lorsque vous calculez votre revenu imposable, réclamer la déduction de $1/4$ de l'avantage sans avoir à remplir les deux premières conditions mentionnées dans le paragraphe précédent. Cette exception vise à encourager la participation des employés à la propriété de petites entreprises. De plus, elle tient compte du fait qu'il peut être difficile d'évaluer les actions d'une société privée lorsque vient le temps d'exercer une option.

6.4   **AUTOMOBILES DE L'EMPLOYEUR**

Des règles spéciales s'appliquent lorsqu'il s'agit de déterminer l'avantage imposable dont vous bénéficiez lorsque votre employeur met une voiture à votre disposition.

Les deux éléments de l'avantage qui doivent être déclarés aux fins fiscales sont les suivants : les **frais pour droit d'usage d'une automobile** et l'avantage relatif aux **frais de fonctionnement**. Dans les deux cas, les frais seront normalement inscrits sur le relevé T4 émis par votre employeur, en un seul montant, et sont inclus dans le total de votre « revenu d'emploi » aux fins de l'impôt.

Les frais pour droit d'usage s'élèvent essentiellement à 2 % du coût initial de la voiture pour chaque mois où elle est à votre disposition (24 % par année). (Pour les vendeurs d'automobiles, le taux peut être de 1,5 % par mois du coût moyen des automobiles du concessionnaire acquises au cours de l'année.) Ce montant peut être réduit *seulement* si vous pouvez démontrer a) que l'usage pour affaires représente au moins 90 % du nombre total de kilomètres parcourus et b) que le nombre de kilomètres parcourus pour usage personnel est inférieur à 12 000 kilomètres pour l'année en question.

N'oubliez pas que le fait de vous rendre de la maison au travail et d'en revenir n'est normalement *pas* considéré comme un usage pour affaires. Il pourrait donc s'avérer très difficile de satisfaire aux conditions susmentionnées pour une réduction des frais pour droit d'usage.

Lorsque l'automobile est louée, les frais pour droit d'usage s'élèvent à $2/3$ du coût de location mensuel plutôt qu'à 2 % du prix d'achat.

Un montant additionnel de 7 % doit être ajouté au montant de l'avantage imposable de l'employé, de façon à tenir compte de la

TPS comprise dans la valeur que l'automobile représente pour lui. L'employeur peut également être tenu de verser à Revenu Canada le montant de la TPS sur l'avantage imposable. (Se reporter à la section 17.3.3.)

Depuis 1993, l'avantage imposable pour les **frais de fonctionnement** est de 0,12 $ / km pour l'usage personnel. Si votre employeur paie *tous* les frais de fonctionnement au cours de l'année relativement à l'usage personnel d'une voiture fournie par l'employeur (et que vous ne remboursez pas votre employeur en totalité avant le 14 février suivant) le taux de 0,12 $ s'applique. Si vous travaillez principalement dans le domaine de la vente ou de la location d'automobiles, le taux sera de 0,09 $. (Là encore, votre employeur devra verser une partie de ce montant comme s'il s'agissait d'une TPS qu'il aurait perçue; se reporter à la section 17.3.3.)

Une autre méthode de calcul existe à l'égard des frais de fonctionnement lorsque la fraction de l'utilisation de la voiture pour affaires excède 50 %. Il est possible de calculer l'avantage au titre des frais de fonctionnement au taux uniforme de **50 % des frais pour droit d'usage d'une automobile** si vous avisez votre employeur par écrit, *avant le 31 décembre*, de votre choix de vous prévaloir de cette méthode.

Si vous recevez une **allocation** raisonnable pour vos frais d'automobile, vous ne serez pas tenu d'inclure l'allocation dans le revenu si elle est fondée *uniquement* sur le nombre de kilomètres parcourus pour l'exercice des fonctions de votre emploi. S'il s'agit d'un montant uniforme qui n'est pas calculé en fonction du nombre de kilomètres parcourus pour affaires, il sera imposable (bien que vous puissiez être en mesure de réclamer une déduction compensatoire pour frais d'automobile — veuillez vous reporter à la section 6.9.1). Revenu Canada accepte une allocation raisonnable de 0,31 $ / km pour les premiers 5 000 kilomètres et de 0,25 $ / km pour le kilométrage additionnel (0,04 $ de plus dans le Territoire du Yukon et les Territoires du Nord-Ouest). Dans certains cas, il vous est possible de justifier un montant supérieur pour l'allocation raisonnable.

6.5   RÉMUNÉRATION DIFFÉRÉE

Diverses techniques ont été mises à l'essai, au fil des années, afin d'éviter de payer de l'impôt sur le revenu d'emploi en tentant d'en reporter une partie d'une façon ou d'une autre. (En général, le revenu d'emploi est imposé lorsqu'il est reçu.)

Les **régimes de pension agréés** et les **régimes de participation différée aux bénéfices** ont été traités aux sections 2.2 et 2.3. Ils constituent des mécanismes reconnus de report du revenu d'emploi.

Les **régimes de participation des employés aux bénéfices** ne sont pas beaucoup utilisés. Ils ne permettent pas de reporter l'imposition du revenu d'emploi. Les cotisations sont effectuées par l'employeur, en fonction du bénéfice de l'année. Bien que les cotisations soient versées dans le régime, les montants versés sont traités comme un revenu des employés aux fins fiscales. De tels régimes permettent de créer des régimes d'épargne obligatoire pour les gratifications. Le revenu (tel le revenu d'intérêts) gagné dans le cadre du régime doit être réparti entre les employés qui paient alors de l'impôt sur ce revenu au fur et à mesure qu'il est réparti (même s'il ne leur est pas versé).

Les règles portant sur les **ententes d'échelonnement du traitement** couvrent la plupart des arrangements de rémunération différée. Par exemple, si vous convenez avec votre employeur que votre salaire pour 1994 sera de 50 000 $, majoré d'une somme supplémentaire de 10 000 $ qui sera versée en 1998, vous serez imposé sur la somme de 60 000 $ en 1994. Vous ne pouvez habituellement échapper à l'imposition que s'il existe une forte probabilité que ce revenu ne vous soit pas versé dans le futur.

Les règles afférentes aux ententes d'échelonnement du traitement permettent certaines exceptions. L'une d'entre elles se rapporte au programme de congés auto-financés, parfois utilisé par des enseignants, des universitaires ou autres pour financer des congés sabbatiques. Si toutes les conditions sont satisfaites, vous pouvez prendre des arrangements pour que votre employeur ou un fiduciaire retienne une tranche de votre salaire chaque année pendant une période d'au plus six ans, ne pas déclarer cette fraction comme revenu d'emploi chaque année et payer de l'impôt sur ce revenu lorsque vous le touchez pendant l'année sabbatique. Un arrangement vous permettant de recevoir une gratification devant être versée à l'intérieur d'une période de trois ans constitue une autre exception.

Les **conventions de retraite** sont des arrangements effectués en dehors du système des régimes de pension agréés et dans le cadre desquels un dépositaire recevra des fonds d'un employeur et fera des paiements après le départ à la retraite ou la cessation d'emploi de l'employé. De tels régimes ne sont pas encouragés en raison d'un impôt remboursable de 50 % qui s'applique aux paiements effectués par l'employeur au dépositaire (et qui est remboursé lorsque les paiements sont effectués à l'employé, qui le déclare alors à titre de revenu aux fins fiscales).

6.6 ALLOCATIONS DE RETRAITE ET INDEMNITÉS DE CESSATION D'EMPLOI

Une « allocation de retraite », aux termes de la définition donnée par la *Loi de l'impôt sur le revenu*, inclut ce que nous appelons normalement l'indemnité de cessation d'emploi ou paiement pour cessation d'emploi, ainsi que les montants adjugés par voie d'une entente ou d'une décision d'un tribunal pour le recouvrement d'un traitement ou d'un salaire à la suite d'un renvoi injustifié. Elle inclut aussi, bien sûr, une prime pour longs services qu'un employeur verserait au moment de la retraite.

Tout comme un revenu d'emploi ordinaire, une allocation de retraite est incluse dans votre revenu. Cependant, comme nous l'avons vu à la section 2.1.7.2, elle peut être transférée en totalité ou en partie à un REER et ne pas être ainsi assujettie à l'impôt dans l'immédiat.

Le montant qui peut être transféré est de 2 000 $ pour chaque année de service, majoré de 1 500 $ pour chaque année antérieure à 1989 au cours de laquelle les cotisations de l'employeur à votre régime de retraite n'étaient pas « acquises ». (Les cotisations sont « acquises » si les droits aux prestations vous appartiennent au moment de votre retraite ou de la cessation de votre emploi. Veuillez vous reporter à la section 2.5.12.)

Les frais juridiques engagés pour l'établissement de votre allocation de retraite peuvent être déduits de l'allocation de retraite. Se reporter à la section 6.9.6 ci-dessous.

6.7 PRESTATIONS CONSÉCUTIVES AU DÉCÈS

Une prestation consécutive au décès représente la somme versée habituellement au conjoint ou aux enfants d'un employé décédé en reconnaissance de ses services. La partie de cette prestation excédant l'exonération de 10 000 $ est imposable.

Donc, les premiers 10 000 $ de prestations consécutives au décès versées à l'égard d'un employé sont exonérés d'impôt. Le conjoint de l'employé obtient l'exonération, mais si l'employé n'avait pas de conjoint, ou si le conjoint reçoit moins de 10 000 $ et que d'autres contribuables reçoivent de telles prestations, tout solde de l'exonération peut être partagé entre les autres bénéficiaires. Veuillez prendre note que l'expression « conjoint » comprend également le conjoint de fait suivant la définition qui en est donnée dans la section 1.3.1.

Veuillez prendre note que le produit d'assurance-vie n'a rien à voir avec ces prestations et qu'il n'est pas imposé lorsqu'il est reçu.

6.8 CRÉDIT D'IMPÔT POUR EMPLOI À L'ÉTRANGER

Si vous êtes un résident du Canada et que vous travaillez à l'extérieur du Canada pour une période d'au moins six mois, vous pouvez avoir droit à un crédit d'impôt spécial dans votre déclaration de revenus fédérale. Pour y être admissible, vous devez être à l'emploi d'un employeur canadien (ou de sa filiale étrangère) sur certains types de projets dans des domaines d'activité comme l'exploration ou la production minière, pétrolière et gazière, l'agriculture, la construction ou l'ingénierie. Comme travailleur autonome, vous pouvez avoir droit à ce crédit si vous constituez votre entreprise en société et si vous êtes considéré comme un employé.

Le crédit vous permet d'éliminer l'impôt à payer sur un revenu d'emploi à l'étranger d'un maximum de 100 000 $ par année, mais il est limité à 80 % de ce revenu. Les détails de ce crédit sont fort complexes et nous vous invitons à consulter les documents de référence mentionnés à la section 6.11. Le Québec accorde un allégement semblable sous forme de déduction du revenu plutôt que de crédit d'impôt. (Se reporter à la section 14.2.13.)

6.9   Déductions d'un revenu d'emploi

Les seules déductions admises sont celles que prévoit expressément la *Loi de l'impôt sur le revenu.* Nous traiterons de certaines d'entre elles ci-après.

Prenez note qu'en général lorsque vous êtes en mesure de déduire des dépenses de votre revenu d'emploi, vous pouvez recevoir un remboursement de la TPS payée au titre de ces dépenses (se reporter à la section 17.4). Ce remboursement sera considéré comme un revenu tiré d'un emploi durant l'année au cours de laquelle vous l'avez reçu, sauf s'il se rapporte à la déduction pour amortissement (se reporter à la section 6.9.1).

6.9.1   Utilisation de votre propre automobile aux fins de votre emploi

Si vous êtes tenu, dans le cadre de votre emploi, d'utiliser votre propre automobile et que vous ne recevez pas d'allocation raisonnable non imposable fondée sur le nombre de kilomètres parcourus pour l'exercice des fonctions de votre emploi (se reporter à la section 6.4), vous pouvez déduire de votre revenu d'emploi une fraction de vos frais d'automobile. (Vous devez remplir le formulaire T2200 dans lequel votre employeur atteste que vous êtes tenu d'utiliser votre propre automobile pour votre travail, et le joindre à votre déclaration de revenus.)

En premier lieu, vous pouvez déduire les **frais de fonctionnement**, tels les frais engagés pour le carburant, l'entretien et les réparations, dans la mesure où ils se rapportent à votre emploi. Vous devrez tenir un registre détaillé de votre kilométrage afin de faire la distinction entre l'usage aux fins de votre emploi et l'usage personnel. Veuillez prendre note que le fait de vous rendre de la maison au travail et d'en revenir constitue normalement un usage personnel. (Veuillez toutefois vous reporter à la section 6.10.13.)

En deuxième lieu, vous avez droit à une **déduction pour amortissement** ou pouvez déduire vos paiements de location mensuels pour la fraction de l'utilisation aux fins de l'emploi. Le taux admissible de la DPA est de 15 % durant l'année d'acquisition de l'automobile, suivi de 30 % *sur le solde restant* au cours de chaque année subséquente. Cependant, il existe une limite au coût de l'automobile aux fins de cette déduction :

Date d'achat de l'automobile	Plafond des prix
Avant le 18 juin 1987	Aucun
Entre le 18 juin 1987 et le 31 août 1989	20 000 $
Entre le 1er septembre 1989 et le 31 décembre 1990	24 000 $
À compter du 1er janvier 1991	24 000 $*

*plus la TPS et la TVQ sur 24 000 $

EXEMPLE

Isabelle achète une automobile neuve de 30 000 $ (plus TPS de 7 % et TVQ de 8 %) en janvier 1994. Elle doit parcourir une distance de 10 000 kilomètres durant l'année aux fins de son emploi. Elle parcourt également 10 000 kilomètres pour son usage personnel.

Comme la moitié de la distance parcourue est reliée à l'exercice des fonctions de son emploi, Isabelle peut réclamer la moitié de la déduction pour amortissement normalement allouée pour une automobile. Bien qu'elle l'ait payée 30 000 $, le plafond est de 24 000 $ plus la TPS de 1 680 $ et la TVQ de 2 054 $ (prix total de 27 734 $) aux fins fiscales. Pour l'année d'acquisition, la déduction pour amortissement maximale est de 15 % de 27 734 $, soit 4 160 $. Isabelle peut donc demander une déduction de 2 080 $ de son revenu d'emploi pour 1994.

De plus, étant donné qu'elle utilise son automobile dans le cadre de son travail, Isabelle, en 1994, peut demander à Revenu Canada, un remboursement de TPS correspondant à $7/107$ du montant de la déduction pour amortissement allouée pour son automobile, soit $7/107$ de 2 080 $ ou une remise de 136,07 $. Ce montant de 136,07 $ est déduit de la fraction non amortie du coût en capital de l'automobile au début de 1995 (se reporter à la section 17.4).

Dans l'exemple ci-haut, nous supposons que l'employeur d'Isabelle est inscrit aux fins de la TPS. Dans l'éventualité où son employeur est une institution financière ou un non-inscrit aux fins de la TPS, elle ne sera pas admissible au remboursement de TPS accordé à l'employé, soit, dans ce cas-ci, 136,07 $.

Si vous louez l'automobile, votre déduction relative aux frais de location est limitée au montant qui correspond aux limites imposées pour l'achat d'une automobile:

Date de signature du contrat de location	Limite
Avant le 18 juin 1987	Aucune
Entre le 18 juin 1987 et le 31 août 1989	600 $
Entre le 1er septembre 1989 et le 31 décembre 1990	650 $
À compter du 1er janvier 1991	650 $ *

*plus la TPS et la TVQ

En troisième lieu, vous pouvez déduire les **intérêts** sur un prêt obtenu pour l'achat de l'automobile (y compris le financement sur l'achat lui-même, aux termes duquel vous effectuez des versements mensuels combinant capital et intérêts). Votre intérêt sera limité à :

Date d'achat de l'automobile	Plafond des intérêts déductibles
Avant le 18 juin 1987	Aucun
Entre le 18 juin 1987 et le 31 août 1989	250 $
Après le 1er septembre 1989	300 $

EXEMPLE

En janvier 1994, Isabelle achète une automobile neuve de 30 000 $ et verse 700 $ par mois à titre de remboursement sur son prêt automobile. Elle a fait un versement initial de 2 000 $ et son prêt porte intérêt au taux de 15 %.

Après certains calculs, nous constatons que Isabelle verse 350 $ d'intérêt le premier mois, et un peu moins pour les mois suivants. Aux fins fiscales, son intérêt pour l'année sera limité à 3 600 $, ou 300 $ par mois. Elle peut déduire la moitié de ce montant, soit 1 800 $, montant qui reflète la proportion de la distance qu'elle parcourt aux fins de son emploi.

Si vous êtes **remboursé** par votre employeur pour l'usage de votre automobile aux fins de votre emploi, les remboursements ne sont pas imposés, mais vous ne pouvez, bien entendu, déduire vos propres dépenses si elles vous ont été remboursées.

Comme nous l'avons mentionné dans l'exemple ci-dessus, si vous payez la TPS sur une automobile et que vous pouvez vous prévaloir de la déduction pour amortissement (en proportion de l'usage pour affaires) vous serez en mesure de recevoir le remboursement de la TPS touchant le montant de votre déduction. Veuillez vous reporter à la section 17.4 et à l'exemple ci-dessus. Le remboursement réclamé doit être joint à votre déclaration de revenus. Le montant de ce remboursement réduira le coût en capital non amorti de l'automobile (et l'amortissement ultérieur) durant l'année au cours de laquelle vous recevrez le remboursement.

6.9.2 — FRAIS DE DÉPLACEMENT

Si vous devez, dans le cadre de votre emploi, engager des dépenses de voyage pour l'exercice de vos fonctions, ces dépenses, comme les frais d'automobile, seront déductibles. Citons, par exemple, les frais de stationnement, de déplacement en taxi ou en train.

Si vous voyagez pour une société de transport (p. ex., à titre de chauffeur d'autobus ou de camion ou comme agent de bord), vous pouvez aussi déduire vos frais de repas et d'hébergement dans la mesure où vous n'avez pas droit à un remboursement. La déduction pour les repas est limitée à 50 % de leur coût (se reporter à la section 7.2.6).

6.9.3 — DÉPENSES DES VENDEURS À COMMISSION

Si vous êtes employé en qualité de vendeur aux termes d'un contrat stipulant que vous devez acquitter vos propres dépenses et que vous gagnez un revenu de commission, vous pourriez être en mesure de déduire les frais afférents à votre emploi—le même genre de frais que si vous étiez un travailleur autonome (se reporter à la section 7.2). Pour ce faire, vous devez être tenu, aux termes de votre contrat d'emploi, de payer vos propres dépenses et d'exercer habituellement les fonctions de votre emploi à l'extérieur du lieu de l'entreprise de votre employeur. Le montant total des dépenses que vous pouvez ainsi déduire ne peut dépasser le montant total de votre revenu de commission.

6.9.4 — FOURNITURES, SALAIRES D'UN ADJOINT ET BUREAU À DOMICILE

Si votre contrat d'emploi stipule que vous devez payer pour vos fournitures ou êtes tenu de verser un salaire à un adjoint ou un remplaçant, vous pouvez déduire le coût des fournitures et le salaire de votre adjoint.

Dans certains cas, vous pouvez également déduire les dépenses relatives au bureau à domicile. D'abord, vous devez être tenu par votre contrat de travail de tenir un bureau, et dans ce cas votre employeur doit signer un certificat (le formulaire T2200) que vous joignez à votre déclaration. Ensuite, la déduction ne sera autorisée que si le bureau à domicile constitue le lieu où vous « exercez principalement les fonctions de votre emploi » ou que vous l'utilisiez de façon régulière et continue pour *rencontrer* des personnes (telles que les clients de votre employeur) dans le cours normal de votre emploi. Cette restriction est semblable à celle qui s'applique dans le cas des travailleurs autonomes et la question est traitée de façon plus détaillée à la section 7.2.7. En conséquence, très peu d'employés salariés ont la possibilité d'obtenir cette déduction. En général, vous ne serez en mesure d'utiliser cette déduction que si vous travaillez la plupart du temps à votre domicile et occasionnellement chez votre employeur.

6.9.5   Cotisations syndicales et professionnelles

Les cotisations syndicales sont déductibles aux fins de l'impôt. Elles sont normalement retenues à la source et inscrites sur le feuillet T4 que vous remet votre employeur.

Les cotisations requises pour conserver un titre professionnel reconnu sont déductibles, même si vous n'avez pas à conserver ce titre pour votre emploi actuel. Votre titre en qualité d'avocat, d'ingénieur, de comptable, de médecin, d'architecte, d'infirmier, de dentiste, etc. sera admissible à cette fin. Les cotisations à des associations bénévoles ne sont pas déductibles, à moins que vous ne soyez un travailleur autonome (se reporter au chapitre 7).

6.9.6   Frais juridiques

Si vous engagez des frais juridiques pour recouvrer un salaire ou un traitement impayé, vous pouvez déduire ces frais.

Les frais juridiques que vous engagez pour établir votre droit à une « allocation de retraite » (qui inclut l'indemnité de cessation d'emploi) ou aux prestations d'un régime de retraite privé sont déductibles. Toutefois au cours d'une année donnée, les frais juridiques ne peuvent être déduits que du *montant de l'allocation de retraite ou des prestations de retraite de cette année*. Dans la mesure où vous n'avez pas reçu ce revenu, vous pouvez reporter les dépenses sur sept ans et les réclamer sur le revenu des années ultérieures. (Veuillez vous reporter à la section 6.10.5 si vous transférez votre allocation de retraite à un REER.)

EXEMPLE

Denis a été congédié de son emploi en 1992. Il a fait appel aux services d'un avocat et il a poursuivi son ancien employeur pour renvoi injustifié, engageant ainsi des frais juridiques de 3 000 $ en 1992 et de 5 000 $ en 1993. En 1994, une décision a été rendue et son employeur s'est vu dans l'obligation de lui verser 50 000 $.

Denis ne pourra déduire qu'en 1994 ses frais juridiques de 8 000 $ de son revenu « d'allocation de retraite » de 50 000 $, ne déclarant ainsi, au cours de cette année, qu'un revenu de 42 000 $.

Veuillez également vous reporter à la section 1.2.5 au sujet de la déductibilité des frais juridiques qui ne sont pas associés à l'emploi.

6.9.7   Instruments des musiciens

Si vous êtes employé comme musicien et que vous devez fournir votre propre instrument de musique, vous pouvez déduire tous vos frais d'entretien, de location et d'assurance. Si vous avez acheté l'instrument, vous pouvez réclamer une déduction pour amortissement au taux de 10 % pour la première année, et de 20 % du solde restant au cours de chaque année subséquente. Toutes ces déductions ne peuvent être retranchées que de votre revenu gagné en qualité de musicien et non pas d'autres revenus.

6.9.8   DÉPENSES D'UN ARTISTE

Si vous êtes employé comme artiste (par exemple, peintre, sculpteur, dramaturge, écrivain, compositeur, comédien, danseur, chanteur ou musicien), vous serez en mesure de déduire jusqu'à 1 000 $ au titre des dépenses engagées en vue de gagner un revenu en exerçant l'une de ces activités. Cette déduction ne doit toutefois pas représenter plus de 20 % de votre revenu d'emploi lié à une activité artistique, et le plafond de 1 000 $ sera réduit du montant demandé au titre de la déduction relative à l'utilisation d'une automobile (se reporter à la section 6.9.1) et aux instruments de musique (6.9.7).

Bien entendu, si le revenu gagné lié à une activité artistique ne peut être considéré comme revenu d'emploi, vous êtes dans la catégorie des travailleurs autonomes et, à ce titre, vous pouvez normalement déduire toutes vos dépenses. Veuillez vous reporter à la section 7.2.

6.9.9   EMPLOYÉS DES RÉGIONS NORDIQUES

Les frais de voyage à des fins personnelles payés par votre employeur, pour vous ou un membre de votre famille, sont considérés comme un avantage imposable qui devra être inclus dans le calcul de votre revenu d'emploi (se reporter à la section 6.1.2).

Si vous habitez dans une région nordique du Canada, vous avez droit à une déduction compensatoire pour la totalité ou une fraction de cet avantage imposable. Dans la mesure où vous répondez à certaines exigences en matière de résidence, la déduction pourrait éliminer l'avantage imposable jusqu'à concurrence des frais reliés à deux voyages par année correspondant au tarif aérien aller-retour pour un vol à destination de la grande ville canadienne la plus rapprochée de la localité où vous résidez. (Toutefois, il n'existe aucune restriction quant au nombre de voyages effectués afin d'obtenir des services médicaux qui ne sont pas dispensés dans votre localité de résidence.)

Veuillez vous reporter à la section 1.2.6 en ce qui concerne les crédits spéciaux aux résidents des régions nordiques du Canada et aux sections 6.1.1 et 6.10.1 qui portent sur la non-imposition des avantages relatifs à un chantier éloigné.

6.10   **CONSEILS DE PLANIFICATION**

6.10.1   FAITES EN SORTE D'OBTENIR DES AVANTAGES NON IMPOSABLES

Demandez à votre employeur de vous octroyer, dans la mesure du possible, les avantages non imposables énoncés à la section 6.1.1.

Si vous partagez avec votre employeur les coûts d'un régime d'avantages sociaux, envisagez, dans la mesure du possible, de répartir les coûts de façon à ce que tous les avantages non imposables soient défrayés par votre employeur et que tous les avantages imposables soient défrayés par vous, dans le cas où ils le seraient actuellement par votre employeur. Dans plusieurs cas, vous pouvez ainsi réduire votre fardeau fiscal, sans coût additionnel pour votre employeur.

Un des avantages non imposables que l'on oublie parfois est celui des repas et du logement relatifs à un chantier particulier ou à un chantier éloigné. Un chantier particulier ne doit pas être éloigné dans le sens d'isolé; en autant que les tâches que vous accomplissez à cet endroit soient de nature temporaire et que vous possédiez un autre domicile, les repas et le logement payés par l'employeur représentent un avantage non imposable. Cette mesure s'applique, par exemple, si vous passez plusieurs mois dans une autre ville à travailler sur un projet, au service de votre employeur.

6.10.2   LORSQUE CELA EST POSSIBLE, DEMANDEZ UNE RÉDUCTION DES RETENUES À LA SOURCE

Dans le cas où un intérêt implicite sur un prêt de l'employeur est inscrit en tant qu'avantage imposable sur votre relevé de salaire, vos déductions à la source de l'impôt sur le revenu tiendront compte de cet avantage imposable. Si, par contre, vous utilisez les fonds à des fins donnant droit à une déduction compensatoire (se reporter à la section 6.2), vous pouvez écrire à Revenu Canada et à Revenu Québec pour exposer la situation et demander que votre employeur soit autorisé à réduire la retenue à la source. À titre d'exemple, l'utilisation d'un prêt de l'employeur à des fins de placement.

De même, dans les cas où vous prévoyez recevoir un remboursement après avoir produit votre déclaration de revenus (en raison de crédits d'impôt personnels, de cotisations déductibles au titre d'un REER, de frais médicaux ou de dons de bienfaisance), vous devez revoir les formulaires TD1 et MR-19 que vous avez remplis chez votre employeur afin de tenter de réduire vos retenues à la source. (Vous devrez peut-être aussi écrire à Revenu Canada et à Revenu Québec afin de permettre à votre employeur de réduire vos retenues à la source en ce qui concerne des déductions qui n'apparaissent pas normalement sur les formulaires TD1 et MR-19 telles les cotisations versées dans un REER.)

Bien que de nombreux contribuables souhaitent recevoir un remboursement d'impôt, cela ne représente pas le résultat d'une bonne planification fiscale. Recevoir un remboursement de Revenu Canada ou Revenu Québec signifie en fait qu'ils détenaient vos fonds sans vous verser d'intérêts pendant plusieurs mois. Or, même si vous devez faire preuve de responsabilité fiscale en vous assurant de payer vos impôts lorsqu'ils sont dus, il est plus astucieux d'avoir à poster un chèque aux autorités fiscales au moment de produire les déclarations de revenus, puisque, entretemps, vous pouvez disposer des fonds en question, pour les investir ou à quelque autre fin. (En vertu des nouvelles règles qui entrent en vigueur en septembre 1994, vous devez verser des acomptes provisionnels si la différence entre votre impôt à payer et les montants retenus à la source est supérieure à 2 000 $ (1 200 $ pour les résidents du Québec) à la fois dans l'année en cours et dans l'une ou l'autre des deux années précédentes (se reporter à la section 13.2.2).

Veuillez noter que pour les 45 premiers jours de traitement des déclarations de revenus après l'échéance du 30 avril, soit, jusqu'au 14 juin, aucun intérêt ne sera versé sur les remboursements (se reporter à la section 13.3).

6.10.3   VERSEZ L'INTÉRÊT EXIGIBLE SUR UN PRÊT DE L'EMPLOYEUR DANS LES 30 JOURS SUIVANT LA FIN DE L'ANNÉE

Si vous avez obtenu de votre employeur un prêt portant intérêt, voyez si vous pouvez reporter le paiement de l'intérêt sur le prêt jusqu'au 30 janvier de l'année civile suivante (se reporter au début de la section 6.2). Cette faveur vous procurera un avantage en matière de liquidités.

6.10.4   ENVISAGEZ DE PARTICIPER À UN RÉGIME DE PARTICIPATION DES EMPLOYÉS AUX BÉNÉFICES

Les régimes de participation des employés aux bénéfices, décrits à la section 6.5, peuvent comporter l'avantage fiscal suivant: il n'y a aucune retenue à la source sur les montants versés dans le régime ou sur les montants reçus du régime. Le versement, en temps opportun, des cotisations de l'employeur et des sorties de fonds du régime peut vous procurer un meilleur avantage en matière de liquidités que le versement direct d'une gratification.

6.10.5   TRANSFÉREZ VOS ALLOCATIONS DE RETRAITE À UN REER

Si vous êtes à la retraite et recevez une allocation de retraite (y compris tout versement pour crédits de congés de maladie accumulés, mais non pour les congés annuels), vous pouvez la transférer directement à un REER, sous réserve des plafonds énoncés à la section 6.6.

La même règle s'applique à un employé qui prend sa retraite de même qu'aux indemnités de cessation d'emploi ou aux paiements pour renvoi injustifié (qui représentent également des « allocations de retraite » dans la terminologie fiscale). (Se reporter à la section 6.6.)

Prenez note que vous ne devriez probablement pas transférer le montant intégral à un REER si vous avez engagé des frais juridiques pour l'obtention de votre paiement pour renvoi injustifié (même si le litige a été réglé sans qu'il ait été nécessaire d'avoir recours aux tribunaux). Tous les frais juridiques peuvent être reportés prospectivement sur une période maximale de sept ans et déduits du montant de « l'allocation de retraite » inclus au revenu (se reporter à la section 6.9.6). Si vous transférez la totalité de l'allocation de retraite à un REER, les frais juridiques ne deviendront jamais déductibles. (Lorsque vous *retirez* des prestations du REER, celles-ci ne sont plus considérées comme une « allocation de retraite ».) Cependant, si vous envisagez de laisser vos fonds s'accroître pendant plusieurs années dans un REER, à l'abri de l'impôt, vous devrez vous demander s'il ne serait pas bon de transférer la totalité du montant, de toute façon.

6.10.6   Participez à un régime d'options d'achat d'actions

Insistez auprès de votre employeur pour qu'il établisse un régime d'options d'achat d'actions qui, tout en lui coûtant bien peu, pourrait favoriser dans une certaine mesure l'investissement de fonds dans sa société. (Le coût consiste en la dilution des participations des actionnaires existants.)

Si votre employeur est une société privée dont le contrôle est canadien, les options d'achat d'actions sont particulièrement intéressantes du fait que vous n'aurez pas à payer d'impôt tant que vous ne disposerez pas des actions. Et même lorsque survient cette disposition, vous aurez souvent droit à un traitement fiscal avantageux (se reporter à la section 6.3). Faites attention, toutefois, de ne pas trop vous fier à de telles actions pour votre avenir. En effet, les actions dans des sociétés privées ne constituent pas des titres liquides et peuvent même perdre toute valeur très rapidement, advenant que la société se heurte à des difficultés.

Si vous recevez, par le biais d'un régime d'options d'achat d'actions, des actions dans une société privée dont le contrôle est canadien, envisagez de transférer un certain nombre d'entre elles à titre de cotisation dans votre REER si les actions sont admissibles à cette fin. (Se reporter aux sections 2.1.5 et 2.5.2.)

6.10.7   Envisagez de participer à un régime d'achat d'actions

Avec un régime d'achat d'actions, vous feriez l'acquisition des actions immédiatement plutôt que l'acquisition d'options. Vous pouvez obtenir de l'aide pour leur acquisition par le biais d'un prêt de votre employeur (se reporter à la section 6.2). Toute hausse subséquente de la valeur des actions représenterait un gain en capital et ne serait imposée qu'à 75 % (se reporter à la section 4.2).

Inutile de vous dire que ce type de régime n'est pas très recommandé à moins que vous n'ayez confiance dans les perspectives d'appréciation des actions de la société.

6.10.8 ENVISAGEZ DE PARTICIPER À UN RÉGIME FANTÔME D'INTÉRESSEMENT À L'ENTREPRISE

Le régime fantôme vous soustrait à l'obligation d'acquérir des actions dans la société. Il est donc susceptible de présenter plus d'attraits pour les actionnaires qui la contrôlent. Aux termes d'un tel régime, vous recevez des gratifications calculées sur la hausse de la valeur des actions de votre employeur. De telles gratifications seraient simplement imposées en tant que revenu d'emploi. Si elles ne vous sont pas versées sur une base continue, vous devrez déterminer si elles constituent une entente d'échelonnement du traitement (se reporter à la section 6.5), auquel cas elles deviendront imposables pour vous, même si vous ne les avez pas reçues.

6.10.9 TENEZ UN REGISTRE SOIGNÉ DE L'UTILISATION D'UNE AUTOMOBILE POUR AFFAIRES

Que vous utilisiez l'automobile de votre employeur ou la vôtre, tenez un registre soigné de la distance que vous parcourez aux fins de votre emploi (se reporter aux sections 6.4 et 6.9.1). Il y aurait même lieu de garder un registre dans l'automobile ou d'inscrire votre kilométrage pour affaires dans votre agenda.

6.10.10 MINIMISEZ L'AVANTAGE RELATIF AUX FRAIS DE FONCTIONNEMENT D'UNE VOITURE

Si votre employeur ne paie qu'une partie des frais de fonctionnement d'une automobile mise à votre disposition et dont il est le propriétaire, l'avantage imposable relatif aux frais de fonctionnement (se reporter à la section 6.4) peut vous coûter davantage que le montant versé par l'employeur. Parfois, l'employeur ne paie que les assurances et l'employé paie le carburant et les réparations ou, encore, l'employé ne paie pas la plupart des frais de fonctionnement mais doit acquitter les réparations majeures occasionnelles.

Prenons l'exemple suivant : pour votre usage personnel (y compris l'aller retour au travail), vous parcourez 20 000 kilomètres, pendant une année, avec l'automobile fournie par l'employeur. Votre employeur paie les assurances (500 $ par année) et vous payez le reste des frais de fonctionnement. Votre avantage imposable relatif aux frais de fonctionnement est de 0,12 $ par kilomètre parcouru pour votre usage personnel, soit 2 400 $, et vous devrez verser entre 1 000 $ et 1 200 $ en impôt. Le fait que l'employeur paie les assurances n'est donc pas avantageux.

Dans ce cas, vous devriez rembourser les 500 $ à l'employeur *avant le 14 février* de l'année suivante, de sorte que la règle des 0,12 $ / km ne s'applique pas. Bien entendu, votre employeur peut vous verser le salaire additionnel de 500 $ qui sera imposé simplement comme un revenu, afin de compenser le remboursement des frais d'assurance.

De plus, si l'utilisation aux fins de votre emploi est supérieure à 50 %, vous devez décider (et aviser votre employeur par écrit) *avant le 31 décembre* si vous voulez vous prévaloir d'une méthode de calcul spéciale pour l'avantage relatif aux frais de fonctionnement plutôt que d'utiliser le taux de 0,12 $ / km pour usage personnel. Il est préférable pour vous d'utiliser l'avantage représentant la moitié des frais pour droit d'usage lorsque le coût de l'automobile est relativement bas (comme dans le cas d'une petite voiture ou d'une voiture d'occasion) et que le nombre de kilomètres parcourus pour usage personnel est relativement élevé, même s'il est inférieur à la moitié de l'utilisation totale.

6.10.11   ÉVITEZ LES AUTOMOBILES DE L'EMPLOYEUR COÛTEUSES

Si vous utilisez une automobile de l'employeur achetée après le 17 juin 1987, dont le coût excède la limite de 20 000 $ ou 24 000 $ (se reporter à la section 6.9.1), il y aura un élément de double imposition. Votre avantage imposable au titre des « frais pour droit d'usage d'une automobile » sera de 2 % par mois du coût *réel* de l'automobile. Cependant, un montant de 20 000 $ ou 24 000 $ seulement peut être réclamé (avec le temps) en tant que déduction pour amortissement par votre employeur. En ce qui concerne les automobiles achetées après 1990, le plafond de 24 000 $ est augmenté du montant de TPS et de TVQ payés sur les premiers 24 000 $.

Il pourrait donc être plus économique pour vous d'acheter la voiture et de négocier une augmentation de salaire appropriée avec votre employeur.

6.10.12   RÉDUISEZ LE TEMPS OÙ VOUS UTILISEZ L'AUTOMOBILE DE
               L'EMPLOYEUR À DES FINS PERSONNELLES

Les frais pour droit d'usage d'une automobile sont calculés sur le nombre de périodes de 30 jours au cours desquelles l'automobile de l'employeur est « mise à votre disposition » ou à celle des membres de votre famille durant l'année. Ce montant est fonction du nombre de *jours* au cours desquels l'automobile est à votre disposition, divisé par 30 et arrondi au chiffre entier le plus près ou au chiffre entier inférieur s'il se trouve exactement au milieu de deux chiffres entiers.

Si le nombre de jours de « disponibilité » peut être réduit à 345, ce qui représente 11,5 périodes de 30 jours, les frais pour droit d'usage seront réduits à 11 fois 2 % du coût de l'automobile plutôt que de s'élever à 12 fois 2 % d'un tel coût.

Si, au cours de l'année, vous vous absentez au moins trois semaines pour des vacances ou un voyage d'affaires, laissez la voiture à votre lieu de travail pendant ces périodes. Si la voiture neuve a coûté 20 000 $, vous pouvez réduire votre revenu imposable de 400 $ pour l'année (et ainsi réaliser une économie d'impôt variant entre 160 $ et 200 $) en réduisant à 345 le nombre de jours de « disponibilité ». Cependant, veuillez noter que selon Revenu Canada, la voiture demeure à votre disposition durant cette période, à moins que vous ne soyez *tenu* de rendre la voiture à votre employeur et ainsi de renoncer au droit d'usage. Vous pouvez, si vous le désirez, faire en sorte que votre employeur vous impose cette exigence.

6.10.13   MAXIMISEZ L'UTILISATION DE L'AUTOMOBILE À DES FINS D'EMPLOI

Comme nous l'avons mentionné, l'utilisation de la voiture pour se rendre à son travail ou en revenir constitue un usage personnel plutôt qu'un usage pour affaires. Cependant, si vous vous rendez directement de la maison à un rendez-vous d'affaires (chez un client ou un fournisseur par exemple), cet usage sera considéré comme un usage pour affaires.

Vous pouvez maximiser la distance parcourue aux fins de votre emploi en faisant tous vos déplacements pour affaires en début ou en fin de journée, avant de vous rendre au travail ou après avoir quitté votre bureau. Ainsi, la distance parcourue de votre résidence à votre lieu de travail pourra être considérée comme un déplacement pour affaires.

6.11   **DOCUMENTS DE RÉFÉRENCE**

Vous pouvez obtenir un exemplaire des publications suivantes en téléphonant ou en vous présentant à votre bureau de district de Revenu Canada, Impôt :

Bulletin d'interprétation IT-63R4, « Avantages, y compris les frais pour droit d'usage d'une automobile, qui découlent de l'usage à des fins personnelles d'un véhicule automobile fourni par l'employeur »

Bulletin d'interprétation IT-113R3, « Avantages aux employés—Options d'achat d'actions »

Bulletin d'interprétation IT-148R2, « Biens récréatifs et cotisations à un club »

Bulletin d'interprétation IT-158R2, « Cotisations d'employés qui sont membres d'une association professionnèlle »

Bulletin d'interprétation IT-196R2, « Paiements faits par l'employeur à l'employé »

Bulletin d'interprétation IT-222R, « Avances à des employés »

Bulletin d'interprétation IT-337R2, « Allocations de retraite »

Bulletin d'interprétation IT-352R, « Dépenses d'un employé liées à l'exercice des fonctions de charge ou d'emploi »

Bulletin d'interprétation IT-421R2, « Avantages consentis aux particuliers, aux corporations et aux actionnaires sous forme de prêts ou de dettes »

Bulletin d'interprétation IT-470R, « Avantages sociaux des employés »

Bulletin d'interprétation IT-497R2, « Crédit d'impôt pour emploi à l'étranger »

Bulletin d'interprétation IT-508, « Prestations consécutives au décès—Calcul »

Bulletin d'interprétation IT-522, « Frais de véhicule et autres frais de déplacement—Employés »

Circulaire d'information 73-21R7, « Frais engagés à l'extérieur »

Circulaire d'information 77-1R4, « Régimes de participation différée aux bénéfices »

« Guide d'impôt Dépenses d'emploi »

Formulaire GST 370, « Remboursement pour TPS aux employés et associés »

Formulaire T626, « Crédit d'impôt pour emploi à l'étranger »

Formulaire T777, « État des frais relatifs à un emploi »

Formulaire T2200, « Déclaration des conditions de travail »

Formulaire TD1, « Déclaration de crédit d'impôt personnel de 199_ »

7

Conseils de planification

▪ Essayez de travailler à titre de consultant plutôt qu'à titre d'employé

▪ Choisissez janvier comme date de clôture d'exercice afin de vous permettre de maximiser le report de l'impôt et des acomptes provisionnels ou décembre afin de réclamer les pertes

▪ Déduisez vos frais de déplacement

▪ Tenez un registre et optimisez l'utilisation de votre automobile pour fins d'affaires

▪ Déduisez vos frais de repas d'affaires et de représentation

▪ Déduisez les frais relatifs à un bureau à domicile

▪ Versez un salaire ou des honoraires à votre conjoint ou à vos enfants ou prenez votre conjoint comme associé

▪ Utilisez vos reports de pertes

▪ Planifiez vos gains en capital en fonction de l'année civile

▪ Faites l'acquisition de biens amortissables avant la fin de l'année

▪ Envisagez de réclamer une DPA moindre que le maximum admissible

Dans le présent chapitre, nous mettrons en lumière certains aspects propres à l'imposition du revenu d'entreprise. Si vous faites partie d'une société de personnes, consultez également la section 10.2; si vous demeurez au Québec, consultez le chapitre 14. Il va sans dire que quiconque gagne un revenu d'entreprise substantiel devrait obtenir les conseils d'un professionnel en la matière.

7.1   Employé ou travailleur autonome?

Comme vous le verrez dans le présent chapitre, les travailleurs autonomes exploitant leur propre entreprise possèdent, en matière de planification fiscale, une marge de manoeuvre beaucoup plus grande que les employés salariés.

Il faut comprendre que l'exploitation d'une entreprise n'a rien à voir avec la constitution d'une société par actions (laquelle sera traitée au chapitre 8). Tout contribuable peut exploiter une entreprise. Par exemple, si vous lancez une activité de revente au comptant de vêtements usagés dans votre sous-sol, vous exploitez une entreprise et si vous lui donnez un nom (par exemple, « Boutique Rétro XYZ »), vous exploitez une entreprise sous cette dénomination sociale. Vous n'avez pas créé une nouvelle entité, vous êtes simplement propriétaire d'une entreprise individuelle.

La distinction entre un employé salarié et un travailleur autonome n'est pas toujours claire lorsque vous recevez la totalité ou la quasi-totalité de votre revenu « de travail » d'une seule source. Si vous fournissez des services à un organisme, vous pouvez être classé dans l'un ou l'autre de ces groupes, selon les circonstances.

EXEMPLE

Lise travaille comme programmeuse. Elle élabore des logiciels pour la Société ABC et est rémunérée à un taux horaire. Elle effectue une bonne partie de son travail chez elle, mais elle assiste à des réunions régulières dans les bureaux de la société.

Lise est-elle une employée de la Société ABC ou une consultante indépendante qui exploite une entreprise et dont le principal (sinon le seul) client est la société susmentionnée ?

Dans des cas comme celui-ci, il faut examiner tous les faits afin d'établir le statut de la personne. Il n'existe pas de règle simple et immuable. *En général*, vous êtes susceptible d'être considéré comme un employé si :

- vous travaillez un nombre d'heures fixe par jour;
- vous avez à rendre compte de l'utilisation de votre temps à la société;
- vous êtes informé des tâches à effectuer à chacune des étapes de votre travail;
- vous participez aux régimes de retraite ou aux régimes d'assurance-vie, médicale ou dentaire de la société et si vous recevez d'autres « avantages »;
- vous utilisez le matériel informatique et les fournitures de la société et si vous avez un bureau dans les locaux de la société.

À l'autre extrême, il est fort probable que vous seriez considéré comme un travailleur autonome exploitant sa propre entreprise si :

- vous acceptez de prendre en charge le travail, mais vous ne prenez aucun engagement quant aux nombres d'heures à effectuer à une date précise;
- vous travaillez seul et sans surveillance, n'étant tenu qu'à rendre compte périodiquement de l'avancement des travaux;
- vous émettez des factures et recevez des chèques (sans déduction à la source aux fins de l'impôt sur le revenu, de l'assurance-chômage, du RPC ou du RRQ, mais ne recevez aucun avantage social;
- vous utilisez votre propre matériel et travaillez à la maison, ne vous rendant aux locaux de la société que pour les réunions de planification;

■ vous offrez vos services à plus d'une entreprise.

Ces exemples sont des extrêmes, et entre les deux, il existe une zone grise où chaque cas sera examiné d'après les circonstances qui l'entourent. La *définition* que vous et la société donnez à votre relation d'affaires importe peu. Le fait de vous appeler un travailleur autonome ne fait pas de vous un entrepreneur indépendant, à moins que les faits n'appuient une telle prétention.

Il existe un cas où la politique administrative de Revenu Canada est sans équivoque, soit celui des agents immobiliers. Vous serez considéré comme travailleur autonome si vous encaissez la totalité des commissions, et si a) vous ne versez qu'un montant fixe à votre maison de courtage pour les charges d'exploitation et d'administration, ou si b) vous donnez un pourcentage de vos commissions brutes à votre maison de courtage afin de couvrir de telles dépenses et que vous fixez vos propres taux de courtage à l'égard de vos inscriptions.

Revenu Canada dispose d'un questionnaire, le formulaire CPT-1, grâce auquel votre employeur peut fournir les détails de l'entente qu'il a conclue avec vous et demander de déterminer si vous devez être considéré comme employé ou non aux fins du RPC ou du RRQ (et, par extension, aux fins de l'impôt sur le revenu). Cependant, rien ne vous oblige à demander une telle décision et, ni vous ni votre employeur/client n'êtes liés par les décisions administratives de Revenu Canada. Après avoir reçu des conseils professionnels, si vous vous considérez du point de vue légal comme un travailleur autonome, vous êtes alors tout à fait autorisé à exercer vos activités sur une telle base et à agir en conséquence. (Il va sans dire que votre employeur/client ne voudra peut-être pas prendre le risque de ne pas effectuer de retenues à la source si Revenu Canada est d'avis que vous êtes un employé.)

7.2   IMPOSITION DE L'ENTREPRISE

Dans la présente section, nous examinerons le mode d'imposition de votre revenu d'entreprise. Si vous êtes un professionnel, veuillez également vous reporter au chapitre 10.

7.2.1   DATE DE CLÔTURE DE L'EXERCICE DE L'ENTREPRISE

Lorsque vous exploitez une entreprise, vous pouvez choisir la date de clôture de votre exercice. Une fois le choix effectué pour cette entreprise, si vous avez produit une déclaration de revenus montrant cette date d'exercice, vous ne pouvez la changer sans l'autorisation de Revenu Canada. Vous êtes toujours tenu de produire une déclaration de revenus le 30 avril de chaque année, mais votre revenu d'entreprise pour chaque *exercice* financier est imposé durant l'année au cours de laquelle *se termine* votre exercice.

EXEMPLE

Samir ouvre un magasin d'alimentation le 15 mars 1994. Il choisit le 31 janvier comme date de clôture d'exercice pour son magasin.

Aucun revenu tiré du magasin d'alimentation ne sera imposé en 1994. La totalité du revenu d'entreprise gagné au cours du premier exercice, qui couvre la période du 15 mars 1994 au 31 janvier 1995, sera incluse dans le revenu de Samir en 1995. Il déclarera ce revenu (et paiera de l'impôt sur celui-ci) lorsqu'il produira sa déclaration de revenus de 1995, soit en avril 1996.

7.2.2   REVENUS ET DÉPENSES D'ENTREPRISE

En règle générale, le revenu d'entreprise, aux fins fiscales, est calculé selon les principes comptables généralement reconnus. (Ceci consiste notamment à constater les revenus et les dépenses selon la **comptabilité d'exercice** : vous comptabilisez votre revenu lorsque vous facturez vos clients, qu'ils vous aient payé ou non.) Toutefois, un bon nombre de rajustements, dont certains sont traités dans les sections ci-après, doivent être apportés aux fins fiscales.

Lorsque vous gagnez un revenu d'entreprise, il n'y a normalement aucune retenue d'impôt à la source. Lorsque vous fournissez des services à un seul organisme, et que vous réussissez à faire reconnaître votre relation avec votre client à titre de consultant indépendant plutôt qu'à titre d'employé (se reporter à la section 7.1), vous pouvez soumettre des factures qui seront payées en totalité, sans que l'impôt soit déduit (de même que les primes d'assurance-chômage ou les cotisations au RPC ou au RRQ) et remis à Revenu Canada. Vous pouvez, toutefois, être tenu de verser des acomptes provisionnels; ce sujet est traité à la section 13.2.2.

En général, les dépenses sont déductibles lorsqu'elles sont engagées en vue de gagner un revenu d'entreprise et si elles sont raisonnables. Il existe toutefois certaines exceptions que nous verrons dans les sections ci-après. Cependant, le principe sous-jacent est l'inverse de celui qui s'applique aux employés salariés. **Les employés salariés ne peuvent déduire que les dépenses expressément admises par la** *Loi de l'impôt sur le revenu.* **Quiconque exploite une entreprise peut déduire toutes les dépenses qui ne sont pas expressément interdites par la** *Loi de l'impôt sur le revenu,* **à condition que de telles dépenses aient servi à gagner un revenu d'entreprise.**

La TPS et la TVQ payées dans le cadre de vos activités commerciales ne sont habituellement pas considérées au titre de dépenses. Dans la mesure où les produits et services que vous fournissez sont considérés comme des fournitures taxables, ou encore détaxées (taux de 0 %), on vous remboursera la TPS et la TVQ que vous aurez payées par le biais des crédits de taxe sur intrants, sous réserve de certaines exceptions. Veuillez vous reporter à la section 17.1. Toutefois, si vous utilisez la méthode de calcul abrégé pour la déclaration de TPS, selon laquelle vous remettez un pourcentage de vos ventes annuelles brutes, la majeure partie de la TPS que vous paierez sera considérée comme une partie de la dépense déductible à laquelle elle se rattache. Se reporter à la section 17.2.3.

| 7.2.3 | ASSURANCE-CHÔMAGE, RÉGIME DE PENSIONS DU CANADA OU RÉGIME DES RENTES DU QUÉBEC ET AUTRES CHARGES SOCIALES |

L'assurance-chômage n'est offerte qu'aux employés salariés. Si vous exploitez une entreprise pour vous-même, vous n'êtes ni tenu, ni autorisé à verser des primes d'assurance-chômage. Vous pouvez ainsi économiser près de 3 000 $ en 1994 (si on tient compte des contributions versées par l'employé et par l'employeur), cependant, dans l'éventualité où votre contrat de consultant prendrait fin et que vous vous retrouviez sans travail, vous ne pourrez bénéficier de l'assurance-chômage.

Les cotisations au Régime de pensions du Canada ou au Régime des rentes du Québec sont divisées à parts égales entre les employés et leur employeur. Si vous êtes un travailleur autonome, vous êtes tenu de verser en plus de votre part, la « part de l'employeur » pour compenser ce qui n'est pas versé pour vous. Comme vous n'êtes pas un employé salarié, aucune cotisation au titre du Régime de pensions du Canada ou du Régime des rentes du Québec n'est déduite de votre revenu. Par conséquent, lorsque vous produirez votre déclaration de revenus, vous serez tenu de payer à l'un ou l'autre de ces régimes des cotisations obligatoires allant jusqu'à 1 607 $ pour 1994. Par contre, ce montant sera compensé par un crédit d'impôt au fédéral de quelque 273 $ et de 321 $ au Québec. (Si cela peut vous consoler, vous retirerez ce montant sous forme de rente lorsque vous atteindrez l'âge de 65 ans ou même, dès l'âge de 60 ans.)

Plusieurs provinces appliquent également des charges sociales au revenu d'emploi. Dans certains cas, les charges s'appliquent également au revenu d'un travail indépendant. Par exemple, on applique la « taxe de santé », imposée aux employeurs de l'Ontario, aux particuliers qui ont un revenu annuel d'un travail indépendant supérieur à 40 000 $. Pour les travailleurs autonomes dont le revenu est inférieur à 200 000 $, cette taxe correspond à environ 0,78 % du revenu de travail indépendant qui excède le seuil de 40 000 $. Le taux maximum applicable au revenu d'un travail indépendant supérieur à 400 000 $ est d'environ 1,52 %. Cette charge ne sera pas considérée comme étant déductible aux fins de l'impôt sur le revenu; cependant, en compensation, le taux établi sur le traitement ou salaire versé à l'employé est plus bas que celui imposé à l'employeur. (Sur le plan technique, le taux est le même que celui de l'employeur, mais l'impôt a été réduit en accordant un crédit de 22 %.)

| 7.2.4 | DÉDUCTION POUR AMORTISSEMENT |

Le traitement des dépenses en immobilisation représente l'une des principales différences entre le calcul du revenu d'entreprise fondé sur les principes comptables et le calcul du revenu aux fins fiscales. Dans les deux cas, vous ne pouvez simplement déduire le coût d'acquisition des principales immobilisations (mobilier, locaux, ordinateurs, automobiles, etc.). Vous devez en étaler le coût sur plusieurs années.

Aux fins comptables (et non fiscales), un professionnel fera appel à son jugement quant à l'amortissement approprié à déduire. Diverses méthodes d'amortissement peuvent être utilisées.

Aux fins fiscales, l'amortissement est assujetti à des limites et à des règles strictes puisqu'il réduit votre revenu (et, par conséquent, l'impôt que vous payez). Le traitement fiscal applicable à l'amortissement a pour nom **déduction pour amortissement** (DPA) et ses règles sont nombreuses et complexes.

En termes très généraux, vos immobilisations sont groupées en **catégories** et la déduction pour amortissement peut être réclamée chaque année pour chacune des catégories. La méthode du « solde dégressif » est utilisée pour la plupart des catégories et le maximum que vous pouvez déduire pour chaque catégorie est un pourcentage du «coût en capital non amorti». Ce que vous déduisez réduit alors ce solde, lequel sera utilisé pour calculer la déduction de l'année suivante.

Pour la plupart des acquisitions d'immobilisations, seule la moitié de la DPA que vous pourriez autrement déduire pour un bien sera déductible dans l'année d'acquisition.

Immeubles acquis après 1987 (catégorie 1)	4 %
Immeubles acquis de 1979 à 1987 (catégorie 3)	5 %
Mobiliers et agencements (catégorie 8)	20 %
Matériel informatique (catégorie 10)	30 %
Automobiles (catégorie 10 ou 10.1)	30 %
La plupart des logiciels (catégorie 12)	100 %
Outils coûtant moins de 200 $ (catégorie 12)	100 %

Veuillez prendre note que vous n'êtes jamais tenu de réclamer la DPA maximale. Vous pouvez, au cours d'une année, réclamer un montant moindre que le maximum ou même ne rien réclamer du tout pour toute catégorie de biens donnée. Le coût en capital non amorti pour cette catégorie demeurera intact et vous pourrez donc réclamer la DPA ultérieurement en fonction de ce solde.

| 7.2.5 | AUTOMOBILES |

En règle générale, vous pouvez déduire la fraction des frais d'automobile reliée à l'usage pour fins d'affaires de votre véhicule, usage normalement calculé en fonction du nombre de kilomètres parcourus. Par conséquent, si la moitié de la distance parcourue représente votre usage pour fins d'affaires et l'autre moitié votre usage personnel du véhicule, vous pouvez déduire pour une année donnée la moitié des frais engagés pour cette voiture (veuillez noter que la distance parcourue pour vous rendre de votre résidence à votre lieu de travail et en revenir constitue un usage personnel). Les frais comprennent le carburant, les lavages, les réparations, l'assurance, l'intérêt sur le financement du véhicule, les frais de location si la voiture est louée et la déduction pour amortissement si elle vous appartient.

Cependant, il existe des plafonds à l'égard du coût du véhicule donnant lieu à une DPA. En effet, vos déductions au titre de la DPA et des frais de location seront calculées suivant un coût maximal :

Date d'acquisition de la voiture	Plafond du coût d'achat	Plafond du coût de location
Avant le 18 juin 1987	Aucun	Aucun
Entre le 18 juin 1987 et le 31 août 1989	20 000 $	600 $
Entre le 1er septembre 1989 et le 31 décembre 1990	24 000 $	650 $
À compter du 1er janvier 1991 *(avant TPS et TVP)	24 000 $*	650 $*

(Comme la plupart des entreprises sont remboursées intégralement sous forme de crédits de taxe sur intrants au titre de toute TPS payée (se reporter à la section 17.1), en réalité, l'expression « avant TPS et TVP » signifie « plus TPS ».)

En outre, lorsque vous avez contracté un emprunt pour l'achat d'une voiture, vos frais d'intérêt mensuels avant le calcul de la fraction de l'usage pour fins d'affaires ne pourront excéder les montants suivants :

Date d'achat de la voiture	Plafond des intérêts déductibles
Avant le 18 juin 1987	Aucun
Entre le 18 juin 1987 et le 31 août 1989	250 $
À compter du 1er septembre 1989	300 $

Ces règles sont identiques à celles régissant l'utilisation d'une voiture par un employé aux fins de son emploi; veuillez vous reporter à la section 6.9.1.

Le plafond de 24 000 $ s'applique également aux fins du calcul de votre crédit de taxe sur intrants pour TPS (se reporter à la section 17.1).

7.2.6   FRAIS DE REPAS D'AFFAIRES ET DE REPRÉSENTATION

Si vous invitez un client ou un client éventuel (ou un groupe de clients) au restaurant, vous pouvez habituellement considérer le coût du repas comme dépense d'entreprise. La *Loi de l'impôt sur le revenu* limite le montant que vous pouvez déduire à **50 %** du montant versé afin de refuser la fraction de l'avantage personnel que vous en retirez (puisque vous devriez vous nourrir de toute façon). Le même plafond de 50 % s'applique aux frais de divertissement, telle l'invitation d'un client à une manifestation sportive. (Avant mars 1994, le plafond applicable au coût des repas et aux frais de représentation était de 80 %.)

7.2.7   DÉPENSES D'UN BUREAU À DOMICILE

Si vous avez à votre résidence un bureau, vous pouvez déduire une fraction des frais courants engagés pour votre résidence comme dépense d'entreprise, sous réserve des restrictions énumérées ci-dessous. Cette fraction sera normalement calculée en fonction de la superficie qu'occupe votre bureau dans votre résidence (vous pouvez normalement exclure les superficies communes, tels les corridors, la cuisine et les toilettes lorsque vous effectuez ce calcul). Les dépenses que vous pouvez déduire sont les suivantes :

- le loyer, si votre résidence est louée;
- les intérêts sur votre prêt hypothécaire (mais non la partie du principal des paiements d'hypothèque mixtes);
- les impôts fonciers;
- les charges : eau, électricité, chauffage, gaz;
- les frais de téléphone (si vous avez un téléphone d'affaires distinct pour votre entreprise, il est entièrement déductible, voyez si vous utilisez également votre téléphone personnel pour fins d'affaires);
- l'entretien extérieur : entretien de la pelouse, enlèvement de la neige;
- les réparations mineures et les fournitures; et
- l'assurance résidentielle.

EXEMPLE

Lise est programmeuse et travaille à titre de consultante pour diverses sociétés. Elle travaille chez elle et la pièce réservée à son bureau couvre 200 pieds carrés. La superficie totale des pièces de sa maison (chambres à coucher, salon, salle à dîner et son bureau) est de 2 000 pieds carrés.

Dans la mesure où son bureau à domicile répond aux critères énoncés ci-après, Lise peut déduire, à titre de dépenses aux fins fiscales, 10 % des intérêts sur son prêt hypothécaire, des impôts fonciers, de l'assurance résidentielle, des charges, etc.

Vous pouvez aussi réclamer, bien que cela soit déconseillé dans bien des cas, la déduction pour amortissement sur la superficie appropriée de votre résidence. Si vous réclamez la DPA, Revenu Canada concluera que cette superficie ne fait pas partie de votre résidence principale et refusera que vous vous prévaliez de votre exonération pour résidence principale (se reporter à la section 4.5.3) à l'égard de cette superficie. Toute DPA que vous réclamez peut aussi être «récupérée» et ajoutée à votre revenu lorsque vous vendez votre maison. (Cependant, si vous avez acheté votre maison alors que le marché immobilier était à son plus haut niveau et que vous ne prévoyez pas recouvrer la somme que vous avez dépensée lorsque vous vendrez, il peut être avantageux de réclamer la DPA.)

Les dépenses de votre bureau à domicile sont toutefois assujetties à des restrictions. D'abord, vous ne pouvez déduire ces dépenses que **de votre revenu** tiré de cette entreprise. Par conséquent, vous ne pouvez utiliser les dépenses de votre bureau à domicile pour créer une perte qui sera déduite d'autres revenus. Cependant, toute perte refusée en vertu de cette règle peut être reportée prospectivement et déduite du revenu tiré de la même entreprise au cours de toute autre année ultérieure.

En second lieu, la déduction pour bureau à domicile ne sera admissible que si vous répondez à l'un ou l'autre des critères suivants :

a) votre domicile est votre **principal lieu d'affaires**, ce qui veut dire que vous n'avez aucun autre bureau ailleurs. Veuillez prendre note, cependant, que si vous avez un client principal qui met à votre disposition un bureau dans ses locaux, ce bureau ne fait pas moins partie de ses locaux et n'entraînera pas le refus de votre déduction pour un bureau à domicile; ou

b) votre bureau à domicile est utilisé exclusivement pour votre entreprise, « **de façon régulière et continue** pour rencontrer des clients ou des patients ».

EXEMPLE

Carlo est chiropraticien et possède un bureau à l'extérieur de sa résidence. De plus, il s'est aménagé un bureau dans son sous-sol où il exécute des tâches administratives et reçoit des patients à l'occasion (habituellement des voisins qui viennent au cours de la soirée pour des traitements).

Carlo ne pourra déduire aucune dépense au titre de son bureau à domicile à moins de pouvoir démontrer qu'il l'utilise « de façon régulière et continue » pour recevoir des patients.

Bien entendu, les *fournitures* qui ont trait exclusivement à votre bureau à domicile sont entièrement déductibles et ne sont pas soumises aux règles qui précèdent. Les dépenses entièrement déductibles englobent habituellement une ligne téléphonique commerciale distincte, le télécopieur et le papier d'impression, les cartouches pour imprimantes au laser ou les cartouches de toner, les réparations du matériel informatique (en prenant pour acquis que votre ordinateur n'est utilisé que pour votre activité commerciale), etc.

7.2.8 GAINS EN CAPITAL

Tous les gains en capital que vous réalisez sont pris en compte distinctement par le biais du régime des gains en capital décrit au chapitre 4. Ils ne sont pas inclus dans le revenu d'entreprise. Cela signifie que les gains en capital sont imposés dans *l'année civile* au cours de laquelle ils sont réalisés, même si la clôture de votre exercice survient après la fin de l'année civile.

7.2.9 CRÉDITS D'IMPÔT À L'INVESTISSEMENT

Des crédits d'impôt fédéraux à l'investissement sont offerts pour des investissements faits dans certaines régions du pays (par ex., les Maritimes) et pour la recherche scientifique et le développement expérimental.

Comme les gains en capital, les crédits d'impôt à l'investissement font l'objet de dispositions distinctes pour le calcul du revenu d'entreprise et, par conséquent, peuvent être réclamés dans la déclaration pour l'année civile au cours de laquelle ils ont été gagnés, même si votre revenu d'entreprise n'est imposé que l'année suivante.

Avant 1994, vos crédits d'impôt à l'investissement ne pouvaient être déduits que des trois quarts de votre impôt fédéral, plus 24 000 $. Toutefois, depuis 1994, cette restriction a été retirée, et les CII pourront être entièrement utilisés pour réduire votre impôt fédéral. Les crédits inutilisés peuvent être reportés rétrospectivement sur trois ans ou prospectivement sur dix ans au maximum.

7.3 SOCIÉTÉS DE PERSONNES

Si vous vous associez avec une ou plusieurs personnes, y compris votre conjoint, pour exploiter votre entreprise, vous serez associés dans le cadre d'une **société de personnes** tout en étant, aux fins fiscales, encore engagés dans l'exploitation d'une entreprise. (Veuillez également vous reporter à la section 10.2 et au texte ci-dessous, dans lesquels il est question de règles spéciales à l'égard des sociétés de personnes.)

7.3.1 COMMENT EST IMPOSÉ LE REVENU D'UNE SOCIÉTÉ DE PERSONNES?

Les sociétés de personnes ne paient pas d'impôt. Les sociétés de personnes composées de plus de cinq associés sont tenues de produire auprès de Revenu Canada (et Revenu Québec) des « déclarations de renseignements » indiquant le revenu de la société de personnes. Toutefois ces déclarations ne sont pas des déclarations de revenus. (Les sociétés de personnes doivent produire une déclaration aux fins de la TPS et de la TVQ; se reporter à la section 17.3.3.)

Les associés doivent tous déclarer séparément leur part du revenu (ou de la perte) de la société de personnes, *qu'ils aient retiré ou non quelque partie que ce soit du bénéfice de la société de personnes*. Celle-ci choisira une date de clôture d'exercice et, comme nous l'avons vu à la section 7.2.1 sur les entreprises à propriétaire unique, chacun des associés déclarera sa part de revenu seulement dans l'année au cours de laquelle se termine l'exercice financier de la société. Les allocations au titre des ressources et diverses autres dépenses relatives aux ressources (se reporter à la section 5.4.4) sont réclamées par l'associé plutôt que par la société.

Veuillez prendre note qu'une société de personnes ne peut verser de « salaire » à un associé. Même si vous receviez, en tant qu'associé, un montant qui serait nommé « salaire », il s'agirait en réalité de prélèvements de la société de personnes (c'est-à-dire d'un retrait des bénéfices ou du capital de la société). Vous n'êtes *pas* imposé sur vos prélèvements de la société, mais sur votre part du revenu de la société, ce qui peut être très différent.

Si la société de personnes subit des pertes, vous pouvez normalement déduire votre part de ces pertes de vos autres sources de revenu (ce qui pourrait ne pas être le cas lorsqu'il s'agit d'une société en commandite; se reporter à la section 5.4.2).

7.3.2   Rajustement de l'attribution du revenu de la société de personnes

Les modalités de répartition du revenu (ou des pertes) de la société de personnes entre les associés relèvent de ces derniers. Si toutefois vous procédez à une répartition déraisonnable à des fins de fractionnement du revenu, Revenu Canada pourrait refuser cette attribution et la remplacer par une qui soit raisonnable.

Par exemple, si vous fournissez la totalité du capital et effectuez la quasi-totalité du travail dans votre entreprise, et que la contribution de votre conjoint est minime, Revenu Canada refusera fort probablement une répartition à parts égales du revenu de la société entre vous deux.

7.3.3   Gains en capital

Les gains réalisés ou les pertes en capital subies par une société de personnes sont répartis aux associés à la fin de l'année d'imposition de la société, ce qui signifie qu'ils sont pris en considération aux fins fiscales dans l'année au cours de laquelle se termine l'exercice de la *société*, année qui peut ne pas être la même que l'année civile au cours de laquelle les gains ou les pertes sont réalisés ou subies.

Cette situation diffère de celle que nous avons vue à la section 7.2.8 au sujet des entreprises à propriétaire unique dont les gains en capital sont toujours constatés durant l'année civile au cours de laquelle ils sont réalisés.

7.3.4	RÉPARTITION DES CRÉDITS D'IMPÔT À L'INVESTISSEMENT

Les crédits d'impôt à l'investissement (se reporter à la section 7.2.9) gagnés par une société de personnes sont répartis entre les associés et réclamés dans l'année au cours de laquelle se termine l'exercice de la société.

7.3.5	GAIN OU PERTE AU TITRE D'UNE PARTICIPATION DANS UNE SOCIÉTÉ

À titre de membre d'une société, vous détenez une « participation dans une société » et disposez d'un prix de base rajusté aux fins du calcul des gains en capital (se reporter à la section 4.2). Si vous vendez votre participation (ou si vous êtes réputé en disposer à la juste valeur marchande pour cause de décès ou d'émigration; se reporter aux sections 4.5.4 et 4.5.5), le prix de base rajusté déterminera si vous réalisez un gain ou subissez une perte en capital.

Le capital que vous investissez dans la société constitue votre prix de base initial. La tranche du **revenu** qui vous revient de la société et que vous déclarez chaque année est **ajoutée** à votre prix de base (comme vous avez déjà été imposé sur cette tranche, vous ne devriez pas l'être à nouveau si vous vendez votre participation sans avoir retiré les bénéfices). Lorsque vous retirez les bénéfices de la société (se reporter à la section 7.3.1), votre prix de base rajusté est réduit du montant du retrait. Par conséquent, en d'autres mots, votre apport en capital, plus tous les bénéfices de la société, moins toutes les pertes de la société ainsi que vos retraits, constituent votre prix de base rajusté. (Bien que les détails soient beaucoup plus complexes et qu'il existe de nombreuses autres règles à ce sujet, cette explication représente l'essentiel de cette notion.)

7.4	PERTES D'ENTREPRISE

Si vos dépenses d'entreprise déduites aux fins fiscales excèdent le revenu tiré de l'entreprise, vous subissez une perte. Vous subissez également une perte aux fins fiscales si vous partagez une partie de la perte d'une société de personnes.

Une perte d'entreprise ne peut être déduite d'autres revenus que si votre entreprise a un « degré raisonnable de certitude de réaliser un bénéfice ». (Cependant, comme il a déjà été mentionné, veuillez vous reporter à la section 5.4.2 concernant les restrictions pouvant s'appliquer dans le cas d'une société qui subit une perte, lorsqu'il s'agit d'une société en commandite.)

Une perte d'entreprise doit d'abord être utilisée dans l'année où elle survient, pour réduire le revenu d'autres entreprises et celui provenant d'autres sources de revenus, tels le revenu d'emploi, les intérêts, les dividendes (majorés) et les gains en capital imposables. Vous n'avez pas le choix : même si votre revenu de dividendes, par exemple, peut être compensé par le crédit d'impôt pour dividendes, vous devez déduire vos pertes d'entreprise de tout revenu que vous gagnez cette année-là.

Toute perte d'entreprise qui n'est pas déduite dans l'année où elle est subie est appelée **perte autre qu'en capital** et peut être déduite du revenu d'autres années. Elle peut, en fait, être **reportée rétrospectivement sur une période maximale de trois ans et prospectivement sur une période maximale de sept ans.** Elle peut être déduite de toute source de revenu au cours de ces années. Toutes ces déductions sont facultatives.

EXEMPLE

Dominique a gagné un revenu d'emploi de 40 000 $ en 1992 et de 50 000 $ en 1993. En 1994, Dominique s'installe à son compte. La date de clôture de son exercice est le 31 décembre. Pour son exercice 1994, l'entreprise subit une perte aux fins fiscales de 100 000 $.

Dominique peut produire un formulaire demandant que sa perte autre qu'en capital pour 1994 soit déduite de ses revenus de 1992 et de 1993, et recevoir ainsi un remboursement de l'impôt versé au cours de ces années. Dans la mesure où la totalité de ses revenus de 1992 et de 1993 est effacée par le report, il restera une perte autre qu'en capital de 10 000 $ qui pourra être reportée prospectivement sur des années ultérieures.

Cependant, Dominique ne devrait pas utiliser 90 000 $ de sa perte, mais juste ce qu'il faut pour ramener son revenu de 1992 et de 1993 à un niveau assez bas pour ne pas payer d'impôt (environ 6 000 $). Il lui est même loisible de déduire un montant de perte encore moindre et de laisser une partie de son revenu de 1992 et de 1993 imposée à des taux relativement bas.

Si votre entreprise éprouve des difficultés financières et que vous n'avez pas accès à d'autres sources de financement, vous serez peut-être en mesure d'émettre une **obligation pour le développement de la petite entreprise**, habituellement auprès d'une institution financière comme une banque. Cette obligation peut être émise pour des montants variant de 10 000 $ à 500 000 $, mais seulement jusqu'à la fin de 1994 (à moins que le gouvernement ne prolonge le programme). Bien que vous ayez emprunté des fonds (qui pourront être garantis par l'entremise de garanties bancaires habituelles), l'intérêt que vous verserez sera non pas considéré comme intérêt, mais plutôt comme dividende. Par conséquent, la banque ne paiera aucun impôt sur l'intérêt, les dividendes reçus par les sociétés étant normalement libres d'impôt (se reporter à la section 8.3). Vous ne pourrez pas déduire les frais d'intérêt, mais, de toute façon, si vous subissez des pertes substantielles, vous ne paierez aucun impôt. Il ne vous en coûtera rien, et, en échange, vous pourrez bénéficier d'un taux d'intérêt moins élevé à la banque.

7.5 CONSEILS DE PLANIFICATION

Les travailleurs autonomes devraient toujours obtenir les conseils de spécialistes en fiscalité en raison du grand éventail de déductions qu'il est possible d'envisager pour le revenu d'entreprise. Nous énumérons ci-dessous les conseils de planification les plus courants. Le chapitre 10 fournit également d'autres conseils de planification fiscale à l'intention des professionnels.

7.5.1 ESSAYEZ DE TRAVAILLER À TITRE DE CONSULTANT PLUTÔT QU'À TITRE D'EMPLOYÉ

Si vous occupez, en qualité d'employé, un poste dans lequel vous jouissez d'un assez bon degré d'indépendance vis-à-vis de votre employeur, voyez si vous pouvez changer ce statut pour devenir un consultant indépendant plutôt qu'un employé (se reporter à la section 7.1). Vous aurez à documenter en détail les caractéristiques de cette relation au cas où Revenu Canada la remettrait en question ultérieurement.

Si vous parvenez à cette indépendance, vous serez en mesure de tirer profit de tous les conseils de planification mentionnés ci-après. Vous perdrez, cependant, certains avantages, dont le droit aux prestations d'assurance-chômage, les cotisations que l'employeur verse au Régime de pensions du Canada ou au RRQ en votre nom et peut-être même tous les avantages relatifs à votre emploi (régime de retraite, assurance pour les médicaments, etc.). Vous pourriez demander une rémunération accrue pour compenser tous les avantages que vous perdez.

7.5.2 CHOISISSEZ SOIGNEUSEMENT UNE DATE DE CLÔTURE D'EXERCICE

Si vous avez créé une nouvelle entreprise qui s'avère rentable, choisissez une date de clôture d'exercice qui favorise le report du revenu à l'année suivante, telle le 31 janvier, ou même le 1er janvier (se reporter à la section 7.2.1). Le report de votre revenu d'entreprise de la première année aura pour effet de reporter à plus tard l'année au cours de laquelle vous aurez à verser pour la première fois des acomptes provisionnels (se reporter à la section 13.2.2). De ce fait, vous bénéficiez d'un délai pouvant aller jusqu'à deux ans et demi avant de commencer à payer de l'impôt, événement qui survient plus ou moins au moment où vous commencez à gagner du revenu.

Si votre entreprise subit des pertes aux fins fiscales, choisissez plutôt une date de clôture d'exercice en décembre afin de pouvoir déduire vos pertes de vos autres sources de revenus dans l'année courante ou de pouvoir les reporter beaucoup plus tôt sur les années précédentes.

Veuillez prendre note que si vous avez plus d'une entreprise, elles peuvent avoir différentes dates de clôture d'exercice. Si vous décidez de diversifier vos activités dans d'autres secteurs et que vous utilisiez le 31 décembre comme date de clôture d'exercice, vous pouvez décider que vous êtes maintenant à la tête d'une nouvelle entreprise et choisir pour celle-ci le 31 janvier comme date de clôture d'exercice.

En réalité, vous n'êtes pas tenu de prendre une décision concernant la date de clôture de votre exercice avant la production de votre déclaration de revenus le 30 avril de l'année qui suit cette date. Si vous lancez une entreprise au milieu de l'année 1994, le choix du 31 décembre comme date de clôture d'exercice (pour utiliser les pertes) devra être fait en avril 1995 afin que vous puissiez produire à temps votre déclaration de revenus de 1994. Dès que vous aurez décidé d'une date de clôture qui reportera en 1995 le revenu de votre premier exercice, vous pourrez attendre jusqu'en avril 1996 avant de choisir une date précise, bien que vous puissiez devoir spécifier votre date de clôture d'exercice aux fins d'inscription à la TPS et à la TVQ.

Un avertissement si vous jonglez avec la date de clôture d'exercice : ce choix peut être lourd de conséquences lors de votre dernière année d'activité, surtout si vous vous avisez de redevenir un employé, car le report pourra donner lieu à un montant substantial d'impôt à payer. Lorsque vous utilisez ce mécanisme, assurez-vous d'avoir assez de fonds pour pourvoir au paiement de l'impôt lorsqu'il deviendra exigible.

7.5.3   Déduisez vos frais de déplacement

Vous ne pouvez déclarer comme dépense d'entreprise vos frais de déplacements encourus pour vous rendre de votre résidence à votre lieu de travail et en revenir. Toutefois, si vous avez un bureau à domicile et que vous devez vous déplacer de votre domicile pour vous rendre chez votre principal client (qui pourrait vous avoir réservé un bureau dans ses locaux), ce déplacement sera réputé avoir été effectué pour fins d'affaires.

Tenez un registre de tous ces déplacements pour fins d'affaires et déduisez les frais de stationnement et d'utilisation de transports en commun, de taxis, etc. Lorsque vous utilisez votre propre automobile, veillez à inscrire dans un registre la distance parcourue pour affaires ainsi que les frais engagés pour le carburant et les réparations.

7.5.4 CONSEILS DE PLANIFICATION RELATIFS AUX FRAIS D'AUTOMOBILE

Veuillez vous reporter aux conseils de planification donnés pour les employés salariés dans les sections 6.10.9 et 6.10.13. Les mêmes considérations s'appliquent à l'utilisation de votre automobile pour fins d'affaires.

7.5.5 DÉDUISEZ VOS FRAIS DE REPAS D'AFFAIRES ET DE REPRÉSENTATION

Comme nous l'avons mentionné à la section 7.2.6, 50 % des frais de repas d'affaires et de représentation sont déductibles. Assurez-vous de déduire des frais de repas dont le rapport avec votre entreprise peut être justifié. En prévision d'une éventuelle vérification, vous devriez noter sur votre reçu le nom de la ou des personne(s) invitée(s) et la raison de la rencontre.

7.5.6 DÉDUISEZ LES FRAIS RELATIFS À UN BUREAU À DOMICILE

Si vous répondez aux conditions énoncées à la section 7.2.7, déduisez tous les frais admissibles. Prenez soin de déduire la fraction pour affaires de certaines dépenses moins courantes, telles les dépenses pour l'entretien de la pelouse, l'enlèvement de la neige, les ampoules électriques et les réparations mineures. Il vous faudra conserver les reçus appropriés et ne pas vous contenter de faire une simple estimation de ces dépenses.

7.5.7 VERSEZ UN SALAIRE OU DES HONORAIRES À VOTRE CONJOINT OU À VOS ENFANTS OU PRENEZ VOTRE CONJOINT COMME ASSOCIÉ

Veuillez vous reporter à la section 3.3.2 au sujet de ce type de fractionnement du revenu.

7.5.8 UTILISEZ VOS REPORTS DE PERTES

Prenez garde lorsque vous utilisez des pertes autres qu'en capital (les pertes d'entreprise). Lorsque vous reportez rétrospectivement ou prospectivement de telles pertes, vous pouvez choisir le montant que vous voulez déduire, comme nous l'avons mentionné à la section 7.4.

Lorsque vous déduisez de votre revenu d'une année donnée des pertes autres qu'en capital, envisagez la possibilité de conserver une partie du revenu qui est imposée à un faible taux. Par exemple, si vous avez en 1994 une perte que vous reportez rétrospectivement en 1993, tout revenu imposable inférieur à 29 590 $ sera imposé au taux d'environ 27 % seulement. Si vous prévoyez gagner un revenu élevé au cours des prochaines années, et ainsi pouvoir déduire vos pertes de ce revenu qui serait autrement imposé à un taux d'environ 50 %, il vaudrait peut-être mieux *ne pas* ramener votre revenu imposable de 1993 sous la limite de 29 590 $.

Bien entendu, vous ne devriez jamais utiliser les reports de pertes pour réduire votre revenu imposable sous le seuil (environ de 6 500 $ ou plus, selon les crédits que vous pouvez réclamer; se reporter à la section 1.3) pour lequel aucun impôt n'est exigible de toute façon.

7.5.9   Planifiez vos gains en capital en fonction de l'année civile

Rappelez-vous qu'en tant que propriétaire exploitant une entreprise, vos gains en capital seront imposés dans l'année civile au cours de laquelle ils seront réalisés et non pas reportés jusqu'à la date de clôture de votre exercice. D'autre part, si vous êtes membre d'une société de personnes, la partie des gains en capital de cette société qui vous est attribuée sera reportée à l'année au cours de laquelle se termine son exercice. Vous pouvez vous servir de ce renseignement de concert avec les conseils de planification portant sur les gains en capital qui sont énoncés au chapitre 5.

7.5.10   Faites l'acquisition de biens amortissables avant la fin de l'année

La moitié de la déduction pour amortissement (DPA) courante pour un bien est admissible pour l'année au cours de laquelle vous faites l'acquisition de ce bien. L'acquisition d'un bien juste avant la clôture de votre exercice accélérera la réclamation de votre déduction fiscale.

Veuillez prendre note que les biens doivent normalement être **« mis en service »** et non pas simplement inscrits « dans les livres » afin d'être admissibles à la DPA, à moins que vous ne les ayez acquis depuis plus de deux ans. Vu la complexité et la particularité de la définition de l'expression « mis en service », il convient de consulter un professionnel si vous avez des doutes quant à la façon dont elle s'applique dans votre cas.

7.5.11   ENVISAGEZ DE RÉCLAMER UNE DPA MOINDRE QUE LE MAXIMUM ADMISSIBLE

Dans certaines circonstances, vous pourriez vouloir réclamer une DPA moindre que celle à laquelle vous êtes admissible (se reporter à la section 7.2.4). Par exemple, si vous avez d'anciennes pertes autres qu'en capital ou des crédits d'impôt à l'investissement qui expireront prochainement, il est préférable de ne pas réclamer la DPA, et d'utiliser ces pertes ou ces crédits, de façon à réserver vos soldes du « coût en capital non amorti » pour d'éventuelles réclamations de la DPA au cours d'années ultérieures.

Vous pouvez également choisir de ne pas réclamer la DPA pour une année où votre revenu est peu élevé, lorsque vous prévoyez que votre revenu sera beaucoup plus élevé (et donc imposé à des taux marginaux plus élevés) au cours d'années subséquentes. Une telle décision ne devrait être prise qu'après une analyse méticuleuse de la valeur actuelle des économies d'impôt futures, y compris de son incidence sur votre capacité à verser une cotisation à votre REÉR pour l'année subséquente.

7.6   **DOCUMENTS DE RÉFÉRENCE**

Vous pouvez vous procurer les publications suivantes en vous présentant ou en téléphonant à votre bureau de district de Revenu Canada, Impôt :

Bulletin d'interprétation IT-50R, « Déduction pour amortissement—Date d'acquisition de biens amortissables »

Bulletin d'interprétation IT-79R3, « Déduction pour amortissement—Immeubles et autres structures »

Bulletin d'interprétation IT-131R2, « Dépenses relatives à un congrès »

Bulletin d'interprétation IT-232R2, « Pertes autres que les pertes en capital, pertes en capital nettes, pertes agricoles restreintes, pertes agricoles et pertes comme commanditaire ou assimilé »

Bulletin d'interprétation IT-514, « Frais de local de travail à domicile »

Bulletin d'interprétation IT-518, « Frais pour des aliments, des boissons et des divertissements »

Bulletin d'interprétation IT-521, « Frais de véhicule à moteur déduits par des travailleurs indépendants »

Bulletin d'interprétation IT-525, « Artistes de la scène »

« Guide d'impôt Revenus d'entreprise ou de profession libérale »

« Guide de la déclaration de renseignements des sociétés »

Brochure, « Le paiement de votre impôt par acomptes provisionnels »

« Régime de pensions du Canada—Renseignements à l'intention des travailleurs autonomes »

Formulaire CPT1—Demande par un payeur pour une opinion quant au statut du Régime de pensions du Canada ou de la *Loi sur l'assurance-chômage*

Formulaire T2038, « Crédit d'impôt à l'investissement—(CII)—Particuliers »

CONSEILS DE PLANIFICATION

■ Versez un salaire à votre conjoint et à vos enfants

■ Reportez le revenu d'une année à l'année civile suivante en déclarant des gratifications

■ Déterminez la combinaison idéale de salaire et de dividendes

■ Maximisez les paiements de dividendes en capital

■ Envisagez un remboursement de capital

■ Conservez en tout temps à votre société le statut de société exploitant une petite entreprise

■ Songez à cristalliser votre déduction pour gains en capital

■ Pourquoi pas une société de portefeuille?

■ Envisagez de former une société de personnes composée de sociétés par actions

■ Multipliez la déduction pour gains en capital

■ Envisagez d'établir un régime individuel de pension

■ Étudiez la possibilité de constituer votre portefeuille de placements en société

Dans le présent chapitre, nous proposons un certain nombre de techniques de planification fiscale à la portée des propriétaires exploitants, c'est-à-dire des personnes qui exploitent leur entreprise par le biais d'une société par actions. Nous n'aborderons pas la planification fiscale ayant trait à la société elle-même, sauf pour ce qui est des moyens les plus efficaces pour vous permettre de toucher les bénéfices.

8.1   **RÉGIME D'IMPOSITION DE LA SOCIÉTÉ**

Une société par actions est une entité juridique distincte et si vous êtes propriétaire d'une entreprise constituée en société, vous ne pouvez pas directement vous approprier les bénéfices de la société par actions. En qualité d'administrateur de la société (même si vous êtes le seul administrateur), vous n'agissez pas de la même façon ni au même titre que si vous étiez un actionnaire de cette société. Juridiquement parlant, votre seul droit, à titre d'actionnaire, est d'élire le conseil d'administration qui décide des mesures précises à prendre au nom de la société.

Pour retirer des fonds d'une société par actions, vous devez suivre l'une des méthodes énoncées à la section 8.2. Sinon, le régime fiscal entraînera l'application de pénalités.

Aux fins fiscales, les revenus d'entreprise et de placements de la société seront calculés sensiblement de la même façon que les vôtres. (Se reporter à la section 7.2 pour le calcul du revenu d'entreprise.) Comme pour les particuliers, certaines déductions (telles les reports prospectifs de pertes) sont applicables lors du calcul du revenu imposable. Le revenu imposable sert à établir l'impôt qui sera payable par la société, tant au niveau fédéral que provincial.

Au fédéral, le taux d'impôt sur les sociétés pour 1994 (y compris la surtaxe fédérale) est de **28,84 %** et de **21,84 %** pour le revenu admissible provenant d'activités de fabrication et de transformation. Cependant, en ce qui a trait aux petites « sociétés privées dont le contrôle est canadien », le taux fédéral sur la **première tranche de 200 000 $** de « revenu d'une entreprise exploitée activement » est de **12,84 %**. (Une société privée dont le contrôle est canadien désigne une société résidant au Canada, qui n'est pas contrôlée, de quelque manière que ce soit, par une combinaison de personnes non résidantes ou de sociétés ouvertes.) Les grandes sociétés ne peuvent se prévaloir du taux d'impôt des petites entreprises. Le taux commence à diminuer graduellement dès que le capital de la société excède 10 millions de dollars.

Le taux d'impôt provincial varie d'une province à l'autre, mais il se situe généralement autour de 16 % du revenu imposable. Toutes les provinces ont réduit leurs taux entre 5 % et 10 % (5,75 % au Québec) sur la première tranche de 200 000 $ de revenu d'entreprise. Le fardeau fiscal combiné d'une société exploitant une petite entreprise est donc d'environ **22 %** (18 % au Québec) sur la première tranche de 200 000 $ de revenu, et d'environ **18 %** (38 % au Québec) sur le revenu excédant 200 000 $.

8.2   MÉTHODES DE RETRAIT DES FONDS DE LA SOCIÉTÉ

Puisque la société est une personne juridique distincte, vous devez suivre l'une des méthodes exposées ci-dessous pour disposer personnellement des bénéfices de la société.

8.2.1   DIVIDENDES

Les dividendes représentent la distribution des profits d'une société à ses actionnaires. Ils ne sont **pas déductibles** pour la société. Pour vous, les dividendes sont majorés de un quart et donnent droit à un crédit d'impôt pour dividendes d'un montant à peu près équivalent (un quart du dividende réel). Se reporter à la section 5.1.2 pour plus de détails.

Si la société gagne un revenu, paie de l'impôt sur ce revenu à un taux de 20 % et vous remet le reste sous forme de dividendes, le résultat combiné de l'impôt sur le revenu de la société et de votre impôt personnel sur les dividendes sera à peu près le même que si vous aviez gagné le revenu directement. Ce processus est appelé « principe d'intégration ».

Lorsque le taux d'impôt sur les sociétés (le taux fédéral plus le taux provincial) excède 20 %, l'effet combiné des deux paliers d'imposition se traduit habituellement par le paiement d'un montant d'impôt plus élevé que si vous aviez gagné le même revenu directement. À l'inverse, lorsque le taux d'impôt sur les sociétés est inférieur à 20 %, le versement des dividendes donne lieu à un montant d'impôt moindre que si vous deviez payer l'impôt directement sur le revenu d'entreprise.

EXEMPLE

Pierre détient toutes les actions de Pierre et fils Ltée, société dont le revenu d'entreprise, soit 100 000 $, est imposé à un taux fédéral-provincial combiné de 20 %. Pierre et fils Ltée verse sous forme de dividende le revenu après impôt de 80 000 $ à Pierre.

Pierre majorera de un quart le dividende de 80 000 $, soit 20 000 $, et paiera de l'impôt sur 100 000 $, montant qui représente, théoriquement, le revenu initial de la société. Il aura droit à un crédit d'impôt pour dividendes fédéral/provincial combiné d'environ 20 000 $ égal au montant de l'impôt versé par la société. Par conséquent, Pierre sera imposé comme s'il avait gagné lui-même 100 000 $.

Veuillez prendre note que la majoration du dividende et le crédit d'impôt pour dividendes de Pierre s'élèveront à 25 % du dividende reçu, quel que soit le taux d'impôt *applicable* à Pierre et fils Ltée.

8.2.2   SALAIRE

Lorsque la société vous verse un salaire, le montant versé est déductible pour la société et imposable pour vous en tant que revenu d'emploi. Si la société vous verse la totalité de ses bénéfices sous forme de salaire, vous êtes alors dans la même situation que si vous aviez gagné le revenu directement, sans être propriétaire de la société.

Bien que votre salaire puisse atteindre un montant fort élevé, dans une telle situation, Revenu Canada a comme politique générale de ne pas le considérer comme une déduction déraisonnable (pour la société) lorsque vous êtes le propriétaire exploitant de la société. Il est habituellement exact de dire que le revenu de la société est le fruit de vos efforts et, par conséquent, qu'un salaire égal à ce revenu est un salaire raisonnable. Bien entendu, vous payez de l'impôt sur le salaire de toute façon.

Vous pouvez choisir de recevoir un salaire de base, suivi d'une gratification qui vous sera versée lorsque la société aura calculé son revenu à la fin de l'année. En général, vous êtes imposé sur le revenu d'emploi seulement lorsque vous le recevez, alors que la société peut déclarer le salaire (ou la gratification) et le déduire dans l'année, même s'il est versé après la fin de l'année.

Cependant, tout salaire ou toute gratification déduit par la société doit être effectivement *versé* au plus tard le 179e jour suivant la fin de l'année. (À titre de politique administrative, Revenu Canada concède en réalité 180 jours plutôt que 179.) En cas contraire, le montant ne serait pas déductible par la société avant l'année au cours de laquelle il serait effectivement versé.

8.2.3   VERSEMENTS SUR LES PRÊTS D'ACTIONNAIRES

Si vous prêtez des fonds à la société (ou si vous l'avez fait lorsque vous avez mis l'entreprise sur pied), la société peut rembourser tout montant du prêt sans incidence fiscale. Un tel remboursement du capital ne sera ni déductible pour la société ni imposable pour vous.

Vous pouvez faire en sorte que la société vous verse des intérêts sur votre prêt. L'intérêt versé sera en principe imposable pour vous en tant que revenu de placement. L'incidence fiscale serait donc à peu près la même que si la société vous avait versé ce montant sous forme de salaire. Cependant, si en vertu du prêt consenti à la société, celle-ci n'est pas *tenue* de verser des intérêts ou s'il n'y a pas de contrat de prêt en règle, il se pourrait bien que les intérêts ne soient pas déductibles pour la société, puisqu'ils n'auront pas été versés suivant une obligation légale en ce sens. (À l'inverse, si les documents stipulent que l'intérêt doit être versé, vous pourriez être tenu d'inclure l'intérêt dans votre revenu en vertu de la règle sur les intérêts courus devant être déclarés chaque année mentionnée à la section 5.2.2, même durant les années au cours desquelles vous ne l'avez pas reçu!)

8.2.4   DIVIDENDES EN CAPITAL

Nous avons abordé la question des dividendes en capital aux sections 3.3.11 et 5.1.3.2. Comme nous l'avons mentionné au chapitre 4, seuls les trois quarts des gains en capital sont imposés. Lorsqu'une société « fermée » (c'est-à-dire non publique) réalise un gain en capital, la tranche qui n'a pas été imposée est ajoutée à son « compte de dividende en capital ». De même, un quart des pertes en capital vient réduire le compte de dividende en capital.

Tout montant dans le compte de dividende en capital de la société peut être versé sans incidence fiscale à ses actionnaires qui sont résidents canadiens. Cette mesure permet de sauvegarder l'exemption d'impôt applicable à la fraction appropriée du gain en capital.

EXEMPLE

Carole détient toutes les actions de sa société, Les éditions Carole Inc. En 1994, Les éditions Carole Inc. vend des terrains *et réalise un gain en capital de 120 000 $, dont les trois quarts sont inclus dans le revenu de Les éditions Carole Inc. et imposés en tant que gain en capital imposable.*

Les éditions Carole Inc. peut verser à Carole un dividende n'excédant pas 30 000 $ (un quart du gain en capital) en 1994 ou au cours de toute année subséquente, à la condition d'effectuer à l'avance le choix, en vertu de la Loi de l'impôt sur le revenu, de verser le dividende sous forme de « dividende en capital ». Le dividende en capital sera alors versé à Carole entièrement exonéré d'impôt. (Mais comme il s'agit d'un dividende, il n'est pas déductible pour Les éditions Carole Inc.)

8.2.5	Remboursement du capital

Tout montant qui est inférieur au « capital versé » de la société peut être versé aux actionnaires en tant que remboursement de capital, sans incidence fiscale, si ce montant vient réduire le capital versé.

Le capital versé représente essentiellement le montant de capital apporté à la société en échange de ses actions. Toutefois, aux fins fiscales, le montant peut être rajusté de diverses façons, par suite d'opérations faisant intervenir la société.

EXEMPLE

La Société ABC a été financée avec 50 000 $, montant que les actionnaires initiaux ont investi lorsqu'ils ont souscrit 1 000 actions ordinaires.

Si les administrateurs de La Société ABC approuvent une réduction du capital versé à 20 000 $, et un remboursement simultané de capital de 30 000 $ aux actionnaires, il n'y aura aucune conséquence fiscale ni pour La Société ABC, ni pour les actionnaires. Le montant de 30 000 $ est tout simplement retiré en franchise d'impôt. La Société ABC se retrouve alors avec 1 000 actions ordinaires émises avec un capital versé de 20 000 $.

De même, si les actions sont rachetées ou annulées par la société, tout montant versé au titre du rachat ou de l'annulation sera exonéré d'impôt, à condition qu'il ne soit pas supérieur au capital versé pour les actions.

8.2.6	Prêt à un actionnaire

Tous les mécanismes que nous avons vus jusqu'à présent, notamment les dividendes, salaires, remboursements de prêts à un actionnaire, dividendes en capital, remboursements de capital, sont autant de moyens légitimes de retirer les bénéfices ou les fonds de votre société. Nous abordons maintenant les règles conçues en vue de vous empêcher d'y avoir accès sans passer par les voies réglementaires.

Supposons que la société vous prête simplement ses fonds. Si la nature du prêt ne fait pas partie de certaines exceptions, le montant *intégral* du prêt sera simplement inclus dans votre revenu. Il s'agit d'une règle très pénalisante car la société ne reçoit aucune déduction pour le montant du prêt et vous ne bénéficiez pas du crédit d'impôt pour dividendes. Les mêmes règles s'appliquent si vous devenez débiteur de la société de quelque autre façon (par exemple, si vous achetez des biens de la société et que vous les payez avec un billet à ordre plutôt qu'au comptant). Toutefois, lorsqu'un prêt a été inclus dans votre revenu et qu'il est éventuellement remboursé, vous pouvez le déduire de votre revenu dans l'année du remboursement.

Afin d'éviter l'application de cette disposition, le prêt doit faire partie de l'une ou l'autre des exceptions suivantes:

a) un prêt assorti d'arrangements de bonne foi, conclus au moment où le prêt est accordé, incluant son remboursement dans un délai raisonnable, prêt qui est l'un des suivants:

   ◾ un prêt effectué dans le cours normal des affaires du prêteur;

   ◾ un prêt consenti à un employé pour l'achat d'une maison;

   ◾ un prêt consenti à un employé pour l'achat d'actions (pour acheter des actions de l'employeur ou d'une société liée); ou

   ◾ un prêt pour aider un employé à s'acheter une automobile qu'il utilisera dans l'exercice de ses fonctions;

ou,

b) un prêt qui est remboursé dans un délai d'un an suivant la fin de l'année d'imposition de la société où le prêt a été accordé (cette exception ne s'applique pas lorsque le prêt fait partie d'une série de prêts et de remboursements).

Si le prêt correspond à l'une des exceptions susmentionnées, mais qu'il est consenti sans intérêt ou à un faible taux d'intérêt, vous serez réputé recevoir de la société un avantage imposable calculé comme étant la différence entre le taux d'intérêt prescrit par Revenu Canada (se reporter à la section 13.3) et le taux que vous versez. Cette règle est exactement la même que celle qui s'applique à l'égard des prêts aux employés, comme nous l'avons vu à la section 6.2. Comme dans le cas des employés, vous pourriez avoir droit à une déduction compensatoire au titre de frais d'intérêts théoriques (qui influent sur votre admissibilité à la déduction pour gains en capital; se reporter à la section 4.4.3.2) si les règles portant sur la déductibilité des intérêts s'appliquaient autrement à de tels frais.

8.2.7   Dividendes réputés

Certains types d'opérations, qui font intervenir des changements dans la structure du capital d'une société, feront que vous serez présumé avoir reçu un dividende de la société. En général, une telle situation se produit lorsque la société prend des mesures qui vous permettent de retirer des bénéfices à titre de remboursement de capital.

Par exemple, advenant que la société rachète les actions que vous détenez, tout montant versé par la société en excédent du capital versé sur les actions est réputé être un dividende (et non pas faire partie du produit de la disposition aux fins du calcul du gain en capital).

8.2.8   APPROPRIATIONS PAR LES ACTIONNAIRES

Nous avons couvert tous les moyens « appropriés » permettant de retirer les fonds d'une société. Supposons que vous décidez tout simplement de vous approprier les fonds ou les biens de la société pour les utiliser à des fins personnelles. Si vous êtes le seul actionnaire, personne ne pourra s'opposer à ce que vous le fassiez.

Dans de telles circonstances, la *Loi de l'impôt sur le revenu* stipule que tout avantage que la société vous confère doit être inclus dans votre revenu aux fins fiscales. Par exemple, si vous retirez 10 000 $ du compte bancaire de la société sans déclarer un dividende, ce montant sera ajouté à votre revenu (sans que vous ne puissiez bénéficier du crédit d'impôt pour dividendes).

De toute évidence, il est dans votre intérêt de retirer des fonds suivant des modalités plus conventionnelles. À la section 8.6.3, nous examinerons certains des facteurs qui influeront sur votre décision quant à la combinaison appropriée de salaire, de dividendes et d'autres formes de rémunération pour vous-même.

8.3   INCIDENCE D'UNE SOCIÉTÉ DE PORTEFEUILLE

Vous pourriez choisir d'interposer une société de portefeuille entre vous-même et votre société pour diverses raisons, dont l'une d'elles serait de détenir les fonds excédentaires dans la société de portefeuille à l'abri des créanciers de la société exploitante. Par exemple, vous détenez 100 % des actions de la Société de portefeuille Untel Ltée, laquelle détient 100 % des actions de la société Manufacture Untel Ltée. En général, les dividendes peuvent être versés par la société manufacturière à la société de portefeuille sans incidence fiscale.

La création d'une société de portefeuille peut toutefois entraîner d'autres problèmes. Il se peut notamment que vous ayez plus de difficulté à obtenir la déduction pour 500 000 $ de gains en capital sur la valeur de la société exploitante (se reporter à la section 4.4.5).

8.4   CONVENTIONS ENTRE ACTIONNAIRES

Lorsque vous partagez la propriété d'une société privée, il est préférable d'établir une convention entre actionnaires qui définit les droits et les obligations des actionnaires dans un contexte plus large que celui de la simple détention des actions.

En général, la convention entre actionnaires stipule les conditions de la cessation, en bon ordre, de la relation entre les actionnaires au cas où il y aurait dissension entre eux, ou décès ou invalidité de l'un des actionnaires clés.

EXEMPLE

Guy et Madeleine forment conjointement une petite entreprise de fabrication. Chacun détient 50 % des actions de la société. Avec les années, l'entreprise devient très prospère mais Guy et Madeleine n'arrivent plus à s'entendre et finissent par conclure que l'un des deux doit quitter.

Guy et Madeleine ont signé une convention entre actionnaires qui contient une clause d'arrangement unilatéral en cas de rupture. Guy offre maintenant à Madeleine 500 000 $ pour ses actions dans la société. Si Madeleine refuse, la convention stipule que Madeleine doit acheter les actions de Guy au prix offert par Guy (500 000 $).

La clause d'arrangement unilatéral en cas de rupture n'est qu'un exemple de disposition pouvant permettre de régler (ou prévenir) des différends sérieux entre actionnaires clés. Les clauses que l'on retrouve le plus souvent dans une convention entre actionnaires portent sur:

- le désir d'un actionnaire de vendre ses actions;
- la dissension parmi les actionnaires;
- le décès ou l'invalidité d'un actionnaire;
- l'élection des administrateurs et des dirigeants de la société;
- la façon dont le vote sur des actions sera tenu dans des situations particulières; et
- les mesures à prendre advenant que des actions de la société soient cédées au conjoint d'un actionnaire clé en cas de séparation ou de divorce.

Les considérations fiscales jouent un rôle important dans la préparation des conventions entre actionnaires. Le traitement fiscal des paiements tirés de l'assurance-vie, la disponibilité de la déduction pour gains en capital de 500 000 $, l'évaluation des actions et bon nombre d'autres points doivent être pris en considération. De toute évidence, les conventions entre actionnaires devraient toujours être rédigées suivant les conseils d'un expert et couvrir à la fois les aspects juridiques et fiscaux.

8.5 RÉGIMES DE RETRAITE POUR PROPRIÉTAIRES DE PETITES ENTREPRISES

La question des régimes de pension agréés a été traitée à la section 2.2. En général, les régimes « à prestations déterminées », qui représentent le type le plus courant de régimes de pension agréés, n'étaient pas accessibles aux actionnaires importants de sociétés privées avant 1990. Aujourd'hui, les deux types de régimes de pension agréés, soit les régimes à cotisations déterminées et les régimes à prestations déterminées, sont accessibles aux actionnaires majoritaires (se reporter également à la section 2.2.1 portant sur les régimes individuels de pension). Toutefois, en raison de la complexité de ce domaine, vous devriez recourir aux conseils d'un professionnel en la matière.

Si vous êtes propriétaire d'une petite entreprise et ne désirez pas avoir à administrer un régime de pension, vous pouvez tout simplement vous constituer un REER et vous assurer que votre «revenu gagné» soit suffisant (c.-à-d. un salaire payé par l'entreprise) pour vous permettre de verser des cotisations adéquates (se reporter à la section 2.1.3).

| 8.6 | **Dans l'éventualité où la société éprouve des difficultés financières** |

Si votre entreprise éprouve des difficultés financières et que vous n'avez pas accès à d'autres sources de financement, la société peut être en mesure d'émettre une **obligation pour le développement de la petite entreprise**, habituellement auprès d'une institution financière comme une banque. Cette obligation peut être émise pour des montants variant de 10 000 $ à 500 000 $, mais seulement jusqu'à la fin de 1994 (à moins que le gouvernement ne prolonge le programme). Bien que la société ait emprunté des fonds (qui pourront être garantis par l'entremise de garanties bancaires habituelles), l'intérêt qu'elle verse sera non pas considéré comme intérêt, mais plutôt comme dividende. Par conséquent, la banque ne paiera aucun impôt sur «l'intérêt», les dividendes intersociétés étant normalement libres d'impôt (se reporter à la section 8.3). La société ne pourra pas déduire les frais «d'intérêt», mais, de toute façon, si elle subit des pertes substantielles, elle ne paiera aucun impôt. De plus, l'économie reliée au taux d'intérêt peu élevé que la banque peut consentir dans une telle situation compensera probablement la perte de cette déduction, qui n'aurait servi, par ailleurs, qu'à augmenter les pertes reportables sur d'autres années.

| 8.7 | **Disposition de l'entreprise** |

Si vous décidez de vendre votre entreprise constituée en société par actions, deux approches peuvent être adoptées : la société peut vendre les *éléments d'actif* de l'entreprise, ou bien vous pouvez vendre les *actions* de la société.

Si vos actions constituent des «actions admissibles de société exploitant une petite entreprise» (se reporter à la section 4.4.5), vous pourriez être en mesure de réclamer une déduction couvrant jusqu'à 500 000 $ sur le gain que vous réaliserez au moment de la disposition. Si tel n'est pas le cas, vous pourriez avoir, à l'égard du gain accumulé au 22 février 1994 en rapport avec les actions (se reporter à la section 4.4.1), exercé le choix vous permettant de vendre les actions avec une incidence fiscale réduite ou nulle. Aucune déduction pour gains en capital n'est admissible si la société vend les éléments d'actif. Donc, il sera généralement plus avantageux pour vous d'adopter la seconde approche et de vendre les actions.

L'acheteur de votre entreprise préférera souvent acheter les éléments d'actif, entre autres parce que cette opération lui permettra de réclamer une déduction pour amortissement plus élevée sur le coût des éléments d'actif amortissables (se reporter à la section 7.2.4).

Aucune taxe sur les produits et services (TPS) ne s'applique sur la vente d'actions. Elle s'applique en règle générale sur la vente d'éléments d'actif, bien que l'acheteur soit en mesure de la récupérer dans la plupart des cas sous forme de crédit de taxe sur intrants (se reporter à la section 17.3.1). Dans de nombreux cas de vente d'entreprise, vous pouvez également effectuer un choix permettant d'éviter l'application de la TPS.

Inutile d'insister sur l'importance d'obtenir, lors de toute acquisition ou disposition d'une entreprise, les conseils de spécialistes.

Dans l'éventualité où votre entreprise devient une société ouverte sans qu'il n'y ait eu vente des actions, vous pouvez faire le choix de « cristalliser » une fraction ou la totalité de vos gains en capital courus et profiter de la déduction pour les gains en capital de 500 000 $ comme si les actions avaient été vendues.

8.8   CONSEILS DE PLANIFICATION

Les conseils de planification présentés ci-dessous portent uniquement sur les manières les plus efficaces de retirer des fonds de la société. Pour la planification fiscale de la société elle-même, les conseils de spécialistes en la matière sont essentiels.

8.8.1   VERSEZ UN SALAIRE À VOTRE CONJOINT ET À VOS ENFANTS

Réfléchissez à la possibilité de fractionner le revenu en prenant des mesures pour que la société verse un salaire à votre conjoint et (ou) à vos enfants. Se reporter à la section 3.3.2 pour des commentaires à ce sujet.

8.8.2   REPORTEZ LE REVENU D'UNE ANNÉE À L'ANNÉE CIVILE SUIVANTE EN DÉCLARANT DES GRATIFICATIONS

Si la date de clôture d'exercice de la société est postérieure au début de juillet, celle-ci peut déclarer une gratification en votre faveur mais vous la verser après le 31 décembre. (La gratification doit être versée dans les 180 jours suivant la date de clôture de l'exercice afin d'être déductible dans l'année; se reporter à la section 8.2.2.) La société peut alors obtenir une déduction de son revenu et vous ne serez pas tenu personnellement de déclarer le revenu aux fins fiscales avant l'année civile suivante.

| 8.8.3 | DÉTERMINEZ LA COMBINAISON IDÉALE DE SALAIRE ET DE DIVIDENDES |

Le calcul de la combinaison idéale de salaire et de dividendes requiert une analyse attentive qui devra être fondée sur vos besoins de liquidités, le niveau de votre revenu, le niveau du revenu de la société, le statut de la société aux fins fiscales et sur bien d'autres facteurs. Des programmes informatiques et des outils de planification sont disponibles pour vous aider à accomplir cette tâche.

Dans de nombreux cas, la meilleure stratégie pour une société exploitant une petite entreprise est de verser un salaire suffisant pour réduire à 200 000 $ le revenu de la société. Cette stratégie permet de minimiser ou d'annuler le montant de revenu de la société qui est imposé au taux d'impôt sur le revenu le plus élevé, soit celui qui s'applique aux revenus excédant 200 000 $.

Cependant, vous voudrez habituellement vous verser (et à tous les membres salariés de votre famille) un salaire permettant d'effectuer le maximum de cotisations possibles à un REER (se reporter à la section 2.1.3).

Prenez note que si vous exploitez une entreprise qui risque d'éprouver des difficultés financières, le versement de salaires substantiels peut vous empêcher d'effectuer un report rétrospectif des pertes subies au cours d'une année ultérieure. Supposons, par exemple, que votre entreprise a un revenu de 1 million de dollars en 1994 et que vous vous versez un salaire de 800 000 $, en laissant 200 000 $ comme revenu d'entreprise. Si, en 1995, la perte d'entreprise s'élève à 1 million de dollars, vous n'aurez aucun moyen de reporter la perte à l'encontre de votre revenu personnel. Si, par contre, vous aviez versé des dividendes plutôt qu'un salaire, vous auriez pu reporter la perte de 1995 sur 1994, éliminer rétroactivement l'impôt sur le revenu de la société de 1994 et obtenir de Revenu Canada le remboursement de cet impôt.

| 8.8.4 | MAXIMISEZ LES PAIEMENTS DE DIVIDENDES EN CAPITAL |

Si la société a réalisé des gains en capital, votre premier choix devrait être de verser des dividendes en capital pour le retrait de fonds. Comme nous l'avons vu à la section 8.2.4, les dividendes en capital sont entièrement exonérés d'impôt.

Si vous laissez un compte de dividendes en capital s'accumuler à l'intérieur de la société sans verser de dividendes en capital, le compte peut être réduit ou éliminé par d'éventuelles pertes en capital. Cependant, une fois que vous aurez versé les dividendes en capital, ils seront à l'abri hors de la société et les éventuelles pertes en capital n'auront aucune incidence sur eux.

8.8.5   Envisagez un remboursement de capital

Si la société a été financée initialement au moyen d'un montant de capital substantiel, envisagez de retirer des fonds par une réduction du capital versé de la société (se reporter à la section 8.2.5). Assurez-vous que la société reste suffisamment capitalisée pour répondre aux exigences de ses créanciers, de ses banquiers et de la législation applicable aux sociétés par actions.

8.8.6   Conservez à votre société le statut de société exploitant une petite entreprise ou cristallisez votre déduction pour gains en capital

Dans la mesure du possible, assurez-vous que la société conserve son statut de « société exploitant une petite entreprise » (se reporter à la section 4.3.2) et que vos actions sont en tout temps des « actions admissibles de société exploitant une petite entreprise » (se reporter à la section 4.4.5). Vous continuerez ainsi de pouvoir, respectivement, déduire les pertes déductibles au titre d'un placement d'entreprise à l'égard de toute perte sur les actions de la société, et vous prévaloir de la déduction spéciale applicable à 500 000 $ de gains en capital à l'égard de ce type d'actions.

N'oubliez pas, cependant, que vous ne pouvez pas toujours prédire à quel moment la vente des actions sera déclenchée aux fins fiscales. Au moment du décès d'un des actionnaires, il y aura disposition présumée des actions de cet actionnaire à leur juste valeur marchande, à moins que les actions ne soient transférées à un conjoint ou à une « fiducie exclusive en faveur du conjoint » (se reporter à la section 12.3.2).

Comme autre choix, vous pourriez vouloir *cristalliser* votre déduction pour gains en capital. Cristalliser désigne en fait l'action de réaliser un gain en capital sur vos actions admissibles d'une petite entreprise tout en gardant la propriété de cette entreprise (ou du moins le contrôle sur celle-ci). Cela fera en sorte que le prix de base rajusté de vos actions sera haussé de façon permanente, et cette hausse supprimera peut-être tout intérêt pour votre société à conserver son statut de société exploitant une petite entreprise. Étant donné qu'il existe plusieurs façons de cristalliser une déduction (par exemple en vendant des actions à un membre de la famille), il convient de consulter un professionnel à ce sujet. Il serait peut-être bon de cristalliser votre déduction étant donné que le gouvernement fédéral est présentement en train de réévaluer la déduction pour 500 000 $ de gains en capital et qu'il est possible qu'il l'élimine.

8.8.7   POURQUOI PAS UNE SOCIÉTÉ DE PORTEFEUILLE?

Songez à interposer une **société de portefeuille** entre vous et la société exploitante. Vous pourrez ainsi verser des dividendes de l'entreprise en exploitation, pour les mettre encore plus à l'abri des créanciers, tout en gardant le revenu assujetti à un niveau d'imposition moins élevé que celui qui s'appliquerait s'ils vous étaient versés personnellement. Si vos enfants n'ont aucune participation dans l'entreprise, vous pouvez songer à les faire participer à titre d'actionnaires au moment où vous constituez votre société de portefeuille. (Se reporter à l'exemple qui porte sur la planification successorale, à la section 12.5.2, et qui illustre une façon de faire.) Il pourrait être souhaitable d'agir de la sorte pour plusieurs raisons, notamment pour partager le revenu et pour planifier votre succession. Cependant, si vos enfants ont moins de 18 ans, vous devez porter une attention particulière aux règles d'attribution (se reporter à la section 3.2.3).

Une société de portefeuille est souvent utile lorsque des membres de votre famille participent à la propriété de l'entreprise (peut-être à des fins de fractionnement du revenu) et lorsqu'il y a d'autres actionnaires non liés. Si vous-même et des membres de votre famille détenez des actions dans la société de portefeuille, et que celle-ci détient toute la participation de votre famille dans la société exploitante, les autres actionnaires de la société exploitante n'ont pas à se préoccuper des arrangements pris au sein de votre famille.

Il y a lieu d'être prudent lorsque vous accumulez des fonds dans une société de portefeuille. Si vous voulez que la société de portefeuille soit admissible à la déduction pour gains en capital de 500 000 $, vous pourriez faire face à des difficultés si cette dernière a accumulé un montant substantiel de fonds qu'elle utiliserait pour gagner un revenu de placements, plutôt que de seulement détenir les actions de la société exploitante. Vous pourriez aussi être touché par les règles d'attribution (se reporter au chapitre 3), selon la façon dont vous avez amené des membres de votre famille à devenir actionnaires de la société, et la date à laquelle ils sont devenus actionnaires.

8.8.8   ENVISAGEZ DE FORMER UNE SOCIÉTÉ DE PERSONNES COMPOSÉE DE SOCIÉTÉS PAR ACTIONS

Vous pouvez recourir à une société de personnes composée de sociétés par actions plutôt qu'à une société de portefeuille. Cette société de personnes est le résultat d'une association entre votre société et une ou plusieurs autres sociétés (détenues par d'autres personnes). Cette structure comporte un certain nombre d'avantages, dont ceux du report de l'impôt au cours des premières années d'existence et de la souplesse accrue quant à la rémunération. Il y a lieu d'obtenir les conseils d'un expert afin de déterminer si cette structure est appropriée.

8.8.9   MULTIPLIEZ LA DÉDUCTION POUR GAINS EN CAPITAL

Comme nous l'avons vu à la section 4.4.5, la déduction spéciale pour gains en capital de 500 000 $ est offerte pour les « actions admissibles de société exploitant une petite entreprise ». Si vous prenez des mesures pour que votre conjoint investisse dans des actions ordinaires de votre société, vous pouvez effectivement doubler la déduction disponible puisque chacun des conjoints peut alors la réclamer. Les fonds personnels de votre conjoint doivent être utilisés pour ce placement afin d'éviter l'application des règles d'attribution dont il est question à la section 3.2.2. Vous pouvez également multiplier la déduction en transférant des actions à vos enfants.

Au moment du décès, il est possible de doubler la déduction pour gains en capital disponible en léguant les actions à votre conjoint ou à une fiducie exclusive en faveur de votre conjoint (se reporter aux sections 12.1.2 et 12.3.2).

8.8.10   ENVISAGEZ D'ÉTABLIR UN RÉGIME INDIVIDUEL DE PENSION

Si vous désirez épargner en vue de votre retraite par des moyens autres que les REER ou qui leur sont complémentaires, vous pourriez examiner la possibilité que votre entreprise établisse un régime individuel de pension (RIP) (se reporter aux sections 2.1.1 et 2.5.9).

8.8.11   ÉTUDIEZ LA POSSIBILITÉ DE CONSTITUER VOTRE PORTEFEUILLE DE PLACEMENTS EN SOCIÉTÉ

Envisagez la possibilité de transférer votre portefeuille de placements dans une société afin de bénéficier des taux d'imposition qui, à l'égard des revenus en intérêts, sont plus faibles pour les entreprises que pour les particuliers. Tant que vous laissez le revenu dans la société, vous pouvez effectuer des reports d'impôt (se reporter à la section 5.7.8).

Soyez toutefois vigilant si vous transférez vos placements dans une société qui exploite activement une entreprise. Vous risquez de compromettre l'admissibilité des actions de la société à la déduction accrue pour 500 000 $ au titre de gains en capital (se reporter à la section 4.4.5). De plus, les créanciers de l'entreprise active peuvent avoir accès aux placements.

8.9   DOCUMENTS DE RÉFÉRENCE

Vous pouvez obtenir un exemplaire des publications suivantes en téléphonant ou en vous présentant à votre bureau de district de Revenu Canada, Impôt :

Bulletin d'interprétation IT-66R6, « Dividendes en capital »

Bulletin d'interprétation IT-67R3, « Dividendes imposables reçus de corporations résidant au Canada »

Bulletin d'interprétation IT-109R2, « Sommes impayées »

Bulletin d'interprétation IT-119R3, « Dettes des actionnaires, de certaines personnes rattachées à un actionnaire, etc. »

Bulletin d'interprétation IT-432R, « Attribution de biens à des actionnaires »

9

- Démontrez que votre entreprise offre un espoir raisonnable de profit
- Déclarez l'agriculture comme votre principale source de revenu
- Réclamez les déductions offertes aux travailleurs autonomes
- Tirez profit des règles spéciales traitant du calcul du revenu agricole
- Tirez profit de la déduction pour gains en capital de 500 000 $
- Tirez profit des règles de transfert entre générations
- Réclamez l'exonération facultative pour résidence principale lorsque cela est possible

Diverses règles fiscales régissent spécifiquement le domaine de l'agriculture. Ces règles sont énumérées dans le présent chapitre.

9.1 L'EXPLOITATION AGRICOLE—EST-CE OUI OU NON UNE ENTREPRISE?

Quelle que soit l'activité que vous choisissez de mener, vous ne pouvez déduire des pertes aux fins fiscales que si vous êtes engagé dans une entreprise « offrant un espoir raisonnable de profit » (se reporter à la section 7.4). Telle est la question qui est soulevée régulièrement à l'égard des agriculteurs à temps partiel.

Aux fins fiscales, l'« agriculture » couvre un certain nombre d'activités, allant de la culture des céréales à l'élevage de volailles, en passant par l'élevage d'animaux à fourrure, la culture fruitière, l'apiculture et l'élevage de chevaux de course. La *Loi de l'impôt sur le revenu* classe les agriculteurs en trois catégories. La différence essentielle entre les trois groupes consiste dans la capacité de chacun de déduire les frais liés à ses activités agricoles.

La première catégorie regroupe les agriculteurs à plein temps, dont l'entreprise agricole constitue la **principale source de revenu**. Ces personnes peuvent alors traiter leur entreprise agricole comme elles le feraient de toute autre entreprise et peuvent déduire de leurs autres revenus leurs pertes aux fins fiscales si, au cours d'une année, elles en subissent (se reporter à la section 9.3.1 ci-après).

À l'opposé, la deuxième catégorie comprend les personnes dont l'activité agricole n'offre pas **« un espoir raisonnable de pro-**

fit ». Il s'agit en quelque sorte d'agriculteurs « amateurs » pour qui l'agriculture constitue un passe-temps plutôt qu'une source de revenu. Ces agriculteurs ne peuvent déduire les pertes liées à leurs activités agricoles.

La troisième catégorie se situe entre ces deux extrêmes, et regroupe les personnes dont les activités *offrent* un espoir raisonnable de profit, mais dont la principale source de revenu n'est « ni l'agriculture ni une combinaison de l'agriculture et de quelque autre source », pour citer la *Loi de l'impôt sur le revenu*. Ces personnes ne peuvent déduire que des **« pertes agricoles restreintes »**, dont la limite en dollars est fixée à certains montants (se reporter à la section 9.3.2).

EXEMPLE 1

Jean-Marie vit sur sa ferme où il élève des vaches laitières. Son revenu provient essentiellement de la vente du lait. En 1994, les vaches ont moins produit et Jean-Marie a perdu 30 000 $.

Jean-Marie pourra déduire ces 30 000 $ d'un autre revenu (tel un revenu de placements) et reporter, s'il y a lieu, sa perte sur d'autres années (se reporter à la section 9.3.1). Sa perte agricole se compare à la perte de toute autre entreprise, telle une entreprise de fabrication ou de vente au détail.

EXEMPLE 2

Benoît est joaillier, il travaille et vit à Montréal. Il passe ses fins de semaine à sa ferme où il élève des chevaux de course. Au cours des dernières années, les chevaux de Benoît ont gagné de nombreux prix en argent. Cependant, l'année 1994 est mauvaise et Benoît doit débourser 30 000 $ pour l'entretien de ses chevaux qui ne lui ont valu aucun prix en argent.

La perte subie par Benoît sera considérée comme une « perte agricole restreinte » qu'il ne pourra qu'en partie (se reporter à la section 9.3.2) déduire du revenu de sa joaillerie. Bien que son élevage de chevaux de course (considéré comme une activité agricole aux fins fiscales) offre un espoir raisonnable de profit, il ne constitue pas sa principale source de revenu et s'inscrit par conséquent dans la catégorie « restreinte ».

9.2   CALCUL DU REVENU AGRICOLE

Si vous êtes engagé dans une entreprise agricole — que vos pertes soient ou non « restreintes » comme nous l'avons vu à la section 9.1 — vous pouvez tirer avantage d'un certain nombre de règles spéciales pour le calcul de votre revenu aux fins fiscales.

9.2.1   LA MÉTHODE DE LA COMPTABILITÉ DE CAISSE

Les entreprises sont généralement tenues de comptabiliser leur revenu selon la méthode de la comptabilité d'exercice, qui consiste à inclure dans le calcul du revenu toutes les ventes effectuées dans l'année, même si certaines d'entre elles ne sont encaissées qu'après la clôture de l'exercice de l'entreprise. Les déductions relatives aux dépenses sont réclamées suivant la même méthode (se reporter à la section 7.2.2).

Dans le cas d'une entreprise agricole, vous pouvez choisir d'utiliser la « méthode de la comptabilité de caisse ». En général, cela signifie que vous comptabiliserez les paiements reçus plutôt que les ventes elles-mêmes et ne déduirez que les montants que vous avez payés, mais non les frais encourus que vous n'avez pas encore acquittés. Cette méthode donne habituellement lieu à un certain montant de revenu reporté et peut se traduire par un montant moindre d'impôt à payer. Une fois que vous aurez adopté cette méthode de comptabilisation, vous serez, en principe, tenu de continuer à l'utiliser à l'avenir pour votre entreprise agricole.

Lorsque vous utilisez la méthode de comptabilité de caisse, vous pouvez, si vous le désirez, inclure dans votre revenu tout montant, jusqu'à concurrence de la juste valeur marchande, de vos stocks de fin d'année. Le montant inclus dans votre revenu sera alors déductible l'année suivante. Vous choisirez peut-être cette option en 1994 si, par exemple, vous avez gagné un revenu très peu élevé en 1994 et pouvez prévoir dès avril 1995 (au moment de remplir votre déclaration de revenus) que votre revenu de 1995 sera considérablement plus élevé, en fait suffisamment élevé pour se situer dans une tranche d'imposition supérieure.

9.2.2   ACHAT DE STOCKS

Si vous utilisez la méthode de la comptabilité de caisse, il vous sera facile de « créer » une perte aux fins fiscales en achetant un volume élevé de stocks. Toutefois, des règles spéciales ont été mises en vigueur afin de mettre un frein à cette pratique et de limiter la perte que vous pouvez déclarer.

En règle générale, on ne vous reconnaîtra pas une perte attribuable à l'achat de stocks, mais il y a deux exceptions à cette règle. D'abord, vous pouvez déduire une fraction de la perte de l'achat de chevaux et de certains bovins enregistrés. Deuxièmement, des règles transitoires prévoient l'application progressive des nouvelles limites de 1989 à 1994, de façon à ce que celles-ci demeurent partiellement applicables jusqu'en 1995. En raison de la complexité de ces règles, il y a lieu d'obtenir les conseils d'un spécialiste en la matière.

9.2.3   FRAIS DE MISE EN VALEUR D'UN TERRAIN AGRICOLE

Généralement, les frais engagés par une entreprise aux fins de la mise en valeur d'un terrain sont considérés comme des dépenses en immobilisations non déductibles de son revenu. Toutefois, dans le cas d'une entreprise agricole, les frais de défrichement, de nivellement et d'installation d'un système de drainage sont déductibles.

9.2.4	VENTE D'ANIMAUX DE LA FERME

Si vous exploitez une entreprise agricole au cours d'une année d'imposition dans une région désignée comme une « région frappée de sécheresse », vous avez droit à une aide spéciale si vous décidez de vendre une partie importante de votre troupeau reproducteur. En vertu de cette règle, vous aurez la possibilité de reporter l'impôt à payer lorsque vous êtes forcé de vendre une partie ou la totalité de votre troupeau en raison de la sécheresse. Vous pouvez obtenir la liste des régions ainsi désignées pour chaque année. En septembre de chaque année, Agriculture Canada Administration du rétablissement agricole des Prairies, à Saskatoon, dresse la liste des régions ainsi désignées.

Cette règle ne s'applique que si, à la fin de l'année, vous avez vendu (et non remplacé) au moins 15 % de votre « troupeau reproducteur ». Le cas échéant, une partie ou la totalité du produit de la vente des animaux reproducteurs n'est pas comptabilisé dans le calcul de votre revenu, mais est reporté dans une année d'imposition subséquente lorsque votre région n'est plus désignée comme une région frappée par la sécheresse.

9.2.5	ABATTAGE OBLIGATOIRE DU BÉTAIL

Si votre bétail est contaminé, le gouvernement peut vous obliger à abattre vos animaux en vertu de la *Loi sur les épizooties* ou autres lois similaires. Si vous recevez une somme comme dédommagement pour l'abattage, celle-ci devra être incluse dans votre revenu. Toutefois, en vertu d'une règle spéciale, vous êtes autorisé à déduire dans le calcul de votre revenu une partie ou la totalité de cette somme et à l'inclure dans vos revenus de l'année suivante. En fait, cela vous permet de reporter d'une année l'impôt à payer sur cette somme.

9.2.6	COMPTE DE STABILISATION DU REVENU NET (CSRN)

Le programme CSRN mis en vigueur en 1991 par les gouvernements fédéral et provincial soulève des questions de nature fiscale qui exigent une certaine planification.

Nous vous conseillons de consulter votre fiscaliste afin de tirer le meilleur parti possible de ce programme, du point de vue de l'impôt.

9.3 PERTES AGRICOLES

9.3.1 PERTES AGRICOLES ORDINAIRES

Comme nous l'avons vu à la section 9.1, si votre principale source de revenu est l'agriculture ou « une combinaison de l'agriculture et de quelque autre source de revenu », vous pouvez déduire vos pertes agricoles au même titre que vous le feriez pour une perte d'entreprise.

Le report disponible au titre de telles pertes est par ailleurs plus généreux que celui offert à l'égard des pertes ordinaires d'entreprise (pertes autres qu'en capital), comme nous l'avons vu à la section 7.4. À l'instar de toute autre perte d'entreprise, les pertes agricoles peuvent être reportées rétrospectivement et déduites du revenu des **trois** dernières **années.** Elles peuvent également être reportées prospectivement et déduites du revenu de l'une ou l'autre des **dix** (plutôt que sept) prochaines **années.**

9.3.2 PERTES AGRICOLES RESTREINTES

Comme nous l'avons vu à la section 9.1, vous ne pouvez déduire la totalité d'une perte agricole si l'agriculture ne constitue pas votre principale source de revenu. Si tel est votre cas, vous ne pourrez déduire que la première tranche de 2 500 $ de votre perte, plus la moitié des 12 500 $ suivants (soit 6 250 $).

EXEMPLE

Benoît, le joaillier de l'exemple précédent (9.1), perd 30 000 $ sur ses chevaux de course en 1994.

La « perte agricole restreinte » de Benoît sera donc de 2 500 $, plus la moitié des 12 500 $ suivants. Étant donné que le total de sa perte est supérieur à 15 000 $, il peut réclamer le maximum admissible, soit 8 750 $ qu'il déduira du revenu de sa joaillerie en 1994.

Toute fraction d'une perte ne pouvant être déduite en raison des règles sur les « pertes agricoles restreintes » peut être reportée rétrospectivement sur trois ans et prospectivement sur dix ans, mais elle ne peut être déduite que d'un revenu agricole. Pour revenir à l'exemple de Benoît, ce dernier dispose donc de 21 250 $ qu'il pourra déduire du revenu tiré de ses chevaux au cours des années 1991 à 1993 et 1995 à 2004.

9.4 CRÉDITS D'IMPÔT À L'INVESTISSEMENT

Dans les Maritimes et en Gaspésie, des crédits d'impôt à l'investissement (se reporter à la section 7.2.9) sont offerts à l'égard des investissements en matériel agricole. Jusqu'à la fin de 1994, le montant du crédit correspondra généralement à 15 % des investissements; à compter de 1995, ce sera 10 %. Les crédits non utilisés peuvent être reportés rétrospectivement sur trois ans et prospectivement sur dix ans.

9.5   TRANSFERT DE BIENS D'UNE ENTREPRISE AGRICOLE

Il existe un certain nombre de règles spéciales, exposées ci-dessous, qui permettent d'alléger le fardeau fiscal lié à la vente ou au transfert d'une ferme et de biens d'une entreprise agricole.

9.5.1   DÉDUCTION POUR GAINS EN CAPITAL

Comme nous l'avons mentionné à la section 4.4.4, la déduction pour des gains en capital de 500 000 $ est disponible en cas de disposition de « biens agricoles admissibles ».

9.5.2   TRANSFERTS AUX ENFANTS OU PETITS-ENFANTS

En principe, si vous vendez ou cédez vos biens à des membres de votre famille autres que votre conjoint, vous êtes réputé les avoir vendus à leur « juste valeur marchande » et devrez ainsi déclarer comme gain en capital la différence entre le coût d'origine de ces biens (ou leur valeur au 22 février 1994, si vous choisissez d'utiliser la déduction pour gains en capital liés à l'entreprise agricole) et leur valeur actuelle. (Se reporter aux sections 4.5.5 et 4.4.1.)

Si vous transférez des biens utilisés dans une entreprise agricole à des enfants, petits-enfants et arrière-petits-enfants (y compris le conjoint d'un de vos enfants, un enfant de votre conjoint, etc., l'expression « conjoint » incluant le conjoint de fait, selon la définition qui en est donnée à la section 1.3.1) vous pouvez éviter l'application de cette règle. Si vous faites tout simplement don des biens, vous serez réputé les avoir transférés au coût qu'ils représentent pour vous, soit au prix de base rajusté (se reporter à la section 4.2) dans le cas de biens en immobilisation ou au coût en capital non amorti (se reporter à la section 7.2.4) pour les biens amortissables. Si vous vendez les biens à un prix se situant entre ce coût et leur valeur marchande actuelle, ce montant sera admis aux fins fiscales. Tout gain non réalisé sur les biens sera donc reporté.

Cette règle de « transfert » s'appliquera si vous-même, ou votre conjoint ou encore un de vos enfants, utilisiez ces biens « principalement » dans une entreprise agricole où votre conjoint, vos enfants ou vous-même exercez des activités sur une base régulière et continue.

Lorsque le transfert s'applique, le bénéficiaire (votre enfant, petit-enfant, etc.) sera réputé avoir acquis les biens agricoles pour la somme à laquelle vous serez réputé les avoir vendus. Cela signifie que le gain sera imposé tôt ou tard lorsque le bénéficiaire vendra ces biens.

EXEMPLE

Mathilde exploite une ferme céréalière en Saskatchewan. En 1994, elle décide de prendre sa retraite et donne sa ferme à son petit-fils Michael. Mathilde avait payé sa terre 10 000 $ en 1974 et celle-ci vaut maintenant 150 000 $.

Mathilde est réputée avoir reçu 10 000 $ pour sa ferme et n'a donc aucun gain en capital. Michael, quant à lui, est réputé avoir acquis la ferme pour 10 000 $; le jour où il la vendra, cette somme sera traitée comme le coût que ce bien représente pour lui, aux fins du calcul des gains en capital. (Évidemment, Michael pourra se prévaloir de la règle de transfert le jour où il cédera, le cas échéant, sa ferme à son enfant, si toutefois la règle est toujours en vigueur à ce moment-là.)

9.5.3 DÉDUCTION POUR RÉSIDENCE PRINCIPALE

Comme nous l'avons vu à la section 4.5.3, la déduction pour gains en capital réalisés sur la vente d'une résidence principale porte habituellement sur la résidence elle-même plus le demi-hectare de terrain qui l'entoure. Le gain réalisé relativement à tout terrain en sus d'un demi-hectare sera assujetti aux règles habituelles en matière de gains en capital.

Il existe cependant une autre option à l'égard du terrain utilisé pour une entreprise agricole. Cette option consiste à réclamer non pas la déduction habituelle pour résidence principale, mais une déduction spéciale de 1 000 $, plus 1 000 $ pour chaque année durant laquelle la maison a tenu lieu de résidence principale depuis 1972. La somme obtenue peut alors être déduite du total de votre gain sur la maison et sur le terrain.

9.5.4 RÉSERVES POUR GAINS EN CAPITAL SUR LA VENTE D'UNE FERME À UN ENFANT

Nous avons brièvement couvert la question des réserves pour gains en capital à la section 4.5.2. On y mentionnait entre autres que le gain en capital doit être déclaré à un taux cumulatif de $1/5$ chaque année, afin qu'aucune réserve ne puisse durer plus de quatre ans suivant l'année de la vente.

La réserve allouée est de 10 ans plutôt que de cinq ans dans le cas où vous vendez des biens utilisés pour une entreprise agricole (y compris le terrain) à un de vos enfants, petits-enfants ou arrière-petits-enfants. Comme dans le cas des règles exposées à la section 9.5.2, le conjoint d'un de vos enfants, petits-enfants ou arrière-petits-enfants, de même qu'un enfant, petit-enfant et arrière-petit-enfant de votre conjoint sont également admissibles. (À cette fin, l'expression « conjoint » comprend le conjoint de fait, selon la définition qui en est donnée à la section 1.3.1.)

9.6 CONSEILS DE PLANIFICATION

9.6.1 DÉMONTREZ QUE VOTRE ENTREPRISE OFFRE UN ESPOIR RAISONNABLE DE PROFIT

Si vous voulez être en mesure de déduire des pertes (ne serait-ce que des pertes agricoles restreintes), vous devez démontrer que votre entreprise agricole est exploitée de manière à offrir un « espoir raisonnable de profit » (se reporter à la section 7.4). Vous devrez conserver des pièces justificatives étayant de façon objective votre réclamation d'une telle déduction. Si votre ferme ne produit effectivement aucun profit pendant plusieurs années, il vous sera difficile de prouver devant les tribunaux qu'elle offrait un espoir raisonnable de profit.

9.6.2 DÉCLAREZ L'AGRICULTURE COMME VOTRE PRINCIPALE SOURCE DE REVENU

Un grand nombre de causes disputées devant les tribunaux ont porté sur la question de savoir si l'agriculture ou la combinaison de l'agriculture et de quelque autre source, constitue ou non la « principale source de revenu » d'un contribuable. Il serait peut-être souhaitable que vous consultiez un expert en fiscalité afin de déterminer clairement quels sont les faits qui étayeront sans conteste votre droit de réclamer la déduction intégrale des pertes agricoles, plutôt que la déduction, de portée plus limitée, à titre de « pertes agricoles restreintes » (se reporter à la section 9.1).

9.6.3 RÉCLAMEZ LES DÉDUCTIONS OFFERTES AUX TRAVAILLEURS AUTONOMES

Reportez-vous aux sections 7.2 et 7.5 où vous retrouverez les déductions que peuvent réclamer les travailleurs autonomes. Si vous pouvez démontrer que vous exploitez une entreprise agricole offrant un espoir raisonnable de profit, vous aurez droit à ces déductions.

9.6.4 AYEZ RECOURS AUX RÈGLES SPÉCIALES AUX FINS DU CALCUL DU REVENU D'AGRICULTURE

La section 9.2 porte sur un certain nombre de règles spéciales auxquelles les agriculteurs peuvent recourir. Vous devriez revoir vo-

tre situation et envisager de faire appel aux conseils d'un professionnel pour examiner dans quelle mesure ces règles peuvent vous
être utiles. Par exemple, vous pourriez trouver avantageux le fait
d'adopter la méthode de comptabilité de caisse pour comptabiliser
vos revenus (9.2.1).

9.6.5   TIREZ PROFIT DE LA DÉDUCTION POUR 500 000 $ SUR LES
GAINS EN CAPITAL

Si vous comptez vous défaire de biens agricoles, vérifiez s'ils sont
admissibles à la déduction pour 500 000 $ de gains en capital (se
reporter à la section 4.4.4). Dans certaines circonstances, il est possible de faire en sorte, en reportant la vente par exemple, de vous
donner le temps de réorganiser vos affaires afin de pouvoir bénéficier de cette déduction accrue.

9.6.6   TIREZ PROFIT DES RÈGLES DE TRANSFERT ENTRE GÉNÉRATIONS

Si vous comptez transférer des biens agricoles à un de vos enfants,
petits-enfants, etc., tenez compte des règles de transfert décrites à la
section 9.5.2 (l'application est automatique, aucun choix ne doit
être exercé). Peut-être voudrez-vous réaliser un gain en capital partiel afin d'utiliser votre propre déduction de 500 000 $ sur les gains
en capital, et donner ainsi à votre enfant un prix de base plus élevé
pour les biens. Si tel est le cas, vous devrez vendre les biens à votre
enfant à un coût supérieur au coût qu'ils représentent pour vous.
(Lorsque vous transférez un terrain, n'oubliez pas de tenir compte
des droits de mutation applicables sur le transfert d'un terrain de
même que de la TPS, selon les circonstances.)

9.6.7   RÉCLAMEZ LA DÉDUCTION FACULTATIVE POUR RÉSIDENCE
PRINCIPALE LORSQUE CELA EST POSSIBLE

Vous pourriez choisir la déduction facultative (se reporter à la section 9.5.3) de 1 000 $ par année sur la totalité de votre ferme plutôt
que seulement sur la résidence et un demi-hectare. Cette option peut
s'avérer utile si vous avez habité la propriété pendant de nombreuses années et que la valeur de la maison est basse en
comparaison de celle du terrain. Par ailleurs, vous pourriez réclamer
la déduction pour résidence principale sur plus d'un demi-hectare si
vous êtes en mesure de démontrer que la superficie supplémentaire
était essentielle à votre usage personnel et à la jouissance de la propriété.

9.7   DOCUMENTS DE RÉFÉRENCE

Vous pouvez obtenir un exemplaire des publications suivantes en téléphonant ou en vous présentant à votre bureau de district de
Revenu Canada, Impôt :

Bulletin d'interprétation IT-156R, « Exploitants de parcs d'engraissement »

Bulletin d'interprétation IT-232R2, « Pertes autres que les pertes en capital, pertes en capital nettes, pertes agricoles restreintes, pertes agricoles et pertes comme commanditaire ou assimilé »

Bulletin d'interprétation IT-268R3, « Transfert entre vifs de biens agricoles en faveur d'un enfant »

Bulletin d'interprétation IT-322R, « Pertes agricoles »

Bulletin d'interprétation IT-349R2, « Transferts au décès de biens agricoles entre générations »

Bulletin d'interprétation IT-373R, « Boisés de ferme et fermes forestières »

Bulletin d'interprétation IT-425, « Revenus divers tirés d'une entreprise agricole »

Bulletin d'interprétation IT-427R, « Animaux de la ferme »

Bulletin d'interprétation IT-433R, « Agriculture ou pêche — Utilisation de la méthode de comptabilité de caisse »

Bulletin d'interprétation IT-485, « Coût du défrichement ou du nivellement »

Bulletin d'interprétation IT-526, « Entreprise agricole — Méthode de comptabilité de caisse : redressements d'inventaire »

Circulaire d'information 86-5R, « Partie XVII — Déduction pour amortissement — agriculture et pêche

Circulaire d'information 86-6, « Troupeaux de base »

Formulaire T2042, « État des revenus et dépenses agricoles »

« Guide de déclaration du revenu agricole »

10

CONSEILS DE PLANIFICATION

▢ Adoptez la méthode modifiée de la comptabilité d'exercice aux fins du calcul de votre revenu

▢ Planifiez votre facturation et vos prélèvements afin de maximiser la déduction pour les comptes clients de 1971

▢ Optimisez la déductibilité des intérêts

▢ Versez un paiement de revenu ou de capital à l'associé prenant sa retraite, selon ce qui convient le mieux

▢ Associés : envisagez de faire payer par la société vos cotisations à des clubs

▢ Constituez votre entreprise en société par actions si votre travail comprend certains projets à l'étranger

Dans l'ensemble, la planification fiscale d'un professionnel est semblable à celle d'un travailleur autonome (se reporter au chapitre 7). Après tout, les professionnels travaillant à leur compte exploitent leur propre entreprise. Cependant, un certain nombre de règles spéciales s'appliquent dans leur cas, telles celles qui sont exposées à la section 10.1. De nombreux professionnels exercent également dans le cadre d'une société de personnes; la section 10.2 couvre certaines des règles applicables à cette situation. Enfin, la section 10.3 présente quelques conseils de planification s'adressant précisément aux professionnels.

10.1 RÈGLES PARTICULIÈRES À L'ÉGARD DES PROFESSIONNELS

10.1.1 CALCUL DU REVENU SELON LA MÉTHODE MODIFIÉE DE LA COMPTABILITÉ D'EXERCICE

Comme nous l'avons vu aux sections 7.2.2 et 9.2.1, les entreprises autres qu'agricoles sont tenues de déclarer leur revenu calculé selon la méthode de la comptabilité d'exercice. Selon cette méthode, vous devez inclure vos ventes dans votre revenu, même si vous n'en re-cevrez le paiement qu'après la clôture de votre exercice.

La plupart des entreprises doivent également comptabiliser le **travail en cours**, soit le travail qui a été effectué mais qui n'est pas encore facturé. Toutefois, les **comptables, dentistes, avocats, no-taires, médecins, vétérinaires et chiropraticiens** peuvent se prévaloir d'une exception à cette règle. Par conséquent, si vous exercez l'une de ces professions, vous pouvez effectuer un choix afin d'*exclure* le travail en cours du calcul de votre revenu.

EXEMPLE

Corinne est avocate et exerce à son compte. Sa date de clôture d'exercice est le 31 décembre. Elle consacre presque tout le mois de décembre 1994 à la préparation d'un important procès qui aura lieu en janvier, et ne facturera son client qu'à la conclusion du procès, soit en janvier 1995.

Si Corinne choisit d'exclure le travail en cours du calcul de son revenu de 1994, elle n'aura à comptabiliser comme revenu aucun montant lié au travail de préparation du procès avant le 31 décembre 1995, date de clôture de l'exercice.

Cette méthode de comptabilisation est parfois appelée la méthode « modifiée de la comptabilité d'exercice ». Il ne s'agit pas de la méthode de la comptabilité de caisse en ce sens qu'une fois facturé, un montant doit être déclaré comme revenu même s'il n'a pas encore été reçu. L'exclusion des travaux en cours dans le calcul du revenu est une variante de la comptabilité d'exercice intégrale.

Si vous choisissez d'exclure les travaux en cours du calcul de votre revenu, vous devrez en principe continuer de le faire pour les exercices à venir.

Lorsque vous prenez votre retraite ou retirez votre participation de la société, le reste des travaux en cours qui est ajouté à votre revenu est considéré au titre d'un « revenu gagné » aux fins du calcul de votre cotisation à un REER (se reporter à la section 2.1.3).

10.1.2	COMPTES CLIENTS DE 1971

Si vous exercez de façon continue depuis une date antérieure à 1972, il se peut que vous ayez un solde de « comptes clients de 1971 ».

Avant 1972, les professionnels pouvaient utiliser la méthode de la comptabilité de caisse, comme les agriculteurs le peuvent toujours. Les factures impayées étaient donc exclues du revenu pour l'année d'imposition 1971.

Lorsque cette méthode a fait place à celle de la comptabilité d'exercice (ou à la méthode modifiée), une déduction spéciale a été permise par voie d'une règle transitoire afin de conserver à ces comptes clients le report de l'impôt et d'éviter d'imposer trop lourdement les professionnels au cours d'une année donnée. Une déduction est offerte au titre des « comptes clients de 1971 ».

Vous pouvez ainsi déduire à chaque année vos comptes clients de 1971 jusqu'à concurrence de la somme de vos comptes clients à la fin de l'année en cours. (Cependant, dans le cas d'une société de personnes, le plafond est fixé au prix de base rajusté de votre participation dans la société.) Toutefois, à chaque fois que diminue le montant que vous réclamez en déduction pour un exercice, ce montant moins élevé constituera votre maximum déductible pour les années à venir. Étant donné que vos comptes clients fluctuent d'une année à l'autre, votre déduction au titre des comptes clients de 1971 pourra à la longue devenir de moins en moins élevée.

> ### EXEMPLE
>
> *Mei Ling est architecte et exerce depuis 1958. À la fin de 1971, ses comptes clients s'élevaient à 10 000 $. Depuis, Mei Ling réclame chaque année une déduction de 10 000 $ au titre de ses comptes clients de 1971. La plupart du temps, la somme de ses comptes clients impayés en fin d'année était substantielle mais en novembre et en décembre 1980, elle a été malade et ses comptes clients se chiffraient à 3 000 $ à la fin de cette année-là. En 1994, Mei Ling a gagné 200 000 $ et ses comptes clients s'élevaient en fin d'année à 30 000 $.*

La déduction maximale que peut réclamer Mei Ling en 1994 est de 3 000 $, ce qui représente la limite à laquelle elle est assujettie depuis 1980 (année où elle a dû inclure dans son revenu un montant de 7 000 $ provenant de ses comptes clients de 1971).

10.2 RÈGLES APPLICABLES AUX SOCIÉTÉS DE PERSONNES

La section 7.3 traite de l'imposition des sociétés de personnes en général. Dans la présente section, nous couvrirons deux règles qui sont applicables à cette catégorie de sociétés et qui sont des plus pertinentes pour les professionnels.

10.2.1 DÉDUCTIBILITÉ DES INTÉRÊTS PAYÉS PAR LA SOCIÉTÉ DE PERSONNES

Comme nous l'avons vu à la section 5.3, les intérêts sont généralement déductibles si les fonds empruntés sont utilisés pour gagner un revenu d'entreprise ou de biens. Par conséquent, les sociétés de personnes qui empruntent pour le fonds de roulement peuvent sans contredit déduire les intérêts.

Qu'arrive-t-il lorsque la société emprunte des fonds afin de répartir des bénéfices ou des capitaux entre les associés? Le traitement fiscal de l'intérêt versé sur ces emprunts est en constante évolution. En décembre 1991, le ministère des Finances a proposé des modifications à ce sujet, mais les règles n'ont pas encore été adoptées et pourraient encore être appelées à changer. À l'heure actuelle, il est proposé que les intérêts payés sur de tels emprunts soient effectivement déductibles jusqu'à concurrence de « l'avoir net » ou de « l'avoir net rajusté » de la société (selon la date à laquelle la distribution a été effectuée et la loi adoptée). Nous vous recommandons d'obtenir les conseils d'un fiscaliste afin de déterminer comment ces nouvelles règles s'appliqueront à votre société si elles sont mises en vigueur.

10.2.2 PAIEMENTS DE REVENU AUX ASSOCIÉS RETRAITÉS

En principe, le paiement que vous versera, lors de votre départ, la société de personnes en contrepartie de votre participation dans la société, sera considéré comme un paiement de capital. Ainsi, tout excédent sur le prix de base rajusté de votre participation dans la société sera traité comme un gain en capital et imposé selon le mode décrit au chapitre 4. (Votre prix de base rajusté représente essentiellement la somme de votre apport à la société, plus votre quote-part du bénéfice sur laquelle vous avez été imposé, déduction faite des prélèvements effectués. Se reporter à la section 7.3.5.)

La *Loi de l'impôt sur le revenu* offre toutefois une deuxième option. Si vos associés acceptent de vous verser une part du revenu de la société et de la déclarer explicitement comme un paiement de revenu, vous continuerez, aux fins fiscales, d'être considéré comme un associé. Vous serez donc imposé sur ce revenu, mais vos anciens associés paieront effectivement moins d'impôt puisqu'une part de leur revenu de société vous sera allouée.

> *EXEMPLE*
>
> *Robert est comptable et a quitté son cabinet au début de 1994. Trois autres associés se partagent les bénéfices à parts égales. Le revenu du cabinet s'élève en 1994 à 300 000 $. Les associés acceptent de verser 60 000 $ à Robert au moment de sa retraite, et de considérer cette somme comme une part du revenu de la société (plutôt que comme un remboursement de sa participation dans le capital).*
>
> *Robert devra déclarer les 60 000 $ comme revenu. Cependant, chacun des associés aura effectivement droit à une déduction de 20 000 $ puisque après avoir versé 60 000 $ à Robert, il ne reste plus que 240 000 $ à diviser en trois. Chaque associé déclarera ainsi 80 000 $ de revenu plutôt que 100 000 $.*

Il convient d'ajouter que les paiements à titre de revenu versés, de façon continue, à un associé retraité ne sont pas inclus dans le « revenu gagné » aux fins du calcul du plafond des cotisations à un REER.

10.3 CONSEILS DE PLANIFICATION

10.3.1 ADOPTEZ LA MÉTHODE MODIFIÉE DE LA COMPTABILITÉ D'EXERCICE

Si vous exercez une des professions admissibles (se reporter à la section 10.1.1), vous voudrez probablement choisir d'exclure le travail en cours du calcul de votre revenu, ce qui peut donner lieu à un report d'impôt substantial. Vous pourriez toutefois décider de ne pas adopter cette méthode si vous n'exercez que depuis un an ou deux et que votre revenu est relativement peu élevé. Dans ce cas, vous pourriez vouloir déclarer ce revenu plus tôt, de façon à imposer celui-ci à des taux relativement bas.

10.3.2 PLANIFIEZ VOTRE FACTURATION ET VOS PRÉLÈVEMENTS AFIN DE MAXIMISER LA DÉDUCTION POUR LES COMPTES CLIENTS DE 1971

Si vous exercez de façon indépendante depuis une date antérieure à 1972 et que vous disposez toujours d'un solde de « comptes clients de 1971 » non imposé, assurez-vous que vos comptes clients sont suffisamment élevés à la fin de chaque année pour ne pas faire diminuer votre déduction. Pour y parvenir, émettez vos factures vers la fin de l'année.

Si vous faites partie d'une société de personnes et que vous disposez d'un solde de comptes clients de 1971, vous devez maintenir le prix de base rajusté de votre participation dans cette société suffisamment élevé pour conserver les comptes clients de 1971. Pour ce faire, vous pouvez différer certains retraits vers la fin de l'année, ou encore investir des capitaux supplémentaires dans la société de personnes avant la fin de l'année.

| 10.3.3 | OPTIMISEZ LA DÉDUCTIBILITÉ DES INTÉRÊTS |

La section 5.7.1 traite des méthodes générales permettant de rendre tous vos intérêts déductibles. Si vous êtes membre d'une société de personnes, voyez si vous pouvez accélérer vos prélèvements ou vous faire rembourser par la société une partie de votre apport en capital. Vous pourriez alors utiliser les fonds pour rembourser une dette non déductible (telle un prêt hypothécaire pour l'achat d'une maison), tandis que la société pourra emprunter des fonds pour remplacer cette fraction de son fonds de roulement. Les intérêts seront alors déductibles. (Autre possibilité, vous pourriez emprunter vous-même des fonds en vue de les réinvestir dans la société. Cependant, Revenu Canada peut remettre en question une telle pratique, en vertu de la disposition générale anti-évitement, si ce type de technique de refinancement est considéré comme un abus aux termes de la *Loi de l'impôt sur le revenu*.)

| 10.3.4 | VERSEZ UN PAIEMENT À TITRE DE REVENU OU DE CAPITAL À L'ASSOCIÉ PRENANT SA RETRAITE, SELON CE QUI CONVIENT LE MIEUX |

Lorsqu'un associé (vous ou quelqu'un d'autre) se retire de la société de personnes, il faudrait évaluer quel est le meilleur moyen de rembourser la participation de l'associé prenant sa retraite.

D'une part, si vous prenez votre retraite et que le prix de base de votre part dans la société est élevé (peut-être en conséquence de votre choix au 22 février 1994 d'appliquer votre déduction pour gains en capital sur votre participation dans la société — se reporter à la section 4.4.1), il peut être préférable de recevoir un paiement à titre de capital. En effet, la totalité du paiement pourrait alors être exemptée d'impôt. Par contre, ce montant sera versé par les autres associés en dollars après impôts.

D'un autre côté, si vos associés choisissent de vous verser un paiement à titre de revenu (se reporter à la section 10.2.2), celui-ci sera entièrement imposable (probablement à un taux moins élevé que pour les autres associés si votre revenu baisse considérablement). Par contre, vos associés obtiendront une déduction pour le montant qu'ils vous auront versé.

10.3.5   ASSOCIÉS : ENVISAGEZ DE FAIRE PAYER PAR LA SOCIÉTÉ VOS COTISATIONS À DES CLUBS

Comme vous le savez probablement, la plupart des cotisations versées à des clubs ne sont pas admises comme dépenses d'entreprise. De nombreux contrats de sociétés de personnes prévoient donc que ces cotisations soient payées par les associés à titre personnel puisqu'elles ne sont de toute façon pas déductibles dans le calcul du revenu de la société.

Vous devriez envisager le paiement de ces cotisations par la société, même si elles ne sont pas déductibles. La raison est que les prix de base rajustés des associés dans la société ne sont pas réduits par de telles dépenses non admises, malgré qu'elles soient soustraites de l'actif de la société. En conséquence, lorsqu'un associé vendra sa participation dans la société, son gain en capital sera moins élevé (ou sa perte en capital sera plus élevée) du fait que la société aura payé ces cotisations à un club.

10.3.6   CONSTITUEZ VOTRE ENTREPRISE EN SOCIÉTÉ PAR ACTIONS SI VOTRE TRAVAIL COMPREND CERTAINS PROJETS À L'ÉTRANGER

Si vous êtes appelé à travailler à l'extérieur du Canada pour une période de plus de six mois consécutifs, dans le but d'exercer des activités se rapportant à l'ingénierie, la construction, les mines, le pétrole, le gaz ou l'agriculture, il vous serait peut-être possible d'utiliser votre crédit d'impôt à l'emploi à l'étranger (se reporter à la section 6.8) pour éliminer une grande partie ou la totalité de l'impôt que vous avez à payer au Canada. Pour y parvenir, vous devez constituer votre entreprise en société par actions, de façon à réaliser le travail comme employé de la société. La société, plutôt que vous personnellement, s'engagerait, en vertu d'un contrat, à réaliser le travail (c'est-à-dire à fournir des services d'ingénierie). Nous vous recommandons de demander les conseils d'un expert si telle est votre situation, particulièrement en ce qui concerne les règles touchant l'« entreprise de prestation de services personnels ».

10.4   DOCUMENTS DE RÉFÉRENCE

Vous pouvez obtenir un exemplaire des publications suivantes en téléphonant ou en vous présentant à votre bureau de district de Revenu Canada, Impôt :

Bulletin d'interprétation IT-90, « Qu'est-ce qu'une société ? »

Bulletin d'interprétation IT-135R, « Participation aux investissements dans une entreprise de profession libérale » (pour les comptes clients de 1971)

Bulletin d'interprétation IT-138R, « Calcul et transmission du revenu d'une société »

Bulletin d'interprétation IT-242R, « Associés cessant d'être membres d'une société »

Bulletin d'interprétation IT-358, « Société—Ajournement de la fin d'année financière »

Bulletin d'interprétation IT-457R, « Choix exercé par un membre d'une profession libérale d'exclure de son revenu toute somme relative au travail en cours »

Circulaire d'information 89-5R, « Déclaration de renseignements des sociétés »

« Guide d'impôt—Revenus d'entreprise ou de profession libérale »

« Guide de la déclaration de renseignements des sociétés »

Formulaire T2032, « État des revenus et dépenses d'une profession libérale »

Formulaire TPS 370, « Demande de remboursement de la taxe sur les produits et services à l'intention des salariés et des associés »

Formulaire T5013, « Déclaration de renseignements des sociétés »

11

- Gagnez 0,35 $ de revenu régulier pour chaque 1 $ de gain en capital exonéré

- Les frais d'intérêts et les pertes d'entreprise ne sont pas touchés par l'impôt minimum

- Prenez garde aux déductions afférentes à un REER

- Limitez les déductions relatives à des abris fiscaux qui entrent dans le calcul de l'impôt minimum

11.1 GÉNÉRALITÉS

L'impôt minimum a été adopté comme solution politique à l'opinion couramment répandue que de nombreux contribuables à revenu élevé paient peu d'impôt grâce aux abris fiscaux et autres soi-disant éléments fiscaux préférentiels. L'application de l'impôt minimum est restreinte toutefois, car celui-ci ne porte que sur certains abris fiscaux et crédits.

L'impôt minimum est le résultat d'un calcul parallèle et indépendant. Vous devez calculer l'impôt régulier et l'impôt minimum, et payer le plus élevé des deux montants.

En termes simples, l'impôt minimum se calcule à partir du revenu imposable, auquel sont rajoutés les déductions au titre d'abris fiscaux préférentiels (par exemple, la perte découlant des déductions au titre des ressources, films et cotisations à des REER ou RPA) et du quart non imposable des gains en capital, en utilisant une exonération de 40 000 $ et en calculant ensuite l'impôt fédéral au taux de 17 %. La plupart des crédits personnels, mais non le crédit d'impôt pour dividendes ou les crédits d'impôt à l'investissement, sont alors accordés, comme dans le calcul de l'impôt régulier. Une fois que l'impôt provincial et la surtaxe fédérale sont rajoutés, le taux d'impôt minimum s'élève à environ 27 % et varie légèrement selon la province de résidence (sauf au Québec, se reporter à la section 14.2.14).

L'impôt minimum pourra être recouvré au cours d'années ultérieures dans la mesure où votre impôt régulier excède votre impôt minimum. L'impôt minimum ne s'applique pas l'année du décès du contribuable.

11.2 CALCUL DE L'IMPÔT

L'impôt minimum se calcule de la façon suivante :

1. Commencez par votre **revenu imposable** (après avoir soustrait toutes les déductions permises aux fins de l'impôt régulier).

2. **Rajoutez les déductions** non permises aux fins de l'impôt minimum : pertes découlant des déductions au titre des ressources, déductions pour amortissement relatives à des films canadiens, cotisations à des REER et à des RPA, options d'achat d'actions accordées aux employés et déduction des prêts à la réinstallation. (Ces déductions ne sont pas à votre avantage car elles entrent dans le calcul de l'impôt minimum.)

3. Ajoutez **un quart de tous les gains en capital**, que les trois quarts restants soient admissibles ou non à la déduction pour gains en capital. (Remarquez que vous ne rajoutez pas le montant de cette déduction; celle-ci est encore permise aux fins de l'impôt minimum. Vous rajoutez uniquement la fraction *non imposable* d'un quart.

4. **Déduisez le montant de la majoration** des dividendes (se reporter à la section 5.1.2). Étant donné que le crédit d'impôt pour dividendes n'est pas alloué aux fins de l'impôt minimum, l'impôt n'est exigible que sur le montant de dividendes effectivement reçu et non sur le montant majoré.

5. **Déduisez 40 000 $** au titre de l'exemption de base de l'impôt minimum. Le résultat obtenu représente le « revenu imposable modifié ».

6. Calculez l'impôt fédéral au taux de **17 %**.

7. Déduisez vos **crédits personnels** (se reporter à la section 1.3), soit : crédit de base, crédit pour personnes à charge, crédit en raison de l'âge, crédit pour personne handicapée (pour vous-même ou pour votre conjoint seulement), ainsi que les crédits auxquels vous avez droit au titre des éléments suivants : cotisations au RPC, primes d'assurance-chômage, frais de scolarité, études, soins médicaux et dons de bienfaisance. Ne déduisez pas les crédits d'impôt à l'investissement (7.2.9), les crédits pour contribution politique (1.4.1), les crédits pour revenu de pension (1.3.7), le transfert de crédits d'impôt inutilisés du conjoint (3.3.15), les crédits pour frais de scolarité et pour études transférés d'un enfant (1.3.6), les crédits d'impôt pour dividendes (5.1.2) ou les crédits de corporations agréées à capital de risque de travailleurs (5.4.8).

8. Si le résultat vous donne un impôt minimum plus élevé que votre impôt fédéral autrement calculé, vous devrez payer l'impôt minimum. **La surtaxe fédérale et l'impôt provincial** (autre que celui du Québec) seront calculés sur ce montant plutôt que sur le montant de votre impôt fédéral régulier.

11.3   **REPORT DE L'IMPÔT MINIMUM**

Si vous devez payer l'impôt minimum pour une année donnée, l'excédent de cet impôt sur votre impôt régulier représente un « report d'impôt minimum» que vous pourrez utiliser au cours des sept années suivantes.

Au cours d'une année future, vous pourrez vous prévaloir de ce report d'impôt minimum si votre impôt régulier excède votre impôt minimum.

EXEMPLE

Votre impôt fédéral régulier pour 1994 est de 30 000 $ et votre impôt minimum (fédéral) s'élève à 35 000 $.

Vous devez payer l'impôt de 35 000 $, plus la surtaxe et l'impôt provincial (un total d'environ 56 000 $). Cependant, vous disposez de 5 000 $ au titre du report de l'impôt fédéral minimum. Si, en 1995, votre impôt fédéral régulier est de 32 000 $ et votre impôt fédéral minimum de 22 000 $, vous pouvez alors déduire le report de l'impôt minimum de votre impôt fédéral régulier et ne payer ainsi que 27 000 $ d'impôt fédéral de base (avant le calcul de l'impôt provincial et des surtaxes).

11.4   **Considérations relatives à la planification**

11.4.1   **Gagnez 0,35 $ de revenu régulier pour chaque 1 $ de gain en capital exonéré**

L'impôt minimum peut se faire fortement sentir sur les gains en capital, particulièrement dans les cas où la déduction pour gains en capital vous permettrait autrement d'éviter totalement l'impôt régulier.

EXEMPLE

En vendant les actions de sa société exploitant une petite entreprise, Félix réalise un gain en capital de 480 000 $, entièrement exonéré aux termes de la déduction pour gains en capital (se reporter à la section 4.4.5). Félix n'a aucun autre revenu en 1994.

Félix ne paiera aucun impôt régulier. Cependant, aux fins de l'impôt minimum, son revenu imposable modifié sera de 120 000 $ (soit un quart du gain), dont il déduira l'exemption de base de 40 000 $. Son impôt fédéral minimum s'élèvera donc à 17 % de 80 000 $, soit 13 600 $ dont il déduira ses crédits personnels. Le total de son impôt exigible pour 1994, y compris la surtaxe et l'impôt provincial, s'élèvera ainsi à environ 20 000 $. L'impôt fédéral minimum de 13 600 $ (net des crédits d'impôt personnel) peut être reporté prospectivement sur une période de sept ans et appliqué sur l'impôt fédéral régulier exigible de ces années-là.

Selon un calcul empirique, il semble que vous n'aurez pas à payer d'impôt minimum si vous avez au moins 0,35 $ de revenu «régulier » pour chaque 1 $ de gain en capital entièrement exonérable en raison de la déduction de tels gains. Si vos gains en capital sont relativement peu élevés, ils pourraient de toute façon être couverts par l'exemption de 40 000 $.

11.4.2   LES FRAIS D'INTÉRÊT ET LES PERTES D'ENTREPRISE NE SONT PAS TOUCHÉS PAR L'IMPÔT MINIMUM

Deux déductions ne sont pas touchées par l'impôt minimum. Il s'agit des déductions relatives aux frais d'intérêts (se reporter à la section 5.3) et aux pertes d'entreprise et reports de pertes prospectifs (se reporter à la section 7.4) autres que les reports de pertes prospectifs attribuables aux abris fiscaux préférentiels (se reporter à la section 11.4.4). Lorsque de telles déductions répondent à des besoins réels de votre entreprise, vous pouvez en tirer parti sans que cela n'entraîne la levée d'un impôt minimum exigible. N'oubliez pas cependant l'incidence éventuelle de l'application des règles relatives à la perte nette cumulative sur placements (se reporter à la section 4.4.3.2) lorsque vos frais d'intérêts sont élevés.

11.4.3   PRENEZ GARDE AUX DÉDUCTIONS AFFÉRENTES À UN REER

Comme nous l'avons vu à la section 11.2, les cotisations à un REER sont habituellement rajoutées dans le calcul de l'impôt minimum. À cet égard, la cotisation maximale de 13 500 $ en 1994 ou de 14 500 $ en 1995 fondée sur le revenu gagné (se reporter à la section 2.1.3) et la cotisation de 6 000 $ versée au REER de votre conjoint à partir d'un revenu de retraite de 1994 (se reporter à la section 2.1.7.2) ne devraient causer aucun problème. Cependant, si vous transférez une importante allocation de retraite (se reporter à la section 2.1.7.2) à un REER, vous pourriez sans le vouloir être obligé de payer un impôt minimum.

11.4.4   LIMITEZ LES DÉDUCTIONS RELATIVES À DES ABRIS FISCAUX QUI ENTRENT DANS LE CALCUL DE L'IMPÔT MINIMUM

Prenez garde à l'impôt minimum éventuel lorsque vous planifiez d'importantes déductions relatives à des abris fiscaux, particulièrement à l'égard des investissements au titre des ressources (se reporter à la section 5.4.4), tels les investissements dans des activités de forage et les actions accréditives. Les frais relatifs à des ressources excédant votre revenu total provenant de ces investissements (et qui sont par conséquent déclarés comme pertes) doivent être inclus dans le calcul de l'impôt minimum.

La part des reports prospectifs de pertes d'années antérieures attribuable à des abris fiscaux préférentiels doit également être incluse dans votre revenu imposable aux fins de l'impôt minimum.

En principe, vous devriez pouvoir déclarer des pertes liées à des abris fiscaux préférentiels représentant environ 41 % de vos autres revenus sans que cette opération ne résulte en une obligation de payer l'impôt minimum.

11.5 DOCUMENTS DE RÉFÉRENCE

Vous pouvez obtenir un exemplaire du formulaire suivant en téléphonant ou en vous présentant à votre bureau de district de Revenu Canada, Impôt :

Formulaire T691, « Calcul de l'impôt minimum »

12

CONSEILS DE PLANIFICATION

▨ Songez à faire votre testament (ou à réviser votre testament)

▨ Envisagez un gel successoral

▨ Songez à établir une fiducie familiale

▨ Prenez des mesures pour minimiser les honoraires d'homologation

▨ Assurez-vous d'avoir suffisamment d'assurance

▨ Envisagez la planification de dons de bienfaisance et de legs

▨ Étudiez l'incidence de l'impôt successoral étranger

Le présent chapitre offre un aperçu des règles qui s'appliquent en cas de décès. Vous pourrez vous servir des diverses stratégies de planification successorale qui sont ensuite présentées en vue de réduire le fardeau fiscal, en cas de décès, et à en laisser le plus possible à vos bénéficiaires. La planification successorale peut être très complexe et dépend en grande partie de votre situation financière personnelle et de vos objectifs. Il est fortement recommandé d'obtenir les conseils d'un spécialiste.

12.1 IMPÔT AU DÉCÈS

12.1.1 IMPÔT À PAYER PAR LA SUCCESSION

Lorsqu'une personne décède, l'exécuteur testamentaire ou l'administrateur de la succession doit produire en son nom une « dernière déclaration » dans laquelle sera déclaré son revenu jusqu'à la date du décès. Un certain nombre de règles spéciales s'appliquent à cet égard.

Par exemple :

▨ les dons de bienfaisance, habituellement déclarés l'année où ils sont versés ou reportés prospectivement sur les années subséquentes (se reporter à la section 1.3.4), peuvent être reportés rétrospectivement et déclarés aux fins du calcul de l'impôt de l'année précédente;

▨ les frais médicaux, habituellement réclamés pour une période de 12 mois se terminant au cours de l'année (se reporter à la section 1.3.5), peuvent être regroupés pour toute période de 24 mois, y compris le jour du décès;

▨ le plein montant du REER de la personne décédée (se reporter à la section 2.1) est intégré au revenu de l'année du décès, à moins que le bénéficiaire du REER soit le conjoint ou certaines personnes à charge (se reporter à la section 2.1.7.3) de la personne décédée; si les fonds du REER ne sont pas transférés au REER du conjoint, ce dernier doit déclarer les fonds à titre de revenu, aux fins fiscales;

▪ tout solde d'un emprunt effectué par la personne décédée dans son REER en vertu du Régime d'accession à la propriété (se reporter à la section 2.1.8) et non encore remboursé peut être inclus comme revenu;

▪ l'impôt minimum (se reporter à la section 11.1) ne s'applique pas à l'année du décès;

▪ les immobilisations sont réputées avoir été vendues à leur juste valeur marchande (se reporter à la section 12.1.2 ci-dessous);

▪ certaines sources de revenu que la personne décédée n'avait pas encore perçues à la date de son décès peuvent faire l'objet d'une déclaration distincte (sur laquelle peuvent être réclamés une deuxième fois les crédits personnels de la personne décédée).

La dernière déclaration de la personne décédée, ainsi que tout impôt à payer sont exigibles au plus tard six mois après le décès ou le 30 avril de l'année suivant celle du décès, selon la plus éloignée de ces deux dates.

Tout revenu gagné après le décès est imposable à même la succession. La succession est traitée comme une entité distincte et une déclaration de revenus de fiducie doit être produite jusqu'à ce que les biens aient été distribués. (Parfois, une telle démarche peut s'échelonner sur plusieurs années, bien qu'habituellement la succession soit réglée en quelques mois.) Cependant, on ne peut créer une fiducie testamentaire aux fins de l'impôt simplement en reportant la distribution des éléments d'actif. Si le testateur désire créer une fiducie permanente, son testament doit le prévoir spécifiquement (se reporter à la section 12.3.2). Tout revenu versé aux bénéficiaires de la succession peut être imposable directement dans leurs mains, plutôt que pour la succession.

Veuillez prendre note que tout produit d'assurance-vie perçu en raison d'un décès n'est pas imposable. L'assurance-vie fait l'objet d'une présentation plus détaillée à la section 12.6 ci-dessous.

12.1.2   DISPOSITION PRÉSUMÉE DES IMMOBILISATIONS

Il n'existe pas d'impôt successoral ou d'impôt sur les biens transmis par décès ni au Canada, ni dans aucune province. Si votre succession se résume à l'argent que vous détenez en banque, aucun impôt ne pourra être exigé (à l'exception des honoraires d'homologation traités à la section 12.1.3 ci-dessous).

Cependant, plusieurs personnes détiennent des immobilisations, soit des actions, des biens immeubles ou des bijoux, etc. En règle générale, les immobilisations sont réputées, aux fins fiscales, avoir été vendues par vous à leur juste valeur marchande immédiatement avant votre décès. Des gains ou pertes en capital latents sont réputés avoir été réalisés. Cette règle a également été traitée à la section 4.5.4.

EXEMPLE

Agnès décède en 1994. Ses seules immobilisations sont : sa maison, qui lui a coûté 50 000 $ en 1973 et qui en vaut maintenant 600 000 $; une bague de diamants d'une valeur de 5 000 $ en 1976 et de 10 000 $ aujourd'hui, et un portefeuille d'actions d'une valeur de 10 000 $ en 1984 et de 17 000 $ aujourd'hui.

La maison sera réputée avoir été vendue à sa juste valeur marchande, mais comme il s'agit de la résidence principale d'Agnès, elle ne donnera lieu à aucun gain en capital (se reporter à la section 4.5.3). La bague et les actions seront également réputées avoir été vendues à leur valeur marchande, ce qui donnera lieu à un gain totalisant 12 000 $. Les trois quarts de ce gain en capital, soit 9 000 $, seront imposés à titre de gain en capital imposable sur la dernière déclaration de revenus d'Agnès. Dans la mesure où la déduction pour gains en capital est disponible par suite de l'exercice d'un choix fondé sur la valeur des éléments d'actif au 22 février 1994 (se reporter à la section 4.4.1), les 9 000 $ ne seront pas du tout imposés.

Comme nous pouvons le constater, la règle courante sur les gains en capital s'applique, ainsi que les diverses exemptions disponibles.

La principale exception à la règle de la « disposition présumée » s'applique lorsque vous léguez vos biens à votre **conjoint**, ou à une **fiducie en faveur du conjoint** (une fiducie répondant à certaines exigences, tel que la décrit la section 12.3.2 ci-dessous). Dans ce cas, vous êtes réputé avoir vendu vos biens à leur prix coûtant, ce qui ne donne lieu à aucun gain en capital. Votre conjoint (ou la fiducie) hérite alors de ces biens à ce prix coûtant aux fins fiscales. Lorsque votre conjoint (ou la fiducie) vendra les biens, ou au moment de son décès, le gain ou la perte en capital sera calculé sur le prix d'achat d'origine que vous avez payé pour ces biens et sera entièrement imposé.

Il existe toutefois une règle spéciale selon laquelle votre exécuteur testamentaire peut choisir de réaliser le gain en capital ou de subir la perte en capital sur chacun de vos biens, lorsque ceux-ci sont légués à votre conjoint au moment de votre décès. Ce choix peut s'avérer avantageux si votre exécuteur testamentaire opte pour le gain en capital afin d'utiliser les reports prospectifs de pertes inutilisées ou la déduction pour gains en capital. L'autre option, la perte en capital, pourrait permettre de recouvrer les impôts payés durant l'année précédant celle du décès, car les pertes en capital subies au cours de l'année du décès peuvent être reportées rétrospectivement à l'année précédant immédiatement celle du décès et s'appliquer contre tout revenu (non seulement les gains en capital imposables) dans la mesure où la perte en capital reportée rétrospectivement excède toutes les réclamations antérieures au titre de la déduction pour gains en capital.

| 12.1.3 | HONORAIRES D'HOMOLOGATION |

Les tribunaux de chaque province, hormis le Québec, imposent des honoraires d'homologation visant à « homologuer » le testament ou à approuver l'administration d'une succession, dans le cas où il n'y a pas de testament. Bien qu'en théorie, ils soient considérés comme honoraires d'administration, en réalité, dans la plupart des provinces, il s'agit plutôt d'un impôt camouflé.

Dans certains cas, les biens de la personne décédée peuvent être distribués et la succession peut être liquidée sans avoir recours aux tribunaux. En règle générale, cependant, l'homologation est exigée avant que les tiers (par ex., les banques) acceptent de libérer les biens à l'exécuteur testamentaire.

Les honoraires d'homologation les plus élevés sont exigés en Ontario, soit 0,5 % de la succession pour les premiers 50 000 $ et 1,5 % sur les sommes excédentaires. Dans les autres provinces, ils s'établissent généralement entre 0,3 % et 0,6 % de la valeur de la succession. La province de l'Alberta a établi des taux uniformes progressifs, avec un maximum de 6 000 $; dans les autres provinces, les honoraires d'homologation peuvent être élevés dans le cas des successions importantes étant donné qu'aucun montant maximum n'a été fixé.

En général, les honoraires s'appliquent à la valeur totale des biens de la succession, sans aucune déduction pour les dettes autres que celles grevant les biens immobiliers. Les biens immobiliers détenus par deux personnes à titre de « propriétaires par indivis » avec droit de survivance (plutôt qu'à titre de « copropriétaires ») ne sont pas assujettis à l'homologation, en raison du fait qu'au décès de l'un d'eux, ils ne sont pas considérés comme faisant partie de la succession, mais comme appartenant intégralement à l'autre partie.

EXEMPLE

Jean, qui habite en Ontario, décède en 1994. Sa succession comprend une maison évaluée à 500 000 $ grevée d'une hypothèque de 200 000 $, des effets personnels d'une valeur de 100 000 $ et des actions de son entreprise, évaluées à 1 million de dollars. Il doit également 80 000 $ sur une marge de crédit bancaire personnelle à la date de son décès.

La valeur de la succession de Jean, pour fins d'homologation, s'établit à 1 400 000 $. La maison compte pour 300 000 $ (déduction faite de l'hypothèque) et ses autres biens pour 1 100 000 $. Sa dette de 80 000 $ n'est pas déduite. Les honoraires exigés pour homologuer le testament de Jean s'élèvent à 20 500 $.

12.1.4   PRESTATION DE DÉCÈS

La prestation de décès peut être versée par l'employeur de la personne décédée au conjoint survivant ou à d'autres membres de la famille. Un maximum de 10 000 $ de cette prestation est exonérée d'impôt (se reporter à la section 6.7).

12.2   LE TESTAMENT

12.2.1   BUT DU TESTAMENT

Le testament constitue l'élément essentiel de la planification successorale. Il permet la distribution méthodique de vos biens conformément à vos souhaits et la réduction du fardeau fiscal pour votre succession et vos bénéficiaires.

Si vous négligez de rédiger un testament, la loi provinciale se chargera de distribuer vos biens. Par exemple, en Ontario, la *Loi portant réforme du droit des successions* stipule que les premiers 75 000 $ soient accordés au conjoint survivant et que toute somme additionnelle soit partagée entre les enfants de la personne décédée, selon une formule précise.

La section 12.7.1 traite de certaines dispositions que vous pouvez envisager inclure dans votre testament.

12.2.2   L'EXÉCUTEUR TESTAMENTAIRE

Il est conseillé de désigner dans votre testament une ou plusieurs personnes comme **exécuteurs testamentaires**. Vous devez nommer à ce titre une personne en qui vous avez confiance qui se chargera de vos affaires et de la distribution de vos biens, conformément aux souhaits que vous aurez exprimés dans votre testament. Habituellement, l'exécuteur testamentaire communique avec les tribunaux pour obtenir les lettres d'homologation (se reporter à la section 12.1.3) qui lui permettront de prendre à sa charge vos biens, de les gérer et de les distribuer à vos bénéficiaires.

La responsabilité de déterminer l'actif et le passif de la succession, de produire toutes les déclarations de revenus pertinentes de la personne décédée et de la succession (y compris tout droit successoral ou déclaration de revenus étrangers) et de rembourser les dettes (y compris tous les impôts) incombe à l'exécuteur testamentaire.

Idéalement, vous devez choisir un exécuteur testamentaire qui connaît bien votre situation personnelle. Souvent, il sera votre principal bénéficiaire (par exemple, votre conjoint). Cependant, ce choix n'est pas toujours avisé, car il pourrait causer un conflit éventuel avec les autres bénéficiaires.

Pensez à nommer un autre exécuteur testamentaire en cas de décès du premier. Autrement, votre succession pourrait être gérée par l'exécuteur testamentaire de la succession de votre exécuteur testamentaire. Il est également important de nommer un autre exécuteur testamentaire dans le cas où celui que vous avez désigné en premier lieu soit dans l'impossibilité de s'occuper de votre succession ou choisisse de ne pas le faire. Cette décision peut éviter des procédures judiciaires coûteuses.

Si vous ne rédigez pas de testament ou s'il n'est pas valide, le processus d'approbation de la distribution de vos biens par les tribunaux peut être fastidieux et coûteux. Votre représentant ou vos héritiers doivent faire appel aux tribunaux pour désigner un **administrateur** qui sera chargé de gérer et de distribuer la succession selon la formule établie par la loi. (Au Québec, selon le nouveau *Code civil*, le tribunal peut désigner un administrateur, à défaut d'entente entre les héritiers, par exemple.)

12.3   LES FIDUCIES

12.3.1   DÉFINITION D'UNE FIDUCIE

La fiducie est une disposition selon laquelle une ou plusieurs personnes (les **fiduciaires**) exercent les droits se rattachant aux titres de propriété de biens (les **biens en fiducie**) pour le compte d'autres personnes (les **bénéficiaires**). La personne qui crée la fiducie et affecte les biens à la fiducie s'appelle le **constituant**.

EXEMPLE

Bertrand quitte le pays pour aller travailler en Afrique pendant plusieurs années. Il donne à Paul 80 000 $ qu'il doit placer en fiducie pour le bénéfice de ses deux adolescents, Diane et Daniel. Bertrand établit un acte de fiducie selon lequel Paul peut utiliser les fonds pour acquitter les frais de scolarité de ses enfants, investir les fonds non encore utilisés et remettre à chaque enfant la moitié du capital de la fiducie lorsqu'ils atteindront l'âge de 23 ans.

Dans cet exemple, Bertrand est le constituant, Paul le fiduciaire et Diane et Daniel sont les bénéficiaires. Paul détient le titre légal des 80 000 $, mais il est tenu de l'utiliser au bénéfice exclusif de Diane et Daniel et non à son usage personnel. L'acte de fiducie peut lui permettre de se verser des honoraires pour services rendus à titre de fiduciaire.

Il n'existe aucune exigence à l'effet que le constituant et le fiduciaire soient deux parties distinctes. (Dans l'exemple ci-dessus, Bertrand pourrait simplement déclarer et fournir les preuves nécessaires qu'il détient des fonds en fiducie pour ses enfants, ce qui aurait pour effet de créer la fiducie.) De la même façon, le constituant et le bénéficiaire peuvent être une seule et même partie. C'est ce qui se produit lorsque vous placez des fonds dans un REER autogéré, par exemple. Vous êtes à la fois le constituant et le bénéficiaire et une société de fiducie est désignée comme fiduciaire de vos biens (se reporter à la section 2.1.5). Cependant, le choix du constituant, du fiduciaire et des bénéficiaires influera sur le calcul de l'impôt de la fiducie et de ses bénéficiaires.

Veuillez prendre note que les mécanismes et la terminologie des fiducies diffèrent au Québec où elles sont assujetties au *Code civil* plutôt qu'à la common law, comme c'est le cas dans le reste du Canada. Un nouveau *Code civil* est entré en vigueur le 1er janvier 1994 au Québec.

12.3.2   LES DIVERSES CATÉGORIES DE FIDUCIES

La fiducie peut être établie du vivant du constituant (comme dans l'exemple ci-dessus). Il s'agit alors d'une **fiducie entre vifs** (du latin « inter vivos »).

La fiducie peut également être créée par le biais du testament du constituant, auquel cas il s'agit d'une **fiducie testamentaire**.

La fiducie créée au nom du conjoint du constituant et réunissant certaines conditions s'appelle la **fiducie entre conjoints**. Voici, à titre d'exemple, deux conditions qui doivent être réunies : tout le revenu de la fiducie doit être versé au conjoint de son vivant; et aucune tranche du capital ne peut être distribuée à quiconque, sauf au conjoint, de son vivant. (Cependant, après le décès du conjoint, le capital peut être distribué à quelqu'un d'autre, par exemple aux enfants du constituant.) Ce type de fiducie peut être de nature testamentaire ou *entre vifs*. Le transfert de biens du constituant à la fiducie de conjoint n'entraîne pas d'impôt quant aux gains en capital cumulés; les biens sont plutôt transférés au coût d'achat pour le constituant et tout gain en capital devient imposable seulement à la liquidation éventuelle des biens par la fiducie ou au décès du conjoint (se reporter aux sections 4.5.4 et 12.1.2).

Veuillez prendre note que si votre testament crée une fiducie, cette fiducie sera distincte de votre succession. D'une part, la succession est imposable à titre de fiducie pour la période de temps nécessaire à la conclusion de vos affaires et à la distribution de vos biens. D'autre part, la fiducie que vous créez par testament peut être conçue pour durer plusieurs années après votre décès.

12.3.3   RAISONS QUI MOTIVENT L'UTILISATION D'UNE FIDUCIE

La fiducie offre une grande souplesse pour structurer vos affaires et contrôler l'utilisation future de vos biens. Vous pouvez restreindre et définir de façon stricte le pouvoir des fiduciaires ou leur laisser plein pouvoir quant aux décisions de verser le revenu ou de distribuer le capital aux bénéficiaires ou au moment où ils doivent le faire, à la façon de gérer les biens en fiducie et au moment de la liquidation de la fiducie.

12.3.4	Imposition de la fiducie

La fiducie est considérée comme une **personne distincte** aux fins fiscales. Le fiduciaire doit produire une déclaration de revenus de fiducie « T3 » et payer de l'impôt sur ce revenu. En règle générale, la fiducie est imposée comme le serait un particulier, mais elle n'est pas admissible aux crédits personnels (se reporter à la section 1.3.1). La fiducie testamentaire paie de l'impôt à des taux similaires à ceux des particuliers (se reporter à la section 3.1); par contre, la fiducie *entre vifs* paie de l'impôt à un taux fixe, soit au taux maximum des contribuables (environ 50 % lorsque l'impôt provincial est considéré).

Le revenu de la fiducie est constitué de son revenu d'exploitation d'entreprise (se reporter au chapitre 7), des gains de capital imposables (se reporter au chapitre 4) et des placements (intérêts, dividendes, loyers, etc., se reporter au chapitre 5). Les sommes versées aux bénéficiaires sont déduites et ces derniers doivent déclarer ce revenu sur leurs déclarations de revenus respectives.

Certains types de revenus, comme les gains en capital et les dividendes, conservent leurs caractéristiques lorsqu'ils sont transmis au bénéficiaire. Par conséquent, ce revenu sera traité à titre de gain en capital (se reporter au chapitre 4) ou de dividendes (se reporter à la section 5.1.2) sur la déclaration de revenus du bénéficiaire.

La fiducie familiale qui répond à certaines exigences peut utiliser une règle spéciale en vertu de la *Loi de l'impôt sur le revenu* pour traiter les montants comme s'ils avaient été versés aux bénéficiaires, même s'ils ne l'ont pas encore été, en réalité. C'est ce qu'on appelle le **choix du bénéficiaire privilégié**. À condition que le fiduciaire autorisé et le bénéficiaire s'entendent à cet égard, le revenu sera imposable aux mains du bénéficiaire et, dans une année subséquente, sera versé par la fiducie au bénéficiaire, exonéré d'impôt. Ce choix peut également être utile dans le cas où un bénéficiaire (par exemple un jeune enfant) n'a pas d'autre revenu et qu'il peut recevoir une certaine tranche de revenu, sans impôt. (Vous pouvez recevoir de cette façon, selon la province, un maximum d'environ 6 450 $ en revenu d'intérêts ou 24 000 $ en dividendes, exonérés d'impôt.)

Par contre, les règles d'attribution (se reporter au chapitre 3) s'appliquent aux fiducies.

EXEMPLE

En 1994, vous créez une fiducie pour vos deux enfants, tous deux âgés de moins de 18 ans, et vous vous désignez comme fiduciaire. Vous contribuez 10 000 $ à la fiducie, qui utilise cette somme pour acheter une obligation d'État à long terme. En 1995, la fiducie gagne 800 $ en intérêts et vous vous servez du choix du bénéficiaire privilégié pour traiter ce montant comme s'il avait été versé à vos enfants.

Chaque enfant possède alors 400 $ de revenu. Cependant, en raison des règles d'attribution, ce revenu vous est attribué *puisqu'aucun d'eux n'a atteint l'âge de 18 ans en 1995 (se reporter à la section 3.2.3). Toutefois, on peut éviter l'attribution en concluant une convention d'emprunt appropriée (se reporter aux sections 3.2.2 et 3.2.3).*

À tous les 21 ans, la fiducie est réputée disposer de tous ses biens, de sorte que les gains en capital cumulés sont imposables. Dans de nombreux cas, les fiducies familiales peuvent reporter cette disposition réputée. Cependant, le gouvernement fédéral est en train de revoir les règles fiscales qui ont trait aux fiducies familiales, et il est possible que ce report soit éliminé. Si vous envisagez créer une fiducie familiale, il vous sera essentiel d'obtenir des conseils à jour d'un fiscaliste qualifié.

12.4 Droit de la famille

La réglementation provinciale sur le droit de la famille peut avoir une grande incidence sur votre planification successorale. Chaque province a une réglementation spécifique visant à protéger les intérêts des conjoints en cas de rupture du mariage. Cette réglementation peut également s'appliquer en cas de décès. Pour fins de démonstration, nous avons choisi la loi en vigueur au Québec, soit le nouveau *Code civil du Québec* entré en vigueur le 1er janvier 1994. Les résidents des autres provinces sont assujettis à une réglementation différente et devraient consulter un professionnel en la matière.

Par exemple, le *Code civil du Québec* prévoit la constitution d'un patrimoine familial au moment du mariage. Ce patrimoine est constitué des résidences, des meubles, des véhicules automobiles et des régimes de retraite du couple. En cas de séparation, divorce ou nullité du mariage, la **valeur** du patrimoine familial (moins certaines déductions, par exemple pour des biens possédés avant le mariage), acquis durant le mariage, est divisée à parts égales entre les conjoints et ce, nonobstant le contrat de mariage. Ces dispositions s'appliquent également dans le cas d'un décès.

12.5 Gel successoral

12.5.1 Définition

L'expression **gel successoral** décrit les démarches entreprises pour « geler » la valeur de votre succession (ou un bien précis) à sa valeur actuelle, de façon à ce que toute croissance future soit transmise directement à vos enfants et ne soit pas imposée au moment de votre décès. Ce domaine de la planification fiscale est habituellement reconnu comme légitime par Revenu Canada, et plusieurs dispositions de la *Loi de l'impôt sur le revenu* sont conçues pour en faciliter l'utilisation.

La plupart du temps, le gel successoral est utilisé si vous possédez les actions d'une entreprise qui, selon vous, prendront de la valeur dans l'avenir. Vos enfants participent peut-être à son exploitation. Même si ce n'est pas le cas, il est possible que vous souhaitiez transférer les titres de propriété à leur nom, à votre décès.

12.5.2   COMMENT PROCÉDER AU GEL SUCCESSORAL?

Il existe divers types de gel successoral, certains étant très complexes. L'exemple suivant expose l'un des plus simples :

EXEMPLE

Vous détenez toutes les actions ordinaires de la Société X (votre entreprise). Votre investissement initial était de 100 $ et il vaut maintenant 400 000 $. Vous prévoyez que sa valeur augmentera de façon importante au cours des prochaines années. Vous avez deux enfants, tous deux au début de la vingtaine, qui travaillent dans l'entreprise.

D'abord, vous échangez vos actions ordinaires dans la Société X pour 400 nouvelles actions privilégiées (étape qui peut être complétée sans incidence fiscale négative). Les actions privilégiées comportent un droit de vote. Elles sont également rachetables en tout temps au gré du détenteur, à 1 000 $ l'action. En d'autres mots, en tout temps, vous pouvez exiger que la société vous verse 400 000 $ pour vos actions.

Ensuite, vos enfants souscrivent chacun 50 nouvelles actions ordinaires dans la Société X, qu'ils paient 1 $ l'action. Comme la Société X est évaluée à 400 000 $ et que vos actions privilégiées sont rachetables pour 400 000 $, la valeur des actions ordinaires est négligeable pour le moment.

Au cours des quelques années subséquentes, la valeur de la Société X augmente à 900 000 $. Vos actions privilégiées valent toujours 400 000 $, mais les actions ordinaires valent 500 000 $. Par conséquent, vous avez transféré la « croissance » de votre société à vos enfants, sans fardeau fiscal pour vous.

Remarquez enfin, qu'étant donné que vos actions privilégiées comportent un droit de vote, vous gardez le contrôle de votre société. Vous possédez 400 votes, alors qu'ensemble, vos enfants n'en possèdent que 100.

Les mécanismes qui régissent le gel successoral sont complexes et de nombreuses règles fiscales doivent être prises en considération. Cependant, le concept de base général est celui qui est décrit ci-dessus. Dans plusieurs cas, vous créerez une société de portefeuille dans le contexte du gel successoral plutôt que de demander à vos enfants de souscrire directement à des actions dans la société en exploitation.

12.5.3 AVANTAGES DU GEL SUCCESSORAL

Le gel successoral peut réduire de manière significative l'impôt à payer à votre décès, si vous prenez soin de « geler » la valeur de votre entreprise assez tôt. En réalité, le prix de base le moins élevé sera transféré à vos enfants et, de cette façon, l'impôt prélevé sur le gain en capital subséquent sera reporté jusqu'à ce qu'ils vendent l'entreprise (ou jusqu'à leur décès). Vous pouvez également multiplier la disponibilité de la déduction pour gains en capital pour les actions d'une corporation exploitant une petite entreprise (se reporter à la section 4.4), si elle est encore disponible, lorsque vos enfants disposeront éventuellement des actions. Par la même occasion, vous n'avez pas à abandonner le contrôle de la société.

Vous pouvez aussi continuer à recevoir un revenu de la société soit en déclarant des dividendes sur les actions privilégiées, soit en tirant un salaire, si vous continuez de participer à son exploitation.

Si vous utilisez une fiducie pour investir dans les actions ordinaires, vous pouvez garder la souplesse nécessaire afin de répartir, dans l'avenir, les actions de l'entreprise entre vos enfants.

Au moment du gel successoral, vous pouvez faire en sorte que se matérialise une fraction ou la totalité du gain en capital cumulé à ce jour sur vos actions. Ceci peut vous permettre d'utiliser votre déduction pour gains en capital (se reporter à la section 4.4), par exemple. Réfléchissez bien aux diverses restrictions avant de réclamer cette déduction (se reporter à la section 4.4.3).

Selon la structure du gel, vous réaliserez un fractionnement de revenu (se reporter au chapitre 3) si vous prenez des dispositions pour que le revenu devienne imposable pour vos enfants. Veuillez prendre note que certaines règles d'attribution ne s'appliquent pas si votre entreprise répond à la description de « société exploitant une petite entreprise » (se reporter à la section 4.3.2) ou si vos enfants ont atteint l'âge de 18 ans (se reporter à la section 3.2.5).

Les avantages que vous pouvez tirer du gel successoral dépendent largement du type d'entreprise, de votre situation financière, de vos plans d'avenir et de vos objectifs. Nous vous recommandons d'obtenir les conseils d'un expert avant de procéder à ce genre de planification.

12.6 ASSURANCE-VIE

L'assurance-vie constitue un élément important de la planification successorale. Comme en fait mention la section 12.1.1, le produit de l'assurance reçu au décès de l'assuré n'est pas imposable. Par le fait même, les primes servant à payer votre assurance-vie ne sont pas déductibles en règle générale.

Si votre société est la bénéficiaire de votre assurance-vie, elle pourrait être en mesure de transférer à d'autres actionnaires le produit de l'assurance-vie, en franchise d'impôt.

Une assurance-vie peut jouer de nombreux rôles dans le cadre d'une planification successorale. Par exemple, elle peut permettre :

- d'accumuler des fonds, à l'abri de l'impôt, de façon à suppléer au revenu de retraite;
- d'offrir un revenu de remplacement aux personnes à votre charge;
- de créer un fonds d'urgence ou de pourvoir aux frais de scolarité des enfants pour l'avenir;
- de régler les derniers frais, comme les frais funéraires;
- de pourvoir à la succession d'une entreprise par le biais d'une société à peu d'actionnaires;
- de pourvoir à l'obligation fiscale relative aux gains en capital de la personne décédée (se reporter à la section 12.1.2); dans certains cas, il serait même possible d'éliminer cette obligation, au décès.

Vos besoins en assurance évoluent sans cesse, compte tenu des changements touchant votre revenu, vos placements et vos personnes à charge. Ainsi, il est important de réviser régulièrement vos garanties.

Divers produits d'assurance-vie sont disponibles. En général, ces produits se répartissent en deux catégories : l'assurance temporaire et l'assurance permanente.

Plus jeune est l'assuré, moins sont élevées les primes des **polices d'assurance temporaire (ou « pure »)**. Vous payez pour un risque, soit celui que vous décédiez au cours de l'année, et rien de plus. Tant que vous payez les primes, vous demeurez couvert; plusieurs polices garantissent leur renouvellement sans que vous n'ayez à fournir d'autres preuves d'ordre médical, dans la mesure où vous continuez de participer au régime. Cependant, le coût des primes peut augmenter considérablement à un âge plus avancé. La plupart des polices d'assurance temporaire se terminent entre l'âge de 70 et 75 ans.

La **police d'assurance permanente** (souvent appelée **« assurance-vie entière »** ou « assurance-vie universelle ») allie la garantie d'assurance pure à un fonds de placement. Par conséquent, lorsque l'assuré est jeune, le coût des primes est souvent beaucoup plus élevé que celui de l'assurance temporaire. La police peut être conçue de sorte que le fonds de placement ou la valeur de rachat nette s'accumule en franchise d'impôt. Il est possible d'emprunter sur ce fonds ou de l'« encaisser » à une date ultérieure. Cependant, il peut en découler un coût, aux fins de l'impôt.

Habituellement, il est souhaitable de souscrire des produits d'assurance permanente pour les trois raisons suivantes :

- pourvoir à l'impôt sur les gains en capital;
- répartir la succession (permettre la distribution équitable de votre succession, par exemple en laissant l'actif de l'entreprise aux bénéficiaires qui participent à son exploitation et les actifs ne provenant pas de l'entreprise aux membres de

la famille qui ne participent pas activement à l'exploitation de l'entreprise);

■ établir des stratégies de placement à long terme, en franchise d'impôt.

Lorsque vous achetez de l'assurance, prenez le temps de réfléchir à la question des bénéficiaires que vous voulez désigner. Si vous désignez votre succession comme bénéficiaire, le produit de l'assurance fera partie de votre succession, à votre décès, et sera assujetti à toute réclamation que pourraient présenter des créanciers sur votre succession. Le produit sera également assujetti à des honoraires d'homologation (se reporter à la section 12.1.3). Par conséquent, il est possible que vous vouliez verser le produit directement à votre conjoint ou à un autre bénéficiaire, de sorte qu'il contourne la succession. De la même façon, le fonds de placement ou la valeur de rachat nette d'une police peut être protégé contre les créanciers au cours de votre vie, si vous prenez soin de désigner certains bénéficiaires.

12.7   DONS DE BIENFAISANCE ET LEGS

Dans la présente section, nous examinons un certain nombre de façons de structurer les dons de bienfaisance, que ce soit au cours de votre vie ou par testament, de manière à atteindre pleinement vos objectifs en matière de planification successorale et de tirer le meilleur parti possible des crédits d'impôt disponibles. Les options sont nombreuses; le simple legs d'une somme d'argent à un organisme de bienfaisance, par voie de testament, n'est que l'une d'entre elles.

12.7.1   LE CRÉDIT D'IMPÔT POUR DONS DE BIENFAISANCE

Nous avons présenté le crédit d'impôt pour dons de bienfaisance à la section 1.3.4. Dans la mesure où le montant total de vos dons excède 200 $ par année, vous avez droit à un crédit équivalant à 50 % environ de vos dons, dans la plupart des cas. La limite au titre des dons que vous pouvez déduire chaque année est de 20 % de votre «revenu net» (se reporter à la section 1.1.1). Tout don qui excède la limite de 20 % peut être reporté prospectivement et déduit au cours de l'une des cinq années subséquentes.

Vous pouvez faire des dons de bienfaisance par voie de testament. Un legs testamentaire est traité comme un don que vous auriez fait au cours de l'année de votre décès, et on pourra en réclamer le crédit dans votre dernière déclaration de revenus. Si, dans l'année de votre décès, vos dons excèdent 20 % de votre revenu net, ils pourront être reportés à l'année précédente, et le crédit pourra être réclamé cette année-là (sous réserve de la limite de 20 % calculée pour cette même année).

Comme vous pouvez le constater, des legs importants (ou des dons substantiels faits au cours de votre vie) peuvent être inutilisables aux fins de l'impôt, s'ils excèdent de beaucoup la limite de 20 % de votre revenu net. Il se peut alors que vous désiriez envisager d'autres options, de manière à maximiser les crédits d'impôt et les fonds disponibles pour vos bénéficiaires—les membres de votre famille aussi bien que des organismes de bienfaisance.

12.7.2   Dons à l'État

Les dons faits aux gouvernements fédéral et provinciaux ou à certains organismes gouvernementaux (**«dons à l'État»**) ne sont pas assujettis à la limite de 20 %. Un certain nombre d'universités, d'hôpitaux et de musées ont aussi créé des «fondations d'État». Les dons à l'État ou à une fondation d'État sont, techniquement, des dons faits au Canada ou à la province et ne sont pas assujettis à la limite de 20 % de votre revenu net. Ainsi, la totalité du montant donne droit à un crédit d'impôt. (Bien sûr, pour que vous puissiez vous prévaloir de la totalité du crédit, vous devez avoir suffisamment d'impôt à payer cette année-là.)

12.7.3   Dons en nature

Au cours de votre vie ou à la suite de votre décès, vous pouvez, au lieu d'effectuer un don en argent, donner des biens à un organisme de bienfaisance. Le don d'un bien constitue un **don en nature**; ce peut être, par exemple, des oeuvres d'art, des actions, des biens immobiliers, ainsi que certains dons hors du commun, que nous exposons ci-dessous, comme une police d'assurance-vie ou un intérêt résiduel dans un bien immeuble. (Cependant, vous ne pouvez pas «donner» des services, mais seulement des biens.)

La valeur d'un don en nature est habituellement déterminée selon sa **juste valeur marchande**. Aux fins du calcul du crédit d'impôt, votre don sera considéré comme un don en espèces. Ainsi, le crédit d'impôt sera, en règle générale, équivalent à 50 % de la valeur du bien. Toutefois, vous êtes alors réputé avoir cédé le bien à sa juste valeur marchande, ce qui signifie que vous devez déclarer tout gain en capital ou revenu qui en découle, comme si vous aviez vendu le bien à ce prix.

EXEMPLE

David détient des actions d'une société minière qui lui ont coûté 10 000 $ en 1985. En 1995, les actions valent 50 000 $, et il les cède sous forme de don à une fondation d'un hôpital (qui n'est pas une fondation d'État). Le revenu d'emploi de David pour 1995 est de 70 000 $.

David est réputé avoir cédé ses actions pour 50 000 $, et doit ainsi déclarer 40 000 $ en gains en capital. Les trois quarts de ces gains, soit 30 000 $, doivent être inclus dans son *revenu, à titre de gain en capital imposable (se reporter à la section 4.2). Son revenu total, aux fins de l'impôt, se calcule comme suit : 70 000 $ + 30 000 $, soit* **100 000 $.**

David obtient un reçu de 50 000 $ de la fondation de l'hôpital. Puisque son revenu (y compris le gain en capital imposable) n'est que de 100 000 $, le montant maximum qu'il peut déduire au titre des dons de bienfaisance pour 1995 est 20 000 $ (20 % de 100 000 $), ce qui lui donne droit à un crédit d'environ 10 000 $. Le solde de 30 000 $ peut être reporté et être déduit au cours de l'une des cinq années subséquentes, si David a alors un revenu net suffisant.

Lorsque vous cédez un bien en immobilisation sous forme de don, vous pouvez joindre à votre déclaration de revenus un formulaire indiquant que vous exercez le choix d'utiliser un **montant inférieur** à la juste valeur marchande, aux fins du calcul du produit de disposition du bien et de la valeur de votre don. Vous pouvez choisir tout montant se situant entre le prix de base rajusté (se reporter à la section 4.2) et la juste valeur marchande réelle.

EXEMPLE

David détient des actions d'une société minière qui lui ont coûté 10 000 $ en 1985. En 1995, les actions valent 50 000 $, et il les cède sous forme de don à une fondation d'un hôpital (qui n'est pas une fondation d'État). Le revenu d'emploi de David pour 1995 est de 70 000 $.

Dans sa déclaration de revenus, David choisit de traiter ces actions comme si elles valaient 18 000 $ au lieu de 50 000 $. Ainsi, il est réputé les avoir cédées pour 18 000 $, et doit déclarer un gain en capital de 8 000 $. Les trois quarts de ce gain, soit 6 000 $, doivent être inclus dans son revenu, à titre de gain en capital imposable (se reporter à la section 4.2). Son revenu total, aux fins de l'impôt, se calcule comme suit : 70 000 $ + 6 000 $, soit **76 000 $.**

David obtient un reçu de 50 000 $ de la fondation de l'hôpital. Cependant, étant donné le choix qu'il a exercé, son don est considéré comme ayant été de seulement 18 000 $. Puisque son revenu (y compris le gain en capital imposable) n'est que de 76 000 $, le montant maximum qu'il peut déduire au titre des dons de bienfaisance pour 1995 est 15 200 $ (20 % de 76 000 $), ce qui lui donne droit à un crédit d'environ **7 600 $.** *Le solde de 2 800 $ du don qui est réputé valoir 18 000 $ peut être reporté et déduit au cours de l'une des cinq années subséquentes, si David a alors un revenu net suffisant.*

Afin de déterminer s'il est utile d'exercer un choix, il faut considérer un certain nombre de facteurs, notamment la tranche d'imposition de David, ses autres sources de revenu, les autres déductions auxquelles il peut avoir droit, ses revenus prévus des années à venir, en fonction desquels seront utilisés les crédits relatifs aux reports prospectifs de dons de bienfaisance. Dans notre exemple, David réduit substantiellement son impôt à payer de l'année courante, puisque, grâce à un gain en capital réduit, son revenu diminue de 24 000 $ alors que son crédit d'impôt ne diminue que de 2 400 $.

12.7.4 DONS DE BIENS CULTURELS

Les dons de «biens culturels» à certains organismes publics ou institutions (tels que des musées) ne sont pas assujettis à la limite de 20 %.

Les artistes peuvent aussi se prévaloir du choix décrit à la section 12.7.3 s'ils désirent faire don d'oeuvres qu'ils ont créées (lesquelles sont considérées comme des articles en stock et non comme des biens en immobilisation).

12.7.5 DONS DE POLICES D'ASSURANCE-VIE

Si vous êtes titulaire d'une police d'assurance-vie «entière» (se reporter à la section 12.6), vous pouvez la céder sous forme de don à un organisme de bienfaisance en lui transférant la propriété de la police et en l'inscrivant comme bénéficiaire. La valeur de votre don aux fins de l'impôt sera égale à la valeur de la police, c.-à-d. la valeur de rachat nette, majorée de tout dividende et intérêt accumulés qui sont aussi cédés, moins toute avance sur police impayée. Cependant, dans la mesure où cette valeur excède le coût de la police, vous devez en déclarer l'excédent à titre de revenu, tout comme si vous aviez racheté la police.

Une fois la police d'assurance cédée sous forme de don à l'organisme de bienfaisance, et si vous continuez à payer les primes, chacun des paiements que vous effectuerez à ce titre sera considéré comme un don de bienfaisance supplémentaire vous donnant droit à un crédit d'impôt.

Toutefois, prenez note que si vous ne faites que nommer l'organisme de bienfaisance à titre de bénéficiaire de la police, vousmême ou votre succession ne bénéficierez d'aucun avantage fiscal.

12.7.6 ACQUISITION DE RENTE AUPRÈS D'UN ORGANISME DE BIENFAISANCE

Vous pouvez acheter une rente auprès d'un organisme de bienfaisance en lui donnant une somme d'argent, par suite de quoi cet organisme vous verse une rente annuelle fixe tout le reste de votre vie.

Bien que le «coût» de ce type de rente soit habituellement plus élevé que le prix au marché d'une rente que vous achèteriez auprès d'une société d'assurance-vie, pour un même revenu annuel, en réalité, il se peut que la rente acquise auprès d'un organisme de bienfaisance vous procure un revenu annuel disponible plus important et vous permette, par la même occasion, d'effectuer un don appréciable à l'organisme de bienfaisance. Voici comment. Si le total des versements que vous prévoyez recevoir de l'organisme de bienfaisance pendant le reste de votre vie est inférieur à la somme que vous lui avez d'abord donnée, le montant de la rente annuelle vous sera versée en franchise d'impôt. Vous aurez aussi droit à un crédit d'impôt sur la différence, en application des règles habituelles décrites ci-dessus.

Revenu Canada a publié une table de calcul indiquant le montant de rentes annuelles que les donateurs peuvent s'attendre à recevoir, selon leur âge au moment de l'acquisition de la rente.

Cependant, si le montant total que vous prévoyez recevoir est supérieur à la somme que vous avez d'abord donnée à l'organisme, le montant excédentaire sera imposable sur une base annualisée.

12.7.7 RENTE GARANTIE EN FAVEUR D'UN ORGANISME DE BIENFAISANCE

Un autre moyen inhabituel est de constituer une «rente garantie en faveur d'un organisme de bienfaisance». Vous achetez une rente auprès d'une compagnie d'assurance-vie et prenez une partie des versements mensuels pour payer les primes d'une police d'assurance-vie dont un organisme de bienfaisance est désigné comme propriétaire et bénéficiaire. Ainsi, vous touchez un revenu continu tout au long de votre vie (sous forme de rentes) et bénéficiez de crédits d'impôt au titre des primes d'assurance que vous versez. À votre décès, l'organisme de bienfaisance touche le produit d'assurance.

12.7.8 FIDUCIES AVEC DROIT RÉVERSIBLE À UNE OEUVRE DE BIENFAISANCE

Si vous avez des biens que vous aimeriez donner à un organisme de bienfaisance, mais que, votre vie durant, vous avez besoin du revenu découlant de ces biens, envisagez de faire don d'un intérêt «résiduel» dans le bien, c.-à-d. le capital qui restera à votre décès. Pour ce faire, vous pouvez constituer une «fiducie avec droit réversible à une oeuvre de bienfaisance». Il s'agit d'une fiducie (se reporter à la section 12.3) en vertu de laquelle vous touchez le *revenu* votre vie durant, tandis que l'organisme de bienfaisance reçoit le *capital* à la suite de votre décès. Dans certains cas, vous pouvez transférer l'intérêt résiduel dans des biens (par exemple, des biens immeubles) directement, sans avoir à constituer une fiducie.

La valeur d'un don fait sous forme de droit réversible ou d'intérêt résiduel dans un bien est déterminée selon sa valeur actualisée. La valeur actualisée dépendra de la juste valeur marchande du bien, des taux d'intérêt courants et de votre espérance de vie. Le montant du don vous donne droit au crédit d'impôt habituel au titre des dons de bienfaisance. Si vous faites en sorte de recevoir de la fiducie (ou du bien) un revenu moins élevé que celui auquel vous auriez autrement droit, la valeur de votre don pourra être plus élevée.

Un tel don présente plusieurs attraits. En premier lieu, l'organisme de bienfaisance obtient immédiatement le titre de propriété et n'a pas à se soucier de savoir si vous allez lui léguer le bien par testament (ou si votre testament sera contesté). En second lieu, vous obtenez immédiatement un crédit d'impôt pour le montant de votre don (la valeur résiduelle). Enfin, vous continuez à tirer un revenu du bien (ou à vous en servir) tout le reste de votre vie.

En plus de devoir payer des honoraires pour la constitution de la fiducie résiduelle, il se peut que vous deviez inclure un gain en capital à votre revenu, aux fins de l'impôt, comme le démontrent les exemples présentés à la section 12.7.2 ci-dessus, puisque vous serez réputé avoir cédé l'intérêt résiduel à sa juste valeur marchande. (Comme c'est le cas dans ces exemples, vous pouvez choisir de fixer la valeur du bien à un montant inférieur, à la fois aux fins de son aliénation et du calcul des crédits d'impôt pour dons de bienfaisance.) En outre, la fiducie devra produire une déclaration de revenus annuelle (se reporter à la section 12.3.4), bien qu'elle ne doive normalement avoir aucun impôt à payer étant donné que vous toucherez tous les revenus qui en découleront.

12.8   CONSEILS DE PLANIFICATION

Planification fiscale au décès — Les règles fiscales qui entourent le décès d'un contribuable sont complexes. Si vous êtes exécuteur testamentaire, vous devriez obtenir des conseils professionnels quant à la façon de réduire au minimum le fardeau fiscal de la succession. Sinon, il se peut que les bénéficiaires intentent des poursuites contre vous. Il est arrivé que des tribunaux tiennent des exécuteurs testamentaires pour responsables d'avoir négligé de prendre activement des mesures pour structurer les affaires de la succession de façon à minimiser l'impôt sur le revenu.

12.8.1   SONGEZ À FAIRE VOTRE TESTAMENT (OU À RÉVISER VOTRE TESTAMENT ACTUEL)

Afin de faciliter l'administration de votre succession (et d'éviter des coûts supplémentaires), prenez le temps de rédiger un testament (se reporter à la section 12.2.1). Même si un testament entièrement écrit à la main peut être valide dans certaines provinces, nous vous recommandons fortement de rédiger votre testament avec l'aide d'un conseiller professionnel et d'un avocat, ou de le leur faire examiner, afin de vous assurer que ce document réponde à vos désirs et tienne compte de la réglementation fiscale et du droit de la famille. Choisissez avec soin votre exécuteur testamentaire (se reporter à la section 12.2.2).

Bien entendu, le testament a comme fonction principale de déterminer la répartition de vos actifs. Vous pouvez souhaiter léguer des biens spécifiques (par ex., bijoux, meubles ou actions de votre entreprise) à des bénéficiaires précis. Vous pouvez souhaiter léguer une somme d'argent déterminée à certaines personnes et à des organismes de bienfaisance (assurez-vous d'obtenir la raison sociale exacte de l'organisme concerné). Vous pouvez également vouloir désigner un bénéficiaire « résiduel » qui recevra le patrimoine de la succession, une fois vos volontés spécifiques accomplies.

Fort probablement, vous léguerez tout simplement votre patrimoine à votre conjoint ou à une fiducie qui répond aux exigences d'une « fiducie exclusive entre conjoints » (se reporter à la section 12.3.2). Comme le fait mention la section 12.1.2, vos gains de capital cumulés sur vos biens ne sont pas imposables lorsqu'ils sont transférés à votre conjoint ou à la fiducie exclusive entre conjoints, à condition qu'ils soient dévolus à l'un ou à l'autre au plus tard 36 mois après votre décès.

Remarquez également que, dans certaines provinces, le droit de la famille peut avoir priorité sur les directives de votre testament. Au Québec, par exemple, votre conjoint peut avoir droit à une certaine valeur quant au partage du patrimoine familial (se reporter à la section 12.4).

Vous pouvez ajouter plusieurs clauses au testament qui auront pour effet de réduire l'obligation fiscale. Le testament devrait comprendre une disposition accordant aux exécuteurs testamentaires et aux fiduciaires l'autorisation générale d'effectuer ou de mettre en cause tout choix, désignation ou répartition en vertu de la législation fiscale. Cette disposition permettra à votre exécuteur testamentaire de tirer profit de la désignation de résidence principale et de la déduction pour gains en capital, par exemple. Passez en revue les dispositions suivantes :

- l'exonération du remboursement des prêts octroyés à des membres de la famille;
- un pouvoir discrétionnaire permettant aux fiduciaires de déterminer les actifs devant faire partie des biens de la fiducie exclusive entre conjoints;
- relever les fiduciaires de leur obligation normale de maintenir l'« impartialité » entre les bénéficiaires, de façon à jouir d'une plus grande souplesse sur le plan fiscal;
- rappeler à vos exécuteurs testamentaires que, si au moment de votre décès vous n'avez pas encore versé une cotisation à un REER, votre succession devrait en verser une au REER de votre conjoint avant la date limite.

Dans votre testament, vous pouvez désigner le bénéficiaire de vos REER, régime de participation différée aux bénéfices, prestations de décès et produit d'assurance. Cependant, ces régimes peuvent permettre de désigner directement le bénéficiaire. Même si le fait de désigner directement les bénéficiaires dans les documents du régime peut contribuer à réduire les honoraires d'homologation, il se peut que cela ait des conséquences à cause des droits du conjoint en vertu du droit de la famille.

Si, au lieu de votre conjoint, vous nommez quelqu'un d'autre à titre de bénéficiaire de votre REER, il se peut que votre succession ait à payer de l'impôt sur la pleine valeur de votre REER (se reporter à la section 2.1.7.3).

Si vous avez des volontés précises quant à la garde ou la tutelle de vos enfants âgés de moins de 18 ans après votre décès, vous pouvez les faire connaître dans votre testament. Bien qu'ils n'aient pas force exécutoire, les tribunaux en tiendront compte et rendront leur décision dans le meilleur intérêt des enfants. (Au Québec, les tribunaux n'en tiendront compte, en règle générale, que si le dernier des conjoints titulaires de l'autorité parentale est lui aussi décédé.)

Un testament doit par ailleurs être révisé **régulièrement** afin que les dispositions qu'il contient soient modifiées conformément aux fréquentes révisions de la législation fiscale, du droit de la famille et du droit relatif aux successions, le cas échéant. En outre, si votre situation personnelle change, vous pourriez devoir modifier votre testament.

Il faut également savoir que dans bon nombre de provinces ou territoires, un testament devient souvent nul si vous vous mariez après qu'il ait été rédigé, à moins qu'il n'ait été fait en vue de ce mariage. (Ce n'est pas le cas, selon le *Code civil du Québec*.)

Envisagez également de signer une **procuration** dans le cas où une invalidité ou une incapacité mentale vous empêcherait d'agir raisonnablement. Par exemple, si vous étiez frappé d'incapacité mentale, la procuration permettrait à votre « fondé de pouvoir » d'agir en votre nom. (Au Québec, vous pouvez désigner une telle personne dans un « mandat en prévision d'inaptitude ».) Si vous le désirez, vous pouvez nommer la même personne à titre de fondé de pouvoir et d'exécuteur testamentaire.

12.8.2 ENVISAGEZ LA POSSIBILITÉ D'UN GEL SUCCESSORAL

Si vous possédez des biens importants, et particulièrement si vous avez votre propre entreprise dont la valeur peut augmenter, obtenez l'opinion d'un expert quant à la possibilité de procéder au gel de votre succession (se reporter à la section 12.5). Il se pourrait bien que vous puissiez réduire considérablement l'impôt exigible au moment de votre décès sans pour autant perdre l'accès à votre revenu ou à vos biens de votre vivant.

Reportez-vous à la section 12.5.3 concernant les avantages d'un gel successoral.

12.8.3 ENVISAGEZ LA POSSIBILITÉ DE CRÉER UNE FIDUCIE FAMILIALE

Envisagez la possibilité de créer une fiducie familiale discrétionnaire (se reporter à la section 12.3), soit maintenant (entre vifs), soit par testament (fiducie testamentaire). Dans votre testament, vous pouvez établir une fiducie testamentaire pour chaque bénéficiaire. Chaque fiducie sera alors en mesure de bénéficier d'un taux d'imposition progressif moins élevé sur le revenu qu'elle conserve.

La création de la fiducie de votre vivant offre également de nombreux avantages :

■ en vous désignant comme fiduciaire, vous conservez le contrôle des biens de la fiducie (par ex., de votre entreprise);

■ en excluant des biens de votre succession, vous réduisez les honoraires d'homologation (se reporter à la section 12.1.3);

■ en étant exclus de votre succession, vos biens ne sont pas inscrits dans les archives publiques, que tout un chacun pourrait consulter;

■ selon les règles d'attribution applicables (se reporter au chapitre 3), vous pouvez procéder au fractionnement du revenu.

La fiducie peut servir avantageusement dans le cadre d'un gel successoral (se reporter à la section 12.5). Dans plusieurs cas, vous ne savez pas à la date du gel successoral comment vous voudrez répartir la croissance de votre revenu entre vos enfants. Il est possible que vous ne souhaitiez pas leur transférer la propriété directe de votre entreprise dès maintenant. Dans ce cas, vous pouvez envisager la création d'une fiducie familiale et faire en sorte que cette dernière souscrive aux actions ordinaires « de croissance ». Si vous en êtes le fiduciaire et avez le pouvoir d'attribuer le revenu et le capital, vous pouvez attendre plusieurs années avant de décider à quel enfant vous léguerez votre entreprise (ou vous pouvez même le faire par testament).

12.8.4 PRENEZ DES MESURES POUR RÉDUIRE LES HONORAIRES D'HOMOLOGATION

La structure des honoraires d'homologation varie d'une province à l'autre. Certaines des techniques suivantes vous aideront à réduire le coût d'homologation de votre succession. Cependant, vous remarquerez que la planification visant à obtenir ce résultat doit être prévue dans le contexte d'un examen de nombreux autres facteurs (tels que le droit de la famille), et nous vous recommandons fortement d'obtenir des conseils d'un expert à ce sujet.

■ Si vous laissez des biens à votre conjoint (ou à quelqu'un d'autre), envisagez la possibilité de les détenir avec lui (ou l'autre personne) à titre de propriétaires par indivis. À votre décès, ils seront automatiquement transférés à l'autre propriétaire et exclus de votre succession (se reporter à la section 12.1.3). Veuillez remarquer que dans certaines situations spéciales, la propriété conjointe sera rompue par la loi provinciale au décès.

■ Faites en sorte de garder certains biens à l'extérieur de la succession. Cette mesure est très pratique dans le cas de l'assurance-vie et des REER émis par les compagnies d'assurance-vie, pour lesquels vous pouvez désigner un bénéficiaire (autre que la succession). Envisagez également la possibilité de transférer des biens de votre vivant, soit directement à votre bénéficiaire, soit à une fiducie.

- Changez le situs d'un bien à une juridiction différente où les honoraires d'homologation sont moins élevés ou fixes (par exemple, en Alberta) par le biais d'une société constituée en personne morale.

- Si vous détenez des biens immobiliers libres d'hypothèque et que, par ailleurs, vous avez des dettes (soit une marge de crédit personnelle ou une dette garantie par d'autres actifs), envisagez la possibilité de convertir ces dettes en hypothèque ou en charge sur les biens immobiliers. Cette disposition réduira d'autant la valeur des biens immobiliers, aux fins des honoraires d'homologation.

12.8.5   ASSUREZ-VOUS DE POSSÉDER LES ASSURANCES SUFFISANTES

Passez en revue avec votre conseiller vos besoins en assurance afin de déterminer le montant précis et la forme appropriée de votre assurance-vie. La section 12.6 expose certains aspects dont vous devez tenir compte. Étudiez également vos besoins en assurance-invalidité, car l'invalidité peut avoir des conséquences financières encore plus graves qu'un décès.

12.8.6   ENVISAGEZ LA PLANIFICATION DE DONS DE BIENFAISANCE OU DE LEGS

Il existe de nombreuses façons de faire des dons à des oeuvres de bienfaisance, y compris des dons de biens (valeurs mobilières, oeuvres d'art, biens immobiliers), d'assurance-vie et de rentes, comportant des avantages fiscaux importants (se reporter à la section 12.7).

Ces avantages dépendent du type de don, du moment auquel le don est fait et de la nature de l'oeuvre de bienfaisance.

Un don fait aujourd'hui peut vous faire réaliser des économies d'impôt dans l'année courante; de plus, une rente sous forme de don de bienfaisance (se reporter à la section 12.7.6) ou un don sous forme d'intérêt résiduel dans une fiducie ou un bien (se reporter à la section 12.7.8) vous permettront aussi de continuer à utiliser le bien ou d'en tirer un revenu.

Une planification successorale appropriée peut vous aider à assurer que votre legs soit fait de la façon que vous l'aviez prévue, et permettre à votre succession de réaliser des économies d'impôt appréciables.

En planifiant avec soin votre succession avec un conseiller bien informé, vous vous assurez d'atteindre vos objectifs humanitaires et de bénéficier des avantages fiscaux au moment où vous en avez le plus besoin.

12.8.7 Étudiez l'incidence de l'impôt successoral étranger

Si vous êtes citoyen américain, reportez-vous aux sections 15.8.1 et 15.9.11.

Si vous n'êtes pas un citoyen américain mais que vous détenez des biens qui, du point de vue de la loi, sont situés aux États-Unis, y compris des créances ou des actions que vous doivent des citoyens américains ou des sociétés américaines, reportez-vous à la section 16.4 et aux techniques de planification exposées aux sections 16.5.4 à 16.5.13.

Si vous détenez des biens dans d'autres pays, renseignez-vous sur l'impôt successoral de ces pays (ou états, provinces, etc.) applicable au moment de votre décès.

Veuillez remarquer que l'impôt et les droits successoraux imposés par d'autres juridictions (y compris les États-Unis) ne sont habituellement pas admissibles à un crédit d'impôt étranger au Canada, même si vous avez une obligation fiscale canadienne résultant de la disposition présumée décrite à la section 12.1.2. Il pourrait en découler une double imposition. Nous vous recommandons de planifier en conséquence pour cette éventualité.

12.9 Documents de référence

Il existe peu de documents de vulgarisation sur la planification successorale. En outre, chaque cas doit être évalué individuellement. Pour des renseignements pertinents, adressez-vous à un spécialiste en fiscalité.

Vous pouvez obtenir un exemplaire des documents de référence suivants en téléphonant ou en vous présentant à votre bureau de district de Revenu Canada, Impôt:

Bulletin d'interprétation IT-111R, «Rentes achetées d'oeuvres de charité»

Bulletin d'interprétation IT-210R, «Revenu de personnes décédées — Paiements périodiques»

Bulletin d'interprétation IT-212R3, «Revenu de personnes décédées — Droits ou biens»

Bulletin d'interprétation IT-226R, «Don à un organisme de charité d'une participation résiduelle dans un bien immeuble ou d'une participation au capital d'une fiducie»

Bulletin d'interprétation IT-234, «Revenu de contribuables décédés—Récoltes»

Bulletin d'interprétation IT-244R3, «Dons par des particuliers de polices d'assurance-vie comme dons de charité»

Bulletin d'interprétation IT-288R, «Dons de biens en immobilisation à des oeuvres de charité et à d'autres organismes»

Bulletin d'interprétation IT-297R2, «Dons en nature à une oeuvre de charité et autres»

Bulletin d'interprétation IT-407R3, «Disposition après 1987 de biens culturels canadiens»

Bulletin d'interprétation IT-427R, «Animaux de ferme»

Bulletin d'interprétation IT-510, «Transferts et prêts de biens faits après le 22 mai 1985 à un mineur lié»

Bulletin d'interprétation IT-511, «Transferts et prêts de biens entre conjoints faits après le 22 mai 1985»

«Votre guide — Déclarations de revenus de personnes décédées»

«Guide d'impôt — Déclaration T3 de revenus des fiducies»

13

CONSEILS DE PLANIFICATION

- Produisez votre déclaration même si vous ne pouvez payer le solde

- Payez le solde même si vous ne pouvez envoyer votre déclaration

- Produisez votre déclaration à l'aide du système TED pour obtenir un remboursement plus rapide

- Renseignez-vous sur les taux d'intérêt et le calcul de l'intérêt composé

- Envisagez de verser des acomptes provisionnels anticipés

- Produisez un avis d'opposition lorsque cela est pertinent

- Réclamez des modifications lorsque votre dossier est réouvert en raison d'un avis de nouvelle cotisation

- Ne signez une renonciation que dans la mesure où cela est nécessaire

- Assurez-vous de bien comprendre les implications juridiques d'un appel

Ce chapitre traite de l'aspect administratif du régime fiscal, soit la façon dont l'impôt est perçu et votre cotisation calculée ainsi que les recours dont vous disposez si vous êtes en désaccord avec Revenu Canada quant au montant d'impôt à payer.

13.1 DÉCLARATIONS DE REVENUS

13.1.1 GÉNÉRALITÉS

Tous les particuliers sont tenus de produire leur déclaration de revenus au plus tard le 30 avril de chaque année. Si vous n'avez aucun impôt à payer pour l'année (par opposition à aucun solde dû en avril), il n'est pas nécessaire de produire une déclaration. Dans toutes les provinces, à l'exception du Québec, une seule déclaration couvre les impôts aux deux échelons, fédéral et provincial. Les particuliers résidant au Québec ainsi que les contribuables qui ont un revenu d'entreprise provenant d'activités exercées au Québec doivent également produire une déclaration de revenus distincte (se reporter au chapitre 14).

La déclaration de revenus doit être affranchie (ou produite par voie électronique) au plus tard à la date d'échéance. Le particulier dont la déclaration est en retard sera assujetti automatiquement à une pénalité représentant 5 % de tout solde d'impôt impayé. Cette pénalité est majorée de 1 % de l'impôt impayé pour chaque mois complet de retard, jusqu'à concurrence de 12 mois. Des remises tardives répétées de déclarations entraînent des pénalités plus importantes.

13.1.2 TRANSMISSION ÉLECTRONIQUE DES DÉCLARATIONS DE REVENUS (TED)

Revenu Canada offre une option « haute technologie » aux contribuables qui souhaitent produire leur déclaration de revenus par voie électronique en utilisant un ordinateur personnel. L'option, qui s'appelle le système **TED**, est maintenant disponible à l'échelle nationale et permet aux personnes autorisées à préparer ou à transmettre des déclarations de revenu de les envoyer directement à Revenu Canada grâce à un logiciel d'établissement et de transmission de déclarations.

En raison des exigences techniques et des coûts de démarrage élevés, la plupart des contribuables ne sont pas encore en mesure de produire eux-mêmes leurs déclarations à l'aide du système TED. Cependant, la majeure partie des spécialistes de l'impôt offrent ce service en plus de se charger de préparer les déclarations de revenus.

Le principal avantage du système TED est qu'il offre au contribuable la possibilité de faire traiter sa déclaration et d'obtenir son remboursement dans un délai aussi court qu'une à deux semaines comparativement à celui de trois à six semaines lorsque la méthode traditionnelle est utilisée. De plus, il n'est pas nécessaire de produire de documents ou de reçus lors de la transmission de la déclaration, bien que les reçus et autres documents connexes doivent toujours être conservés en cas de vérification subséquente par Revenu Canada.

Le gouvernement du Québec offrira le mode de transmission électronique des déclarations de revenus à compter du 15 mars 1995 pour les particuliers attendant un remboursement.

13.2 VERSEMENT DES IMPÔTS

13.2.1 RETENUES À LA SOURCE

Les impôts sont retenus à la source et versés à Revenu Canada par les employeurs et autres. Le montant retenu aux fins de l'impôt sur un paiement qui vous est fait est considéré avoir été payé par vous-même à Revenu Canada et ce, même si votre employeur n'en fait jamais le versement.

Les retenues à la source s'appliquent, entre autres, aux catégories suivantes de paiements :

- revenus d'emploi;
- prestations d'assurance-chômage;
- retraits d'un REER;
- paiements de rentes;
- versements de revenus de placement (intérêts, dividendes, loyers, redevances, etc.) à des non-résidents;
- acquisition de biens immobiliers d'un non-résident (à moins que celui-ci n'ait un certificat de Revenu Canada).

Notez qu'*aucune* retenue d'impôt n'est effectuée sur les versements d'intérêts, de dividendes, de loyers ou de redevances à des résidents canadiens. Les revenus d'un travail indépendant, tels les honoraires de consultation, qui sont un revenu d'entreprise (se reporter à la section 7.1), sont également versés sans déductions à la source.

13.2.2   ACOMPTES PROVISIONNELS

(LES CONTRIBUABLES QUÉBÉCOIS SONT INVITÉS À CONSULTER LE CHAPITRE 14, *IMPOSITION AU QUÉBEC*.)

À compter de septembre 1994, vous devrez verser des acomptes provisionnels si l'écart entre l'impôt à payer (incluant l'impôt provincial) et le montant des retenues à la source est supérieur à 2 000 $ pour l'année en cours et l'une ou l'autre des deux années précédentes. (Pour les résidents du Québec, le seuil est de 1 200 $ au lieu de 2 000 $, l'impôt provincial n'étant pas perçu par Revenu Canada.)

Les acomptes provisionnels trimestriels doivent être versés le 15e jour des mois de mars, juin, septembre et décembre.

Il existe trois méthodes pour calculer vos obligations en matière d'acomptes provisionnels.

Voyons d'abord la première méthode selon laquelle le total de vos acomptes provisionnels, payés en quatre versements égaux, doit correspondre à **l'impôt exigible pour l'année courante**, sur les sources de revenu pour lequel aucun impôt n'a été retenu. En d'autres mots, vos acomptes provisionnels doivent correspondre au solde exigible à la fin de l'année.

Selon la deuxième méthode, le total de vos acomptes provisionnels doit correspondre à **l'impôt exigible pour l'année précédente**, sur les sources de revenu pour lequel aucun impôt n'a été retenu. En d'autres mots, prenez le solde que vous deviez payer l'année passée après avoir soustrait les retenues à la source et payez ce montant pendant l'année, sous forme d'acomptes provisionnels.

La première méthode exige d'évaluer votre revenu pour l'année courante. Si votre évaluation est trop basse, les montants de vos acomptes provisionnels risquent de ne pas être assez élevés. La deuxième méthode vous permet d'utiliser le revenu de l'année précédente, mais le 15 mars, date à laquelle vous devez verser le premier acompte, vous n'aurez peut-être pas encore calculé le total de votre impôt pour l'année précédente. C'est la raison pour laquelle la troisième méthode a été introduite.

En vertu de cette dernière méthode, chacun de vos acomptes provisionnels de mars et de juin doit s'élever au quart du montant total d'impôt exigible sur les sources de revenu pour lequel aucun impôt n'a été retenu lors de la **deuxième année précédente**. Le total de vos acomptes provisionnels pour l'année doit néanmoins toujours correspondre au total du montant de l'année précédente, comme c'est le cas pour la deuxième méthode. Par conséquent, les acomptes de septembre et de décembre doivent suffire à atteindre ce total. Revenu Canada vous fera parvenir par la poste et ce, à chaque trimestre, un relevé vous avisant de vos obligations en matière d'acomptes provisionnels calculés selon la troisième méthode.

EXEMPLE

Simon est un travailleur autonome qui travaille comme consultant. Son impôt à payer (combiné fédéral et provincial) s'élevait à 20 000 $ en 1993 et à 24 000 $ en 1994. Il prévoit payer 27 000 $ d'impôt en 1995.

En 1995, Simon devra verser des acomptes trimestriels totalisant 24 000 $ les 15 mars, 15 juin, 15 septembre et 15 décembre, soit le montant de son impôt à payer de l'année précédente. Il peut, s'il le veut, verser quatre acomptes provisionnels de 6 000 $ chacun.

Cependant, Revenu Canada avisera Simon, en février 1995, que le montant de ses acomptes provisionnels pour mars et juin seraient de 5 000 $ chacun, c'est-à-dire qu'ils devraient correspondre au quart de son impôt à payer pour 1993, puisqu'il ne dispose pas encore des chiffres de 1994. S'il effectue les paiements qui lui sont demandés, le montant de ses acomptes pour le 15 septembre et le 15 décembre sera alors de 7 000 $ chacun et il aura ainsi versé les 24 000 $ requis pour s'acquitter de ses obligations au titre des acomptes provisionnels, en vertu de la « troisième méthode ».

Le solde de 3 000 $ (en supposant que Simon ait correctement évalué son revenu pour 1995) sera alors exigible le 30 avril 1995.

Si les versements sont effectués aux dates prévues et s'ils sont suffisants, selon l'une des trois méthodes, aucun intérêt ne sera réclamé. Si les versements ne sont pas effectués aux dates prévues ou s'ils sont insuffisants, des intérêts seront réclamés au « taux prescrit » par Revenu Canada (se reporter à la section 13.3), composé quotidiennement. Les versements anticipés ne permettent pas de *gagner* des intérêts, mais ils donnent droit à un « contre-intérêt » qui compensera les intérêts exigibles sur un éventuel versement tardif.

EXEMPLE

Simon, de l'exemple précédent, ne verse aucun acompte avant le 15 juin 1995. À cette date, il fait un versement unique de

*15 000 $, suivi d'un versement de 2 000 $ le 15 septembre 1995
et d'un versement de 7 000 $ le 15 décembre 1995.*

*Simon ne devrait payer aucun intérêt sur ses versements
au fédéral, en supposant que le taux d'intérêt prescrit demeure
constant pendant toute l'année 1995. Son versement du 15 juin
peut être divisé en trois tranches: l'une de 5 000 $ due en
mars, versée avec trois mois de retard; une deuxième de
5 000 $ payée à la date requise; et une troisième de 5 000 $
sur les 7 000 $, exigible en septembre, payée trois mois
d'avance. La tranche versée par anticipation donnera lieu à un
« contre-intérêt » qui compensera l'intérêt que Simon aurait été
tenu de payer en raison du règlement tardif de la tranche due
en mars.*

Si l'intérêt exigible sur des versements tardifs excède 1 000 $, une
pénalité additionnelle allant jusqu'à 50 % de l'intérêt pourrait être
exigée.

13.2.3 PAIEMENT DU SOLDE

Tout solde d'impôt exigible au moment de la production de la déclaration doit être payé au plus tard en même temps que l'envoi de
la déclaration, soit le 30 avril. Tel qu'il est indiqué à la section 13.1,
la remise tardive de la déclaration entraînera automatiquement une
pénalité sur le solde impayé.

En outre, tout solde impayé portera un intérêt, **composé quotidiennement**, au taux prescrit par Revenu Canada (voir la section
13.3).

13.2.4 « DÉPÔT DIRECT » DES REMBOURSEMENTS D'IMPÔT

Le gouvernement fédéral offre un service appelé le « dépôt direct »
selon lequel vous pouvez maintenant faire déposer directement dans
votre compte à un établissement financier les remboursements d'impôt, les crédits pour la taxe sur les produits et services, la prestation
fiscale pour enfants et certains autres paiements auxquels vous avez
droit. Si vous voulez bénéficier de ce service, qui permet de gagner
le temps consacré à l'émission de chèques envoyés par la poste et
d'éviter le problème des chèques perdus dans le courrier, veuillez
remplir le formulaire T1-DD et le joindre à votre déclaration de revenus. En ce qui concerne les autres paiements du gouvernement,
tels les chèques de pension de sécurité de la vieillesse ou les
chèques du Régime de pension du Canada ou du RRQ, veuillez
communiquer avec votre établissement financier pour obtenir les
formulaires appropriés.

13.3 INTÉRÊT

Le taux d'intérêt sur les paiements d'impôt fédéral ou les acomptes
provisionnels tardifs et sur les remboursements est calculé à un taux

prescrit qui varie trimestriellement et qui est fondé sur le taux de la Banque du Canada. Le taux est fixé à deux pour cent de plus que le taux utilisé aux fins de l'application des règles d'attribution (se reporter à la section 3.2.2) et aux règles portant sur les prêts consentis aux employés et aux actionnaires (se reporter aux sections 6.2 et 8.2.6). Bien qu'il s'agisse d'un taux d'intérêt annuel, il est en fait composé quotidiennement, de sorte que le taux réel est plus élevé que le taux indiqué.

Le montant des frais d'intérêt que vous devez sur les paiements en retard est calculé à partir de la date d'exigibilité du versement d'impôt. Les intérêts sur remboursement commencent à être calculés le 14 juin (soit 45 jours après le 30 avril) ou le jour où la déclaration de revenus est produite, selon la plus tardive de ces deux dates.

Le montant des intérêts qui vous est versé à l'égard d'un remboursement est imposable dans l'année au cours de laquelle vous le recevez. Par conséquent, si vous produisez votre déclaration de revenus de 1994 en avril 1995 et que vous recevez un remboursement par chèque en août, vous devez déclarer l'intérêt calculé à compter du 14 juin dans votre déclaration de 1995.

Par contre, les frais d'intérêt que vous êtes tenu de payer à Revenu Canada, par exemple sur les paiements d'impôts ou les acomptes provisionnels tardifs, ne sont pas déductibles.

Les taux d'intérêt prescrits par le gouvernement fédéral pour les quelques derniers trimestres jusqu'à la production de ce guide sont les suivants:

Trimestre	Taux d'intérêt faible	Taux d'intérêt élevé
Janv. à mars 1994	5 %	7 %
Avril à juin 1994	4 %	6 %
Juill. à sept. 1994	6 %	8 %
Oct. à déc. 1994	7 %	9 %

Comme il est indiqué ci-dessus, les taux d'intérêt élevés s'appliquent aux paiements d'impôts, aux acomptes provisionnels et aux remboursements tardifs. Les taux d'intérêt faibles s'appliquent aux fins des règles d'attribution et aux prêts consentis aux actionnaires et aux employés.

13.4 **AVIS DE COTISATION, VÉRIFICATION ET AVIS DE NOUVELLE COTISATION**

13.4.1 AVIS DE COTISATION « INITIAL »

La déclaration de revenus produite de la manière habituelle (sur papier) est généralement traitée dans les trois à six semaines suivant son envoi, après quoi un « avis de cotisation » est envoyé au contribuable ainsi que tout remboursement qui lui est dû. L'étude de la déclaration comprend la révision des montants qui y figurent afin d'en vérifier l'exactitude (p. ex., pour s'assurer que les calculs sont justes et que les montants inscrits sur la déclaration correspondent aux montants inscrits sur les reçus et autres feuillets de renseignements à l'appui).

La plupart des utilisateurs de TED peuvent normalement compter que le délai consacré au traitement de leur déclaration soit d'une ou deux semaines.

Cependant, l'avis de cotisation (que la déclaration soit produite de la manière traditionnelle ou par l'intermédiaire du système TED) ne se fonde habituellement sur aucune enquête au-delà des renseignements donnés sur la déclaration. Il s'agit d'un avis de cotisation qu'on pourrait qualifier d'«initial». Le fait qu'une déduction particulière soit accordée à cette étape ne signifie pas que Revenu Canada vous «laisse» la réclamer; c'est tout simplement qu'il ne s'est pas arrêté à cette question dans les moindres détails.

13.4.2 VÉRIFICATION

Il se peut qu'un certain temps après l'émission du premier avis de cotisation, la déclaration d'un contribuable soit choisie aux fins d'une vérification. La plupart des vérifications de dossiers de particuliers (par opposition aux sociétés) sont des «vérifications au bureau de Revenu Canada», au cours desquelles le vérificateur demandera au contribuable de présenter des documents à l'appui de ses réclamations. Quelquefois, il s'agit de vérifications «sur place»; le vérificateur se rend alors à votre place d'affaires pour vérifier les registres.

Si vous avez recours au système TED, vous n'avez pas à joindre de reçus à votre déclaration. Il se peut toutefois que Revenu Canada procède ultérieurement à une «vérification au hasard» afin de vérifier certains montants, tels des dons, des cotisations à un REER ou des frais de scolarité. Il s'agit habituellement d'une simple formalité destinée à assurer l'intégrité du système TED.

Vous devez être au courant de vos droits relativement à une vérification. Le vérificateur n'est pas autorisé à «fouiller» dans vos registres. Il peut vous demander certains renseignements précis et vous avez le droit de demander pourquoi ces renseignements sont exigés. Si vous craignez que les négociations avec le vérificateur soient difficiles, assurez-vous du soutien de vos conseillers professionnels.

À moins que vous ne soyez engagé dans des opérations d'évasion fiscale, vous n'avez aucune raison de vous inquiéter d'une vérification.

13.4.3 AVIS DE NOUVELLE COTISATION

Si la vérification (ou celle visant un tiers) devait révéler que votre impôt à payer diffère de la somme indiquée au premier avis de cotisation, Revenu Canada émettra alors un **avis de nouvelle cotisation**. Lorsque cet avis doit entraîner un versement supplémentaire d'impôt de votre part, vous serez normalement consulté au préalable et aurez la possibilité d'expliquer votre situation.

Un avis de nouvelle cotisation ne peut en principe être émis plus de trois ans après l'émission de l'avis de cotisation initial. Cependant, dans les cas de fraude ou de présentation erronée des faits par « négligence, inattention ou omission volontaire », un avis de nouvelle cotisation peut être émis en tout temps.

Quelques autres cas, dont le plus important est la production d'une **renonciation**, échappent à la règle de trois ans. La renonciation, qui porte généralement sur une question précise faisant l'objet d'un différend, permettra à Revenu Canada de réviser en tout temps votre cotisation à l'égard de cette question. Vous pouvez toutefois annuler une renonciation au moyen d'un avis de six mois à Revenu Canada.

13.5 OPPOSITIONS ET APPELS

13.5.1 AVIS D'OPPOSITION

Si vous n'arrivez pas à une entente avec le vérificateur et recevez un avis de nouvelle cotisation, ou si vous êtes en désaccord avec l'avis de cotisation initial, vous pouvez produire un avis d'opposition. Il suffit alors d'écrire une lettre au chef des Appels du bureau de district de Revenu Canada de votre région. Débutera alors le processus d'appel formel. L'avis d'opposition doit exposer le ou les points précis sur lesquels porte l'opposition.

Pour être valide, l'avis d'opposition doit être déposé dans les 90 jours suivant la date de l'avis de cotisation ou de nouvelle cotisation auquel vous vous opposez ou au plus tard le 30 avril suivant la date d'exigibilité de production initiale de la déclaration de revenus. Par exemple, vous pouvez vous opposer à l'avis de cotisation de votre déclaration de 1993 en déposant un avis d'opposition soit le 30 avril 1995 ou dans les 90 jours suivant l'avis de cotisation ou de nouvelle cotisation, selon la plus tardive de ces deux dates.

Lorsque vous déposez un avis d'opposition, l'opposition est étudiée par un agent des Appels de Revenu Canada. Cet agent est indépendant de la direction de la vérification et n'a pas le droit de discuter du dossier avec le vérificateur.

Si la période d'opposition est expirée, vous pouvez demander un nouvel examen de votre déclaration. Dans ce cas, vous ne pouvez légalement forcer Revenu Canada à procéder à ce nouvel examen, mais un avis de nouvelle cotisation sera quand même émis dans la plupart des cas. Revenu Canada acceptera de procéder à un nouvel examen pour toute année subséquente à 1984, à condition que la demande soit conforme aux modalités d'application du Dossier Équité publié par ce ministère.

Dans certains cas, vous pouvez également soumettre une demande à Revenu Canada ou à la Cour canadienne de l'impôt en vue d'obtenir la prolongation du délai accordé pour la production d'un avis d'opposition.

13.5.2 APPEL DEVANT LA COUR DE L'IMPÔT

L'agent des Appels de Revenu Canada est le dernier recours en appel auprès de ce ministère. Si vous désirez poursuivre les démarches, vous devrez interjeter appel auprès de la Cour canadienne de l'impôt.

Vous pouvez choisir d'interjeter appel selon la procédure « générale » ou « informelle » de la Cour.

La procédure « générale » requiert habituellement les services d'un avocat, et elle est semblable à la procédure des cours supérieures provinciales. Si le montant d'impôt en cause pour une année d'imposition donnée est supérieur à 12 000 $ au palier fédéral (environ 19 000 $ en tenant compte de l'impôt provincial), la procédure générale doit alors être adoptée. Dans certains litiges destinés à faire « jurisprudence », Revenu Canada peut également imposer l'application de la procédure générale même si les sommes en cause sont moindres, auquel cas Revenu Canada sera tenu de vous rembourser la plupart ou la totalité des frais juridiques.

Quant à la procédure « informelle », elle est, comme son nom l'indique, beaucoup moins complexe. Vous pouvez vous présenter seul ou accompagné de quelqu'un pour vous aider (par exemple, un avocat, un comptable, un conseiller ou un ami). Il n'est pas nécessaire de remplir de formulaire particulier pour entreprendre les démarches. Les règles formelles de la preuve habituellement appliquées dans le cadre des procès ne le seront pas nécessairement. Aux termes de la procédure « informelle », la cause est généralement entendue assez rapidement et la décision rendue dans l'année suivant la première demande d'appel. Cette décision ne constitue pas un « précédent » et n'est pas contraignante quant à des litiges ultérieurs, qu'il s'agisse du vôtre ou de celui d'un tiers.

13.5.3 INSTANCES SUPÉRIEURES D'APPEL

Une décision rendue par la Cour canadienne de l'impôt selon la procédure « informelle » peut faire l'objet d'un appel, seulement si elle porte sur une question de droit, par voie d'une « révision judiciaire » effectuée par la Cour fédérale d'appel. Une décision rendue selon la procédure « générale » peut faire directement l'objet d'un appel devant la Cour fédérale d'appel. Dans l'un ou l'autre cas, vous devrez recourir aux services d'un avocat afin d'interjeter appel et patienter pendant environ deux ans, depuis la date de la demande jusqu'au jour où la décision est rendue.

Une fois que la Cour fédérale d'appel a rendu sa décision, vous-même ou Revenu Canada pouvez demander la permission d'interjeter appel auprès de la Cour suprême du Canada. L'appel ne pourra être interjeté que si la demande est autorisée par un jury composé de trois juges de la Cour suprême. Celle-ci n'accorde que rarement ce droit pour des litiges de nature fiscale; en général, seuls trois ou quatre litiges parviennent en Cour suprême chaque année.

13.6   CONSEILS DE PLANIFICATION

13.6.1   PRODUISEZ VOTRE DÉCLARATION MÊME SI VOUS NE POUVEZ PAYER LE SOLDE; PAYEZ LE SOLDE MÊME SI VOUS NE POUVEZ PRODUIRE VOTRE DÉCLARATION

Tel qu'il est indiqué à la section 13.1, une pénalité de 5 % du solde d'impôt impayé est imposée à chaque contribuable dont la déclaration est produite en retard, ne serait-ce que d'un jour. Il s'ensuit que si vous êtes incapable de payer le solde dû, produisez tout de même votre déclaration à temps; l'intérêt courra sur le solde impayé, mais la pénalité ne sera pas imposée.

Inversement, si vous êtes dans l'impossibilité de compléter votre déclaration à temps, mais que vous avez une idée du montant que vous devez, il est bon de verser ce montant à Revenu Canada avant le 30 avril. Assurez-vous que le montant soit crédité à l'année d'imposition appropriée (et non comme acompte provisionnel de l'année suivante, par exemple). Si votre solde à payer est peu élevé, cela minimisera la pénalité de 5 % de même que l'intérêt non déductible.

13.6.2   PRODUISEZ VOTRE DÉCLARATION À L'AIDE DU SYSTÈME TED

Si vous prévoyez obtenir un remboursement, songez à produire votre déclaration par voie électronique en faisant appel à une personne autorisée à remplir les déclarations aux fins du système TED. Ce mode de transmission accélérera grandement le traitement de votre déclaration ainsi que le versement de votre remboursement. De plus, en faisant en sorte que votre remboursement soit déposé directement dans votre compte bancaire, vous éviterez les délais d'un envoi par la poste.

Même si vous ne prévoyez pas obtenir de remboursement, vous pouvez quand même choisir d'utiliser le système TED et ce, afin de réduire la « paperasse » pour vous-même, pour la personne qui remplit votre déclaration à l'aide de ce système et pour Revenu Canada. Si la question d'une vérification ultérieure de votre déclaration vous inquiète, le fait de produire celle-ci en utilisant le système TED augmentera habituellement la rapidité de son traitement et permettra à la période de trois ans prévue pour l'établissement d'une nouvelle cotisation (se reporter à la section 13.4.3) de commencer plus tôt.

Si vous remplissez vous-même votre déclaration, la plupart des personnes autorisées à utiliser le système TED n'exigeront que des frais minimes pour la transmission de votre déclaration à Revenu Canada.

13.6.3 RENSEIGNEZ-VOUS SUR LES TAUX D'INTÉRÊT ET LE CALCUL DE L'INTÉRÊT COMPOSÉ

Au moment d'évaluer l'incidence future d'un solde d'impôt à payer, assurez-vous de tenir compte de tous les intérêts qui peuvent s'appliquer. Tel qu'il est indiqué à la section 13.3, l'intérêt est composé *quotidiennement*. Ainsi, un taux d'intérêt de 10 % par exemple, équivaut-il à un taux d'intérêt simple annuel d'environ 10,52 %.

Le taux d'intérêt prescrit est modifié trimestriellement; le nouveau taux en vigueur pour chaque trimestre est annoncé par Revenu Canada dans un communiqué publié juste avant le début du trimestre.

Le traitement fiscal de l'intérêt doit également être pris en compte. Puisque l'intérêt que vous payez à Revenu Canada n'est pas déductible, mais que celui que vous recevez est imposable, l'intérêt que vous payez vous coûte en fait jusqu'à deux fois plus cher. Supposons, par exemple, que vous receviez 200 $ en intérêts sur votre remboursement pour 1994, mais que vous deviez payer 200 $ en intérêts pour votre déclaration de 1995, et que votre taux d'imposition soit de 41 %, votre coût net après impôt sera de 82 $.

À titre d'exemple, si vous devez verser un montant d'impôt le 30 avril et savez que vous aurez à payer l'intérêt en raison d'acomptes provisionnels insuffisants ou tardifs, envisagez d'accompagner votre paiement d'impôt du 30 avril d'un montant estimatif au titre de l'intérêt couru afin d'empêcher celui-ci de s'accumuler davantage.

13.6.4 ENVISAGEZ DE VERSER DES ACOMPTES PROVISIONNELS ANTICIPÉS

Comme nous l'avons vu à la section 13.2.2, l'intérêt « compensatoire » ou le « contre-intérêt » sur les acomptes provisionnels anticipés ne peut servir qu'à contrebalancer l'intérêt à payer sur des acomptes en retard pour la même année. Si vous avez pris du retard dans vos acomptes provisionnels, vous pourriez effectuer un versement supplémentaire ou anticipé afin de compenser l'intérêt (non déductible) qui autrement vous serait réclamé.

13.6.5 PRODUISEZ UN AVIS D'OPPOSITION LORSQUE CELA EST PERTINENT

Si vous êtes en désaccord avec l'avis de cotisation ou l'avis de nouvelle cotisation reçu, il vous faut absolument produire votre avis d'opposition avant la fin du délai mentionné à la section 13.5.1. Même si vous en êtes encore à débattre votre cas avec Revenu Canada et même si l'on vous a assuré qu'un avis de nouvelle cotisation serait émis en votre faveur, vous devriez malgré tout produire votre avis d'opposition. Autrement, vous perdrez votre droit d'interjeter appel, et les fonctionnaires de Revenu Canada auront tout le loisir d'émettre un avis de nouvelle cotisation.

| 13.6.6 | RÉCLAMEZ DES MODIFICATIONS LORSQUE VOTRE DOSSIER EST OUVERT DE NOUVEAU EN RAISON D'UN AVIS DE NOUVELLE COTISATION |

Comme nous l'avons vu à la section 13.5.1, votre droit d'exiger un nouvel examen de votre déclaration expire 90 jours après l'émission de l'avis de cotisation ou de l'avis de nouvelle cotisation ou un an après la date d'exigibilité de la déclaration, à moins que vous ne déposiez un avis d'opposition.

Lorsqu'un avis courant de nouvelle cotisation est émis au cours de la période de trois ans dont Revenu Canada dispose pour ce faire, votre déclaration est « ouverte à opposition » pour une période de 90 jours. Vous pouvez alors en profiter pour soulever un point que vous souhaitez contester ou voir changer, même si l'avis de nouvelle cotisation porte sur un autre point, en déposant un avis d'opposition qui préservera votre droit d'appel. Cependant, vous ne pourrez le faire si la déclaration a été ouverte de nouveau pour certaines raisons spéciales (par exemple, le report rétrospectif de pertes d'une année subséquente).

| 13.6.7 | NE SIGNEZ UNE RENONCIATION QUE DANS LA MESURE OÙ CELA EST NÉCESSAIRE |

Si un vérificateur de Revenu Canada vous demande de signer une renonciation à l'application du délai de trois ans pour l'établissement d'une nouvelle cotisation (se reporter à la section 13.4.3), étudiez la demande attentivement et n'acceptez pas avant d'avoir obtenu les conseils d'un professionnel.

Pensez d'abord aux possibilités qui s'offriront au vérificateur si vous ne signez pas la renonciation. Vous n'avez pas à déposer un tel document juste pour être « accommodant ». Si le délai de trois ans pour l'établissement d'une nouvelle cotisation tire à sa fin et que le vérificateur ne dispose pas de tous les renseignements nécessaires pour justifier une nouvelle cotisation, il peut être à votre avantage de ne pas signer la renonciation. N'oubliez pas que le système interne de Revenu Canada rend le processus d'établissement d'une nouvelle cotisation assez lent, bien que certains dossiers soient parfois traités en quelques jours dans les cas extrêmes.

Assurez-vous ensuite que la renonciation est très précise et élimine la période de trois ans à l'égard des seules questions qui font l'objet d'une enquête ou d'un litige. Il ne serait pas à votre avantage de signer une renonciation générale pour une année d'imposition donnée.

13.6.8   ASSUREZ-VOUS DE BIEN COMPRENDRE LES ASPECTS JURIDIQUES D'UN APPEL

Si vous décidez d'interjeter appel auprès de la Cour canadienne de l'impôt, soyez sûr de bien comprendre les aspects juridiques d'une telle démarche. Consultez d'abord un spécialiste en fiscalité que vous ayez l'intention de plaider votre cause vous-même ou de vous faire représenter par un ami ou un parent. De nombreuses questions relatives à la réglementation fiscale font l'unanimité des experts (et du juge!), mais elles peuvent ne pas être évidentes pour le non initié.

13.7   DOCUMENTS DE RÉFÉRENCE

Vous pouvez obtenir un exemplaire des publications suivantes en téléphonant ou en vous présentant à votre bureau de district de Revenu Canada, Impôt :

Bulletin d'interprétation IT-241, « Nouvelles cotisations établies après le délai de quatre ans »

Circulaire d'information 75-7R3, « Nouvelle cotisation relative à une déclaration de revenus »

Circulaire d'information 80-7, « Oppositions et appels »

Circulaire d'information 92-2, « Lignes directrices concernant l'annulation des intérêts et des pénalités »

Circulaire d'information 92-3, « Lignes directrices concernant l'émission de remboursements en dehors de la période normale de trois ans »

Formulaire T1, « Déclaration de revenus des particuliers »

Formulaire T1-DD, « Demande de dépôt direct par un particulier »

Formulaire T183, « Autorisation et entente du contribuable concernant la production électronique de la déclaration de revenus des particuliers »

Formulaire T400A, « Avis d'opposition »

Formulaire 1013, « Formule de consentement »

Formulaire T2029, « Renonciation à l'application du délai pour l'établissement d'une nouvelle cotisation »

Dépliant T4077, « Transmission électronique des déclarations (TED) — Questions et réponses »

14

CONSEILS DE PLANIFICATION

■ Soyez au courant des différences entre les régimes fiscaux

■ Faites l'acquisition de meubles ou d'appareils ménagers grâce aux fonds investis dans votre REÉL

■ Investissez dans le FSTQ et transférez les actions dans un REER

■ Réclamez le crédit pour hébergement « d'ascendants en ligne directe »

■ Réclamez le crédit d'impôt remboursable si vous adoptez un enfant

■ Personnes âgées — étudiez la possibilité d'embaucher une aide domestique

Le Québec se distingue des autres provinces du fait que son régime fiscal est indépendant du régime fédéral. Les résidents du Québec doivent donc produire une déclaration de revenus distincte. La Loi sur les impôts du Québec s'inspire grandement de la Loi de l'impôt sur le revenu du Canada mais elle comporte un certain nombre de différences, que nous verrons à la section 14.2. La section 14.3 traitera des régimes d'encouragement qui sont propres au Québec. Ces régimes, soit les RÉA, SPEQ, RIC, FSTQ et autres, sont autant de programmes d'encouragement à l'investissement dans divers domaines d'activité au Québec. La section 14.4 traitera de la taxe de vente du Québec, qui est semblable à la TPS fédérale.

14.1 TAUX D'IMPOSITION AU QUÉBEC

Les taux d'imposition au Québec sont présentés à l'annexe III. Lors de la présentation du budget en mai 1994, il a été annoncé qu'une **réduction de l'impôt** serait accordée aux contribuables à revenu faible et moyen à compter de 1994. Cette mesure est à l'opposé d'une surtaxe (dont il a été question dans les sections 1.1.1 et 1.7.4). La réduction est de 2 % de X (X correspondant à 10 000 $, moins l'impôt à payer après avoir soustrait les crédits d'impôt non remboursables). Par conséquent, la réduction serait de 2 % de 9 000 $, ou 180 $, dans le cas d'un particulier dont l'impôt de base au Québec est de 1 000 $. Il n'y aurait pas de réduction dans le cas d'un particulier dont l'impôt de base au Québec serait de 10 000 $ ou plus.

L'impôt fédéral de base est réduit de 16,5 % pour les résidents du Québec. Le taux d'imposition marginal le plus élevé au *fédéral* est ainsi limité à 26,5 % plutôt qu'à 31,3 % (surtaxes comprises). L'effet combiné des taux de l'impôt fédéral, de la surtaxe fédérale et de l'impôt provincial est également présenté à l'annexe III.

14.2   PARTICULARITÉS DE L'IMPÔT DU QUÉBEC

Cette section traitera des principales différences entre les réglementations fiscales fédérale et québécoise touchant les particuliers. Les divers sujets sont présentés à peu près dans le même ordre qu'ils le sont dans le reste du guide.

14.2.1   FRAIS DE GARDE D'ENFANTS

La réglementation québécoise diffère à certains égards de la réglementation fédérale présentée à la section 1.2.3. Premièrement, les reçus doivent être joints à la déclaration de revenus québécoise, alors que la politique administrative de la réglementation fiscale fédérale demande uniquement que les reçus soient conservés.

Deuxièmement, à compter de 1994, les frais de garde d'enfants donneront lieu au Québec à un **crédit** remboursable plutôt qu'à une déduction. (Se reporter à la section 1.1.2 qui traite des crédits non remboursables et de la différence entre une déduction et un crédit.) Le crédit est établi selon une échelle dégressive, soit à 75 % des frais pour les familles les plus pauvres et à 26,4 % pour les familles comptant deux enfants à charge dont les revenus d'emploi sont d'environ 69 000 $ ou plus. Par conséquent, au lieu d'être plus intéressants pour les familles à revenu plus élevé, comme c'est le cas pour la déduction fédérale, les frais de garde d'enfants sont plus avantageux pour les familles à revenu moins élevés.

Troisièmement, la réglementation fiscale québécoise permet au conjoint dont le revenu est le plus élevé de réclamer le crédit pour frais de garde d'enfants. (Évidemment, comme il s'agit d'un crédit, la personne qui le réclame importe peu, en règle générale.) Cependant, le plafond du « revenu gagné » demeure fondé sur le revenu gagné de celui des conjoints dont le revenu net est le *moins* élevé. Les règles servant à calculer la déduction actuelle s'appliqueront en vue de déterminer le montant admissible au crédit.

Enfin, au lieu de limiter les frais de garde aux ²/₃ du revenu gagné du conjoint à plus faible revenu comme au fédéral, le Québec les limite au revenu gagné total du conjoint dont le revenu est le plus faible.

EXEMPLE

Dominique et Claude ont deux enfants d'âge préscolaire. En 1994, Dominique a un revenu annuel de 70 000 $ et Claude, qui travaille à temps partiel, a un revenu de 12 000 $. Ils paient 8 500 $ en frais de garderie pour cette même année, afin que Claude puisse travailler à l'extérieur.

> *Au fédéral, Claude est le seul conjoint qui peut réclamer une déduction, qui s'élèvera au moindre de : a) le montant versé, soit 8 500 $, b) 5 000 $ par enfant, soit 10 000 $, et c) les ²/₃ de son revenu gagné, soit 8 000 $. Claude peut donc déduire 8 000 $ de son revenu.*
>
> *Au Québec, Dominique ou Claude peut se prévaloir du crédit, lequel se calcule selon le moindre de : a) le montant versé, soit 8 500 $; de b) 5 000 $ par enfant, soit 10 000 $; et de c) 100 % du revenu gagné de Claude, soit 12 000 $. Compte tenu de leur revenu d'emploi combiné qui s'élève à plus de 69 000 $, le crédit sera donc établi à 26,4 % de 8 500 $.*

14.2.2   FRAIS JURIDIQUES RELATIFS À UN REDRESSEMENT DES VERSEMENTS DE PENSION ALIMENTAIRE

Le régime fédéral prévoit la déduction des frais juridiques engagés pour faire respecter l'obligation de verser la pension alimentaire ou l'allocation indemnitaire due. Cependant, les frais engagés pour faire établir le droit à la pension alimentaire ou à l'allocation indemnitaire (se reporter à la section 1.2.5) ne sont pas déductibles, non plus que les frais liés à une ordonnance d'un tribunal d'augmenter ou de diminuer le montant de ces paiements. Ces derniers sont toutefois déductibles aux termes de la réglementation fiscale québécoise.

14.2.3   PERSONNES ÂGÉES

Comme il en a été question à la section 1.3.2, à compter de 1994, le crédit fédéral accordé aux personnes de 65 ans ou plus est réduit ou aboli pour les contribuables dont le revenu est élevé. Le Québec n'a pas adopté cette mesure. Par conséquent, le crédit en raison de l'âge est disponible au Québec, peu importe le niveau de votre revenu.

À compter de 1995, les personnes de plus de 65 ans qui embauchent une **aide domestique** auront droit à un nouveau crédit d'impôt remboursable. Ce crédit pourrait être consenti à d'autres contribuables dans l'avenir. Conçu pour favoriser l'embauche par les ménages, le crédit sera égal à 30 % des dépenses pour un maximum annuel de dépenses admissibles engagées de 10 000 $ (soit un crédit maximal de 3 000 $). Seuls les ménages à revenu faible ou moyen y auront droit; le crédit étant réduit de 0,10 $ pour chaque dollar de revenu supérieur à 30 000 $, il ne sera pas disponible pour les ménages dont le revenu est supérieur à 60 000 $. Dans le cas des personnes âgées qui embauchent une aide domestique, Revenu Québec paiera les charges sociales en leur nom (y compris les cotisations d'assurance-chômage), de sorte qu'elles n'auront pas à s'occuper de la paperasse normalement associée à l'embauche d'employés. Les charges sociales payées au nom des personnes âgées par Revenu Québec ont pour effet de réduire le crédit. Elles n'auront pas à effectuer de prélèvement d'impôt à la source. Cependant, l'employé devra payer l'impôt (fédéral et québécois) au moment de produire ses déclarations de revenus.

14.2.4 DONS DE BIENFAISANCE — TERRAINS À VALEUR ÉCOLOGIQUE

Comme il en est question à la section 1.3.4, seuls les dons de bienfaisance n'excédant pas 20 % de votre revenu net vous donnent droit à un crédit d'impôt fédéral. La même règle s'applique au Québec. Cependant, depuis le 13 mai 1994, les dons de terrains sont soustraits à la limite de 20 % «lorsque les biens en cause comportent, de l'avis du ministre de l'Environnement et de la Faune, une valeur écologique indéniable». Cette modification a pour but de favoriser les dons aux municipalités et aux organismes de bienfaisance dont la mission consiste en la protection du patrimoine écologique du Québec.

14.2.5 FRAIS DE SCOLARITÉ

Les frais de scolarité qui donnent droit à des crédits non remboursables aux termes du régime fédéral (se reporter à la section 1.3.6) sont plutôt admis en déduction aux fins fiscales québécoises. Ainsi, ils réduisent l'impôt à votre taux marginal et non selon un taux uniforme pour tous les contribuables.

14.2.6 PERSONNE VIVANT SEULE

Outre les crédits accordés aux particuliers et aux diverses catégories de personnes à charge, semblables à ceux qui ont été présentés à la section 1.3.1, le Québec accorde un crédit de 210 $ à la «personne vivant seule». Vous êtes admissible à ce crédit si vous vivez seul (c'est-à-dire sans conjoint, conjoint de fait, co-locataire ou co-chambreur, etc.) ou seul avec des enfants à charge déclarés comme tels aux fins fiscales. Pour ce faire, vous devez joindre à votre déclaration de revenus un certificat d'impôt foncier (relevé 4), une copie de vos factures d'impôt foncier ou le formulaire TP-752.0.1h («Attestation de maintien d'un établissement domestique autonome»). Vous ne pouvez pas réclamer ce crédit si vous êtes séparé et subvenez aux besoins de votre conjoint. Cependant, si un conjoint verse une pension alimentaire à ses enfants seulement, ce crédit peut être réclamé par les deux parties, sous réserve du respect de toutes les autres conditions.

14.2.7 ADULTES HÉBERGEANT DES «ASCENDANTS EN LIGNE DIRECTE»

Le régime fiscal québécois prévoit un crédit d'impôt de 550 $ à l'intention des contribuables qui hébergent leurs parents, grand-parents ou arrière-grand-parents. L'ascendant doit être âgé de 70 ans ou plus (ou de 60 ans ou plus et être invalide) et il n'est pas nécessaire qu'il soit financièrement à la charge du contribuable ou que son revenu soit dans une tranche d'imposition peu élevée. (De fait, « l'ascendant » pourrait même subvenir aux besoins du contribuable qui réclame le crédit! Ce dernier doit toutefois être propriétaire ou locataire de l'habitation.) Cette mesure est conçue pour encourager le soutien des familles aux personnes âgées. Comme il s'agit d'un crédit remboursable, le contribuable recevra un remboursement même s'il n'a aucun impôt à payer au Québec.

| 14.2.8 | ALLOCATIONS POUR ENFANTS |

La prestation fiscale pour enfants offerte au palier fédéral a été décrite à la section 1.5.1. Depuis 1993, elle remplace le crédit pour enfants à charge, les allocations familiales et le crédit fédéral d'impôt pour enfants. Le régime québécois n'a pas (encore) modifié sa réglementation en fonction de ces changements, de sorte qu'au palier québécois, un crédit non remboursable pour enfants à charge (soit 520 $ pour le premier enfant et 480 $ pour les autres enfants) peut toujours être réclamé, et que des allocations familiales sont encore versées aux familles.

Dans le cadre de son programme d'aide aux familles avec de jeunes enfants et d'encouragement à la croissance de la population de la province, le gouvernement québécois accorde une allocation mensuelle supplémentaire pour les enfants de moins de 6 ans, ainsi qu'une allocation à la naissance. Ces allocations ne sont imposables à ni l'un ni l'autre des paliers d'imposition.

L'allocation à la naissance s'élève à 500 $ pour le premier-né ou le premier enfant adopté, à 1 000 $ pour le deuxième enfant et à 8 000 $ pour le troisième et chacun des enfants suivants.

L'allocation de 500 $ est versée peu après la naissance. Celle de 1 000 $ est payée en deux versements, soit à la naissance et au premier anniversaire de l'enfant. Quant à l'allocation de 8 000 $, elle est versée sur cinq ans, en vingt versements trimestriels de 400 $ à compter de la naissance de l'enfant.

De plus, dans le cadre du « Programme d'avantages pour la maternité », le gouvernement provincial offre aux femmes, qui quittent temporairement leur emploi pour avoir un enfant, un supplément de 360 $ aux prestations d'assurance-chômage du gouvernement fédéral, à condition que le revenu familial brut soit inférieur à 55 000 $. Cependant, ce supplément est imposable aux paliers fédéral et provincial.

Ces mesures d'encouragement ne sont pas à proprement parler des mesures fiscales, mais elle intéresseront de nombreux contribuables.

Le budget du Québec de mai 1994 annonçait l'instauration d'un nouveau crédit d'impôt remboursable au titre des **frais d'adoption** dans le cas des adoptions finalisées en 1994 ou par la suite. Le crédit est égal à 20 % d'un maximum de 5 000 $ de frais admissibles (soit un crédit maximum de 1 000 $). Les frais d'adoption admissibles comprennent les frais de cour et les honoraires juridiques, les frais de voyage et les frais de traduction (dans le cas d'une adoption dans un pays étranger), ainsi que les frais exigés par des organismes agréés.

Dans le cas où les deux conjoints ont droit au crédit, chacun doit indiquer la tranche pour laquelle il présente une réclamation.

14.2.9   FRAIS MÉDICAUX

Il a été question du crédit d'impôt fédéral de 17 % accordé pour les frais médicaux à la section 1.3.5.

Les frais médicaux vous donnent droit à un crédit d'impôt provincial de 20 %. Le même seuil de 1 614 $ ou de 3 % de votre revenu net a été fixé avant de pouvoir réclamer des frais médicaux. Les frais médicaux admissibles sont, en règle générale, identiques à ceux du fédéral.

Toutefois, le régime fiscal québécois comporte une autre catégorie de frais médicaux admissibles. Dans le cas où une personne à votre charge ou vous-même auriez besoin de recevoir, pendant une période prolongée, des soins ne pouvant être accordés que dans un **établissement de santé du Québec situé à 250 kilomètres ou plus de votre résidence**, vos « frais de déménagement » seraient admissibles à titre de frais médicaux au provincial. À cette fin, les frais de déménagement comprennent ceux qui sont énumérés à la section 1.2.2.

14.2.10   CONTRIBUTIONS À DES PARTIS POLITIQUES

Comme nous l'avons vu à la section 1.4.1, plusieurs provinces accordent des crédits à l'égard des contributions versées à des partis politiques provinciaux, à des associations de comté ou à des candidats aux élections. Au Québec, ce crédit, déductible de l'impôt québécois, s'élève à 50 % de la première tranche de 280 $ de contributions versées à un parti politique du Québec (le crédit maximum est ainsi de 140 $).

14.2.11   RÉGIMES ENREGISTRÉS D'ÉPARGNE-LOGEMENT (REÉL)

Les REÉL ont constitué un régime d'épargne très populaire jusqu'en 1985, année où ils ont été abolis aux termes du régime fédéral. Antérieurement à 1985, les cotisations à un REÉL pouvaient être déduites (jusqu'à concurrence d'un montant maximum) et les prélèvements n'étaient pas imposables si les fonds étaient affectés à l'achat d'une première résidence.

Au moment de l'abolition des REÉL, la réglementation fédérale a été modifiée de façon à permettre aux participants de retirer les fonds qu'ils détenaient dans ces régimes sans payer d'impôt fédéral. La plupart des canadiens ont alors tout simplement retiré les fonds qu'ils détenaient dans un REÉL. Cependant, le Québec n'a pas redressé sa réglementation en fonction de la modification apportée par le fédéral. Aux fins de l'impôt du Québec, les fonds retirés doivent être utilisés pour l'achat d'une résidence ou de mobilier résidentiel (meubles et gros appareils ménagers neufs). Selon la condition d'admissibilité, ces biens doivent être livrés dans les 60 jours suivant la fin de l'année. Lorsque les fonds ne servent pas à l'une des fins énoncées ci-dessus, ils sont imposés, au Québec, dans l'année de leur retrait.

14.2.12	PERTE NETTE CUMULATIVE SUR PLACEMENTS

Comme nous l'avons vu à la section 4.4.3.2, les dépenses d'investissement et les déductions à l'égard d'abris fiscaux créent des pertes nettes cumulatives sur placements (PNCP) qui réduisent votre faculté de réclamer la déduction pour gains en capital.

Aux fins fiscales québécoises, les déductions fiscales accordées à l'égard des investissements stratégiques au Québec, que nous verrons à la section 14.3, ne sont *pas* comprises dans le calcul de votre PNCP. Par conséquent, elles n'affecteront pas votre faculté de réclamer la déduction pour gains en capital dans votre déclaration de revenus du Québec.

Ces mesures d'encouragement étaient les déductions que vous pouviez réclamer aux termes du Régime d'épargne-actions du Québec, du Régime d'investissement coopératif, d'une Société de placement dans l'entreprise québécoise, de certains frais de recherche scientifique et de développement expérimental, de productions cinématographiques ou télévisuelles québécoises certifiées, et de frais d'exploration de ressources minières engagés au Québec, tous regroupés sous l'appellation « Compte d'investissements stratégiques pour l'économie » (CISÉ).

14.2.13	FRAIS D'EXPLORATION DE RESSOURCES

Aux fins fiscales québécoises, certains frais d'exploration de ressources donnent droit à une déduction de 125 % des frais engagés au Québec et à une déduction additionnelle de 50 % à l'égard des frais d'exploration minière de surface engagés au Québec. Ces déductions s'appliquent aux frais engagés au Québec jusqu'à 60 jours après la fin de l'année. Ces déductions seront abolies à la fin de l'année civile 1995.

De plus, le particulier peut déduire une partie des frais d'émission (tels que les frais de courtage, juridiques et comptables) encourus par une entreprise d'exploration pour obtenir du financement par le biais d'actions accréditives.

Il convient de signaler que les actions admissibles au RÉA (se reporter à la section 14.3.1), ne permettent pas de demander une déduction à l'égard des dépenses d'exploration de ressources au titre de ces mêmes actions.

Il existe également une exonération spéciale d'impôt sur les gains en capital résultant des frais relatifs aux actions accréditives engagés avant la fin de 1995. Tout montant résultant de la vente d'actions accréditives donne normalement lieu à un gain en capital. Dans le cas des contribuables qui ont par ailleurs utilisé leur déduction pour gains en capital (se reporter aux sections 4.4 et 14.2.12), la nouvelle exonération réduira ou éliminera l'impôt du Québec sur une tranche du gain, jusqu'à concurrence du coût initial des actions accréditives. Comme les détails de l'exonération sont complexes, nous vous recommandons d'obtenir des conseils professionnels si vous vendez des actions accréditives acquises entre le 14 mai 1992 et le 31 décembre 1993.

| 14.2.14 | RÉGIME PRIVÉ D'ASSURANCE-MALADIE À LA CHARGE DE L'EMPLOYEUR |

Tel que nous l'avons vu à la section 6.1.1, les cotisations d'un employeur à un régime privé d'assurance-maladie sont, au palier fédéral, des avantages non imposables pour les employés. Ces avantages sont imposables aux fins fiscales québécoises. Ainsi, si votre employeur paie pour votre régime d'assurance-maladie collective, d'assurance-médicaments ou de soins dentaires, leur valeur sera incluse dans votre revenu d'emploi sur le Relevé 1, et il vous faudra l'indiquer dans la déclaration de revenus que vous produirez au Québec, même si l'information n'apparaît pas sur le T4, aux fins fiscales fédérales. Cependant, l'avantage est admissible au crédit pour frais médicaux, au Québec.

| 14.2.15 | DÉDUCTION D'IMPÔT POUR EMPLOI À L'ÉTRANGER |

Nous avons vu le crédit d'impôt fédéral pour emploi à l'étranger à la section 6.8. La réglementation québécoise atteint essentiellement les mêmes objectifs, soit de ne pas imposer certains revenus gagnés à l'étranger, mais selon une méthode différente.

D'abord, le régime québécois permet la déduction du revenu gagné à l'étranger plutôt que d'accorder un crédit d'impôt sur un pourcentage de ce revenu. Pour chaque période de 30 jours consécutifs pendant laquelle l'employé travaille à l'étranger dans le cadre d'un projet admissible, $1/12$ du revenu gagné à l'étranger peut être déduit.

Deuxièmement, les indemnités pour séjour à l'étranger sont entièrement exonérées d'impôt, pourvu qu'elles n'excèdent pas la moitié du revenu gagné à l'étranger.

Troisièmement, les activités reconnues aux fins de la déduction sont plus nombreuses que dans le cadre du régime fédéral. De même que les projets admissibles aux fins fédérales, l'installation d'ordinateurs ou de systèmes automatisés ou de communication des données pour un bureau, ainsi que la prestation de services scientifiques et techniques donnent droit à la déduction aux fins fiscales du Québec.

14.2.16   DÉPENSES RELATIVES AUX IMMEUBLES LOCATIFS— DOCUMENTATION

Le budget de mai 1994 annonçait une nouvelle mesure conçue afin de contrer l'évasion fiscale qui sévit dans les secteurs de la construction et de la rénovation immobilière. Si vous inscrivez, dans votre déclaration de revenus, un montant se rapportant à des revenus locatifs (ou à des pertes) et si vous réclamez des dépenses relativement à la rénovation, l'amélioration, l'entretien ou la réparation de l'immeuble, vous devrez joindre à cette déclaration un formulaire sur lequel vous inscrirez les renseignements suivants : le nom, l'adresse, le numéro d'assurance sociale (s'il s'agit d'un particulier) et le numéro d'inscription à la TVQ de l'entrepreneur, ainsi que le montant payé.

14.2.17   IMPÔT MINIMUM

L'impôt minimum de remplacement (IMR) du Québec diffère en deux points de l'impôt fédéral (se reporter au chapitre 11). Premièrement, le taux d'impôt minimum est de 20 % (17 % au fédéral).

Deuxièmement, certains avantages fiscaux, tels les déductions relatives à l'exploration de ressources minières au Québec et les crédits d'impôt à l'investissement au titre de la recherche et du développement ne sont pas considérés comme des avantages fiscaux aux fins de l'impôt minimum.

14.2.18   ACOMPTES PROVISIONNELS

Les exigences du Québec en matière d'acomptes provisionnels sont semblables aux exigences fédérales exposées à la section 13.2.2, mais elles comportent certaines différences minimes.

Une pénalité de 10 % s'ajoute aux intérêts sur les acomptes provisionnels tardifs ou non versés. Cette pénalité étant beaucoup plus élevée que celle imposée par le fédéral, si vous n'êtes en mesure de payer qu'une partie de vos acomptes, il serait préférable de verser d'abord dans le délai imparti vos acomptes provisionnels au Québec.

Les particuliers devant effectuer des acomptes provisionnels sont les mêmes qu'aux fins fiscales fédérales, tel qu'il est indiqué à la section 13.2.2.

Vous devrez verser de tels acomptes si votre solde d'impôt québécois à payer à la fin de l'année dépasse 1 200 $ et ce, pour l'année courante et l'une ou l'autre des deux années précédentes.

Pour les résidents des autres provinces, le seuil est de 2 000 $ de l'impôt fédéral et provincial combiné. En ce qui concerne les résidents du Québec, le seuil est de 1 200 $, à chacun des paliers d'imposition. Puisque l'impôt que doit payer un particulier n'est pas le même au palier fédéral et au palier provincial (en raison de nombreux facteurs dont ceux énumérés à la section 14.2), il se peut que vous soyez tenu d'effectuer des acomptes provisionnels aux fins fiscales fédérales mais non provinciales, ou vice versa.

| 14.2.19 | CONTRIBUTION AUX FONDS DES SERVICES DE SANTÉ |

Le revenu de toutes sources des particuliers (et non seulement le revenu d'emploi) peut être assujetti aux contributions au fonds des services de santé («FSS») (c'est-à-dire un autre impôt). En règle générale, le revenu assujetti à la contribution équivaut au revenu total indiqué dans la déclaration de revenus, incluant le revenu d'emploi, le revenu d'entreprise, le revenu de placement, le revenu de retraite ou de pensions et les gains en capital imposables, sauf les prestations de sécurité de la vieillesse. Certaines déductions précises sur le revenu total sont permises afin d'en arriver au montant de base de la, ainsi qu'une exonération additionnelle de 5 000 $.

Les contributions au FSS sont établies selon une échelle graduée, mais elles sont limitées à 1 000 $ lorsque le revenu assujetti est de 125 000 $ ou plus. Pour la tranche d'imposition supérieure, la contribution est calculée comme étant 150 $ plus 1 % de la partie du revenu qui excède 40 000 $ sans toutefois dépasser 125 000 $. Cette contribution peut donner droit à un crédit d'impôt non remboursable de 20 % puisqu'elle est considérée au même titre que les frais médicaux.

Si vous êtes tenu de verser des acomptes provisionnels (se reporter à la section 14.2.18), vous devrez également le faire à l'égard de votre contribution au FSS. Vos acomptes à l'égard de cette contribution pour l'année seront établis en fonction du moins élevé de la contribution payée l'année précédente ou de votre contribution estimative pour l'année.

14.3	**MESURES D'ENCOURAGEMENT PROPRES AU QUÉBEC**
14.3.1	RÉGIME D'ÉPARGNE-ACTIONS (RÉA)
14.3.1.1	QU'EST-CE QU'UN RÉA?

Le RÉA est un programme en vertu duquel vous pouvez investir dans des **émissions de nouvelles actions** de sociétés établies au

Québec et avoir droit à une déduction d'une partie de votre placement aux fins fiscales québécoises.

14.3.1.2   QUELLES SONT LES ACTIONS ADMISSIBLES?

Pour que votre déduction soit admissible, votre placement doit répondre aux critères suivants :

la société dont vous achetez les actions doit être « admissible », c'est-à-dire qu'il doit s'agir d'une société canadienne dont le siège social est au Québec (ou dont plus de la moitié des salaires ont été versés à des employés d'un établissement situé au Québec), dont au moins cinq des employés à plein temps ne sont pas des initiés, et dont moins de la moitié de l'actif est constitué de placements « passifs » ;

la société a un actif d'au moins 2 millions de dollars mais inférieur à 250 millions de dollars (société appelée « société en croissance »). Pour les actions émises avant le 22 mai 1992, la limite maximale de l'actif était de 2,5 milliards de dollars ;

vous achetez les actions dans le cadre d'un appel public à l'épargne ;

les actions sont des actions ordinaires à droit de vote en toute circonstance et ne comportant aucun droit d'achat ou de rachat par un tiers ou par la société elle-même ;

vous payez ces actions en entier (ce qui n'exclut pas que vous ayez emprunté les fonds pour ce faire) ; et

le certificat d'actions est remis directement au courtier responsable de la gestion de votre RÉA.

Comme nous l'avons mentionné, les actions admissibles au titre d'un RÉA sont habituellement des actions ordinaires. Les actions privilégiées et les débentures non garanties (de sociétés en croissance) vous donnent droit à une déduction réduite (se reporter à la section 14.3.1.3), *jusqu'en 1994 seulement*. Pour être admissibles, elles doivent être entièrement convertibles en actions ordinaires. Il s'agit en fait de « titres convertibles ». À compter de 1995, aucune déduction au titre de placements ne sera accordée à l'égard de ces titres.

14.3.1.3   QUELLE DÉDUCTION PEUT ÊTRE RÉCLAMÉE?

La déduction au titre des placements dans un RÉA ne peut être réclamée qu'aux fins fiscales québécoises. Sa valeur maximum représente donc 26,4 % du montant que vous réclamez en déduction, si votre revenu est supérieur à environ 60 000 $ (le seuil précis dépend des crédits que vous pouvez réclamer).

Jusqu'au 20 mai 1993, il était possible de réclamer des déductions restreintes à l'égard de placements dans des sociétés ayant un actif supérieur à 250 millions de dollars mais inférieur à 2,5 milliards de dollars. Ainsi, pour les sociétés dont l'actif était supérieur à 250 millions de dollars mais inférieur à un milliard de dollars (**sociétés de taille moyenne**), la déduction au titre d'un placement dans des actions ordinaires de telles sociétés était de 75 % du montant investi. Pour les **grandes sociétés**, soit celles ayant un actif supérieur à un milliard de dollars mais inférieur à 2,5 milliards de dollars, la déduction admissible du placement dans des actions ordinaires de ces sociétés était de 50 %. Toutefois, la déduction au titre d'un placement dans une grande société effectué avant le 20 mai 1993 ne pouvait dépasser 2 500 $. Les placements dans des titres convertibles de grandes sociétés ne donnaient droit à aucune déduction. Les déductions énoncées ci-dessus **peuvent encore être réclamées pour 1994** dans le cas d'une émission de titres à l'égard de laquelle un prospectus final a été visé ou une dispense de dépôt accordée avant le 20 mai 1993, ou s'il s'agissait d'une émission à l'égard de laquelle un prospectus provisoire a été visé ou une demande de dispense de dépôt acceptée au plus tard le 20 mai 1993.

La déduction à l'égard d'un placement dans des sociétés dont l'actif est inférieur à 250 millions de dollars équivaut au **montant total investi**. Pour les titres convertibles, la déduction (accordée jusqu'en 1994 seulement, tel qu'il est indiqué dans la section 14.3.1.2) correspond à **50 %** du montant investi.

La déduction totale réclamée ne doit pas excéder 10 % de votre « revenu net » (c'est-à-dire, le revenu net moins toute déduction pour gains en capital réclamée) de l'année.

Vous pourrez obtenir une déduction additionnelle s'élevant à 25 % du montant investi si vous êtes employé par la société dans laquelle vous investissez. Pour avoir droit à cette déduction additionnelle, vous devez acheter les actions dans le cadre d'un régime d'achat d'actions qui offre des possibilités de financement et qui est offert aux employés (et à leur famille), à l'exclusion de ceux qui possèdent 5 % et plus des actions de la société. La déduction totale sera tout de même limitée à 10 % de votre revenu net.

Une déduction additionnelle de 50 % ou 100 % peut être accordée lorsque la société admissible finance un film certifié québécois ou une production télévisuelle ou s'il s'agit d'une « corporation régionale à capital de risque » qui finance des entreprises qui sont situées en dehors de la zone comprise entre Hull, Montréal, Sherbrooke et Québec. En outre, cette déduction additionnelle n'est *pas* assujettie au plafond de 10 % du revenu net. Le total des déductions accordées ne doit toutefois jamais excéder 200 % de votre placement.

14.3.1.4   QU'ARRIVE-T-IL LORSQUE VOUS VENDEZ VOS ACTIONS?

Si vous vendez les actions d'un RÉA dans l'année où elles ont été acquises ou dans les **deux années civiles suivantes**, le montant de votre déduction sera inclus dans votre revenu, aux fins fiscales québécoises. Une telle mesure est un encouragement à garder les actions au moins jusqu'au début de la troisième année.

Cependant, vous pouvez vendre vos actions et les remplacer par d'autres actions admissibles, dans la mesure où la valeur de votre placement n'est pas diminuée. Les actions de remplacement peuvent être achetées sur le marché secondaire, à condition que ces actions soient des actions d'une « société RÉA en croissance » dont l'actif est supérieur à 2 millions de dollars mais inférieur à 250 millions de dollars.

Pour les actions de sociétés dont l'actif se situe entre 250 millions de dollars et 2,5 milliards de dollars, il ne se produit aucune aliénation présumée même si ces sociétés ne sont plus admissibles au RÉA.

Si, en raison de placements effectués au cours d'années antérieures, vous détenez dans votre compte RÉA des actions de sociétés ayant un actif *de plus de* 2,5 milliards de dollars, elles seront présumées avoir été retirées de votre compte le 1er janvier 1994.

14.3.1.5 GROUPES ET FONDS D'INVESTISSEMENT

Les règles fiscales permettent aux contribuables de créer des groupes, connus sous le nom de groupes d'investissement, qui mettent en commun les ressources de leurs membres pour investir dans le cadre du RÉA, ce qui contribue à diminuer leurs risques. Les déductions sont alors accordées au groupe, puis réparties entre chacun des membres.

Quant aux fonds d'investissement RÉA (FIR), semblables aux fonds mutuels, ils peuvent également être constitués aux fins d'investir dans des actions admissibles au RÉA. Ainsi, lorsqu'un FIR s'engage à placer un montant égal à au moins 50 % de ses fonds dans des actions ordinaires de sociétés RÉA en croissance, vous pouvez bénéficier d'une déduction fiscale pour l'année au cours de laquelle vous avez investi dans un FIR, même si le FIR n'effectue pas de placement dans des actions RÉA avant l'année suivante. En adhérant à un FIR, vous profitez des avantages fiscaux des RÉA, tout en diversifiant vos placements.

14.3.2 SOCIÉTÉS DE PLACEMENT DANS L'ENTREPRISE QUÉBÉCOISE (SPEQ)

14.3.2.1 QU'EST-CE QU'UNE SPEQ?

Comme nous l'avons vu, le RÉA est un programme d'encouragement à l'investissement dans des sociétés ouvertes. En revanche, la SPEQ est un moyen d'investir des capitaux dans des sociétés **fermées**, soit généralement des sociétés nouvellement constituées et qui ne sont pas prêtes à se lancer sur le marché public.

La SPEQ est une société de placement fermée dont le but est d'investir dans les nouvelles actions de « sociétés admissibles » (voir ci-dessous). Elle doit être enregistrée auprès de la Société de développement industriel.

14.3.2.2 DANS QUOI LA SPEQ PEUT-ELLE INVESTIR?

La « société admissible » dans laquelle la SPEQ peut investir doit répondre aux critères suivants :

- elle est une société privée dont le contrôle est canadien;
- son actif est inférieur à 25 millions de dollars, ou l'avoir de ses actionnaires inférieur à 10 millions de dollars;
- elle oeuvre principalement dans l'un des secteurs d'activités suivants : manufacturier, touristique, tertiaire moteur, exportation, aquaculture, incubateur industriel, protection de l'environnement, et production ou distribution cinématographique ou télévisuelle;
- sa direction générale s'exerce au Québec;
- elle verse au moins 75 % de ses salaires à des employés d'établissements situés au Québec;
- elle n'est pas « liée » c'est-à-dire qu'elle ne doit pas être sous le même contrôle, ou le contrôle de la même famille) à la SPEQ; et
- elle émet des actions ordinaires comportant plein droit de vote à la SPEQ.

Le montant total investi par la SPEQ dans une société admissible donnée (ou un groupe de sociétés associées) ne doit pas excéder 2,5 millions de dollars. La SPEQ est également tenue de conserver les actions pendant au moins deux ans avant de les vendre.

14.3.2.3 QUELLE DÉDUCTION POUVEZ-VOUS OBTENIR?

Lorsque vous investissez dans une SPEQ, vous recevez une déduction de base de 125 % au titre des placements admissibles de la SPEQ, au prorata de votre participation. Cependant, votre déduction ne doit pas excéder 30 % de votre revenu net (c'est-à-dire, du revenu net moins la déduction pour gains en capital réclamée).

EXEMPLE

Émilio et quatre de ses amis se regroupent et placent chacun 20 000 $ dans une SPEQ. En 1994, celle-ci investit 60 000 $ (60 % de ses fonds) dans des sociétés admissibles.

La déduction à laquelle Émilio a droit en 1994 est limitée à 15 000 $, soit 125 % du 60 % de son placement initial. Si le revenu net d'Émilio est inférieur à 50 000 $, sa déduction sera réduite à 30 % de son revenu net.

La fraction de la déduction au titre d'une SPEQ ne pouvant être réclamée en raison de la limite du revenu net pourra être reportée sur l'une ou l'autre des cinq années suivantes, sous réserve de la même limite.

Déductions supplémentaires

Certaines déductions supplémentaires sont accordées, au-delà de la déduction de base de 125 % du montant de la participation dans un placement, à des fins d'encouragement. Toutefois, la déduction totale ne doit en aucun cas excéder 200 % du montant de l'engagement financier.

En premier lieu, l'investisseur qui est employé par une société admissible a droit à une déduction supplémentaire de 25 % à l'égard des placements de la SPEQ dans cette société ou dans une filiale de celle-ci. Deuxièmement, une déduction supplémentaire de 25 % est disponible à l'égard de placements dans une « SPEQ régionale », soit une SPEQ qui investit exclusivement dans des « entreprises régionales » (le terme « régional » s'applique aux régions éloignées du Québec et couvre la plupart du territoire québécois en dehors de la zone comprise entre Hull, Montréal, Sherbrooke et Québec). Troisièmement, une déduction supplémentaire de 50 % ou 100 % peut être accordée lorsque la société admissible finance des productions télévisuelles ou des films certifiés québécois.

Dans tous ces cas, vous avez droit à cette déduction supplémentaire en qualité d'investisseur dans une SPEQ. Toutefois, la limite de 30 % du revenu net s'applique toujours, sauf dans le cas du financement de productions télévisuelles et de films certifiés québécois.

14.3.3   Régimes d'investissement coopératif (RIC)

Les régimes d'investissement coopératif sont des régimes parrallèles aux RÉA. Ils offrent des encouragements à l'investissement par des membres ou des travailleurs dans des parts émises par des coopératives régies par la *Loi sur les coopératives*, soit généralement des coopératives de production, de transformation, agricoles ou de travailleurs. Les parts doivent répondre à diverses conditions et exigences pour être admissibles à ce régime.

14.3.4   Fonds de solidarité des travailleurs du Québec (FSTQ ou FTQ)

À la différence des autres régimes que nous avons vus jusqu'à maintenant, le placement dans le FSTQ donne droit à des avantages fiscaux au fédéral comme au provincial. Nous avons déjà traité du crédit fédéral à la section 5.4.8.

En investissant dans de nouvelles actions ordinaires émises par le FSTQ (certaines publications utilisent l'acronyme FTQ), vous aurez droit à un crédit d'impôt de 20 % au fédéral et de 20 % également au Québec. Étant donné qu'il s'agit d'un crédit plutôt que d'une déduction (se reporter à la section 1.1.2), il a la même valeur pour tous, quel que soit votre taux marginal d'imposition, à condition d'avoir de l'impôt à payer, par ailleurs.

La somme de l'un et l'autre des crédits ne doit pas excéder 1 000 $ pour une même année. Ce plafond, de fait, limite votre investissement à 5 000 $, ce qui vous donnera droit à un crédit d'impôt combiné de 2 000 $. En outre, vous pouvez transférer les actions dans un REER offert par le FSTQ.

Par ailleurs, vous ne pouvez transférer ou vendre les actions dans le FSTQ, à moins que vous ne soyez financièrement en difficulté en raison de circonstances inhabituelles. Cependant, le FSTQ rachètera les actions sur demande lorsque vous aurez 60 ans si vous êtes à la retraite, ou lorsque vous aurez 65 ans, ou après votre décès.

Le FSTQ s'est révélé très populaire; le gouvernement du Québec a même trouvé qu'il l'était un peu trop (et fort coûteux). Pour 1994-1995, le FSTQ ne peut émettre plus de 100 millions de dollars de nouvelles actions. De plus, aucun autre fonds permettant aux investisseurs de réclamer ce crédit ne pourra être constitué au Québec. Ainsi, l'accès des particuliers à ce mode de placement peut être restreint.

14.3.5   RÉGIMES D'INTÉRESSEMENT DES TRAVAILLEURS

Le Québec offre un crédit d'impôt et une déduction à l'égard des « régimes d'intéressement des travailleurs » (régime de participation aux bénéfices). Les entreprises qui veulent se prévaloir de cette mesure doivent obtenir un certificat auprès du ministère de l'Industrie, du Commerce et de la Technologie et enregistrer leur régime auprès du ministère du Revenu du Québec. Les sociétés privées dont le contrôle est canadien et dont l'actif est inférieur à 25 millions de dollars ou dont l'avoir net des actionnaires est inférieur à 10 millions de dollars peuvent bénéficier de ces avantages.

Pour être admissible, le régime d'intéressement doit permettre aux employés de recevoir une compensation en espèces établie sur l'ensemble des résultats de l'entreprise. La formule doit avoir été proposée à tous les employés qui doivent l'adopter à la majorité. De plus, l'entreprise doit avoir franchi certaines étapes d'un « programme de qualité totale » mis en oeuvre pour améliorer la productivité.

L'employé peut déduire les montants reçus de son employeur en vertu du régime d'intéressement, jusqu'à concurrence de 3 000 $ par année (maximum de 6 000 $ à l'intérieur d'une période de cinq ans). **L'employeur**, dont l'actif est inférieur à 25 millions de dollars ou dont l'avoir net des actionnaires est inférieur à 10 millions de dollars, est admissible à un crédit d'impôt québécois égal à 15 % des sommes versées à ses employés. Le crédit auquel est admissible l'employeur est également limité à une période de cinq ans. L'employé qui détient plus de 5 % des actions de l'entreprise n'est pas admissible à ces avantages fiscaux.

14.4 TAXE DE VENTE DU QUÉBEC

Le 1er juillet 1992, le gouvernement du Québec a procédé à l'« harmonisation » de sa taxe de vente provinciale à la taxe sur les produits et services du fédéral (TPS). Nous traiterons en détail de cette question au chapitre 17. Toutefois, les régimes divergent à plusieurs égards.

14.4.1 TAUX DE TAXE

Le taux de la TVQ est de 6,5 % et celui de la TPS est de 7 %. Toutefois, la TVQ est calculée sur le prix, **incluant la TPS**, de toutes les fournitures. En conséquence, le taux réel est de 6,955 %, et non de 6,5 %, ce qui donne lieu à un taux combiné, TPS et TVQ, de 13,955 %.

EXEMPLE

Un magasin vend une radio à 100 $.

La TPS de 7 % s'applique sur ce montant pour un total de 107 $, auquel s'ajoute la TVQ de 6,5 % qui est de 6,96 $. Le montant combiné des taxes s'élève donc à 13,96 $.

(Jusqu'à la présentation du budget du Québec en mai 1994, la TVQ comportait deux taux, soit 8 % dans le cas des biens et 4 % dans le cas de la plupart des services et des biens immobiliers.)

14.4.2 CATÉGORIES DE VENTES

Comme la TPS, la TVQ comporte entre autres trois catégories de ventes : taxables, détaxées et exonérées. La TVQ a également une quatrième catégorie, non taxable, qui est similaire à la catégorie détaxée.

Toutes les fournitures (location ou vente) de biens et de services au Québec sont taxables à moins qu'il ne s'agisse de fournitures détaxées, exonérées ou non taxables. Par conséquent, comme sous le régime de la TPS, la TVQ doit être perçue sur la majorité des fournitures effectuées au Québec par les entreprises. **Les fournitures détaxées** sont généralement les mêmes que celles prévues dans le cadre du régime de la TPS (se reporter à la section 17.2.1), mais comprennent également les services financiers. **Les**

fournitures exonérées sont généralement les mêmes que celles prévues dans le cadre du régime de la TPS (17.2.2), sauf les services financiers qui sont détaxés aux fins de la TVQ. **Les fournitures non taxables** sont :

> les biens meubles, vendus à un inscrit du régime de la TVQ à des fins de revente ou de location sous leur forme actuelle (par exemple, vente d'un téléviseur par un grossiste à un détaillant);

> les biens vendus à un inscrit qui a l'intention de les intégrer à d'autres biens destinés à être revendus (par exemple, vente d'une pièce électronique à un fabricant qui l'utilisera comme composante d'un téléviseur destiné à être vendu);

> les services acquis par un inscrit du régime de la TVQ pour fins de réapprovisionnement (c'est-à-dire si vous ne pouvez y ajouter vos propres services);

> les biens immobiliers vendus à un inscrit à des fins de revente (par exemple, vente d'un terrain commercial à un promoteur immobilier qui le subdivisera et vendra les terrains).

Les acheteurs de fournitures non taxables doivent produire un certificat stipulant que leur achat est non taxable.

La catégorie « non taxable » a été ajoutée parce que le gouvernement du Québec était d'avis qu'il n'était pas autorisé en vertu de la Constitution canadienne à recouvrer la TVQ sur les achats de stocks des entreprises. En juin 1994, la Cour suprême du Canada a statué que le Québec pouvait exercer cette autorité. Par conséquent, le gouvernement du Québec pourrait abolir la catégorie des « fournitures non taxables », bien qu'il attende d'abord de voir ce qu'il adviendra de la TPS fédérale.

| 14.4.3 | REMBOURSEMENTS DE TAXE SUR LES INTRANTS |

La plupart des entreprises recouvrent pratiquement tout montant de la TPS payée sous forme de « crédits de taxe sur intrants » (se reporter aux sections 17.1 et 17.3.1). Une partie de la TVQ payée par les entreprises peut être recouvrée sous forme de « remboursement de taxe sur les intrants ». Il y a cependant un certain nombre d'exceptions très importantes. En général, les biens et les services suivants ne donneront droit à aucun remboursement de taxe sur les intrants (RTI) :

> la plupart des véhicules routiers immatriculés;

> le carburant;

> l'électricité, le gaz, la vapeur et le combustible (sauf si ces fournitures sont utilisées directement dans la production de biens);

> les services de téléphone et autres services de télécommunication;

■ les repas et les divertissements;

■ les taxes provinciales sur les primes d'assurance (qui ne sont pas de la TVQ, en réalité).

14.4.4 Administration

Le gouvernement du Québec (Revenu Québec) se charge de l'administration et de la perception à la fois de la TPS et de la TVQ au Québec. Le gouvernement fédéral garde une présence au Québec pour ce qui est de la TPS à l'intention des sociétés qui préfèrent communiquer en anglais.

Les entreprises de taille plus importante doivent produire leur déclaration de TVQ à tous les mois. Lorsque le montant de TVQ perçu pour l'exercice précédent est de 20 000 $ ou moins, une entreprise peut produire ses rapports sur une base trimestrielle; lorsque le montant perçu est de 2 500 $ ou moins, elle peut produire ses rapports sur une base annuelle. Ces seuils étant différents de ceux de la TPS, une entreprise qui produit ses déclarations de TPS à tous les trois mois ou une fois l'an, par exemple, pourrait devoir produire des déclarations mensuelles de TVQ. Lorsque les déclarations de TPS et de TVQ doivent être produites à la même date, un seul et même formulaire peut être utilisé à cette fin (le remboursement d'une des deux taxes pouvant servir de crédit au montant à verser à l'égard de l'autre).

14.4.5 Règles diverses

Comme sous le régime de la TPS, les ventes sont habituellement taxables seulement pour l'entreprise qui vend les produits. Cependant, la vente de véhicules routiers (comme une automobile) est taxable lorsqu'elle est effectuée par un particulier, même si le véhicule n'a pas été utilisé par une entreprise.

La valeur d'un véhicule routier usagé, aux fins de la TVQ, ne peut être moins élevée que le prix inscrit au *Canadian Red Book* ou au *Truck Blue Book* (ou au *Sanford Evans Gold Book*, qui fournit les caractéristiques et les prix des motocyclettes usagées), moins 500 $. Par conséquent, si vous achetez une auto d'un particulier, vous ne pouvez vous soustraire à l'impôt en déclarant un prix de vente arbitrairement réduit lorsque vous inscrivez le transfert auprès de la Société de l'assurance automobile du Québec.

Un véhicule routier donné en échange par son propriétaire réduira le montant de la TVQ à payer lors de l'acquisition d'un autre véhicule chez un concessionnaire. Cette règle est très différente de celle prévue sous le régime de la TPS, étant donné que le vendeur doit facturer la TPS sur le prix total du nouveau véhicule et obtenir un crédit de taxe sur intrants « théorique » au titre de l'échange.

EXEMPLE

Patricia achète une automobile neuve dont le prix est de 20 000 $. Par la même occasion, elle donne son ancien véhi-

cule en échange pour 5 000 $; le solde à payer s'élève donc à 15 000 $.

Aux fins de la TPS, la taxe est facturée sur les 20 000 $ et Patricia doit payer 1 400 $ de TPS. Le concessionnaire recevra un crédit de taxe sur intrants de 327 $, soit 7/107 de la valeur de l'échange établi à 5 000 $. (Autrement dit, on considère que le concessionnaire a « payé » 4 673 $ pour l'ancien véhicule de l'acheteur plus 327 $ de TPS, pour un total de 5 000 $. La somme de 327 $ devient ainsi un crédit de taxe sur intrants.)

Sous le régime de la TVQ, la taxe de vente est calculée sur la différence entre le prix de vente du véhicule neuf (21 400 $ incluant la TPS) et la valeur de l'échange de l'ancien véhicule (5 000 $). La taxe de 6,5 % sera donc perçue sur 16 400 $ et Patricia devra payer un montant total de 17 466 $.

Un fournisseur, dont les ventes annuelles sont inférieures à 30 000 $ n'est pas tenu de s'inscrire dans le cadre du régime de la TPS (se reporter à la section 17.2.3). Sous le régime de la TVQ, la même règle ne s'applique que si 90 % ou plus des revenus du fournisseur proviennent de la prestation de services, de la vente de biens immeubles ou de biens incorporels (par opposition à la fourniture d'un bien meuble). En conséquence, une personne qui vend des produits doit s'inscrire.

Comme sous le régime de la TPS, les ventes de résidences neuves sont taxables alors que celles de propriétés existantes sont exonérées. (Dans le cas d'un contrat signé avant le 13 mai 1994, la vente d'une nouvelle maison est taxée à 4 % plutôt qu'à 6,5 %.) Un remboursement est offert dans le cas des résidences de moins de 175 000 $, ce qui a pour effet de réduire la TVQ de 6,5 % à 4 %. Le remboursement est éliminé progressivement dans le cas des résidences plus chères et entièrement éliminé pour celles de plus de 200 000 $. Le remboursement est analogue pour la TPS (se reporter à la section 17.4), bien que les seuils soient moins élevés.

Comme sous le régime de la TPS, certains « organismes déterminés du secteur public » sont admissibles à un remboursement partiel de la TVQ payée. Les taux de remboursement sont les suivants :

Municipalités	40 %
Administrations hospitalières	19 %
Administrations scolaires, collèges publics et universités	30 %
Organismes de bienfaisance ou organismes sans but lucratif	50 %

Les organismes n'auront droit à aucun remboursement au titre de la TVQ payée sur les fournitures à l'égard desquelles les entreprises n'ont pas droit à un remboursement de taxe sur les intrants (se reporter à la section 14.4.3).

Il existe plusieurs autres règles spéciales et nous vous recommandons d'obtenir les conseils d'un spécialiste au sujet de la TVQ, si vous exercez des activités commerciales au Québec.

14.5 CONSEILS DE PLANIFICATION

14.5.1 SOYEZ AU COURANT DES DIFFÉRENCES ENTRE LES RÉGIMES FISCAUX

Étudiez bien les différences entre les régimes fiscaux fédéral et québécois présentés à la section 14.2. Faites attention aux incidences fiscales québécoises que pourraient avoir certaines décisions prises aux fins de l'impôt fédéral.

14.5.2 FAITES L'ACQUISITION DE MEUBLES OU D'APPAREILS MÉNAGERS GRÂCE AUX FONDS INVESTIS DANS VOTRE REÉL

Si vous avez toujours un REÉL et n'avez pas acheté une maison, envisagez la possibilité d'acheter des meubles ou des appareils ménagers avec les fonds de votre REÉL (se reporter à la section 14.2.11). Quel que soit le moment où vous retirez les fonds de votre REÉL, vous ne serez pas imposé sur le retrait à condition que les biens vous soient livrés dans les 60 jours suivant la fin de l'année.

14.5.3 INVESTISSEZ DANS LE FSTQ ET TRANSFÉREZ LES ACTIONS DANS UN REER

Envisagez d'investir, par exemple, 5 000 $ dans le FSTQ (se reporter aux sections 5.4.8 et 14.3.4) et de transférer simultanément les actions du FSTQ dans un REER. Ce placement vous donnerait droit à un crédit de 2 000 $ (crédit combiné fédéral et québécois). La cotisation de 5 000 $ en actions dans un REER vous donnerait droit à une déduction de 5 000 $, soit environ 2 650 $ d'économie d'impôt si vous êtes dans la fourchette d'imposition combinée (fédéral et Québec) la plus élevée. Le coût net de vos actions ne serait alors que d'environ 350 $ (se reporter à la section 5.7.6).

Cette stratégie vous sera particulièrement favorable si par ailleurs vous n'avez pas cotisé le montant maximum alloué pour un REER. Elle pourrait également vous intéresser si vous approchez de l'âge de 60 ans et de la date de votre retraite. Cependant, comme nous l'avons indiqué à la section 14.3.4, les fonds de placement du FSTQ étant limités, il se peut que vous ne puissiez y prendre part ou que vous n'ayez le droit d'y investir qu'un montant inférieur à 5 000 $.

14.5.4 RÉCLAMEZ LE CRÉDIT POUR HÉBERGEMENT « D'ASCENDANTS EN LIGNE DIRECTE »

Si vous avez droit à un crédit parce que l'un de vos parents, grands-parents, ou arrière-grands-parents vit avec vous, assurez-vous de réclamer ce crédit sur votre déclaration de revenus du Québec (se reporter à la section 14.2.7).

14.5.5   RÉCLAMEZ LE CRÉDIT REMBOURSABLE SI VOUS ADOPTEZ UN ENFANT

Si vous adoptez un enfant après 1994, assurez-vous de réclamer le nouveau crédit, pouvant aller jusqu'à 1 000 $, présenté dans le cadre du budget provincial de mai 1994 (se reporter à la section 14.2.8). Comme il est remboursable, vous y avez droit même si vous n'avez aucun impôt à payer pour l'année. Ce crédit a été instauré pour aider à financer les frais liés à l'adoption d'enfants à l'étranger, bien qu'il soit également offert dans le cas d'adoptions sur le plan local. Vous devez conserver les pièces justificatives des frais que vous avez encourus et en réclamer la partie admissible.

14.5.6   PERSONNES ÂGÉES — ENVISAGEZ LA POSSIBILITÉ D'EMBAUCHER UNE AIDE DOMESTIQUE

Si vous avez plus de 65 ans et si votre revenu (combiné à celui de votre conjoint) est bien en deçà de 60 000 $, envisagez la possibilité d'embaucher quelqu'un pour vous aider dans vos tâches domestiques en 1995. Revenu Québec peut vous rembourser un montant maximum égal à 30 % du salaire de l'aide domestique reçue (se reporter à la section 14.2.3). Le crédit vise à rendre plus abordables, pour les personnes âgées à revenu modeste, les services d'assistance à l'entretien courant, à la préparation des repas et aux soins personnels. Toutefois, le crédit ne sera pas accordé pour votre déclaration de 1994.

14.6   DOCUMENTS ET AUTRES RÉFÉRENCES

Revenu Québec a des bureaux à Hull, Jonquière, Montréal, Québec, Rimouski, Rouyn-Noranda, Sainte-Foy, Sept-Îles, Sherbrooke, Sorel, Trois-Rivières et Toronto.

Revenu Québec publie un grand nombre de documents à l'intention des contribuables, dont le bien connu *Guide et informations générales* joint à la déclaration de revenus du Québec.

15

CONSEILS DE PLANIFICATION

■ Étudiez la possibilité de produire une déclaration conjointe

■ Revoyez les règles de fractionnement du revenu afin d'éviter une double imposition

■ Soyez vigilant quant à la détention de fonds mutuels canadiens et d'autres sociétés canadiennes dont le revenu de placements est important

■ Conservez les pièces justificatives des frais déductibles dans votre déclaration américaine

■ Demandez l'exclusion du revenu gagné à l'étranger, dans la mesure du possible

■ Cherchez à maximiser le crédit pour impôt étranger

■ Faites attention à l'impôt minimum

■ Renoncez, dans certains cas, aux règles applicables aux ventes à tempérament

■ Demandez une déduction appropriée pour gains en capital

■ Prenez en considération les règles fiscales américaines sur la vente de résidences principales

■ Envisagez les mesures à prendre au moment de votre départ du Canada

■ Prévoyez l'imposition des successions et des dons aux États-Unis

■ Méfiez-vous des opérations entre les sociétés et leurs actionnaires

■ Prenez garde aux différences entre les règles canadiennes et américaines régissant les revenus de pension

Dans ce chapitre, nous abordons la situation fiscale délicate d'un citoyen américain qui vit au Canada et qui est ainsi confronté à deux régimes d'imposition très complexes et en perpétuel changement. La question est donc loin d'être simple, et comme nous ne pouvons ici qu'effleurer le sujet, nous recommandons à tout citoyen des États-Unis qui réside au Canada d'obtenir les conseils d'un spécialiste.

Les sujets abordés dans le présent chapitre tiennent compte de la loi actuelle, y compris la Revenue Reconciliation Act *de 1993.*

15.1	Deux régimes d'imposition

Les régimes d'imposition des États-Unis et du Canada se ressemblent dans leurs caractéristiques générales, mais diffèrent sensiblement dans le détail. Un citoyen américain résidant au Canada doit donc tenir compte des deux régimes.

Les États-Unis sont l'un des rares pays qui obligent leurs **citoyens** à payer de l'impôt sur leur revenu mondial, qu'ils résident ou non aux États-Unis. Le Canada n'impose cette obligation qu'à ses **résidents**, les non-résidents (même s'ils sont citoyens canadiens) n'étant assujettis à l'impôt canadien que sur le revenu qu'ils tirent de sources canadiennes.

Les citoyens américains vivant au Canada doivent donc produire des déclarations de revenus dans les deux pays, et souvent payer de l'impôt à la fois au fisc canadien et au fisc américain. Des règles ont été instituées afin d'empêcher la double imposition : qui donc pourrait se permettre de payer un fort pourcentage de son revenu en impôt, et ce, dans chaque pays? Les règles ne sont cependant pas parfaites, comme nous le verrons à la section 15.2. Une grande partie de ce chapitre traite des problèmes de double imposition qui découlent des différences entre les modes de calcul du revenu imposable, et de l'impôt à payer de ces deux régimes fiscaux.

De façon générale, les taux d'imposition sont moins élevés aux États-Unis qu'au Canada. L'impôt fédéral américain atteint actuellement un taux maximal de 39,6 %. L'impôt fédéral canadien atteint 31,32 % (en incluant les surtaxes), mais comme résident du Canada, vous devez aussi acquitter un impôt provincial. Le taux maximal fédéral et provincial est de 50 % ou plus, selon la province de résidence. En tant que citoyen des États-Unis qui ne réside pas dans un État américain, vous n'avez aucun impôt à payer à un État américain, sauf peut-être si vous touchez des revenus dans un État ou si vous possédez une résidence dans un État spécifique.

Dans le cas des contribuables qui n'ont personne à leur charge, les taux américains de l'impôt sur le revenu sont les suivants pour 1994 :

Célibataires (se reporter à la section 15.7.1)	
Revenu imposable	Impôt fédéral
0 – 22 750 $	15 %
22 750 $ – 55 100 $	3 412 $ plus 28 % de l'excédent de 22 750 $
55 100 $ – 115 000 $	12 470 $ plus 31 % de l'excédent de 55 100 $
115 000 $ – 250 000 $	31 039 $ plus 36 % de l'excédent de 115 000 $
250 000 $ et plus	79 639 $ plus 39,6 % de l'excédent de 250 000 $

Personnes mariées produisant une déclaration conjointe (se reporter à la section 15.7.1)	
Revenu imposable	Impôt fédéral
0 – 38 000 $	15 %
38 000 $ – 91 850 $	5 700 $ plus 28 % de l'excédent de 38 000 $
91 850 $ – 140 000 $	20 778 $ plus 31 % de l'excédent de 91 850 $
140 000 $ – 250 000 $	35 704 $ plus 36 % de l'excédent de 140 000 $
250 000 $ et plus	75 304 $ plus 39,6 % de l'excédent de 250 000 $

(Les taux diffèrent pour d'autres catégories de contribuables; se reporter à cet égard à la section 15.7.1.)

Le taux marginal d'imposition le plus élevé est donc de 39,6 % pour la plupart des contribuables. En raison de certains ajustements tels l'échelonnement des exemptions personnelles et la limite à certaines déductions consenties aux contribuables à revenu élevé, le taux marginal d'imposition peut dans certains cas être plus élevé.

Le taux marginal de 39,6 % s'applique au revenu imposable excédant 250 000 $, sans égard au statut. Toutefois, les personnes mariées qui produisent une déclaration distincte sont assujetties à la surtaxe imposée sur le revenu imposable excédant 125 000 $.

15.2   MÉCANISMES DE BASE POUR ÉVITER LA DOUBLE IMPOSITION

Il existe trois moyens d'éviter la double imposition d'un même revenu.

15.2.1   EXCLUSION DU REVENU GAGNÉ À L'ÉTRANGER (LOI FISCALE AMÉRICAINE)

Le moyen le plus simple d'échapper à la double imposition consiste à exclure de votre revenu, dans votre déclaration américaine, jusqu'à 70 000 $ US de « revenus gagnés » (salaires ou honoraires) pour services rendus à l'extérieur des États-Unis.

Si vous ne touchez aucun autre revenu que votre salaire ou vos honoraires et si votre revenu annuel est inférieur à 70 000 $ US, cette exclusion suffit à vous abriter complètement de l'impôt américain. Vous devez néanmoins produire une déclaration de revenus aux États-Unis (se reporter à la section 15.7.2) et réclamer cette exclusion.

EXEMPLE

Virginia est une citoyenne des États-unis qui vit à Vancouver. Elle travaille comme comptable et a gagné 80 000 $ CA en

1994. (En supposant que la valeur moyenne du dollar CA soit de 0,73 $ US en 1994.) Elle ne gagne aucun autre revenu.

Sur sa déclaration de revenus américaine, Virginia déclare un revenu d'environ 58 400 $ US, puis choisit de déduire de ce revenu le même montant au titre de l'exclusion du revenu gagné à l'étranger. Aux fins de l'impôt américain, son revenu total est nul, et elle ne paiera donc pas d'impôt aux États-Unis. Le fait qu'elle soit citoyenne américaine ne changera rien à la déclaration qu'elle produira au Canada.

Remarquez que si vous produisez une déclaration conjointe de personnes mariées (se reporter à la section 15.7.1), vous-même et votre conjoint pouvez *chacun* déduire un montant n'excédant pas 70 000 $ US aux fins de l'exclusion de vos revenus gagnés respectifs et ce, même si votre conjoint n'est pas citoyen américain.

Vous devez aussi prendre note que les règlements émis en 1993 facilitent le choix visant à se prévaloir de l'exclusion du revenu gagné à l'étranger. En vertu de ces nouveaux règlements, ce choix peut dorénavant être fait à l'égard d'une étendue plus large de catégories de déclarations déposées en retard.

15.2.2   Crédit pour impôt étranger (lois américaine et canadienne)

Le crédit pour impôt étranger est un mécanisme unilatéral offert par de nombreux pays afin d'éviter la double imposition. C'est le cas des États-Unis et du Canada. Fondamentalement, le concept est le même dans les deux pays, bien qu'il comporte quelques petites différences.

Voyons, à titre d'exemple, comment fonctionne le crédit américain : si vous avez à payer de l'impôt aux États-Unis (parce que vous êtes citoyen de ce pays), mais que vous en avez déjà payé au Canada sur un **revenu de source canadienne**, vous pouvez en général demander un crédit pour impôt étranger afin de déduire l'impôt qui serait exigible aux États-Unis sur ce revenu. Ce crédit ne peut pas être supérieur à l'impôt que vous avez acquitté au Canada.

EXEMPLE

Nigel, citoyen américain, vit et travaille à Winnipeg. En 1994, en plus de toucher un salaire au Canada, il a gagné 1 370 $ CA (soit 1 000 $ US) d'intérêts sur son compte bancaire à Winnipeg. Nigel gagne également un revenu de placements aux États-Unis.

Dans sa déclaration de revenus américaine, Nigel doit inclure dans son revenu les 1 000 $ US d'intérêts (parce qu'il s'agit d'un revenu de placements, les intérêts n'ont pas le statut de revenu gagné et ne donnent pas droit à l'exclusion du revenu gagné à l'étranger). S'il se trouve dans la tranche d'imposition de 31 % (son revenu imposable est inférieur à

115 000 $ et il est célibataire), il doit donc verser un impôt additionnel de 310 $ US. Si, au Canada, il est dans la tranche d'imposition de 50 %, il a déjà acquitté au Canada (et au Manitoba) l'équivalent de 500 $ US sur ce revenu; il peut donc réclamer aux États-Unis un crédit pour impôt étranger égal à 310 $ US dans sa déclaration américaine. Si, par contre, son taux d'imposition canadien avait été plus faible et s'il n'avait payé que 270 $ US au Canada, son crédit aurait été limité à ce dernier montant.

L'exemple précédent a été simplifié, mais il démontre le résultat final de ce crédit : lorsque vous faites le total des impôts à payer dans les deux pays (y compris l'impôt provincial ou d'un État) et des crédits pour impôt étranger de chacun, vous devriez payer en fin de compte un impôt égal à celui que donnerait le plus élevé des taux d'imposition des deux pays.

Pour le crédit canadien, les principes sont fondamentalement les mêmes. Comme le Canada impose ses résidents sur leur revenu mondial, Nigel doit inclure dans sa déclaration de revenus canadienne les revenus qu'il tire de ses placements aux États-Unis; il a ensuite droit à un crédit pour l'impôt acquitté aux États-Unis sur ces mêmes revenus de placements américains, crédit qui compensera son impôt à payer au Canada. (Remarquez que le crédit de chaque pays ne s'applique qu'aux impôts étrangers exigibles sur des revenus de sources *extérieures* à ce pays.)

Dans le détail, les règles relatives au crédit pour impôt étranger sont très complexes. Aux États-Unis, vos revenus étrangers sont groupés en plusieurs catégories différentes donnant droit chacune à un crédit pour impôt étranger distinct. Les frais, les déductions et les impôts canadiens doivent être répartis entre ces catégories à l'aide des règles d'attribution prescrites : par exemple, l'impôt que vous avez acquitté au Canada sur un revenu d'emploi ne peut habituellement pas servir à l'obtention d'un crédit pour impôt étranger à l'égard de l'impôt exigible sur un revenu de placements ou des gains en capital.

Toujours aux États-Unis, un excédent d'impôt étranger (qui ne donne pas droit à un crédit) peut faire l'objet d'un report rétrospectif sur deux ans et prospectif sur cinq ans. Au Canada, un tel excédent peut, selon le revenu auquel il se rapporte, être déduit du revenu de l'année en cours ou reporté et utilisé comme crédit durant les années ultérieures.

Lorsque vous touchez un revenu au titre de services rendus en partie aux États-Unis et en partie au Canada, il est recommandé de tenir un registre permettant de distinguer les journées de travail consacrées à chacun des deux pays.

Enfin, si vos revenus proviennent de plusieurs sources et que vous devez réclamer un crédit pour impôt étranger en vertu de l'un des régimes fiscaux ou des deux, vous avez tout intérêt à consulter un professionnel.

15.2.3   CONVENTION FISCALE ENTRE LE CANADA ET LES ÉTATS-UNIS

La convention fiscale entre le Canada et les États-Unis (« convention fiscale canado-américaine ») représente la troisième protection contre la double imposition. Le Canada et les États-Unis ont conclu avec de nombreux pays de telles conventions fiscales. Une convention fiscale vise un double objectif : éviter la double imposition et réduire l'évasion fiscale en autorisant les échanges de renseignements entre les autorités concernées.

La convention fiscale conclue entre le Canada et les États-Unis ne s'applique pas, en majeure partie, aux citoyens américains résidant au Canada. Cependant, certaines règles particulières de cette entente les concernent.

La convention permet aux citoyens américains qui résident au Canada de reporter, par exemple, l'imposition (aux États-Unis) des sommes cumulées dans un REER. En l'absence de cette disposition, ces sommes, expressément exonérées de l'impôt canadien en vertu des règles régissant les REER, seraient assujetties à l'impôt américain (se reporter aux sections 2.1.5 et 15.3.4). Le Protocole modifiant la convention fiscale entre le Canada et les États-Unis signé le 31 août 1994 permettra de reporter l'imposition des sommes qui sont cumulées dans un RPA et d'autres mécanismes de retraite. Cependant, le Protocole n'entrera pas en vigueur tant qu'il n'aura pas été ratifié, ce qui ne devrait pas se produire avant la fin de 1994.

Une autre clause facilite le calcul du crédit pour impôt étranger (se reporter à la section 15.2.2) lorsqu'un contribuable demande à en bénéficier dans ses deux déclarations de revenus (chacun des crédits dépend de l'impôt à payer dans l'autre pays, impôt qui dépend lui-même du crédit disponible, ce qui crée un cercle vicieux). La règle consiste à calculer d'abord votre impôt à payer aux États-Unis, sans tenir compte du crédit américain pour impôt étranger. Vous calculez ensuite votre impôt canadien, puis votre crédit canadien pour impôt étranger d'après le montant d'impôt américain calculé précédemment. Enfin, vous revenez à votre déclaration américaine et réclamez votre crédit américain d'après l'impôt effectivement payé au Canada. Si vous avez des revenus d'intérêts, de dividendes ou de redevances de source américaine, cette clause peut même donner droit à un crédit américain pour impôt étranger pour une fraction des impôts fédéral et provincial payés au Canada sur vos revenus de source américaine.

La convention traite aussi des sommes versées pour l'entretien d'un enfant par un résident américain à un résident canadien. Aux États-Unis, ces sommes (à ne pas confondre avec les pensions alimentaires et autres allocations indemnitaires versées au conjoint) ne sont pas incluses dans le revenu. Aussi, la convention stipule qu'elles ne doivent pas non plus être incluses dans le revenu aux fins fiscales au Canada. Cette disposition s'applique, que vous soyez ou non citoyen américain.

Si vous utilisez la convention afin de réduire votre impôt américain, en règle générale, vous êtes tenu de l'indiquer explicitement dans votre déclaration de revenus américaine. Si vous ne le faites pas, les avantages aux termes de la convention peuvent ne pas être accordés.

15.3 Différences dans le calcul du revenu

En théorie, le mécanisme du crédit pour impôt étranger vous évite de payer de l'impôt deux fois sur le même revenu. Mais il ne faut pas oublier que la façon de calculer le revenu imposable aux États-Unis et au Canada diffère à bien des égards, et que l'on peut avoir plus d'impôt à payer que prévu du fait de ces divergences.

15.3.1 Déductions fiscales américaines inexistantes au Canada

Dans votre déclaration de revenus américaine, vous pouvez normalement déduire les intérêts payés sur votre emprunt hypothécaire pour l'achat d'une maison. Or, ces intérêts ne sont pas déductibles au Canada, sauf si vous vous servez de l'emprunt hypothécaire pour effectuer des placements ou si vous réclamez une déduction pour un bureau à domicile (se reporter aux sections 5.3 et 7.2.7). Il en va de même pour les impôts fonciers.

Certains frais liés à un emploi, non déductibles au Canada, le sont aux États-Unis.

15.3.2 Déductions fiscales canadiennes inexistantes aux États-Unis

Comme nous l'avons vu à la section 5.3, on peut déduire au Canada les intérêts versés sur des emprunts contractés dans le but de gagner un revenu de placements. Il n'est pas absolument nécessaire que le revenu de placements soit supérieur aux intérêts versés.

Aux États-Unis, par contre, la déduction que vous pouvez réclamer au titre des frais de placements est limitée à votre revenu de placements. Vous ne pouvez pas déduire vos frais d'intérêts d'autres revenus, tels les revenus d'emploi ou d'entreprise. Ce principe s'applique aussi, en vertu d'autres règles complexes distinctes, à toutes les déductions relatives à des activités « déterminées », notamment aux déductions au titre des sociétés en commandite et à la plupart des pertes locatives.

Certaines autres dépenses et déductions autorisées par le fisc canadien ne sont pas permises aux États-Unis.

15.3.3 Restrictions visant les déductions fiscales américaines offertes aux contribuables à revenu élevé

Deux restrictions s'appliquent à l'égard des contribuables à revenu élevé.

Premièrement, les exemptions personnelles (2 450 $ pour vous, votre conjoint et chacune des personnes à votre charge) sont supprimées progressivement une fois que le revenu brut rajusté (RBR) dépasse un seuil établi. (Le revenu brut rajusté est égal au revenu brut moins certaines déductions comme l'exclusion du revenu d'emploi gagné de source étrangère, les pensions alimentaires, les cotisations à un *IRA* ou au régime Keogh aux États-Unis.) Dans le cas des personnes mariées qui produisent une déclaration conjointe, le seuil est de 167 700 $; pour les contribuables célibataires, il est de 111 800 $; et pour les personnes mariées qui produisent des déclarations distinctes, il est de 83 850 $. Pour chaque tranche ou partie de tranche de 2 500 $ (1 250 $ pour les contribuables mariés qui produisent des déclarations distinctes) du RBR qui excède le seuil, *chacune* des exemptions sera réduite de 2 % (sans excéder 100 %).

Deuxièmement, les déductions spécifiques sont réduites une fois que le RBR dépasse un seuil établi, soit de 111 800 $ pour les célibataires et les personnes mariées qui produisent une déclaration conjointe, et de 55 900 $ pour les personnes mariées qui produisent des déclarations distinctes. Pour chaque dollar excédant le seuil, les déductions spécifiques qui auraient autrement pu être demandées sont réduites de 3 %. Cependant, même dans le cas des contribuables à revenu élevé, un montant de base s'élevant à 20 % des déductions spécifiques peut toujours faire l'objet d'une déduction (en d'autres mots, la réduction ne peut dépasser 80 % des déductions).

EXEMPLE

Georges est marié et son revenu s'élève à 197 700 $. Son épouse ne gagne aucun revenu. Il demandera deux exemptions personnelles totalisant 4 900 $. Il est également en mesure d'ajouter à sa déclaration des déductions spécifiques de 20 000 $ au titre des intérêts payés sur son emprunt hypothécaire et des taxes foncières.

Le revenu de Georges excède le seuil de 167 700 $ de 30 000 $ (12 × 2 500 $). Chacune des deux exemptions personnelles de 2 450 $ demandées par Georges sera donc réduite de 24 % (12 × 2 %), et le total de ces exemptions personnelles s'élèvera à 3 724 $ [4 900 $ − (4 900 × 24 %)].

De plus, les déductions spécifiques auxquelles Georges a droit sont réduites du montant représentant 3 % de 85 900 $ (le montant de son revenu brut rajusté excédant le seuil de 111 800 $), soit 2 577 $. Par conséquent, Georges ne pourra déduire que 17 423 $ du 20 000 $ au titre des déductions spécifiques en établissant son revenu imposable. (Veuillez prendre note que la réduction ne peut en aucun cas excéder 80 % des déductions spécifiques, ce qui permet de déduire en tout temps 4 000 $ du 20 000 $ au titre des déductions spécifiques, quel que soit le montant de son revenu.)

15.3.4   RÉGIMES DE RETRAITE ET DE PARTICIPATION AUX BÉNÉFICES

Les citoyens américains peuvent se heurter à des difficultés avec les REER, les RPA et les RPDB (se reporter au chapitre 2) qui ne bénéficient d'aucun statut particulier aux termes du Internal Revenue Code des États-Unis.

Les **cotisations d'employeur** à un régime de pension agréé ou à un régime de participation différée aux bénéfices ne sont pas immédiatement imposables au Canada (se reporter à la section 6.1.1), puisque le bénéficiaire ne paie de l'impôt qu'au moment où il reçoit des prestations, en général à sa retraite (se reporter à la section 2.2.1).

Cette exemption temporaire n'existe pas actuellement aux États-Unis. Les cotisations versées par votre employeur sont traitées comme un avantage relatif à un emploi et sont imposées dès qu'elles vous sont acquises (c'est-à-dire dès que vous y avez droit même si vous quittez votre emploi). En outre, ces sommes sont expressément exclues de la définition du « revenu gagné à l'étranger » en vertu de la législation fiscale américaine, ce qui vous empêche de bénéficier de l'exclusion correspondante (se reporter à la section 15.2.1). Dans certaines circonstances et selon le montant inutilisé du report du crédit pour impôt étranger, vous risquez de devoir payer de l'impôt aux États-Unis sur ces cotisations. Comme il en a déjà été question à la section 15.2.3, le Protocole modifiant la convention fiscale entre le Canada et les États-Unis permettra aux citoyens américains qui résident au Canada de reporter l'inclusion de revenu américain jusqu'au moment où ils auront effectué le retrait de montants de leur RPA.

Vos propres cotisations à un REER ou à un RPA sont déductibles au Canada, mais ne le sont pas aux États-Unis.

En outre, les **revenus qui s'accumulent** dans un REER seraient normalement imposables aux États-Unis. Cependant, comme nous l'avons signalé à la section 15.2.3, la convention fiscale canado-américaine vous donne la possibilité d'en différer l'imposition, chaque année, jusqu'à ce que vous touchiez effectivement les fonds de votre REER (ou de votre FERR si les fonds de ce REER ont été transférés dans un FERR). Cela a pour effet de vous permettre de reporter le revenu au cours de la même année aux fins fiscales canadiennes et américaines. Cette règle ne s'applique que si les revenus proviennent de cotisations versées lorsque vous résidiez au Canada.

Il est préférable de faire appel à un conseiller si vous envisagez le transfert de votre RPA. Un transfert de votre RPA, même fait directement dans un REER immobilisé (se reporter à la section 2.1.7.2), pourrait être assujetti à l'impôt américain et vous ne pourriez vous prévaloir d'aucun allégement aux termes de la convention fiscale canado-américaine. (Une fois de plus, le Protocole préviendra un résultat aussi désastreux puisqu'il offre la possibilité de faire un choix.) De plus, les retraits ultérieurs de votre REER seraient soumis à l'impôt canadien sans qu'il n'y ait de crédit accordé pour l'impôt américain payé auparavant, donnant lieu ainsi à une double imposition.

Si vous êtes titulaire d'un compte de retraite pour particuliers (CRP, ou **IRA** aux États-Unis), auquel vous cotisez pendant que vous résidez au Canada, vos cotisations sont déductibles aux fins

fiscales américaines, mais ne le seront pas aux fins de l'impôt canadien. Le revenu accumulé dans un *IRA* n'est pas imposable au
Canada. Lorsque vous retirez les sommes accumulées dans un *IRA*,
Revenu Canada fera en sorte que le montant imposable corresponde
à celui prévu en vertu de la législation fiscale des États-Unis, si
vous êtiez résident de ce pays au moment de retirer les fonds. Bien
que vous soyez en mesure de transférer des paiements forfaitaires
de votre CRP à votre REER en franchise de l'impôt canadien, le
montant transféré serait soumis à l'impôt américain, de sorte que,
en général, une telle stratégie ne peut être considérée comme étant
judicieuse.

Enfin, les cotisations d'un employeur américain à un régime de
rémunération différée des États-Unis peuvent être imposables au
Canada à titre d'avantage relatif à un emploi ou de convention de
retraite (se reporter à la section 6.5).

15.3.5	DIVIDENDES

Comme nous l'avons vu à la section 5.1.2, le régime fiscal canadien
utilise un système de « majoration et de crédit d'impôt », ce qui al-
lège l'imposition de cette forme de revenu. Par contre, aux États-
Unis, les dividendes sont imposés au même taux que les autres
formes de revenu.

Comme les taux d'imposition canadiens (impôt provincial compris) sont normalement plus élevés que les taux fédéraux
américains, le crédit d'impôt pour dividendes a pour effet de ramener à peu près au même niveau les taux d'imposition des deux pays
sur les dividendes : le taux maximal est de 39,6 % aux États-Unis,
contre environ 35 % au Canada, selon les provinces.

15.3.6	DONS DE BIENFAISANCE

Comme il en a été question à la section 1.3.4, jusqu'à concurrence
de 20 % de votre revenu net vous donne droit à un crédit d'impôt
pour dons aux fins fiscales canadiennes.

En vertu de la *Loi de l'impôt sur le revenu*, ne sont admissibles
que les dons de bienfaisance faits à un organisme canadien reconnu,
sous réserve de certaines exceptions bien définies. La convention
fiscale canado-américaine stipule toutefois que les dons faits à des
oeuvres de bienfaisance américaines sont admissibles jusqu'à concurrence d'un plafond de 20 % du revenu net de *source américaine*.
Vous devrez obtenir des reçus des organismes de bienfaisance américains et les produire avec votre déclaration canadienne.

De même, les dons de bienfaisance sont déductibles aux États-
Unis (avec un plafond de 50 % du revenu) pour la plupart des organismes de bienfaisance. Mais aux fins fiscales américaines, vos
dons à des oeuvres de bienfaisance canadiennes ne peuvent être dé-

duits qu'à concurrence de 50 % de votre « revenu brut rajusté » de *source canadienne*. Donc, si vous excluez de votre revenu une grande partie ou la totalité de vos revenus de source canadienne du fait de l'exclusion du revenu gagné à l'étranger (se reporter à la section 15.2.1), cette restriction risque de vous être préjudiciable.

15.3.7	FRAIS DE DÉMÉNAGEMENT

Les frais de déménagement peuvent soulever certaines difficultés en raison de l'existence des deux régimes d'imposition. Si vous êtes transféré d'un endroit à un autre à l'intérieur du Canada, le remboursement de vos frais de déménagement par votre employeur est normalement considéré comme un revenu de source canadienne, aux fins de l'exclusion du revenu gagné à l'étranger et du crédit pour impôt étranger des États-Unis. Vous pourrez peut-être déduire certains frais de façon distincte dans votre déclaration de revenus américaine, sauf si vous n'avez plus de revenu d'emploi de source canadienne parce que vous avez bénéficié de l'exclusion du revenu gagné à l'étranger. De nombreuses règles et restrictions particulières s'appliquent aux frais d'un « déménagement à l'étranger » (*à* un domicile situé hors des États-Unis).

La déduction au titre des frais de déménagement est limitée aux frais de déménagement des effets mobiliers et des effets personnels à la nouvelle résidence, ainsi qu'aux frais de déplacement et de logement pendant le déménagement. Aucune déduction n'est accordée pour les repas, les dépenses engagées pendant la recherche d'un domicile après l'obtention de l'emploi, les frais de vente de l'ancienne résidence ou les dépenses de logement temporaire après l'obtention de l'emploi. De plus, les frais de déménagement remboursés par votre employeur ne sont pas imposables pour vous.

Lorsque vous reviendrez aux États-Unis, une partie de vos frais de déménagement pourrait ne pas être déductible si le remboursement correspondant de votre employeur est imputable à un revenu admissible à l'exclusion du revenu gagné à l'étranger.

Aux termes des lois canadiennes, les sommes remboursées au titre des frais de déménagement ne sont pas imposées. Toutefois, une allocation au titre des frais de déménagement est soumise à l'impôt si elle excède 650 $.

15.4	**DIFFÉRENCES DANS L'IMPOSITION DES GAINS EN CAPITAL**
15.4.1	CALCUL DE BASE

C'est dans l'imposition des gains en capital que les différences entre les régimes fiscaux canadien et américain sont les plus frappantes. Les principes de l'imposition sont fondamentalement différents, ce qui occasionne beaucoup de difficultés aux citoyens américains résidant au Canada.

Au Canada, seuls les trois quarts des gains en capital sont imposés (se reporter à la section 4.2).

Aux États-Unis, les gains en capital sont habituellement imposables au même titre que tout autre revenu, au taux marginal d'impôt qui est de 15 %, de 28 %, de 36 % ou de 39,6 % (voir le tableau présenté à la section 15.1). Cependant, le taux sur les gains en capital *à long terme* (provenant généralement d'immeubles que l'on possède depuis plus d'un an) est limité à 28 %.

15.4.2   UTILISATION DES PERTES EN CAPITAL

Aux termes des lois canadiennes, une perte en capital déductible ($^3/_4$ de votre perte en capital) peut servir uniquement à « réduire » des gains en capital imposables, bien que ces pertes en capital puissent faire l'objet d'un report prospectif ou rétrospectif (se reporter à la section 4.3.1). Il existe une exception dans le cas des pertes déductibles au titre d'un placement d'entreprise (sur des actions ou des créances de sociétés exploitant une petite entreprise), lesquelles peuvent être déduites de tout autre revenu (se reporter à la section 4.3.2).

Aux États-Unis, les pertes en capital peuvent être déduites des gains en capital. De plus, 3 000 $ US de pertes en capital peuvent être déduites d'autres revenus (1 500 $ pour les personnes mariées qui produisent des déclarations distinctes). Les pertes en capital inutilisées peuvent faire l'objet d'un report prospectif et donc être déduites des gains en capital ou d'autres revenus (jusqu'à concurrence de 3 000 $ par année dans le dernier cas) au cours de n'importe quelle année ultérieure.

15.4.3   DÉDUCTION POUR GAINS EN CAPITAL AU CANADA

Comme nous l'avons vu à la section 4.4, tous les particuliers bénéficient au Canada d'une déduction à vie de 100 000 $ en ce qui concerne les gains cumulés au 22 février 1994, assujettie à certaines restrictions (comme celle qui touche les placements immobiliers — se reporter à la section 4.4.2). Pour certaines catégories de biens, la déduction pour gains en capital est majorée à 500 000 $ et se prolonge après février 1994. Il n'existe aucune déduction de ce genre dans le régime fiscal américain.

Au Canada, les règles d'application du crédit pour impôt étranger sont telles que celui-ci ne peut être pris sur aucune fraction d'un gain réalisé sur un bien étranger pour lequel la déduction pour gains en capital est réclamée. En d'autres termes, si vous vendez un bien situé aux États-Unis et payez de l'impôt aux États-Unis sur le produit de cette vente, vous ne pouvez réclamer dans votre déclaration canadienne à la fois un crédit pour impôt étranger et une déduction pour gain en capital réalisé. Donc, en pratique, vous devez choisir

entre le crédit et la déduction : comme la déduction peut être de-
mandée plus tard, alors que le crédit pour impôt étranger n'est
disponible que durant l'année où le bien a été vendu et où les impôts américains correspondants ont été acquittés, vous avez intérêt à
vous prévaloir de ce crédit chaque fois que vous le pouvez. Par ailleurs, si vous ne pouvez utiliser la déduction de 100 000 $ avant sa
date d'expiration, vous n'avez rien à perdre en l'utilisant pour le
bien concerné.

Les choses se compliquent encore si vous disposez d'un bien
autre qu'un bien immeuble et réclamez la déduction. En effet, le
crédit pour impôt étranger aux États-Unis n'est admissible à l'égard
d'un gain particulier que si un impôt d'au moins 10 % est acquitté
sur ce gain au Canada. Donc, si vous vendez un bien personnel et
réalisez un gain en capital de 1 600 $, vous n'aurez droit à aucun
crédit pour impôt étranger aux États-Unis (le gain sera donc imposé), sauf si vous payez au moins 160 $ d'impôt sur ce gain. Au
Canada, votre gain en capital imposable serait de 1 200 $, mais
vous pourriez réclamer une déduction de 1 200 $. Cependant, à
cause des règles américaines, vous auriez peut-être intérêt à ne réclamer qu'une déduction d'environ 880 $ (en supposant que vous
êtes dans la tranche d'imposition de 50 %), ce qui vous obligerait à
payer sur le gain total juste assez d'impôt au Canada (160 $ ou
10 %) pour que le gain puisse être pris en considération aux fins du
crédit pour impôt étranger aux États-Unis.

Les États-Unis n'offrent pas une déduction restreinte pour
gains en capital. Les citoyens américains qui font l'acquisition d'actions de certaines petites sociétés américaines exploitées activement
après le 10 août 1993, et détiennent ces actions pendant au moins
cinq ans, peuvent exclure jusqu'à 50 % des gains réalisés à la disposition des actions. Toutefois, de nombreuses restrictions
s'appliquent, et la moitié des gains déduits sont traités comme un
« avantage fiscal » en vertu de règles relatives à l'impôt minimum
de remplacement (se reporter à la section 15.5).

| 15.4.4 | Réserves et ventes à tempérament |

Une difficulté surgit lorsque vous vendez un bien en immobilisation, mais n'en recevez pas le paiement intégral dans l'année de la
disposition. Comme nous l'avons vu à la section 4.5.2, vous pouvez, aux fins fiscales canadiennes, réclamer une **réserve** fondée sur
la fraction de votre gain qui ne vous a pas encore été payée. Cependant, vous devez inclure dans votre revenu, de façon cumulative, au
moins ⅕ du gain chaque année, ce qui veut dire que la réserve ne
peut être réclamée que durant une période de quatre ans suivant
l'année de la vente.

Aux États-Unis, cette situation est visée par les règles relatives
aux **ventes à tempérament** qui s'appliquent d'office, *sauf* si vous

choisissez d'en être exclu. Le principe de base reste le même — un « pourcentage de gain brut » s'appliquera de façon à inclure dans votre revenu une fraction de chaque paiement — mais la limite de cinq ans n'existe pas. Au cours d'une année donnée, il peut y avoir une divergence entre votre revenu au Canada et aux États-Unis, donc entre vos crédits pour impôt étranger.

Il existe d'autres différences entre les règles canadiennes relatives aux réserves et les règles américaines relatives aux ventes à tempérament. En particulier, ces dernières peuvent ne pas s'appliquer si les versements à venir au titre d'une vente à tempérament servent à garantir une dette.

| 15.4.5 | GAINS OU PERTES DE CHANGE |

Lorsque vous vendez un bien canadien, vous devez calculer votre gain aux fins fiscales américaines en calculant la valeur en dollars américains du coût d'acquisition de ce bien à la date à laquelle vous l'avez acheté. Il peut en résulter un gain ou une perte de change qui n'a rien à voir avec le gain ou la perte en dollars canadiens que vous avez réalisé ou subie sur le bien.

EXEMPLE

Vous avez acheté 100 actions de la Société XYZ à la Bourse de Montréal, lorsque le dollar canadien valait 0,70 $ US. Vous avez payé 20 $ l'action, commission comprise, soit 2 000 $ CA en tout (1 400 $ US). Vous revendez ces actions après plusieurs années, sachant que le dollar canadien vaut maintenant 0,78 $ US, à raison de 19 $ l'unité (après commission), pour une valeur totale de 1 900 $ CA (1 482 $ US).

Aux fins de l'impôt canadien, vous avez subi une perte en capital de 100 $ CA, dont les trois quarts peuvent vous servir à réduire vos gains en capital imposables. Mais dans votre déclaration fiscale américaine, vous inscrivez, en fait, un gain en capital de 82 $ US qui est imposable. Et comme vous ne payez pas d'impôt au Canada sur ce gain, vous ne disposez d'aucun crédit pour impôt étranger pour compenser l'impôt (au taux maximal de 28 %) que vous devez acquitter sur le gain de 82 $ US.

La disposition de votre résidence principale peut également donner lieu à un gain de change imposable, même si la totalité du gain est transférée dans une nouvelle résidence principale dans le délai requis (se reporter à la section 15.4.7). Le problème, c'est que le gain de change réalisé au moment du remboursement d'une hypothèque libellée en dollars canadiens ne constitue pas un gain auquel s'applique les règles américaines en matière de transfert d'une résidence principale.

De même, lorsque vous vendez des biens américains, votre gain dans le contexte canadien doit être calculé en dollars canadiens. La première tranche de 200 $ de votre gain ou de votre perte de change de chaque année n'est pas prise en compte.

15.4.6   Biens acquis avant 1972

Le Canada n'impose que les gains en capital accumulés depuis 1972 (se reporter à la section 4.5.1). Une telle règle n'existe pas aux États-Unis : si vous êtes citoyen américain et si vous résidez au Canada depuis une date antérieure à 1972, il se pourrait que votre gain sur un bien acquis avant 1972 soit de loin supérieur, aux fins fiscales américaines, à votre gain aux fins fiscales canadiennes.

15.4.7   Résidence principale

Comme nous l'avons vu à la section 4.5.3, un gain réalisé à la vente d'une « résidence principale » est en général totalement exonéré d'impôt au Canada. Les États-Unis ont deux règles en la matière, mais elles sont très différentes de celles qui existent au Canada et beaucoup plus restrictives.

Premièrement, si vous avez au moins 55 ans, vous pouvez exclure de votre revenu, sous réserve de certaines conditions, le gain réalisé à la vente de votre résidence principale, jusqu'à concurrence de 125 000 $ US. Notamment, vous devez avoir occupé votre résidence pendant trois des cinq dernières années, et ni vous, ni votre conjoint ne devez avoir déjà demandé cette exclusion dans le passé.

Deuxièmement, vous pouvez reporter l'imposition d'un gain sur votre résidence principale si vous achetez une autre maison (qui peut être située au Canada), sauf si le prix de votre nouvelle maison est inférieur au prix de vente de l'ancienne. Aux fins de l'impôt, le coût de l'ancienne résidence sera transféré à la nouvelle, de sorte que le gain réalisé finira par être imposé. Le délai accordé pour l'achat de la nouvelle résidence est assez large — deux années avant ou après la vente de la première — et il peut être doublé si votre « domicile fiscal » (en général, votre lieu d'emploi) est situé à l'extérieur des États-Unis pendant ces deux années. Bref, si vous vivez au Canada, vous avez jusqu'à quatre ans après la vente de votre ancienne résidence pour en acheter une nouvelle plus chère.

Soyez vigilant si vous faites l'acquisition de plus d'une résidence dans le délai de deux ans. Vous aurez à payer de l'impôt sur tout gain réalisé sur la résidence intermédiaire.

Enfin, mentionnons que la définition donnée à l'expression « résidence principale » est différente au Canada et aux États-Unis. Comme nous l'avons vu à la section 4.5.3, une résidence secondaire (comme un chalet) donne souvent droit à une exonération aux fins fiscales canadiennes, tandis qu'aux États-Unis, une résidence n'est admissible à une exonération que si vous y résidez habituellement.

15.4.8   IMMIGRATION ET ÉMIGRATION

Aux yeux du fisc canadien, la plupart des biens que vous détenez sont réputés avoir été acquis à leur juste valeur marchande au moment où vous avez immigré au Canada. Donc, seul le gain en capital que vous avez réalisé pendant vos années de résidence au Canada est imposable au Canada. Le fisc américain, par contre, fonde son calcul des gains en capital sur le coût réel d'acquisition, ce qui signifie que le gain en capital est en général beaucoup plus élevé aux États-Unis.

Lorsque vous émigrez du Canada (c'est-à-dire lorsque vous cessez d'y résider aux fins des lois fiscales canadiennes), tous vos biens, sauf les « biens canadiens imposables » et les droits à pension, sont réputés avoir été vendus à leur juste valeur marchande. C'est cela qui permet au Canada d'imposer les gains accumulés sur vos biens pendant que vous résidiez au Canada. Les « biens canadiens imposables », qui font principalement exception à cette règle, sont ceux sur lesquels tout gain en capital réalisé serait normalement imposé au Canada, même lorsque vous n'y résidiez pas. Fondamentalement, il s'agit de biens immeubles canadiens et d'actions de sociétés privées résidant au Canada. Une autre règle d'exception s'applique à l'égard des biens que vous possédiez au moment d'immigrer au Canada, à la condition d'avoir résidé au Canada moins de cinq ans au cours des dix dernières années.

Vous pouvez cependant choisir d'inclure la totalité ou une partie de vos biens canadiens imposables dans l'actif que vous êtes réputé avoir vendu à sa juste valeur marchande au moment de votre départ. Cette option est intéressante si vous pouvez demander la déduction pour gains en capital canadienne sur les biens agricoles et les actions admissibles de petites entreprises (se reporter à la section 4.4.5), dont vous ne pourrez plus bénéficier un fois que vous serez devenu un non-résident. Vous pouvez également choisir de vous soumettre également aux règles de dispositions présumées aux États-Unis, en vertu de la convention fiscale canado-américaine.

15.4.9   AUTRES DIFFÉRENCES AU CHAPITRE DES GAINS EN CAPITAL

Sur le plan fiscal, le Canada et les États-Unis ne traitent pas du tout de la même façon le transfert de biens en immobilisation à une société, les réorganisations d'entreprises, les fusions, les liquidations, les restructurations du capital, les remises de dettes, etc. Si vous êtes engagé dans une opération de ce genre, il est essentiel de consulter un spécialiste, principalement en raison des changements récemment apportés aux deux régimes.

15.5   IMPÔT MINIMUM

L'impôt minimum de remplacement (IMR) a été abordé au chapitre 11. L'impôt minimum américain possède la même structure générale, mais comporte des différences majeures.

Premièrement, l'exemption de base au titre de l'IMR est de 45 000 $ US pour les contribuables mariés produisant une déclaration conjointe (ou pour un conjoint survivant) et de 33 750 $ pour un célibataire. L'exemption canadienne de base est de 40 000 $ CA. De plus, l'exemption américaine est éliminée progressivement pour les personnes mariées qui produisent une déclaration conjointe et dont le revenu aux fins de l'IMR excède 150 000 $ (112 500 $ dans le cas d'une déclaration à titre de contribuable célibataire).

Deuxièmement, le taux de l'IMR américain est calculé selon deux taux graduels. Un taux de 26 % s'applique à la première tranche de 175 000 $ US de revenu soumis à l'IMR excédant l'exemption de base au titre de l'IMR et un taux de 28 % sur le revenu soumis à l'IMR excédant 175 000 $ US. Pour les personnes mariées produisant des déclarations distinctes, le taux de 28 % s'applique sur le revenu soumis à l'IMR excédant 87 500 $ US. (Au Canada, le taux de l'IMR combiné fédéral et provincial est d'environ 27 %.)

Troisièmement, la liste des redressements qui sont réintégrés dans le revenu aux fins du calcul de l'IMR n'est évidemment pas la même dans les deux pays. Aux États-Unis, cette liste comprend les impôts fonciers et d'État payés, les frais de forage de puits de pétrole et de gaz, les frais d'exploration et de mise en valeur des ressources minières, une fraction de l'amortissement accéléré et diverses autres déductions.

Quatrièmement, le crédit américain pour impôt étranger ne peut réduire que 90 % de votre IMR à payer. Ainsi, dès que votre revenu (sans compter celui qui vous donne droit à l'exclusion du revenu gagné à l'étranger) excède l'exemption de base aux fins de l'IMR, vous aurez presque toujours à payer au moins un peu d'impôt aux États-Unis.

EXEMPLE

Peter, citoyen américain, vit et travaille au Canada. Il est célibataire. En 1994, son revenu d'emploi est de 65 000 $ CA et il réalise des gains de 100 000 $ CA (73 000 $ US) à la Bourse. Nous supposons ici que Peter ne peut plus se prévaloir de la déduction canadienne pour gains en capital parce qu'il l'a déjà épuisée.

Peter paiera de l'impôt au Canada sur son revenu d'emploi et sur les trois quarts de ses gains en capital. Pour ce qui est de son impôt « régulier » aux États-Unis, son revenu d'emploi sera admissible à l'exclusion du revenu gagné à l'étranger, et l'impôt américain sur ses gains en capital sera intégralement compensé par le crédit pour impôt étranger à l'égard de l'impôt canadien qu'il doit acquitter sur ses gains.

Aux fins de l'IMR américain, le revenu de Peter sera de 73 000 $ US, moins son exemption de 33 750 $ au titre de l'IMR. L'impôt minimum à payer sera donc égal à 26 % de 39 250 $, soit 10 205 $ US. Comme seulement 90 % de ce

> *montant peut être compensé par des crédits pour impôt étranger, Peter devra payer 1 021 $ US en impôt américain, qui s'ajouteront à son impôt canadien. En outre, il ne bénéficiera pas d'un crédit pour impôt étranger au Canada puisque ses gains constituent un revenu de source canadienne même s'ils sont imposés par les États-Unis.*

15.6   REVENU GAGNÉ PAR UN ENFANT

15.6.1   INCIDENCE SUR LE CRÉDIT POUR PERSONNES À CHARGE

Si vous réclamez une déduction pour enfant à charge (2 450 $ US) sur votre déclaration américaine, celui-ci ne peut réclamer l'exemption personnelle régulière dans sa propre déclaration de revenus. Il s'ensuit que tout revenu gagné par l'enfant est imposé.

Au Canada, le crédit fédéral octroyé pour un enfant à charge n'existe plus (se reporter à la section 1.3.1). Par conséquent, le revenu gagné par vos enfants n'aura pas d'incidence sur l'impôt fédéral que vous payez.

15.6.2   RÈGLES D'ATTRIBUTION

Nous avons déjà parlé des règles d'attribution canadiennes à la section 3.2.3 à propos des enfants mineurs. Rappelons-en le principe de base : si vous donnez ou prêtez des fonds à votre enfant, c'est vous-même, et non lui, qui devrez déclarer les revenus gagnés sur ces fonds et ce, jusqu'à ce qu'il atteigne l'âge de 18 ans.

Le régime fiscal américain cherche, lui aussi, à éviter ce genre de fractionnement du revenu, mais d'une toute autre façon : l'enfant est imposé sur ce revenu, mais celui-ci peut être imposé en partie *au taux marginal d'impôt du parent.*

La première tranche de 600 $ US de **revenu non gagné** (notion à peu près équivalente à celle de « revenu tiré d'un bien » au Canada) d'un enfant de moins de 14 ans n'est pas imposée, mais la tranche suivante de 600 $ l'est comme son revenu propre. Au-delà de 1 200 $ US, si l'enfant n'a pas de revenu gagné (rémunération pour services rendus), tout autre revenu non gagné sera imposé au taux du parent qui a le revenu imposable le plus élevé. Par conséquent, il n'est pas avantageux sur le plan fiscal américain de faire gagner à un enfant de moins de 14 ans un revenu de placement supérieur à 1 200 $.

Sous certaines conditions, le parent dont le revenu imposable sert au calcul du taux d'imposition de l'enfant, peut choisir d'inclure le revenu de celui-ci directement. Cela évite d'avoir à produire une déclaration fiscale pour l'enfant et favorise une meilleure conciliation des revenus entre les régimes fiscaux canadien et américain.

15.7   EXIGENCES EN MATIÈRE DE PRODUCTION DE DÉCLARATIONS
AUX ÉTATS-UNIS

15.7.1   DÉCLARATION CONJOINTE OU DISTINCTE?

Au Canada, chaque contribuable est considéré comme un contribuable distinct et doit produire sa propre déclaration. Le revenu combiné de deux conjoints n'est pris en considération que dans certains buts précis, comme l'admissibilité à la prestation fiscale pour enfants (se reporter à la section 1.5.1) et au crédit pour TPS (se reporter à la section 1.5.2).

Mais aux États-Unis, les couples peuvent choisir de produire une **déclaration conjointe** de revenus. Si l'un des deux ne gagne aucun revenu ou gagne un revenu très faible, cette formule est en général plus avantageuse.

Cette déclaration conjointe est par ailleurs obligatoire — si vous êtes marié — dès que vous voulez vous prévaloir de certaines déductions et de certains crédits, par exemple du crédit pour garde d'enfants ou de la déduction pour perte de 25 000 $ que peut demander un propriétaire exploitant activement un bien immeuble locatif.

Si vous n'avez pas de conjoint, vous êtes considéré, selon le cas, comme «célibataire», «chef de ménage» ou «conjoint survivant», trois statuts qui ont tous des répercussions fiscales différentes aux États-Unis.

Le choix de produire une déclaration conjointe ou non peut-être effectué chaque année si le couple est formé de deux citoyens américains. Cependant, cette décision ne peut être prise qu'une seule fois si votre conjoint n'est pas citoyen américain. Si vous décidez de produire une déclaration conjointe, vous devez continuer d'agir ainsi jusqu'à ce que vous ayez révoqué ce choix, auquel cas vous ne pourrez plus refaire ce choix (sauf si vous avez un nouveau conjoint).

15.7.2   DATES LIMITES DE PRODUCTION DES DÉCLARATIONS

Les déclarations fiscales américaines doivent normalement être postées au plus tard le 15 avril, le cachet de la poste faisant foi.

Pour un citoyen américain dont le «domicile fiscal» (lieu d'emploi) et la «résidence» (lieu de résidence) sont tous deux situés en dehors des États-Unis, l'échéance de production est prolongée d'office au 15 juin. Si vous êtes dans ce cas, vous devez adresser votre déclaration fiscale américaine à l'IRS à Philadelphie, et y joindre une déclaration dans laquelle vous établissez votre admissibilité à cette prolongation.

Si vous n'êtes pas en mesure de respecter la date limite du 15 juin, vous pouvez demander un report de la date limite au 15 août. Ce délai vous sera accordé automatiquement.

Mais même si vous avez le droit de n'envoyer votre déclaration qu'en juin ou août, les intérêts sur un solde d'impôt à payer courront dès le 15 avril. Si plus de 10 % de votre impôt pour l'année est à payer, une pénalité pour versement tardif s'applique également.

| 15.7.3 | IMPÔTS ESTIMATIFS |

Nous avons parlé des acomptes provisionnels canadiens à la section 13.2.2. Les États-Unis ont un système équivalent qui prévoit le versement « d'impôts estimatifs ».

Les versements d'impôts estimatifs sont dus chaque trimestre, soit le 15 avril, le 15 juin et le 15 septembre de l'année en cours, et le 15 janvier de l'année suivante. Comme au Canada, vous choisissez comme base de calcul pour vos versements d'impôts estimatifs soit l'impôt que vous avez effectivement payé l'année précédente, soit l'impôt total que vous prévoyez payer pour l'année en cours.

Si vous choisissez comme base de calcul l'impôt que vous prévoyez payer pour l'année en cours, vous n'avez à acquitter que 90 % de l'impôt exigible (impôt régulier ou IMR) sous forme de versements d'impôts estimatifs, soit 22,5 % chaque trimestre. Si vous choisissez comme base de calcul l'impôt que vous avez payé l'année précédente, vous devrez verser un montant égal à 25 % chaque trimestre. Par contre, si les impôts estimatifs excèdent 150 000 $ US, vous devrez verser trimestriellement un montant correspondant à 27,5 % de l'impôt de l'année précédente (c'est-à-dire 110 % de l'impôt de l'année précédente).

Dans un cas comme dans l'autre, tout solde encore exigible doit être versé au moment de produire votre déclaration de revenus. Si le total de l'impôt à payer pour l'année est inférieur à 500 $ US, vous n'êtes pas tenu d'effectuer des versements d'impôts estimatifs.

Si vous ne faites pas vos versements à temps, le fisc vous imposera des pénalités, non déductibles, pour retard de paiement.

| 15.7.4 | RENSEIGNEMENTS À FOURNIR |

Les lois américaines vous obligent à divulguer une quantité appréciable de renseignements financiers au moment de produire votre déclaration de revenus.

D'abord, vous devez indiquer les participations que vous détenez dans toutes les sociétés non américaines que vous contrôlez directement ou indirectement, ou dans lesquelles vous avez une participation importante, bien qu'elles soient contrôlées par d'autres citoyens ou sociétés américains. Vous devez produire cette information avec votre déclaration de revenus. L'IRS utilise cette information en partie pour déterminer votre assujettissement à l'impôt sur le revenu non distribué de corporations à participation restreinte non américaines qui gagnent un revenu sans exploitation active.

Une réglementation américaine oblige toute société canadienne contrôlée par des citoyens ou résidents américains à déclarer ses revenus en utilisant la même année fiscale que celle de son actionnaire majoritaire; en fait, il s'agit de l'année civile dans les cas où cet actionnaire est un particulier. Autrement, la société peut choisir d'utiliser une année fiscale débutant un mois avant celle de l'actionnaire majoritaire.

Vous avez également l'obligation de produire chaque année auprès du Trésor des États-Unis un rapport sur vos comptes bancaires et financiers à l'étranger. Ce formulaire, que vous envoyez séparément de votre déclaration de revenus et qui doit être déposé avant le 15 juin, n'est obligatoire que si la valeur totale de vos comptes à l'étranger, comptes de banque, auprès de courtiers, pour un REER, etc., dépasse 10 000 $ US à un moment quelconque durant l'année.

Toute personne qui ne se conforme pas à ces exigences en matière de présentation de l'information s'expose à des pénalités élevées en vertu de la réglementation américaine.

15.7.5   RENOUVELLEMENT DES PASSEPORTS AMÉRICAINS

Si vous faites une demande de passeport américain, ou désirez le renouveler, pendant que vous vivez à l'extérieur des États-Unis, vous serez tenu de fournir votre numéro d'assurance sociale et de remplir une déclaration de renseignements à l'intention de l'IRS. Dans les cas où vous n'avez pas produit régulièrement de déclaration de revenus américaine, l'IRS communiquera probablement avec vous afin de vous inviter à le faire. En ne faisant pas suite à cette demande, vous vous exposez à des pénalités de nature criminelle. L'IRS souhaite qu'à l'avenir une loi soit adoptée, accordant ainsi au gouvernement américain le droit de différer le renouvellement du passeport d'une personne qui a omis de produire ses déclarations de revenus.

15.8   DROITS DE SUCCESSION ET IMPÔT SUR LES DONS AUX ÉTATS-UNIS

15.8.1   IMPÔT SUCCESSORAL

Aux États-Unis, les biens transmis au moment du décès d'un citoyen américain sont assujettis à un impôt successoral lorsque la valeur nette de la succession (combinée à certains dons imposables) est supérieure à 600 000 $ US. Le taux d'imposition est progressif, allant de 18 % lorsque la valeur imposable de la succession est inférieure à 10 000 $ US, à 55 % sur la valeur imposable excédant 3 000 000 $ US (se reporter à la section 16.4 pour plus de détails).

Si votre conjoint est citoyen américain, tout montant que vous lui léguez à votre décès fait l'objet d'une déduction; il n'y a donc aucun impôt successoral en cas de legs universel à votre conjoint au moment de votre décès. Toutefois, dans ce cas, vous perdez votre exonération de 600 000 $ au décès de votre conjoint, puisqu'une seule exonération de 600 000 $ est disponible pour vos deux successions.

Si votre conjoint n'est pas un citoyen américain, vous n'avez pas droit à la déduction. Cependant, il est possible de créer une «fiducie domestique admissible» en vue de reporter l'impôt (se reporter à la section 16.4.1).

Ainsi que nous l'avons signalé aux sections 4.5.4 et 12.1.2, le Canada impose les gains en capital accumulés au moment du décès d'un particulier, en présumant la disposition de tous ses biens en immobilisation à leur juste valeur marchande immédiatement avant son décès.

Il peut y avoir double imposition en cas de décès, car l'impôt sur les biens transmis par décès est un impôt successoral aux États-Unis et un impôt sur le revenu au Canada. Ni l'un ni l'autre ne donne droit à un crédit pour impôt étranger à l'égard de l'autre. Le Protocole modifiant la convention entre le Canada et les États-Unis (signé le 31 août 1994 et devant être ratifiée en 1995) fera en sorte que le Canada et les États-Unis devront traiter les impôts au décès de chacun comme des impôts pouvant donnant lieu à un crédit pour impôts étrangers. Dans certains cas, il sera également permis d'effectuer un transfert libre d'impôt au conjoint, même dans le cas où le conjoint survivant n'est pas un citoyen américain. Ces deux dispositions permettront d'atténuer (sans toutefois l'éliminer) le risque de double imposition. Les crédits canadien et américain seront encore assujettis aux restrictions habituelles «internes» de chacun des pays concernés. Le Protocole s'appliquera de façon rétroactive aux décès survenus après le 10 novembre 1988. Toutefois, une demande de remboursement devra être produite dans l'année suivant son entrée en vigueur.

Alors que l'impôt successoral américain n'est exigible que si la valeur *nette* de la succession excède 600 000 $ US, il faut néanmoins produire une déclaration spéciale dès que la valeur *brute* de la succession dépasse ce chiffre. Et attention : cette limite de 600 000 $ est réduite par les dons imposables que vous avez faits au cours de votre vie (se reporter à la section 15.8.2).

15.8.2	IMPÔT SUR LES DONS

À proprement parler, le Canada n'a pas d'impôt sur les dons, mais comme le donateur est réputé avoir disposé du bien donné à sa juste valeur marchande (sauf s'il s'agit d'un don fait au conjoint), il peut avoir à payer de l'impôt sur le gain en capital imposable qui en résulte (se reporter à la section 4.5.5).

Les États-Unis ont, quant à eux, un impôt sur les dons qui frappe seulement les personnes qui font des dons substantiels. C'est le *donateur* qui doit acquitter cet impôt, lequel ne s'applique pas aux dons entre conjoints qui sont tous deux citoyens américains. Il peut cependant s'appliquer si seul le donateur est citoyen américain.

Jusqu'à 10 000 $ US peuvent être donnés en franchise d'impôt chaque année à un bénéficiaire donné, et jusqu'à 100 000 $ à un conjoint qui n'a pas la citoyenneté américaine. Par ailleurs, chaque citoyen américain dispose d'un crédit unifié (« unified credit ») à vie cumulatif de 192 800 $ au titre des impôts sur les dons et sur les successions. En pratique, ce crédit peut exonérer environ 600 000 $ de dons (en plus des limites de 10 000 $ et de 100 000 $ par an) pendant toute votre vie.

Au-delà des limites de 10 000 $ et de 100 000 $, l'impôt sur les dons s'applique aux mêmes taux progressifs que l'impôt successoral, c'est-à-dire à des taux qui vont de 18 % sur les dons imposables de moins de 10 000 $ à 50 % sur la fraction qui excède 2 500 000 $.

Comme dans le cas de l'impôt successoral, l'impôt canadien qui peut frapper un don est un impôt sur le revenu, alors que l'impôt américain correspondant n'a pas le même statut. Il n'est donc pas possible de bénéficier d'un crédit pour impôt étranger dans l'un ou l'autre des régimes afin de compenser l'impôt payé dans l'autre. Par conséquent, vous devez être prudent si vous faites des dons importants. Un autre inconvénient se présente en ce qui a trait aux dons : aux fins de l'impôt américain, celui qui reçoit le don est réputé avoir acquis le bien à son coût initial, alors que dans le cas d'un décès, les biens légués aux héritiers sont traités comme s'ils avaient été acquis par eux à leur juste valeur marchande.

De plus, il faut tenir compte des règles d'attribution du Canada (se reporter au chapitre 3).

15.9   CONSEILS DE PLANIFICATION

15.9.1   ÉTUDIEZ LA POSSIBILITÉ DE PRODUIRE UNE DÉCLARATION CONJOINTE

Comme nous l'avons dit à la section 15.7.1, il peut être avantageux de produire une déclaration conjointe si vous êtes marié et si votre conjoint est également tenu de produire une déclaration de revenus aux États-Unis. Vous aurez certainement intérêt à le faire si l'un de vous deux a un revenu peu élevé.

Dans le cas où votre conjoint n'est pas un citoyen américain et n'a aucun revenu de source américaine, auquel cas il n'est pas tenu de payer de l'impôt aux États-Unis, vous souhaiterez probablement produire une « déclaration distincte de personne mariée », car le revenu d'un étranger non résidant ne sera pas pris en compte aux fins de l'impôt américain.

Si, par contre, le revenu de toute provenance de votre conjoint est peu élevé, alors que vous-même payez de l'impôt aux États-

Unis, il peut être avantageux de produire une déclaration conjointe qui vous donnera droit à des déductions plus importantes et à des taux d'imposition plus bas. L'inconvénient de cette décision est que vous « importez » ainsi les revenus gagnés dans le monde entier par votre conjoint au sein du régime fiscal américain, et si vous changez d'avis et choisissez plus tard de produire des déclarations distinctes, vous ne pourrez plus jamais revenir sur votre décision.

| 15.9.2 | REVOYEZ LES DÉCISIONS DE FRACTIONNEMENT DU REVENU AFIN D'ÉVITER UNE DOUBLE IMPOSITION |

La possibilité de produire une déclaration conjointe rend le fractionnement du revenu (se reporter au chapitre 3) moins intéressant aux États-Unis qu'au Canada. Il faut de plus être prudent car les techniques de fractionnement du revenu aux fins de l'impôt canadien peuvent donner lieu à une double imposition.

Supposons, par exemple, que votre fils de 13 ans, qui est comme vous citoyen américain, n'a aucun revenu et que vous lui prêtez de l'argent dans l'intention de lui constituer, au fil des années, un revenu « accessoire » qui ne vous sera pas attribué (se reporter à la section 3.3.6). Le revenu gagné sur les fonds prêtés sera imposable pour vous au Canada, mais imposable pour votre fils (à votre taux marginal s'il a moins de 14 ans; se reporter à la section 15.6.2) aux États-Unis. Comme ce sont des contribuables différents qui paieront l'impôt, aucun crédit pour impôt étranger ne sera disponible et vous acquitterez l'impôt deux fois sur le même revenu.

Dans cet exemple, tant que votre fils a moins de 14 ans, vous pouvez choisir d'inclure son revenu non gagné dans votre déclaration de revenus américaine. Cela devrait résoudre le problème de la double imposition puisque ce revenu sera imposable pour vous en vertu des deux régimes fiscaux.

| 15.9.3 | SOYEZ VIGILANT QUANT À LA PROPRIÉTÉ DES FONDS MUTUELS CANADIENS ET D'AUTRES SOCIÉTÉS QUI GAGNENT DU REVENU PASSIF |

Le fait d'investir dans des fonds mutuels canadiens et dans des sociétés comparables peut donner lieu à un impôt à payer aux États-Unis. En vertu des lois américaines, si vous investissez dans une société non américaine dont le revenu provient en grande partie de placements (une société étrangère de placements passifs), et que des actions sont vendues ou des fonds excédentaires distribués, vous pouvez bénéficier d'un report théorique de l'impôt américain que vous auriez acquitté si vous aviez reçu directement ce revenu de placement. Dans un cas de ce genre, les intérêts imputés sur cet « impôt reporté » risquent d'être imposables aux États-Unis.

Pour être soumis à ces règles, il n'y pas de minimum requis en ce qui a trait au pourcentage de détention dans une société canadienne. Il existe toutefois des moyens d'éviter la charge d'intérêt, par exemple, en choisissant d'inclure votre quote-part des gains du fonds dans votre revenu, de façon courante chaque année.

15.9.4   CONSERVEZ LES PIÈCES JUSTIFICATIVES DE CERTAINS FRAIS POUR EN RÉCLAMER LA DÉDUCTION DANS VOTRE DÉCLARATION DE REVENUS AMÉRICAINE

Si, dans votre déclaration de revenus américaine, vous demandez des déductions qui ne sont pas admissibles au Canada (se reporter à la section 15.3.1), n'oubliez pas de conserver les pièces justificatives supplémentaires qui étayeront votre demande.

15.9.5   DEMANDEZ L'EXCLUSION DU REVENU GAGNÉ À L'ÉTRANGER SI CELA EST AVANTAGEUX

Normalement, si vous êtes admissible à l'exclusion du revenu gagné à l'étranger (se reporter à la section 15.2.1), vous devriez la demander. C'est de loin le moyen le plus simple et le plus direct d'éviter la double imposition.

Cependant, il arrive parfois (la plupart du temps dans le cas des reports de crédits pour impôt étranger) qu'il soit plus avantageux de réclamer le crédit pour impôt étranger que l'exclusion. Si vous réclamez cette dernière, puis choisissez au cours d'une année ultérieure de ne plus vous en prévaloir, vous ne pourrez en principe revenir sur cette décision pendant cinq ans. Du fait de cette restriction et pour le cas où le crédit pour impôt étranger se révélerait plus intéressant un jour, beaucoup de comptables préfèrent calculer l'impôt des deux façons et ne pas demander l'exclusion si vous n'avez pas d'impôt à payer de toute façon.

15.9.6   MAXIMISEZ LE CRÉDIT POUR IMPÔT ÉTRANGER

Il est naturel de chercher à profiter au maximum du crédit pour impôt étranger (se reporter à la section 15.2.2). Dans le courant de l'année, vous aurez peut-être la possibilité de structurer vos revenus de diverses provenances — revenus américains, canadiens, d'emploi et de placements, etc. — de façon à augmenter au maximum vos impôts étrangers acquittés sur des revenus de source étrangère afin de mieux profiter des crédits pour impôt étranger offerts à la fois aux États-Unis et au Canada.

Même si vous ne pouvez pas normalement recevoir un crédit pour la totalité de l'impôt canadien payé parce que la fiscalité est plus lourde au Canada qu'aux États-Unis, il arrive que vous puissiez en tirer un avantage particulier si vous résidez au Canada pendant une période relativement brève, avant une autre affectation à l'étranger. En effet, vous avez alors la possibilité d'inclure votre excédent d'impôt canadien dans le calcul du crédit pour impôt étranger applicable au revenu gagné dans d'autres pays étrangers.

| 15.9.7 | FAITES ATTENTION À L'IMPÔT MINIMUM DE REMPLACEMENT |

Comme nous l'avons mentionné à la section 15.5, si votre revenu est suffisamment élevé, et même s'il est intégralement imposé au Canada, vous pourriez avoir à payer un certain montant d'impôt minimum de remplacement aux États-Unis. Une façon de réduire cet impôt est de gagner un revenu de source américaine additionnel. Le Canada vous accordera un crédit d'impôt étranger pour l'impôt américain payé, mais non pour l'IMR à payer sur un revenu de source canadienne.

| 15.9.8 | RENONCEZ, DANS CERTAINS CAS, AUX RÈGLES APPLICABLES AUX VENTES À TEMPÉRAMENT |

Lorsqu'aux fins de l'impôt canadien, vous ne réclamez pas une réserve sur la vente d'un bien en immobilisation particulier, envisagez de renoncer expressément aux dispositions sur la vente à tempérament dans votre déclaration de revenus américaine. Si vous ne le faites pas, vos revenus américain et canadien d'une année donnée pourraient être disproportionnés, ce qui causerait des problèmes concernant le crédit pour impôt étranger.

Au contraire, si vous demandez au Canada une réserve qui est limitée à cinq ans, mais reportez une fraction importante du produit de la vente au-delà de cinq ans, l'application des règles américaines sur les ventes à tempérament déséquilibrera à nouveau vos revenus canadien et américain.

Si un gain est imposé aux États-Unis quelques années plus tard qu'au Canada à cause des règles sur les ventes à tempérament, Revenu Canada peut vous permettre de revenir en arrière (jusqu'en 1985) afin de demander un crédit pour l'impôt payé à l'étranger.

| 15.9.9 | DEMANDEZ LA DÉDUCTION APPROPRIÉE POUR GAINS EN CAPITAL |

Nous avons vu à la section 15.4.3 que la déduction pour gains en capital comporte certains dangers. Lorsque vous vendez un bien situé aux États-Unis, vous avez en général intérêt à ne pas demander la déduction pour gains en capital et à opter plutôt pour le crédit pour impôt étranger, puisque vous devez de toute façon acquitter l'impôt américain sur le produit de cette vente. Et si vous vendez un bien personnel (des actions de sociétés exploitant une petite entreprise admissibles à la déduction de 500 000 $ dont il a été question à la section 4.4.5, par exemple), vous ne devriez pas réclamer une déduction qui ramènerait l'impôt canadien total sur le gain réel à moins de 10 %. Sinon, vous ne pourrez pas profiter du crédit pour impôt étranger aux États-Unis.

15.9.10 Envisagez les mesures à prendre au moment de votre départ du Canada

Au moment de quitter le Canada, étudiez bien les deux régimes d'imposition, car il sera peut-être préférable de vendre certains biens avant ou après votre départ. Vous aurez aussi à faire certains choix. En particulier, vous pouvez choisir, en vertu de la convention fiscale, de vous placer aux fins de l'impôt américain sous le coup des règles canadiennes relatives à la disposition présumée. Vous pourriez ainsi utiliser l'impôt exigible au Canada comme crédit pour impôt étranger dans votre déclaration de revenus américaine afin de réduire l'impôt américain à payer qui en résulte et de majorer le coût de base de vos biens aux fins fiscales américaines. Toutefois, ne prenez pas de décision sans d'abord examiner les politiques fiscales de l'État américain où vous emménagez.

15.9.11 Prévoyez l'imposition des successions et des dons aux États-Unis

Ne perdez pas de vue l'existence des impôts américains sur les successions et sur les dons, dont l'incidence a été décrite à la section 15.8, et en particulier le risque de double imposition que ferait courir une mauvaise planification fiscale. Renseignez-vous auprès d'un fiscaliste pour connaître les plus récents résultats des modifications apportées au traité à ce sujet. Si votre conjoint n'a pas la citoyenneté américaine, envisagez de léguer la totalité ou une partie de votre succession à une fiducie domestique admissible (se reporter à la section 16.4.1) de façon à reporter l'impôt successoral américain.

15.9.12 Faites attention lorsque vous contrôlez une société fermée

Les opérations entre sociétés et actionnaires qui peuvent donner lieu à un avantage imposable en vertu de la réglementation canadienne ou américaine, ou des deux. Lorsque vous laissez des revenus de placements s'accumuler dans une société canadienne que vous contrôlez, vous pourriez être visé par les règles de la « Subpart F » des États-Unis, règles qui rendront ces revenus imposables même s'ils ne vous sont pas distribués (se reporter à la section 15.7.4).

15.9.13   Prenez garde aux différences entre les règles régissant les régimes de retraite

Comme nous l'avons vu à la section 15.3.4, les régimes de retraite risquent de créer des difficultés puisque les REER et autres régimes du même genre ne sont pas reconnus par la réglementation fiscale américaine, et que les CRP (IRA) et autres régimes américains comparables ne le sont pas non plus par la réglementation canadienne.

Si vous êtes titulaire d'un REER, vous avez probablement intérêt à faire un choix en vertu de la convention fiscale entre le Canada et les États-Unis afin de reporter l'imposition du revenu gagné dans le REER jusqu'à ce qu'il vous soit effectivement versé (se reporter à la section 15.3.4). Ce report n'est toutefois possible que si les revenus qui s'accumulent proviennent de cotisations effectuées pendant que vous résidiez au Canada. En vertu du Protocole, le report pourra également s'appliquer aux RPA et à d'autres régimes de retraite canadiens. De plus, la restriction voulant que le choix ne s'applique qu'aux cotisations effectuées pendant que vous résidiez au Canada sera abolie.

15.9.14   Vous déménagez au Canada

Si vous êtes un citoyen américain et que vous déménagez au Canada, vous devriez obtenir les conseils d'un professionnel en ce qui a trait aux stratégies à adopter pour minimiser votre fardeau fiscal. Vous devrez peut-être effectuer certaines opérations avant de venir au Canada.

Si vous détenez des placements importants autres que canadiens, il peut être avantageux d'établir une fiducie étrangère avant de devenir résident du Canada. Une telle fiducie vous permettra d'être exempté de l'impôt canadien, pendant cinq ans, si la personne qui a créé la fiducie ou celle qui en est le bénéficiaire est devenue résidente du Canada. Il s'agit d'une stratégie avantageuse lorsque le taux d'imposition américain est moins élevé que le taux d'impôt canadien.

Dans le cas où vous détenez des biens dont la valeur est inférieure au coût original, envisagez de les vendre avant de devenir résident du Canada. La valeur marchande courante du bien au moment où vous deviendrez résident sera utilisée comme coût de base aux fins du calcul des gains en capital au Canada.

Si votre employeur vous transfère au Canada, négociez un montant additionnel afin de couvrir l'impôt que vous devrez payer en plus au Canada. Se reporter également à la section 15.3.7 pour ce qui est des frais de déménagement.

Aux termes de l'accord en matière de sécurité sociale entre le Canada et les États-Unis, vous pouvez être exempté pendant cinq ans de verser des cotisations au RPC ou au RRQ si vous êtes un résident américain transféré temporairement au Canada. Vous serez toutefois tenu de verser des cotisations au système de sécurité sociale des États-Unis et par le fait même vous serez couvert. Votre employeur devra obtenir un certificat de couverture conformément au régime américain afin que vous puissiez obtenir cette exemption.

15.10	**DOCUMENTS DE RÉFÉRENCE**

Vous pouvez obtenir un exemplaire des publications suivantes en téléphonant ou en vous présentant à votre bureau de district de Revenu Canada, Impôt :

Bulletin d'interprétation IT-122R2, « Impôts et prestations concernant la sécurité sociale des États-Unis »

Bulletin d'interprétation IT-221R2, « Détermination du lieu de résidence d'un particulier »

Bulletin d'interprétation IT-270R2, « Crédit pour impôt étranger »

Bulletin d'interprétation IT-395R, « Dégrèvement pour impôt étranger — Gains et pertes en capital sur des biens étrangers »

Bulletin d'interprétation IT-506, « Impôt étranger sur le revenu à titre de déduction du revenu »

Bulletin d'interprétation IT-520, « Fraction inutilisée du crédit pour impôt étranger — Reports prospectif et rétrospectif »

Formulaire T2036, « Calcul du crédit provincial pour impôt étranger »

Formulaire T2209, « Calcul du crédit fédéral pour impôt étranger »

Vous pouvez obtenir les publications suivantes en téléphonant ou en écrivant à n'importe lequel des bureaux du Internal Revenue Service. En général, on peut aussi se les procurer dans les ambassades et les consulats des États-Unis. Vous pouvez également vous faire aider en communiquant avec le bureau de l'IRS à Ottawa, par téléphone au (613) 563-1834 ou par télécopieur au (613) 230-1376.

Publication 54, « Tax Guide for U.S. Citizens and Resident Aliens Abroad »

Publication 514, « Foreign Tax Credit For Individuals »

Publication 521, « Moving Expenses »

Publication 523, « Tax Information On Selling Your Home »

Formulaire 1040, « U.S. Individual Income Tax Return »

Formulaire 1116, « Computation of Foreign Tax Credit »

Formulaire 2119, « Sale Of Your Home »

Formulaire 2350, « Application for Extension of Time to File U.S. Income Tax Return »

Formulaire 2555, « Foreign Earned Income »

Formulaire 3520, « Creation of or Transfers to Certain Foreign Trusts »

Formulaire 3520A, « Annual Return of Foreign Trust With U.S. Beneficiaries »

Formulaire 3903, « Moving Expenses »

Formulaire 3903F, « Foreign Moving Expenses »

Formulaire 4868, « Application for Automatic Extension of Time to File U.S. Individual Income Tax Return »

Formulaire 5471, « Information Return With Respect To A Foreign Corporation »

Formulaire 6251, « Alternative Minimum Tax—Individuals »

Formulaire TD F 90-22.1, « Report of Foreign Bank and Financial Accounts »

16

CONSEILS DE PLANIFICATION

- Optez pour la méthode du revenu de location net
- Produisez votre déclaration de revenus à temps pour éviter la perte de déductions
- Vendez un bien immeuble à un acheteur qui en fera sa résidence principale
- Obtenez un certificat relatif à la disposition d'un bien immeuble
- Évitez d'emporter avec vous des bijoux et autres objets de valeur aux États-Unis
- Pensez aux conséquences de l'acquisition d'actions de sociétés américaines
- Détenez vos biens aux États-Unis par le biais d'une société canadienne
- Léguez vos biens à votre conjoint ou à une fiducie domestique admissible
- Envisagez de devenir résident des États-Unis aux fins de l'impôt successoral
- Faites l'acquisition de biens américains avec votre conjoint ou une autre personne
- Vendez vos biens situés aux États-Unis de votre vivant
- Souscrivez une assurance-vie couvrant l'impôt successoral
- Hypothéquez vos biens immeubles américains pour en réduire la valeur
- Faites l'acquisition de biens aux États-Unis par le biais d'une fiducie canadienne irrévocable
- Évaluez l'incidence du Protocole sur votre situation
- Évitez de devenir résident des États-Unis lors d'un séjour

*Dans ce chapitre, nous traiterons des impôts américains exigibles des résidents canadiens qui n'ont **pas** la nationalité américaine mais qui effectuent des placements dans ce pays en achetant, par exemple, des actions ou des immeubles. (Les obligations fiscales des citoyens américains qui résident au Canada font l'objet du chapitre 15.) L'impôt peut frapper de trois façons différentes ces placements: sur le revenu produit* *par ces biens, sur les gains réalisés lors de leur disposition et au moment du décès de leur propriétaire. Nous abordons aussi les règles aux termes desquelles les « oiseaux migrateurs » risquent de devenir résidents des États-Unis s'ils y passent trop de temps.*

Rappelons tout d'abord que les régimes fiscaux des États-Unis et du Canada influent l'un sur l'autre selon des règles extrêmement complexes. Il est fortement recommandé à une personne qui acquiert un bien immeuble américain d'obtenir les conseils d'un fiscaliste.

16.1   REVENUS TIRÉS DE BIENS AMÉRICAINS

Certains revenus de source américaine peuvent être assujettis à l'impôt américain même si vous n'êtes pas résident des États-Unis.

16.1.1   LOYERS

Tout loyer versé à un résident canadien sur un bien immeuble situé aux États-Unis est normalement assujetti à une retenue d'impôt de **30 %** qui s'applique sur le montant **brut** de ce loyer. (Contrairement aux retenues d'impôt sur les intérêts et les dividendes, cet impôt ne bénéficie d'aucun allégement du fait de la convention fiscale passée entre le Canada et les États-Unis.)

EXEMPLE

Vous vivez au Canada et êtes propriétaire d'une habitation en copropriété au Texas. Vous mettez cette copropriété en location pendant toute l'année et touchez un loyer de 10 000 $ US. Vos intérêts hypothécaires, vos frais d'entretien et vos impôts fonciers totalisent 8 000 $ US.

Votre locataire retiendra 30 % du loyer annuel qu'il vous verse, soit 3 000 $ US, et remettra cette somme au Internal Revenue Service (IRS).

À la fin de l'année, vous pouvez choisir de produire une déclaration de revenus aux États-Unis et payer l'impôt américain sur votre revenu de location *net*. Dans l'exemple ci-dessus, ce dernier ne serait que de 2 000 $ US (et non 10 000 $ US). Vous pouvez alors recevoir un remboursement de la retenue fiscale prélevée dans la mesure où celle-ci est supérieure à l'impôt exigible calculé dans votre déclaration américaine. N'oubliez pas non plus que votre revenu de location est assujetti à l'impôt de l'État et, peut-être, à un impôt municipal minime.

Lorsque vous effectuez le choix d'être imposé sur le revenu de location net, ce choix devient permanent, et par la suite, votre revenu sera toujours imposé selon cette formule. Vous ne pourrez revenir sur cette décision que dans certaines circonstances fort limitées.

Une fois ce choix effectué, vous pouvez produire le formulaire 4224 (se reporter à la section 16.6) qui vous exemptera de la retenue intégrale de 30 % du loyer. Le montant de la retenue à prélever sera établi d'après votre impôt prévisionnel de l'année, calculé suivant la formule du revenu de location net.

Si vous souhaitez remplir votre déclaration selon la méthode du revenu de location net, vous devez respecter la date d'échéance établie par l'IRS. Pour l'année 1994, vous devez normalement produire votre déclaration avant le 15 octobre 1996, sinon vous ne serez pas en mesure de profiter des déductions et votre impôt sera établi à partir de votre revenu brut. (La date d'échéance pour l'année d'imposition 1993 est le 15 octobre 1995.) Cette règle s'applique non seulement aux revenus de location mais aussi, aux revenus de source américaine à l'encontre desquels vous désirez obtenir des déductions.

16.1.2   DIVIDENDES ET INTÉRÊTS TIRÉS DE SOCIÉTÉS AMÉRICAINES

Comme les loyers, les dividendes et les intérêts versés par des sociétés américaines à des résidents du Canada sont assujettis à une retenue d'impôt aux États-Unis, limitée dans la plupart des cas à **15 %** par la convention fiscale canado-américaine. Certains intérêts peuvent être admissibles à une exonération d'impôt aux États-Unis à titre de « créance de portefeuille ».

Vous ne devez ni ne pouvez produire une déclaration de revenus américaine à l'égard des revenus de dividendes et d'intérêts sur lesquels un impôt adéquat est retenu.

16.2   VENTE DE BIENS AMÉRICAINS

16.2.1   VENTE D'UN BIEN IMMEUBLE

16.2.1.1   RETENUE D'IMPÔT EN VERTU DE LA FIRPTA

Lorsque vous vendez un bien immeuble situé aux États-Unis, un impôt de **10 %** du prix de vente est retenu en vertu de la loi américaine sur les investissements immobiliers étrangers (« *Foreign Investment in Real Property Tax Act of 1980* », ou **FIRPTA**). La retenue fiscale peut être déduite de l'impôt à payer aux États-Unis sur tout gain que vous réalisez à la vente du bien, et même remboursée si elle dépasse votre impôt américain exigible.

Cependant, cette retenue en vertu de la FIRPTA ne s'applique pas si le bien immeuble est vendu pour moins de 300 000 $ US et si l'acheteur a l'intention d'en faire sa résidence principale (c'est-à-dire l'intention ferme de l'habiter pendant au moins la moitié du temps où cet immeuble est en usage au cours de chacune des deux années qui suivent la vente). Le gain réalisé à la vente demeure néanmoins imposable aux États-Unis, ce qui vous oblige à produire une déclaration de revenus dans ce pays.

Il existe un autre moyen de réduire la retenue d'impôt en vertu de la FIRPTA : avant la vente, vous demandez à l'IRS un certificat de disposition en démontrant aux autorités fiscales américaines que l'impôt exigible aux États-Unis sera inférieur à 10 % du prix de vente.

Certains États ont institué des dispositions relatives à la retenue fiscale parallèlement à la FIRPTA.

16.2.1.2   IMPÔT SUR LE REVENU

Aux fins de l'impôt sur le revenu, vous êtes tenu de produire une déclaration de revenus aux États-Unis et d'y déclarer le gain réalisé sur la vente du bien immeuble. (Contrairement au Canada, l'imposition des gains en capital ne fait l'objet d'aucun allégement.) Vous pouvez alors demander un crédit pour l'impôt retenu en vertu de la FIRPTA.

Si vous étiez propriétaire du bien immeuble avant le 27 septembre 1980 et si vous ne l'avez utilisé que pour votre usage personnel, vous pouvez, en vertu de la convention fiscale canado-américaine (se reporter à la section 15.2.3), diminuer votre gain. Dans ce cas, seul le gain cumulé depuis le 1er janvier 1985 sera imposé.

EXEMPLE

En 1976, vous avez acheté un chalet situé aux États-Unis pour votre usage personnel pour la somme de 10 000 $ US. Le 1er janvier 1985, il valait 30 000 $ US. Vous le vendez en 1994 pour 60 000 $ US.

Votre gain imposable aux États-Unis n'est que de 30 000 $ US, montant qui représente la plus-value acquise par le bien immeuble depuis le début de 1985. À cela s'ajoute l'impôt sur le revenu de l'État américain considéré, lequel est calculé soit sur 30 000 $ US, soit sur 50 000 $ US, selon que l'État en question adhère ou non à la convention fiscale canado-américaine.

Si vous n'êtes pas en mesure d'évaluer le bien immeuble en date du 1er janvier 1985, on déterminera le gain cumulé jusqu'à cette date en supposant que la totalité de ce gain a été répartie uniformément entre tous les mois de la période au cours de laquelle vous en étiez le propriétaire.

Vous devrez joindre à votre déclaration de revenus des États-Unis certains renseignements portant sur la transaction de vente, si vous désirez réclamer les avantages auxquels vous avez droit en vertu de la convention fiscale.

L'impôt américain sur la vente d'un bien américain vous donne droit à un crédit pour impôt étranger déductible de l'impôt à payer au Canada sur cette vente (voir comment fonctionnent les crédits pour impôt étranger à la section 15.2.2). Cependant, si le gain n'a pas été imposé au Canada du fait de la déduction pour gains en capital (se reporter à la section 4.4) ou de la déduction pour résidence principale (se reporter à la section 4.5.3), vous ne pourrez réclamer de crédit pour impôt étranger.

16.2.2   Vente d'actions et d'obligations américaines

Tant que vous n'êtes ni un résident, ni un citoyen des États-Unis, l'impôt américain ne sera pas en principe exigible sur la vente d'actions de sociétés américaines, que celles-ci soient publiques ou privées, et quel que soit l'endroit où ces titres ont été négociés.

Toutefois, une société dont l'actif est constitué en majorité de biens immeubles américains pourrait être considérée comme une « société de portefeuille de biens immeubles américains ». Dans ce cas, tout gain réalisé à la vente des actions de la société sera imposé aux États-Unis.

En 1990 et encore une fois en 1992, un projet de loi américain proposait d'assujettir le produit de la vente de sociétés américaines à un impôt, lorsqu'un actionnaire détient au moins 10 % des actions de la société. La convention fiscale canado-américaine annulerait toutefois cette disposition, mais seulement dans les cas où l'actionnaire serait un « résident canadien reconnu », au sens de la loi proposée.

Une autre proposition considérait la répartition des biens liquidés par une société américaine comme des dividendes, jusqu'à concurrence des revenus et des bénéfices (« earnings and profits ») de cette société. À la suite d'une liquidation, les dividendes réputés seraient, dans la plupart des cas, assujettis à un impôt de 10 % ou 15 %.

Cependant, ces propositions n'ont pas été adoptées. Il n'est toutefois pas impossible qu'elles refassent surface dans les prochaines années, mais elles ne devraient pas être rétroactives.

16.3   « Oiseaux migrateurs » — règles américaines en matière de résidence

Si vous passez une bonne partie de l'année aux États-Unis, vous risquez de devenir un résident des États-Unis aux fins de l'impôt. Si cela se produit, vous serez tenu de produire une déclaration de revenus américaine et devrez payer de l'impôt sur votre revenu provenant de toutes les sources, y compris de source canadienne (sauf dans la mesure où vous pouvez réclamer des crédits d'impôt étranger; se reporter à la section 15.2.2).

Si vous détenez une « carte verte », vous avez le statut de résident permanent des États-Unis et serez considéré comme tel aux fins de l'impôt.

Dans le cas où votre présence physique aux États-Unis totalise **183 jours** et plus dans l'année, vous serez considéré comme résident des États-Unis. Pour déterminer le nombre de jours passés aux États-Unis, vous devez additionner le nombre de jours passés aux États-Unis dans l'année en cours, le tiers des jours passés aux États-Unis l'année précédente et le sixième des jours passés aux États-Unis l'année antérieure à cette dernière.

EXEMPLE

Simone passe chaque hiver à Miami et le printemps et l'été à Montréal. Au cours des années 1992, 1993 et 1994, elle passe, respectivement, 150, 90 et 140 jours aux États-Unis.

Pour 1994, la présence physique de Simone aux États-Unis se calcule ainsi : 140 + ($^1/_3$ × 90) + ($^1/_6$ × 150), ou 195 jours. Comme le total excède 183 jours, elle est considérée résidente des États-Unis pour l'année (voir la règle du « lien le plus étroit », décrite plus loin).

Si vous êtes considéré comme résident des États-Unis en vertu du critère de la présence physique, mais que le nombre de jours que vous y passez dans l'année *en cours* est inférieur à 183 jours, vous pouvez toujours être considéré comme un non-résident aux fins de l'impôt américain, dans la mesure où vous pouvez établir que vous avez un lien plus étroit avec le Canada qu'avec les États-Unis.

Si le nombre de jours passés aux États-Unis dans l'année en cours est supérieur à 183 jours, vous pouvez bénéficier d'une mesure de protection en vertu de la convention fiscale canado-américaine, si vous pouvez établir, aux termes de la convention, que vous êtes résident du Canada et non des États-Unis (cette protection n'est toutefois pas aussi étendue que celle offerte par la règle « du lien le plus étroit », décrite ci-dessus). À cette fin, vous devrez prouver que vous possédez une résidence permanente au Canada mais pas aux États-Unis; ou, dans le cas où vous avez une résidence permanente dans les deux pays ou que vous n'en avez aucune, vous devrez prouver que vos liens personnels et économiques sont plus étroits avec le Canada qu'avec les États-Unis. Vous devrez déposer de l'information auprès de l'IRS à l'intérieur d'un certain délai afin de vous prévaloir de la protection que cette convention accorde à ceux qui n'ont pas de lien avec les États-Unis.

16.4   IMPÔT SUCCESSORAL AMÉRICAIN

L'impôt successoral américain exigible lors du décès d'un Canadien peut être substantiel. Nous ne traiterons ici que de l'impôt fédéral. Cependant, de nombreux États américains prévoient un impôt successoral dont il faudra aussi tenir compte.

16.4.1   BIENS ASSUJETTIS À L'IMPÔT SUCCESSORAL

Aux États-Unis, l'impôt successoral s'applique aux biens d'une personne décédée qui sont situés à l'intérieur du territoire des États-Unis. Cette définition englobe:

- les biens immeubles situés aux États-Unis;
- les biens personnels corporels situés aux États-Unis;
- les actions de sociétés américaines, *indépendamment de l'emplacement des certificats de telles actions et de l'endroit où elles se négocient*;
- les titres de dette émis par des personnes physiques ou morales américaines, y compris par le gouvernement américain (telles les obligations d'épargne); et
- les participations dans des sociétés de personnes exploitant une entreprise aux États-Unis (bien qu'un doute subsiste sur ce point).

Les biens normalement exclus de la définition comprennent les actions de sociétés étrangères (non américaines), indépendamment de l'endroit où sont situés les biens de ces sociétés, les dépôts bancaires aux États-Unis, certaines obligations de sociétés américaines qui sont négociées à la bourse à l'extérieur des États-Unis, certaines créances qui sont admissibles à une exonération d'impôt aux États-Unis à titre de « créance de portefeuille » et le produit de polices d'assurance-vie payable à la suite d'un décès.

L'assiette de « l'impôt successoral », c'est-à-dire la valeur imposable de la succession, est la valeur brute de tous les biens du défunt canadien situés aux États-Unis, moins certaines déductions admissibles dont les plus importantes sont :

- tous les montants légués au conjoint du défunt si le conjoint est citoyen américain (montants qui seront assujettis à l'impôt successoral américain au moment du décès);
- les montants légués à une « fiducie domestique admissible » (FDA) (fiducie qui répond à certaines exigences mentionnées plus loin);
- une déduction au titre d'une hypothèque sans droit de recours personnel (voir ci-dessous) grevant un bien américain; et
- une déduction pour une tranche admissible des dettes du défunt au moment de son décès, dont le remboursement incombe à sa succession (y compris les impôts sur le revenu payables au Canada).

Pour que cette tranche admissible des dettes puisse être calculée et réclamée, la déclaration d'impôt de la succession doit inclure tous ses avoirs et ses dettes dans le monde entier.

Une hypothèque « sans droit de recours personnel » donne au créancier hypothécaire un privilège sur le bien hypothéqué seulement. C'est-à-dire que le créancier a le droit de saisir le bien hypothéqué en cas de défaut de paiement de votre part, mais si la valeur du bien ne couvre pas l'intégralité de la dette, il ne peut vous poursuivre pour le solde.

Lorsque des biens sont légués au conjoint survivant qui est citoyen américain, ou à une fiducie domestique admissible (FDA), l'impôt successoral peut être reporté jusqu'au décès du conjoint survivant.

L'acte créant une telle fiducie doit stipuler qu'un des fiduciaires doit être un citoyen des États-Unis ou une société américaine, et qu'aucun versement de capital tiré de la fiducie ne doit être effectué sans que le fiduciaire américain ne soit en mesure de retenir l'impôt successoral américain. Tout capital retiré de la fiducie sera alors assujetti à l'impôt successoral.

16.4.2 TAUX DE L'IMPÔT SUCCESSORAL FÉDÉRAL AMÉRICAIN

Une fois l'assiette fiscale déterminée, «l'impôt successoral» fédéral américain s'applique selon 16 taux progressifs qui vont de 18 % sur la première tranche de 10 000 $ US à 55 % sur tout montant excédant 3 millions de dollars. (Nous verrons plus loin qu'un «crédit unifié» vient atténuer cet impôt.)

Voici quelques exemples de l'impôt successoral fédéral américain à payer sur divers montants imposables (tous les chiffres sont en dollars américains):

Valeur imposable de la succession	Impôt (avant le crédit)
10 000 $	1 800 $
50 000	10 600
100 000	23 800
200 000	54 800
500 000	155 800
1 000 000	345 800

16.4.3 CRÉDIT UNIFIÉ

Afin de réduire l'impôt successoral, les non-résidents qui ne sont pas citoyens des États-Unis peuvent demander un «crédit unifié» de 13 000 $ US. Cela équivaut à exempter de l'impôt 60 000 $ US de patrimoine successoral. (Ce crédit est qualifié d'«unifié» parce qu'on doit également le porter en diminution de tout impôt sur les dons.)

EXEMPLE

Laurent, citoyen et résident du Canada, possède une habitation en copropriété aux États-Unis. Il décède en 1994. Au moment de son décès, sa copropriété vaut 150 000 $ US, dont il reste 50 000 $ US à payer au titre d'un emprunt hypothécaire sans droit de recours personnel.

La valeur imposable de la succession de Laurent est de 100 000 $ US, ce qui entraîne un impôt successoral de 23 800 $ US (voir le tableau précédent), duquel un crédit unifié de 13 000 $ US est déductible. La succession de Laurent devra *donc payer 10 800 $ US en impôt successoral fédéral américain.*

La succession sera également assujettie aux impôts des États au décès, mais elle aura droit à un crédit d'impôt successoral fédéral pour de tels impôts. La plupart des États limitent les impôts au décès à un montant équivalent à ce crédit, de telle sorte que l'application de l'impôt successoral des États n'augmente pas le montant total d'impôt combiné.

Pour les citoyens américains ou pour les personnes qui résident aux États-Unis, le crédit est de 192 800 $ US, au lieu de 13 000 $ US, ce qui, dans la pratique, exonère de l'impôt les successions (et les dons imposables) d'une valeur allant jusqu'à 600 000 $ US plutôt que 60 000 $ US. Pour être considérée comme résidente des États-Unis aux fins de l'impôt successoral, une personne doit, en général, être « domiciliée » aux États-Unis, c'est-à-dire être installée de façon permanente aux États-Unis et avoir l'intention d'y demeurer.

Dans le cas de certaines successions importantes, les taux progressifs et le crédit unifié s'atténuent graduellement.

16.4.4   COORDINATION AVEC LA FISCALITÉ CANADIENNE

Comme nous l'avons vu à la section 12.1.2, le Canada impose habituellement la personne décédée sur les gains en capital cumulés à la date du décès.

Il existe au Canada un crédit pour impôt étranger qui compense les impôts étrangers acquittés sur des revenus de source étrangère. Mais l'impôt successoral américain n'ayant pas le statut d'impôt sur le revenu, **aucun crédit pour impôt étranger n'est offert** en compensation, ce qui peut entraîner une double imposition substantielle.

EXEMPLE

Citoyenne et résidente du Canada, Julie décède en 1994, laissant comme seul bien aux États-Unis une maison de vacances située en Arizona et payée 100 000 $ US en 1974. Au moment de son décès, cette maison vaut 500 000 $ US. (Nous supposerons ici que Julie a choisi de ne pas utiliser la totalité de sa déduction canadienne des gains en capital à l'égard de ce bien, au cours de sa vie.)

Au Canada, Julie aura à payer un impôt équivalant à 144 000 $ US, en supposant un taux d'inclusion du gain en capital de 75 % (se reporter à la section 4.2) et un taux d'impôt combiné fédéral et provincial de 48 %, surtaxes comprises. Aux États-Unis, l'impôt successoral se chiffrera à 142 800 $ US. L'impôt combiné de 286 800 $ US représente plus de 57 % de la valeur du bien et plus de 71 % du gain accumulé. Il arrive que l'impôt combiné dépasse 100 % du gain accumulé.

Depuis plusieurs années, les autorités canadiennes et américaines négocient en vue de modifier la convention fiscale canado-américaine, et cette double imposition constitue une question très épineuse.

Des stratégies de planification visant à minimiser le fardeau de l'impôt successoral américain sont traitées aux sections 16.5.4 à 16.5.13.

Le Protocole : allégement fiscal pour les Canadiens détenant des biens américains à leur décès

En règle générale, le Protocole permettra aux Canadiens qui décèdent alors qu'ils possèdent des biens aux États-Unis de réduire et, dans certains cas, d'éliminer la double imposition à laquelle ils sont assujettis, en augmentant le montant de l'exonération américaine actuellement en vigueur, en donnant droit, aux États-Unis, à un crédit plafonné pour personne mariée et en limitant de manière significative les éléments d'actif assujettis à l'impôt successoral américain pour certaines « petites » successions. De plus, le Canada instaurera un crédit d'impôt (assujetti à certains plafonds) au titre de l'impôt successoral exigible aux États-Unis à la suite du décès d'un Canadien.

Ces règles s'appliqueront aux décès survenant après la prise d'effet du Protocole. En outre, elles s'appliqueront rétroactivement à l'égard des décès survenus après le 10 novembre 1988 (soit la date à laquelle ont été apportées les modifications à l'impôt successoral américain touchant les Canadiens). Dès que le Protocole entrera en vigueur, on pourra se prévaloir d'un remboursement d'impôt, à condition que l'on dépose sa réclamation dans l'année suivant l'entrée en vigueur du Protocole ou avant toute date limite applicable en vigueur dans l'un ou l'autre pays.

Le Protocole aura pour effet d'augmenter le crédit d'impôt successoral américain auquel un Canadien a « droit »; de 13 000 $ US (ce qui équivaut à l'impôt successoral exigible sur 60 000 $ US) qu'il est présentement, il passera à 192 800 $ US. Toutefois, le crédit doit être calculé au prorata de la valeur de la succession américaine du Canadien décédé sur l'ensemble de la valeur de sa succession.

Cette règle de proportionnalité signifie que les Canadiens ne seront pas assujettis à l'impôt successoral américain à moins que la valeur de leur succession à l'échelle mondiale excède 600 000 $ US. Elle signifie aussi que les Canadiens qui sont riches et qui ont une part relativement faible de leur succession totale aux États-Unis peuvent ne pas être tellement avantagés par l'entrée en vigueur du Protocole. Ainsi, ces Canadiens peuvent choisir de continuer d'user des techniques de planification traditionnelles, y compris la détention d'éléments d'actif américain par le biais de corporations canadiennes et en constituant une « fiducie domestique admissible » par voie de testament afin de reporter l'impôt successoral américain jusqu'au décès de leur conjoint.

La succession mondiale d'un Canadien décédé comprendra aussi certains éléments inhabituels qui pourront « gruger » le montant du crédit. Elle pourra comprendre des polices d'assurance, si le défunt avait le droit de changer de bénéficiaires au moment de son décès. Tel pourrait aussi être le cas même si le défunt n'était pas désigné comme bénéficiaire aux termes d'une police. De la même façon, la succession pourra inclure les actions d'une corporation de portefeuille familiale détenues par une fiducie familiale constituée à la suite d'un gel successoral si le défunt en était le fiduciaire (peu importe si le défunt était l'un des bénéficiaires de la fiducie).

Les crédits déjà réclamés au titre de l'impôt américain sur les dons réduiront aussi le crédit disponible au décès. De même, on devra fournir aux autorités fiscales américaines toute l'information nécessaire au calcul du crédit et à sa vérification, sans quoi le crédit sera refusé.

Un crédit additionnel sera disponible dans les cas où le conjoint survivant aurait bénéficié d'une déduction d'impôt successoral pour personne mariée s'il était citoyen américain. Cependant, ce crédit ne pourra dépasser le montant majoré (espérons-nous) du crédit unifié qui pourra être réclamé par la succession du défunt. L'exécuteur testamentaire devra choisir de tirer parti de cette disposition et renoncer irrévocablement à l'avantage découlant de toute déduction d'impôt successoral pour personne mariée qui aurait pu être permise. La date limite quant à l'exercice du choix et la renonciation est celle à laquelle le choix de constituer une fiducie domestique admissible pouvait être exercé en vertu de la loi américaine.

Si la valeur de la succession à l'échelle mondiale d'un particulier décédé résidant au Canada (qui n'est pas un citoyen américain) est inférieure à 1,2 million de dollars US, le Protocole limitera l'impôt successoral pouvant être prélevé aux gains de la vente d'éléments d'actif américain qui auraient été assujettis à l'impôt en vertu de l'Accord. Habituellement, l'impôt successoral américain s'applique aux « biens situés aux États-Unis » du défunt, notamment les biens immeubles américains, les biens corporels personnels situés aux États-Unis, les actions de corporations américaines (indépendamment de l'emplacement des certificats d'actions et des endroits où se négocient les actions), les titres de créances américains et les participations dans des sociétés de personnes dont les activités sont exercées aux États-Unis. En conséquence de cette règle, les États-Unis ne peuvent prélever de l'impôt que sur les gains tirés de biens immeubles situés aux États-Unis (y compris les sociétés de portefeuille de biens immobiliers américains) et de biens personnels constituant des biens d'entreprise.

Prenez note que les éléments d'actif qui sont situés aux États-Unis et qui ne sont pas assujettis à l'impôt successoral américain viennent augmenter le crédit unifié. Aussi, tout plan qui vise à transférer des éléments d'actif américains au conjoint ayant une succession de moindre valeur à l'échelle mondiale doit tenir compte de l'impôt sur le revenu américain, de l'impôt sur les dons et autres droits de mutation, de même que des règles d'attribution en vigueur au Canada.

Aux fins de l'impôt canadien, un particulier est réputé avoir cédé tout bien en capital à son décès et est assujetti à l'impôt canadien sur tout gain découlant de la cession. En vertu du Protocole, le

Canada permettra dorénavant de déduire l'impôt successoral américain de l'impôt canadien qu'un résident canadien devrait autrement payer l'année du décès. Toutefois, le plafond du crédit sera limité à l'impôt canadien attribuable au revenu américain de la personne décédée, pour l'année.

16.5 CONSEILS DE PLANIFICATION

Comme nous l'avons dit au début de ce chapitre, vous devez redoubler de prudence et ne pas vous aventurer dans ce domaine sans l'avis d'un spécialiste. En effet, nous n'avons fait ici qu'un survol général des régimes fiscaux américain et canadien et de leurs répercussions réciproques.

16.5.1 OPTEZ POUR LA MÉTHODE DU REVENU DE LOCATION NET

Si vous êtes propriétaire d'un bien locatif aux États-Unis qui vous occasionne des charges non négligeables (intérêts sur hypothèque, dépenses d'entretien, assurances, frais de gestion immobilière, impôts fonciers, etc.), vous avez presque toujours intérêt à produire une déclaration de revenus américaine et à choisir la méthode du « revenu de location net » décrite à la section 16.1.1. Le montant assujetti à l'impôt à votre taux marginal sera, en effet, nettement inférieur au montant assujetti à la retenue d'impôt de 30 %. Tenez compte, cependant, du fait que vous ne pourrez revenir sur ce choix que dans des circonstances limitées.

Assurez-vous toutefois de produire votre déclaration de revenus avant la date d'échéance fixée pour demander ces déductions (le 15 octobre 1996 pour les déclarations de 1994).

16.5.2 VENDEZ UN BIEN IMMEUBLE À UN ACHETEUR QUI EN FERA SA RÉSIDENCE PRINCIPALE

Si vous désirez vendre un bien immeuble aux États-Unis pour moins de 300 000 $ US, essayez de trouver un acheteur qui a l'intention d'en faire sa résidence principale. Votre acheteur pourra vous verser l'intégralité du prix d'achat du bien immeuble sans avoir à retenir et à remettre 10 % à l'IRS en vertu de la FIRPTA (se reporter à la section 16.2.1.1). Remarquez que cet acheteur n'est pas tenu d'être résident des États-Unis, et tenez compte des règles relatives aux retenues fiscales de certains États.

16.5.3 OBTENEZ UN CERTIFICAT RELATIF À LA DISPOSITION D'UN BIEN IMMEUBLE

Comme nous l'avons vu à la section 16.2.1.1, vous pouvez demander à l'IRS un certificat relatif à la disposition d'un bien immeuble du fait que l'impôt que vous aurez à payer aux États-Unis sur la vente de votre bien sera inférieur à 10 % de son prix de vente total. Ce certificat indiquera le montant d'impôt que l'acheteur devra retenir à la place des 10 %.

16.5.4   ÉVITEZ D'EMPORTER AVEC VOUS DES BIJOUX ET AUTRES OBJETS DE VALEUR AUX ÉTATS-UNIS

Si vous décédez aux États-Unis, même au cours d'un bref séjour, l'impôt successoral américain pourrait s'appliquer à tout bien personnel situé aux États-Unis au moment de votre décès. Cela est sans conséquence si vous n'avez pas d'autres biens aux États-Unis, puisque vous êtes en mesure d'exonérer de l'impôt 60 000 $ US de biens par le biais du crédit unifié (se reporter à la section 16.4.3).

Mais si vous êtes propriétaire de biens immeubles situés aux États-Unis, ce crédit risque de ne pas suffire à annuler totalement l'impôt successoral. Dans ce cas, tous vos biens personnels tels les bijoux ou les véhicules peuvent être assujettis à l'impôt successoral (cependant, les tribunaux ont décrété que la règle du « lien le plus étroit » avec les États-Unis devait s'appliquer; le fait d'y passer les vacances ne suffit pas). Il vaudrait peut-être mieux limiter la valeur des objets personnels que vous emportez avec vous lorsque vous séjournez aux États-Unis.

16.5.5   PENSEZ AUX CONSÉQUENCES DE L'ACQUISITION D'ACTIONS DE SOCIÉTÉS AMÉRICAINES

Tel que nous l'avons vu à la section 16.4.1, la définition d'un « bien situé aux États-Unis » comprend les actions de sociétés américaines, indépendamment de l'endroit où elles sont négociées.

Donc, lorsque vous achetez des actions de sociétés américaines, que ce soit aux États-Unis ou à une bourse canadienne, ces titres entreront dans la valeur imposable de votre succession aux fins de l'impôt successoral américain. Il importe donc que vous soyez conscient des conséquences fiscales de ces placements.

16.5.6   DÉTENEZ VOS BIENS AUX ÉTATS-UNIS PAR LE BIAIS D'UNE SOCIÉTÉ CANADIENNE

Pour éviter l'impôt successoral américain, une solution évidente consiste à ne pas détenir vos actions et biens immeubles américains en votre nom personnel, mais par le biais d'une société canadienne puisque cette société continuera d'exister après votre décès. Par conséquent, il n'y aura pas d'impôt successoral à payer. Du point de vue fiscal, vous aurez ainsi modifié « l'emplacement » de vos biens des États-Unis au Canada. Cette solution est souvent avantageuse, mais elle n'en comporte pas moins de nombreux dangers. Aussi auriez-vous intérêt à obtenir les conseils d'un professionnel, car nous n'évoquerons ici que quelques-uns des problèmes à envisager.

Premièrement, la constitution et l'exploitation d'une société comportent certains coûts. Vous aurez notamment à acquitter des honoraires juridiques et comptables, ainsi que la taxe sur le capital dans certaines provinces.

Deuxièmement, cette société devra faire l'acquisition de vos biens américains en bonne et due forme, c'est-à-dire que vous devrez respecter toutes les formalités prévues par le droit corporatif. En effet, s'il est établi que la société n'a agi que comme votre mandataire ou comme un simple prête-nom, l'impôt successoral pourrait quand même s'appliquer aux biens que vous léguez à votre décès.

Troisièmement, tous les revenus gagnés par la société sur ses biens situés aux États-Unis (intérêts, dividendes, loyers, etc.) seront assujettis à l'impôt, tout d'abord lorsqu'ils seront gagnés par la société, et ensuite lorsqu'ils vous seront versés sous forme de dividendes. Il se peut que ces impôts accumulés soient supérieurs à ce que vous paieriez si vous déteniez ces biens directement.

Quatrièmement, si le bien est un bien immeuble américain que vous possédiez *déjà* personnellement, tout gain accumulé sera normalement imposé aux États-Unis au moment du transfert du bien à la société. (Comme nous l'avons vu à la section 16.2.1.2, cet impôt sera réduit si vous déteniez le bien depuis une date antérieure au 27 septembre 1980.) Cette formule conviendra donc aux biens immeubles situés aux États-Unis et faisant l'objet d'une éventuelle acquisition, mais non aux transferts de biens immeubles existants.

Cinquièmement, si vous ou des membres de votre famille utilisez l'immeuble en question à des fins personnelles (p. ex., une résidence secondaire que vous occupez quelques semaines par an), les autorités fiscales canadiennes pourraient considérer que vous avez reçu un avantage imposable de votre société en tant qu'actionnaire.

| 16.5.7 | LÉGUEZ VOS BIENS À VOTRE CONJOINT OU À UNE FIDUCIE DOMESTIQUE ADMISSIBLE (FDA) |

L'impôt successoral peut être reporté jusqu'au décès du conjoint survivant lorsque des biens sont légués au conjoint survivant, qui est citoyen américain, ou à une fiducie domestique admissible (FDA) (se reporter à la section 16.4.1).

Une FDA bien structurée peut être admise à titre de fiducie exclusive en faveur du conjoint aux fins de l'impôt canadien (se reporter à la section 12.3.2).

L'utilisation d'une FDA aura pour effet de limiter l'impôt successoral exigible si les biens qui s'apprécient sont vendus peu après le décès, et si le produit de la vente est réinvesti en titres américains à revenu fixe. Ce revenu peut alors être imposé au fur et à mesure qu'il sera versé au conjoint survivant, mais l'impôt successoral reporté n'augmentera pas au-delà de la valeur fixe des biens de la FDA.

Un projet de loi qui a été déposé prévoit des règles plus sévères applicables aux FDA dont l'actif excède une valeur de 2 millions de dollars US.

16.5.8 ENVISAGEZ DE DEVENIR RÉSIDENT DES ÉTATS-UNIS AUX FINS DE L'IMPÔT SUCCESSORAL

Comme nous l'avons vu à la section 16.4.3, le fait d'être résident des États-Unis aux fins de l'impôt successoral exempte de cet impôt des biens ayant une juste valeur de 600 000 $ US au lieu de 60 000 $ US et ce, par le biais du crédit. Il peut donc être intéressant de devenir résident américain, mais pour cela, il faut changer de « domicile légal », c'est-à-dire rompre ses liens avec le Canada et manifester l'intention ferme de demeurer aux États-Unis et de s'y installer de façon permanente.

Ce n'est pas une décision que l'on prend sans avoir au préalable consulté un professionnel, car il peut être très coûteux du point de vue fiscal de modifier son pays de résidence. En effet, dès que vous deviendrez non-résident, le Canada imposera en totalité ou en partie vos gains en capital accumulés (se reporter aux sections 4.5.5 et 15.4.8), et vous tomberez sous le coup du régime fiscal américain à toutes fins fiscales futures. En outre, votre succession aux États-Unis englobera la valeur des biens que vous détenez dans le monde entier, et non plus celle de vos seuls biens situés aux États-Unis.

16.5.9 FAITES L'ACQUISITION DE BIENS AMÉRICAINS AVEC VOTRE CONJOINT OU UNE AUTRE PERSONNE

Vous vous exposerez à un impôt successoral moindre en faisant l'acquisition de biens situés aux États-Unis conjointement avec votre conjoint (ou une autre personne). Pour y être admissible, votre conjoint et vous devrez investir vos propres fonds; vous ne pourrez simplement offrir la moitié des biens à votre conjoint, ou encore lui donner les fonds aux fins de placement.

Ainsi, si chacun de vous investit ses propres fonds et que vous détenez avec votre conjoint une copropriété valant 200 000 $ US, seulement 100 000 $ US entreront dans le calcul de votre succession au moment de votre décès.

16.5.10 VENDEZ VOS BIENS SITUÉS AUX ÉTATS-UNIS DE VOTRE VIVANT

Si vous vendez tous vos biens américains avant votre décès (par exemple à un membre de votre famille) contre des éléments d'actif qui ne sont pas « situés aux États-Unis » (par exemple, moyennant une contrepartie en espèces ou un billet à ordre au Canada), vous n'aurez plus aucun bien situé aux États-Unis à inclure dans une succession imposable.

C'est une solution à envisager lorsque le décès est prévisible à court terme. Par exemple, vous pourriez vendre un bien à un enfant auquel vous aviez de toute façon l'intention de léguer ce bien, en échange d'un billet à ordre authentique que vous léguerez ensuite à cet enfant. Le billet pourrait ensuite être confié à votre conjoint ou à un autre membre de la famille.

Au moment de la vente, tout gain réalisé est imposable aux États-Unis et au Canada (l'impôt canadien s'applique aux $3/4$ du gain; se reporter à la section 4.2). Cependant, le crédit pour impôt étranger vous permet normalement de compenser au Canada la totalité ou une partie de l'impôt payé aux États-Unis et, éventuellement, d'avoir droit au Canada à la déduction pour gains en capital (se reporter à la section 4.4). Les règles américaines relatives aux ventes à tempérament (se reporter à la section 15.4.4) pourraient s'appliquer si la contrepartie était un billet à ordre, et non un montant en espèces.

Sachez aussi que vous pouvez tomber sous le coup des règles d'attribution canadiennes (se reporter au chapitre 3) en cas de transfert du bien à votre conjoint ou à un proche parent.

Enfin, veillez à ne pas accepter comme contrepartie un titre de créance (un billet à ordre, par exemple) délivré par quelqu'un qui réside aux États-Unis, car les créances des résidents américains sont considérées comme un bien situé aux États-Unis.

16.5.11 SOUSCRIVEZ UNE ASSURANCE-VIE COUVRANT L'IMPÔT SUCCESSORAL

Le produit d'une police d'assurance-vie n'entre pas dans la valeur imposable de la succession lors de votre décès, même si la police a été souscrite auprès d'un assureur américain. Donc, si vous prévoyez que votre succession sera frappée d'un impôt successoral important, envisagez de souscrire une assurance-vie qui permettra à vos héritiers d'acquitter cet impôt sans avoir à vendre vos biens américains. N'oubliez pas cependant que les primes de cette police d'assurance-vie ne sont déductibles aux fins fiscales ni au Canada, ni aux États-Unis. En outre, si le contrat est souscrit auprès d'un assureur américain, demandez à votre conseiller fiscal d'étudier quelles en seront les répercussions sur votre impôt canadien sur le revenu.

16.5.12 HYPOTHÉQUEZ VOS BIENS IMMEUBLES AMÉRICAINS POUR EN RÉDUIRE LA VALEUR

Une hypothèque sans droit de recours personnel grevant vos biens immeubles américains réduira la valeur nette de ces biens, et donc la valeur imposable de votre succession (se reporter à la section 16.4.1).

Envisagez de contracter un emprunt hypothécaire substantiel sur les biens que vous possédez aux États-Unis, même si ceux-ci ont déjà été intégralement payés.

EXEMPLE

Vous êtes propriétaire d'une habitation en copropriété en Floride qui vaut maintenant 200 000 $ US et qui n'est grevée d'aucune hypothèque. Advenant votre décès, cette copropriété serait assujettie à un impôt successoral américain de 41 800 $ US.

Vous souscrivez sur cette copropriété un emprunt hypothé-caire sans droit de recours de 100 000 $ US, portant intérêt au taux de 11 %, et vous investissez les sommes correspondantes au Canada au taux de 10 %. Sous réserve des variations des taux de change, il vous en coûtera environ 1 000 $ US par an. Mais à votre décès, la valeur imposable de votre succession ne sera plus que de 100 000 $ US, et l'impôt successoral améri-cain tombera à 10 800 $ US, soit une économie de 31 000 $ US.

L'emprunt hypothécaire doit être contracté auprès d'un prêteur rési-dant au Canada. Autrement, les paiements d'intérêts versés à un prêteur non résident seront assujettis à une retenue d'impôt cana-dien (habituellement 15 %). Aux fins fiscales canadiennes, dans la mesure où vos dépenses d'intérêt excèdent le revenu de placement gagné en investissant le montant du prêt, la déduction ne sera nor-malement pas admissible. Par conséquent, cela réduira l'économie d'impôt escomptée en ce qui a trait à vos biens immeubles.

16.5.13   FAITES L'ACQUISITION DE BIENS AUX ÉTATS-UNIS PAR LE BIAIS D'UNE FIDUCIE CANADIENNE IRRÉVOCABLE

Si vous faites l'acquisition d'un bien aux États-Unis par le biais d'une fiducie considérée comme résidente du Canada, vous sous-trayez le bien du champ d'application de l'impôt successoral américain. Il faut toutefois faire très attention au libellé de l'acte de fiducie, au choix des fiduciaires et à la détermination des pouvoirs des fiduciaires et des bénéficiaires.

16.5.14   ÉVALUEZ L'INCIDENCE DU PROTOCOLE SUR VOTRE SITUATION

Surveillez la manière dont le Protocole évolue au sein des assem-blées législatives du Canada et des États-Unis. Grâce au Protocole, l'impôt successoral américain diminuera pour de nombreux Cana-diens détenant des biens aux États-Unis. Plusieurs ne pourront bénéficier d'un affranchissement total d'impôt (particulièrement dans le cas des successions importantes). Par conséquent, vous devriez faire quelques calculs afin de connaître l'incidence du Protocole sur votre situation et de déterminer s'il serait avantageux de mettre en oeuvre certaines des idées de planification décrites dans les sections précédentes.

16.5.15   ÉVITEZ DE DEVENIR RÉSIDENT DES ÉTATS-UNIS LORS D'UN SÉJOUR

Si vous passez régulièrement une bonne partie de l'année aux États-Unis, assurez-vous de bien comprendre les règles de la « présence physique » et du « lien le plus étroit », décrites à la section 16.3. Si vous devenez fortuitement résident des États-Unis aux fins de l'impôt, votre fardeau fiscal pourrait être très lourd.

16.6   **DOCUMENTS DE RÉFÉRENCE**

Revenu Canada a publié un guide d'impôt intitulé «Résidents canadiens qui séjournent dans le Sud»; vous pouvez en obtenir un exemplaire en téléphonant ou en vous présentant à n'importe quel bureau de district de Revenu Canada, Impôt. Rédigé conjointement avec l'IRS, ce guide contient de l'information touchant la législation fiscale des États-Unis.

Vous pouvez obtenir un exemplaire des publications suivantes en téléphonant ou en écrivant aux bureaux de l'IRS. En général, on peut aussi se les procurer dans les ambassades et les consulats des États-Unis.

Formulaire 1040NR, « U.S. Nonresident Alien Income Tax Return »

Formulaire 4224, « Exemption from Withholding of Tax on Income Effectively Connected with the Conduct of a Trade or Business in the United States »

Formulaire 706NA, « United States Estate (and Generation Skipping Transfer) Tax Return : Estate of nonresident not a citizen of the United States »

Formulaire 8288B, « Application for Withholding Certificate for Dispositions by Foreign Persons of U.S. Real Property Interests »

Publication 515, « Withholding of Tax on Nonresident Aliens and Foreign Corporations »

Publication 519, « U.S. Tax Guide for Aliens »

Pour vous faire aider et conseiller sur la façon de remplir votre déclaration de revenus américaine, vous pouvez vous adresser à l'Internal Revenue Service à Ottawa, au (613) 563-1834 (télécopieur : (613) 230-1376).

17

- Réclamez des crédits de taxe sur intrants pour votre entreprise
- Sachez tenir compte de la TPS lors de l'achat d'une résidence
- Sachez tenir compte de la TPS si vous possédez des immeubles locatifs
- Les employés et les associés devraient réclamer des remboursements de TPS
- Prévoyez l'incidence de la TPS sur les avantages accordés aux salariés
- Obtenez un crédit au titre de la TPS lorsque vous donnez en échange une voiture d'occasion
- Effectuez vos achats auprès des petits fournisseurs
- Pensez à la TPS sur le prix des aliments
- Les non-résidents devraient réclamer des remboursements de TPS après leur séjour au Canada
- Réclamez le crédit pour TPS

La Taxe sur les produits et services (TPS) a suscité maintes controverses avant et depuis son entrée en vigueur le 1er janvier 1991. Cette taxe frappe désormais la majorité des achats de produits et services. Nous comptons vous donner, dans le présent chapitre, un bref aperçu de la TPS et vous offrir quelques suggestions pour vous permettre de procéder à une planification. La loi et les règlements qui prévoient la mise en application de cette taxe sont complexes, et nous n'avons pas la prétention de passer au crible toutes les multiples exceptions et lois spéciales qui s'y rapportent.

Le gouvernement libéral au pouvoir a été élu en ayant pour mandat d'abolir la TPS. Cependant, en juin 1994, un comité parlementaire formé aux fins d'étudier la TPS a recommandé que la taxe soit maintenue dut-elle être ajoutée aux taxes de vente provinciales et cachée (comprise dans les prix vente au détail). À ce jour, aucune proposition définitive de modification n'a été annoncée.

À plusieurs égards, la taxe de vente du Québec s'harmonise en partie à la TPS (se reporter à la section 14.4).

17.1   FONCTIONNEMENT DE LA TPS

La TPS est une taxe de 7 % imposée sur la quasi-totalité des produits et services fournis au Canada. Elle remplace la taxe de vente fédérale (TVF) qui a été en vigueur de 1924 à 1990 et qui s'appliquait sur le prix de vente des produits des fabricants.

La TPS est une taxe à la **consommation**. Les entreprises paient la TPS en premier lieu et reçoivent généralement, par la suite, un remboursement intégral (un *crédit de taxe sur intrants*) de la TPS payée. En dernier lieu, c'est le consommateur qui supporte le fardeau de la TPS. Les entreprises doivent percevoir la TPS sur leurs ventes mais, étant donné qu'elles reçoivent un crédit égal au montant intégral de la TPS payée sur les achats, elles ne font que remettre la différence au gouvernement fédéral.

EXEMPLE

L'entreprise de fabrication ABC fabrique un réfrigérateur. Elle paie 100 $ pour les matières premières. Celles-ci sont assujetties à une TPS de 7 $. ABC paie les 7 $ à son fournisseur qui, à son tour, en fait remise à Revenu Canada. ABC dispose maintenant d'un crédit de taxe sur intrants de 7 $.

ABC vend le réfrigérateur pour 300 $ à XYZ, une entreprise qui distribue des électroménagers. Sur cette somme, ABC perçoit 21 $ en TPS. Elle fait remise à Revenu Canada de 14 $ (21 $ moins 7 $).

XYZ vend, à son tour, le réfrigérateur à Fred Client pour la somme de 700 $ et perçoit 49 $ en TPS. XYZ remet à Revenu Canada un montant de 28 $ (49 $ moins 21 $).

Fred Client se trouve à avoir payé 49 $ en TPS, ce qui représente 7 % du prix de la vente finale. Toute TPS payée aux paliers antérieurs a été remboursée. ABC ainsi que XYZ reçoivent le remboursement intégral de la TPS qu'elles ont payée, étant donné qu'elles l'ont soustraite de la TPS qu'elles ont perçue avant de remettre la somme au gouvernement.

Illustrons l'exemple par des chiffres :

	TPS payée	TPS perçue	TPS remise
Fournisseur de matières premières		7 $	7 $
ABC	7 $	21 $	14 $
XYZ	21 $	49 $	28 $
Client	49 $		

Le montant total de « TPS remise » est de 49 $, soit une somme identique à celle que le client a payée. L'entreprise ne fait qu'agir à titre de percepteur, recouvrant la taxe à chaque étape du processus. (La TPS est ainsi une taxe sur la « valeur ajoutée », ou TVA, prélevée sur la valeur ajoutée à chaque étape.)

Si une entreprise a payé davantage de TPS qu'elle n'en a perçue, elle obtiendra alors un remboursement de la différence.

Il convient de noter que les entreprises peuvent obtenir des crédits de taxe sur intrants (CTI) au titre de toute TPS payée, même si celle-ci est payée sur des biens d'équipement qui sont amortis sur de nombreuses années aux fins de l'impôt sur le revenu (se reporter à la section 7.2.4). Cependant, il y a certaines restrictions applicables au CTI qui sont analogues à celles qui sont imposées dans le cadre du régime de l'impôt sur le revenu. Par exemple, il n'y a que 50 % des frais de repas d'affaires et de représentation qui soient admissibles aux fins des CTI (se reporter à la section 7.2.6), et il y a un plafond de 24 000 $ sur le coût d'une voiture aux fins des crédits de taxe sur intrants dans le cadre de la TPS (se reporter aux sections 6.9.1 et 7.2.5). De plus, les petites entreprises qui comptabilisent la TPS selon la « méthode rapide » (se reporter à la section 17.3.2) ne peuvent réclamer que les crédits de taxe sur intrants concernant les achats d'immobilisations.

17.2   CHAMP D'APPLICATION DE LA TPS

En règle générale, la TPS s'applique aux **fournitures taxables**, c'est-à-dire à la plupart des biens et services, que ce soit les électroménagers, les résidences neuves, les repas aux restaurants, les chambres d'hôtel ou les honoraires d'avocats. Certains produits et services ne sont toutefois pas taxés. Ceux-ci sont regroupés dans deux catégories distinctes.

17.2.1   FOURNITURES DÉTAXÉES

Les fournitures détaxées sont en principe des « fournitures taxables », mais elles sont assujetties à une taxe de 0 %. Puisque ces fournitures sont en principe taxables, les entreprises qui les vendent peuvent réclamer le plein montant des crédits de taxe au titre de la TPS payée sur le coût de production de ces fournitures. En conséquence, il n'y a aucune TPS incluse dans le prix final que le consommateur paie. Parmi les fournitures détaxées, on peut citer :

- la plupart des **produits alimentaires**
- les **médicaments sur ordonnance** et les **appareils médicaux**
- les produits destinés à **l'exportation**
- la plupart des services rendus à des **non-résidents** du Canada
- les voyages ou le transport de marchandises en provenance ou à destination de **l'étranger**, *sauf* les voyages **aériens** à destination de la partie continentale des États-Unis
- la plupart des **produits tirés de l'agriculture et de la pêche**

EXEMPLE

L'entreprise de fabrication ABC achète des matières premières pour 100 $ et paie 7 $ en TPS. Elle fabrique un réfrigérateur qu'elle vend pour 300 $ à un détaillant aux États-Unis.

> *Aucune TPS ne s'applique à la vente au détaillant américain, car la marchandise est destinée à l'exportation. ABC reçoit du gouvernement fédéral le remboursement des 7 $ de TPS qu'elle a acquittée (et que le fournisseur des matières premières a remise à Revenu Canada). Donc le prix que le détaillant américain a payé ne comporte pas de TPS.*

17.2.2   FOURNITURES EXONÉRÉES

Les fournitures « exonérées » ne sont pas assujetties à la TPS. Du point de vue du consommateur, il n'y a pas de différence visible entre une fourniture détaxée et une fourniture exonérée. Par contre, en ce qui concerne l'entreprise, celle-ci ne peut réclamer aucun crédit au titre de la TPS payée sur les produits et services qui ont servi à produire des fournitures exonérées. Cette TPS est répercutée sur le prix final à la consommation, ou absorbée par l'entreprise. Voici des exemples de fournitures exonérées :

- les **services de santé** et les **services dentaires**
- les services de **garderie** et les services d'**enseignement**
- les **loyers** résidentiels d'au moins un mois
- les ventes de **logements non neufs** (sauf lorsqu'ils ont fait l'objet de rénovations substantielles par un promoteur immobilier)
- la plupart des **terrains** vendus par des particuliers, lorsque ces terrains ne servaient pas dans le cadre d'une activité commerciale
- la plupart des **terres agricoles vendues à des membres de la famille**
- les **services financiers**, y compris les **assurances**
- certaines fournitures effectuées par des **organismes de bienfaisance, des organismes sans but lucratif et les gouvernements,** y compris, par exemple, les services municipaux de transport public et d'adduction d'eau

EXEMPLE

Alex est dentiste. Il engage 40 000 $ à l'achat de matériel pour son cabinet, et paie 2 800 $ de TPS sur cette somme. Il verse également un loyer annuel de 20 000 $ auquel s'ajoute une TPS de 1 400 $.

Les services que dispense Alex étant exonérés, il ne perçoit donc pas de TPS de ses patients. Mais, au contraire des entreprises qui vendent des fournitures taxables ou détaxées, Alex ne reçoit aucun crédit pour les 4 200 $ de TPS qu'il a payés. Il doit donc établir ses honoraires de façon à pouvoir recouvrer cette TPS.

Même si la fourniture d'eau est exonérée, les autres services publics tels que l'électricité, le gaz, la cablôdistribution et le téléphone sont tous taxables.

L'adhésion à de nombreuses associations professionnelles, comme des regroupements de juristes, des instituts de comptables, etc, est exonérée aux fins de la TPS, mais les associations ont choisi de rendre leurs droits d'adhésion taxables. Si elles demeuraient exonérées, elles auraient eu à absorber la totalité de la TPS payée sur leurs achats. En choisissant d'être taxables, elles peuvent réclamer des CTI pour la TPS qu'elles auront payée. Pour cela, il suffit de facturer la TPS sur les frais d'adhésion de leurs membres; mais étant donné que ces derniers sont pour la plupart eux-mêmes en affaires (c.-à-d. qu'il sont avocats ou comptables), ils recevront tout bonnement le remboursement de la TPS qu'ils doivent payer de toute façon. En conséquence, si vous êtes membre d'une association professionnelle, vous pouvez vous attendre à ce que la TPS s'ajoute à vos cotisations professionnelles.

Les **biens d'occasion** vendus par des particuliers sont en réalité des fournitures exonérées, étant donné qu'ils ne sont pas assujettis à la TPS.

17.2.3   PETITS FOURNISSEURS

Les entreprises dont les ventes annuelles sont inférieures à 30 000 $ ne sont pas tenues de s'inscrire dans le cadre du régime de la TPS, sauf les chauffeurs de taxi qui doivent toujours s'inscrire. En ne s'inscrivant pas, elles ne peuvent réclamer de crédits de taxe sur intrants; en revanche, elles ne facturent pas non plus de TPS à leurs clients. Un grand nombre de petites entreprises dont les clients sont essentiellement des consommateurs n'ont donc pas avantage à s'inscrire aux fins de la TPS.

EXEMPLE

Jacques gagne sa vie à laver des vitres. Il réalise environ 25 000 $ par an. Sa façon de procéder est la suivante : il se présente à la porte de votre maison et vous propose de laver vos vitres pour 50 $.

Tant et aussi longtemps que Jacques ne sera pas inscrit aux fins de la TPS, aucune taxe ne s'appliquera aux services qu'il dispense.

Cependant, si au lieu de laver les vitres de votre résidence, Jacques prend le contrat de laver les vitres de votre bureau, vous ne recevrez pas de crédit de taxe sur intrants relativement à la facture que vous aurez acquittée, car vous ne payez aucune TPS sur cette facture et ce, même si le montant que vous facture Jacques reflète la portion de TPS qu'il a dû payer sur les produits de lave-vitre et les balais-éponges.

Lorsque la clientèle d'une entreprise se compose principalement d'entreprises, il semble logique de s'inscrire aux fins de la TPS. De fait, si le travail de Jacques consiste à laver les vitres d'immeubles à bureau seulement, ses clients ne s'opposeront certainement pas au fait qu'il s'inscrive et perçoive la TPS, étant donné qu'ils recevront un crédit de taxe sur intrants pour le montant intégral de la TPS payée. (Les seules exceptions à cette règle s'appliquent aux entreprises qui produisent des fournitures exonérées, notamment les institutions financières et les professionnels de la santé.) De son côté, Jacques sera en mesure de recouvrer la TPS qu'il a payée sur le matériel et d'autres dépenses engagées dans le cadre de ses activités commerciales.

17.3	**LA TPS ET LES ENTREPRISES**
17.3.1	CRÉDITS DE TAXE SUR INTRANTS

En règle générale, il convient de garder les factures ou toute autre pièce justificative pour appuyer les demandes de crédits de taxe sur intrants; elles ne doivent pas accompagner les déclarations de TPS mais plutôt être conservées au dossier en cas de vérification. Les renseignements devant figurer sur la facture sont :

- le nom du vendeur;
- la date (ou, dans le cas d'un contrat, la date à laquelle le paiement est dû);
- le montant total à payer.

Lorsque le total de la facture (taxes incluses) est supérieur à 30 $, il faut également fournir les renseignements suivants :

- le montant de la TPS, ou une déclaration attestant que la TPS est comprise dans le montant total, et une indication précise des articles qui sont taxables;
- le numéro d'inscription aux fins de la TPS du vendeur (la lettre R et neuf chiffres).

De plus, lorsque le total de la facture est supérieur à 150 $, il faut ajouter les renseignements suivants :

- le nom du vendeur;
- les modalités de paiement;
- une description suffisante pour permettre d'identifier chaque article fourni.

Ne pas satisfaire à ces exigences en matière de renseignements entraînera habituellement l'inadmissibilité aux crédits de taxe sur intrants si la déclaration est vérifiée.

Il faut préciser que les crédits de taxe sur intrants ne peuvent être réclamés qu'à l'égard des dépenses engagées pour produire ou dispenser des « fournitures taxables ». En effet, une entreprise qui produit ou dispense des « fournitures exonérées » — les médecins, les dentistes ou les institutions financières — ne peut réclamer de crédits de taxe sur intrants au titre des dépenses relatives à la réalisation de ce type de fourniture. Quant aux fournitures détaxées (y compris les exportations), elles constituent des fournitures taxables (se reporter à la section 17.2.1).

17.3.2	MÉTHODE RAPIDE ET MÉTHODE DE COMPTABILITÉ SIMPLIFIÉE

Les petites entreprises peuvent choisir d'utiliser la « méthode rapide » en vue de simplifier la façon dont elles tiennent compte de la

TPS. Elle s'adresse à toutes les entreprises dont les ventes annuelles totalisent moins de 200 000 $ (à l'exception des ventes de produits d'épicerie de base). Cette méthode peut être particulièrement intéressante pour certains consultants, à l'exception des personnes qui offrent des services juridiques, comptables, actuariels, de tenue de livres, de consultation financière, de consultation fiscale ou de préparation de déclarations de revenus.

En vertu de la méthode rapide, une entreprise verse à Revenu Canada un pourcentage fixe du total de ses ventes (TPS comprise) plutôt que de verser la somme de TPS perçue moins la TPS payée. Dans le cas des entreprises dont l'activité principale est de fournir des services plutôt que des produits, le pourcentage réglementaire est de 5 % (mais de 4 % seulement sur la première tranche de 30 000 $ de ventes). Dans le cas des fournisseurs admissibles dont les achats de biens personnels taxables (à l'exception des produits d'épicerie de base) destinés à la revente constituent au moins 40 % de leurs ventes (à l'exception des produits d'épicerie de base), le pourcentage réglementaire est de 2 ¹/₂ % (mais de 1 ¹/₂ % seulement sur la première tranche de 30 000 $ de ventes). Seuls les achats d'immobilisations importantes peuvent faire l'objet d'une demande de crédit de taxe sur intrants.

EXEMPLE

Justin est consultant en informatique. Ses honoraires de consultation s'élèvent à 100 000 $ en 1994, plus 7 000 $ de TPS. Étant donné qu'il est en mesure d'utiliser le matériel et les installations de ses clients, les coûts afférents à ses activités de consultation sont très bas. Durant une année, il verse un total de 70 $ de TPS pour 1 000 $ de dépenses.

Justin devrait normalement verser à Revenu Canada le montant de TPS perçue moins la TPS payée pour l'année, soit 7 000 $ moins 70 $, ou 6 930 $.

Par contre, en optant plutôt pour la méthode rapide, Justin serait tenu de verser un pourcentage réglementaire de 4 % sur la première tranche de 30 000 $ du total de ses ventes, TPS comprise, et 5 % sur les 77 000 $ restants (ou, en d'autres mots, 5 % du total de ses ventes de 107 000 $, moins 300 $). Par conséquent, il doit verser 5 050 $ au lieu de 6 930 $.

Visiblement, la méthode rapide est utile aux entreprises dont les dépenses taxables sont peu élevées. Cependant, si les dépenses taxables de l'entreprise sont élevées, l'avantage de verser un pourcentage réduit en utilisant la méthode rapide est annulé par l'impossibilité de pouvoir réclamer des crédits de taxe sur intrants.

Comme solution de rechange à la méthode rapide, vous pouvez regrouper vos achats sur lesquels s'applique la TPS, y compris la TPS, la taxe de vente provinciale, les pénalités sur paiements tardifs et les pourboires, et réclamer ⁷/₁₀₇ du total à titre de crédits de taxe sur intrants. Pour être en mesure de vous servir de cette méthode, les ventes annuelles de votre entreprise ne doivent pas excéder 500 000 $. Cette méthode, en plus de simplifier la comptabilité relative aux crédits de taxe sur intrants, permet de réclamer un montant plus important que le total des montants de TPS individuels versés.

17.3.3   AUTRES RÈGLES EN MATIÈRE DE TPS

Les règles en matière de TPS sont nombreuses et complexes (la loi et les règlements comptent plus de 600 pages). Dans cette section, nous mettrons donc l'accent uniquement sur quelques règles applicables aux entreprises.

Au moment de la vente d'une entreprise ou d'une partie de celle-ci, il est possible d'éviter d'avoir à percevoir la TPS à l'égard de cette vente, à condition de satisfaire aux exigences de la loi à cet égard.

Les **jetons de présence** alloués aux administrateurs ne sont pas assujettis à la TPS car ils sont considérés comme un revenu d'emploi.

Sous le régime de la TPS, les **sociétés de personnes** doivent s'inscrire et produire des déclarations de TPS (contrairement à leur situation aux fins de l'impôt sur le revenu, se reporter à la section 7.3.1). Quant aux **coentreprises** qui ne sont pas constituées en sociétés par actions, chacune des entreprises participantes est tenue de rendre compte de la TPS; toutefois, s'il s'agit d'une coentreprise engagée dans certaines activités comme le secteur de l'immobilier, pétrolier ou gazier, il est possible de faire un choix afin que le participant qui gère la coentreprise soit autorisé à administrer la TPS au nom de toutes les entreprises participantes.

Lorsque le prix d'une fourniture est inconditionnellement **réduit** (par ex., avec un rabais de 30 % sur 1 000 $, le prix final est de 700 $), vous payez la TPS sur le prix d'escompte. Cependant, lorsqu'un escompte pour paiement anticipé ou une pénalité pour paiement en retard figure sur la facture, la TPS est payable sur le montant de la facture avant la déduction de l'escompte ou l'imposition de la pénalité.

En règle générale, la TPS s'applique aux **avantages accordés aux salariés** qui seraient taxables si le salarié avait acheté lui-même le produit ou le service en question, par ex., une voiture destinée à un usage personnel (veuillez vous reporter aux sections 6.1.2, 6.4 et 6.9.1). En général, un employeur qui est inscrit aux fins de la TPS sera tenu de remettre la TPS de 7 % afférente à l'avantage imposable accordé à un employé, comme si l'avantage avait été perçu le dernier jour de février de l'année d'imposition suivante (à la date prescrite de production du feuillet T4). Si l'employeur n'est pas inscrit aux fins de la TPS ou si l'employé utilise l'automobile à des fins personnelles dans une proportion de 90 % et plus, l'employeur n'aura pas à remettre la TPS au titre de l'avantage imposable (bien que ce montant doive tout de même être inclus sur le feuillet T4). Cependant, dans ce cas, l'employeur ne pourra se prévaloir d'un crédit de taxe sur intrants à l'achat de l'automobile.

L'avantage de « 0,12 $/kilomètre accordé pour usage personnel », se rapportant aux frais de fonctionnement d'une automobile (se reporter à la section 6.4), comprend un montant de 0,06 $/km au titre de la TPS sur l'avantage imposable (c.-à-d., 5 % de l'avantage). Votre employeur doit remettre ce montant de TPS à Revenu Canada comme s'il avait été perçu le dernier jour de février suivant la fin de l'année.

17.4   REMBOURSEMENTS

Lorsque la TPS s'applique à des produits et services, l'assujettissement se fait généralement sans égard à celui qui achète ces produits et services. (Ce qui permet de simplifier les choses pour les entreprises qui doivent percevoir la TPS.) Les seules exceptions s'appliquent au Gouverneur général, aux Indiens des réserves, aux gouvernements provinciaux et aux non-résidents qui sont à l'extérieur du Canada.

Il existe certains cas, cependant, où l'acheteur qui verse la taxe peut obtenir un remboursement sur une partie ou la totalité de la TPS payée. Ainsi que nous l'avons déjà signalé, les entreprises qui produisent des fournitures taxables reçoivent un remboursement intégral sous forme de crédit de taxe sur intrants.

Les **employés** et les **associés**, à qui il est permis de déduire certaines dépenses de leur revenu d'emploi ou de société aux fins de l'impôt sur le revenu, peuvent généralement demander un remboursement de la TPS payée sur ces dépenses (se reporter à la section 6.9). Il importe toutefois de conserver les documents pour appuyer les remboursements de TPS demandés (se reporter à la section 17.3.1). La demande de remboursement doit être produite en même temps que votre déclaration de revenus.

EXEMPLE

Au cours d'une année, Carmelle doit parcourir 10 000 kilomètres en voiture dans le cadre de son emploi. Elle parcourt également 10 000 kilomètres durant l'année pour son usage personnel. Les frais de fonctionnement de sa voiture, l'essence et les réparations, totalisent 2 140 $ (y compris la TPS) pour l'année, et son employeur ne lui verse aucune indemnité pour ces dépenses. En outre, toutes les dépenses ont été payées au Canada.

Comme la moitié des frais d'automobile engagés par Carmelle sont reliés à l'exercice des fonctions de son emploi, elle peut réclamer 1 070 $ au titre d'une déduction pour revenu d'emploi. De plus, cette somme comprend un montant de 70 $ de TPS payé sur l'essence et les réparations, à l'égard duquel Carmelle pourra demander un remboursement en remplissant un formulaire qu'elle produira en même temps que sa déclaration de revenus. Si elle déduit la totalité de 1 070 $, le remboursement de 70 $ sera toutefois imposable durant l'année au cours de laquelle il est reçu. Autrement, elle peut choisir de déclarer uniquement 1 000 $ au titre des dépenses relatives à l'emploi, en excluant les 70 $ de TPS remboursables, et alors ce montant ne sera pas imposable au moment où il lui sera versé.

Carmelle peut également demander une remise de 7/107 au titre de la déduction pour amortissement allouée pour sa voiture. La section 6.9.1 présente à cet égard un exemple intéressant.

Il importe toutefois de souligner que ce remboursement est offert uniquement si la TPS a été payée au moment de l'achat en question. Carmelle ne peut recevoir de remboursement de TPS pour la proportion de la déduction relative à son assurance-automobile car celle-ci n'est pas assujettie à la TPS. De même, aucun remboursement de TPS ne sera versé à l'égard de l'essence achetée aux États-Unis puisque aucun montant de TPS n'est compris dans le prix de l'essence sur le territoire américain.

Les **organismes de bienfaisance**, les **organismes sans but lucratif**, les **municipalités**, les **universités**, les **collèges**, les **hôpitaux** et la plupart des **écoles** reçoivent un remboursement partiel se situant entre 50 % et 83 % de toute TPS payée à l'achat de biens utilisés dans la fourniture de produits et services exonérés.

Si vous achetez une **résidence neuve**, dont vous voulez faire votre résidence principale, pour une somme inférieure à 450 000 $, vous pouvez obtenir un remboursement de Revenu Canada ou directement du vendeur; dans ce dernier cas, vous paierez au vendeur une taxe dont le taux sera inférieur aux 7 % exigés en vertu de la TPS. Pour ce qui est des résidences dont le prix est inférieur à 347 222 $ (avant TPS), vous pouvez obtenir un remboursement de taxe de 2,52 % sur le prix d'achat et pour celles dont le prix se situe entre ce dernier montant et 350 000 $, le plafond est établi à 8 750 $. Pour les résidences dont les prix se situent entre 350 000 $ et 450 000 $, vous devez calculer le remboursement selon la formule suivante : soustraire 350 000 $ du prix d'achat, multiplier par 0,0875, et soustraire le résultat de 8 750 $. Une fois que le prix atteint le plafond de 450 000 $, il n'y a plus de remboursement et vous devez payer le plein montant de la TPS au taux de 7 %.

EXEMPLE

Johanne s'achète une résidence neuve pour la somme de 300 000 $.

La TPS, au taux de 7 %, devrait être normalement de 21 000 $. Mais, étant donné la remise de 2,52 %, elle ne paie, en TPS, que 13 440 $ au vendeur, soit un taux de 4,48 %.

Dans le cas des habitations neuves dont la construction était « achevée en grande partie » (signifie généralement une proportion de 90 %) avant 1991, un **remboursement partiel de la taxe de vente**

fédérale (TVF) est offert si la vente de la maison est conclue avant la fin de l'année 1994. Ce remboursement vise à abaisser une partie de la TVF qui a été payée sur les matériaux de construction achetés pour bâtir la maison avant 1991. Le remboursement s'établit ainsi : 16,67 $ le mètre carré d'espace habitable (en mesurant les façades extérieures des murs), ou 1,4166 % du prix de vente de la maison, selon le plus élevé des deux montants. Il ne s'agit pas d'une mesure réservée aux habitations moins coûteuses contrairement à la règle sur le remboursement pour habitations neuves susmentionné.

Les **non-résidents** en visite au Canada ont droit à un remboursement intégral au titre de la TPS pour les biens qu'ils apportent avec eux à l'étranger, ainsi que pour la plupart des frais d'hébergement à l'hôtel.

17.5 ADMINISTRATION

La TPS est administrée par la Direction de l'Accise de Revenu Canada. (L'ensemble du ministère est maintenant connu sous le nom de « Revenu Canada, Douanes, Accise et Impôt », la TPS et l'impôt étant sur le point de fusionner leur administration.)

En règle générale, les grandes entreprises (celles dont le revenu annuel imposable est supérieur à 6 000 000 $) sont tenues de produire des déclarations mensuelles de TPS. Les entreprises de taille moyenne produisent des déclarations trimestrielles et celles dont le revenu annuel imposable est inférieur à 500 000 $ ont le choix de produire des déclarations annuelles. Une entreprise est toutefois libre de produire des déclarations plus souvent que ne l'exige la loi, en produisant certains choix. Les groupes de sociétés associées établissent la fréquence de leurs déclarations selon le total du revenu imposable de toutes les entreprises faisant partie du groupe.

Dans le cas des inscrits qui produisent des déclarations mensuelles ou trimestrielles, la TPS doit être remise à Revenu Canada dans un délai d'un mois suivant le mois ou la fin du trimestre au cours duquel la TPS est facturée (qu'elle ait été perçue ou non). Les entreprises qui produisent des déclarations annuelles effectuent le versement de la TPS impayée dans les trois mois suivant la fin de l'exercice, après avoir versé des acomptes provisionnels à tous les trimestres au cours de l'exercice. Les acomptes provisionnels au titre de la TPS sont établis à partir du moins élevé des montants suivants : la TPS perçue au cours de l'année antérieure ou le montant estimatif de la TPS à percevoir pour l'année en cours, à l'instar des deux premières méthodes de calcul des acomptes provisionnels d'impôt sur le revenu (se reporter à la section 13.2.2).

Aucun acompte provisionnel n'est exigé si le montant de TPS à payer pour l'exercice est inférieur à 1 500 $.

Une pénalité et des intérêts seront imposés lorsque des acomptes provisionnels ou des paiements de TPS n'ont pas été versés avant l'échéance prévue. Le taux d'intérêt varie en fonction des taux pour prêts commerciaux; le taux s'établissait à 0,5 % par mois au troisième trimestre de 1994. Une pénalité de 0,5 % par mois s'ajoute au montant d'intérêts. Le montant des intérêts et de la pénalité est composé *quotidiennement*.

17.6	TAXES DE VENTE PROVINCIALES

Toutes les provinces du Canada, à l'exception de l'Alberta, imposent une taxe de vente au détail générale sur la plupart des produits et sur certains services. Depuis l'introduction de la TPS, le gouvernement fédéral encourage les provinces à harmoniser l'assiette fiscale de leur taxe de vente au détail à celle de la TPS afin d'alléger le fardeau administratif des entreprises. Cependant, seul le Québec a harmonisé son régime de taxe de vente provinciale à celui de la TPS. Bien que le nouveau régime du Québec, en vigueur depuis le 1er juillet 1992, ressemble à plusieurs égards à celui de la TPS, il existe de nombreuses différences entre les deux (se reporter à la section 14.4).

En Colombie-Britannique, en Saskatchewan, au Manitoba et en Ontario, la taxe de vente au détail s'applique au prix, TPS non incluse. Dans les Maritimes et au Québec, la taxe de vente s'applique au prix incluant la TPS.

EXEMPLE

Vous achetez une voiture d'occasion chez un concessionnaire en Ontario pour la somme de 10 000 $.

Une TPS de 700 $ s'ajoutera au prix d'achat de la voiture. La taxe de vente de l'Ontario, qui est de 8 %, s'applique au prix de l'automobile, soit 10 000 $. Vous payez donc 800 $ de taxe provinciale, ce qui porte le prix total de la voiture à 11 500 $.

Supposons maintenant que vous achetez une voiture d'occasion chez un concessionnaire au Québec, pour la somme de 10 000 $. Une TPS de 700 $ s'ajoutera au prix d'achat de la voiture. La taxe de vente du Québec qui est de 6,5 % (695,50 $) s'appliquera au coût total de la voiture, TPS incluse, soit 10 700 $. La facture qui vous sera établie sera donc de 11 395,50 $.

17.7	PRODUITS IMPORTÉS

Les produits importés sont assujettis à la TPS et celle-ci sera perçue par Douanes Canada (s'ajoutera tout droit de douane qui pourrait s'appliquer aux produits importés) ou par Postes Canada, si vous commandez par la poste. (Des frais de manutention additionnels de 5 $ vous seront demandés.)

Une exemption de TPS, analogue à celle des droits de douanes, est accordée aux résidents du Canada qui reviennent de l'étranger (une valeur en biens de 20 $ après un séjour de 24 heures, 100 $ après 48 heures et 300 $ après une semaine). Il existe un certain nombre d'autres exemptions à l'égard des importations, notamment sur les produits d'une valeur maximale de 20 $, exception faite des livres et magazines, qui sont expédiés par la poste.

17.8 RÈGLES TRANSITOIRES

Un certain nombre de règles transitoires avaient été instituées pour faciliter la mise en oeuvre de la TPS; nous n'examinerons toutefois que celles qui sont toujours pertinentes.

Vous pourrez obtenir un remboursement partiel de la TVF payée si vous faites l'acquisition d'une habitation neuve avant la fin de 1994, dans la mesure où la construction était en grande partie achevée à la fin de 1990. Veuillez vous reporter à la section 17.4.

Aucune TPS n'est payable sur les paiements effectués en vertu de contrats de location conclus avant le 8 août 1989, pourvu qu'ils n'aient pas été modifiés ou prolongés depuis cette date. Dans plusieurs cas, une option d'achat ajoutée au contrat de location permettra de soustraire l'achat à la TPS.

17.9 CONSEILS DE PLANIFICATION

17.9.1 SI VOUS POSSÉDEZ UNE ENTREPRISE

Si vous êtes un travailleur autonome ou propriétaire exploitant d'une entreprise non constituée en société, votre entreprise peut généralement demander un remboursement intégral de la TPS payée sur la plupart des achats (CTI). Afin d'être admissible aux crédits de taxe sur intrants, vous devez vous inscrire auprès de Revenu Canada pour être en mesure de percevoir la TPS et ce, même si vos ventes sont inférieures à 30 000 $ par année. Assurez-vous de tenir une comptabilité précise de manière à pouvoir réclamer tous les crédits auxquels vous avez droit (se reporter à la section 17.3.1). Comme c'est le cas avec la *Loi de l'impôt sur le revenu*, les « frais personnels ou de subsistance » ne donnent pas droit à des crédits de taxe sur intrants.

Si vous exploitez une petite entreprise, vous devriez voir à obtenir les conseils d'un professionnel afin de minimiser le coût de la TPS pour votre entreprise. En fait, un certain nombre de choix et d'options vous sont offerts. Par exemple, vous aurez la possibilité d'utiliser la méthode rapide ou la « méthode de comptabilité simplifiée » (se reporter à la section 17.3.2) grâce à laquelle le calcul de la TPS que vous aurez à verser sera simplifié.

17.9.2 PRÉVOIR L'EFFET DE LA TPS LORS DE L'ACHAT D'UNE RÉSIDENCE

Comme l'achat d'une résidence qui a été occupée (habitation non neuve) n'est pas assujetti à la TPS, il est donc possible qu'elle soit moins chère qu'une résidence neuve.

Si vous achetez, avant 1995, une résidence neuve dont la construction était en grande partie achevée en 1990, vous aurez droit au remboursement de TVF pour habitation neuve qui s'établit à 16,67 $ le mètre carré d'espace habitable ou à 1,4166 % du prix d'achat de la maison (se reporter à la section 17.4).

Pour toutes les résidences neuves, la TPS, après le remboursement de TVF pour habitation neuve, sera de 4,48 % pourvu que le coût total de la résidence soit inférieur à 347 222 $. Si le coût est supérieur, ainsi qu'il en a été question à la section 17.4, le taux se hisse graduellement pour atteindre les 7 %, soit le taux qui s'applique aux résidences dont le coût est d'au moins 450 000 $. Tant et aussi longtemps que le coût de la maison ne dépasse pas ce plafond, vous pouvez avoir droit au remboursement pour toutes les parties permanentes de la résidence en question. Si vous envisagez d'ajouter une piscine ou des aménagements paysagers, vous devez veiller à incorporer ces frais dans le prix de construction de manière à ce qu'ils soient admissibles à la remise de 2,52 %.

Si vous achetez un terrain d'un particulier (exonéré de TPS) et que vous y faites bâtir une maison par la suite, la TPS s'appliquera uniquement sur les coûts de construction de la maison. (De la même façon, vous pourrez avoir droit à un remboursement partiel de la TPS sur les coûts de construction, à condition que la valeur de la maison et du terrain soit inférieure à 450 000 $, soit l'équivalent de la remise de 2,52 % qui est accordée à l'achat d'une nouvelle résidence.) Lorsque le prix du terrain est élevé, il sera plus avantageux d'acheter vous-même le terrain d'un particulier et d'accorder le contrat de construction à un entrepreneur plutôt que d'acquérir entièrement la propriété d'un constructeur.

Souvenez-vous que les honoraires de notaires, les commissions des agents immobiliers, les frais de déménagement et les autres frais relatifs aux opérations immobilières seront assujettis à la TPS, et ce même lors de la vente de logements non neufs.

17.9.3   Si vous possédez des logements locatifs

Si vous fournissez des baux résidentiels (qu'il s'agisse d'une maison ou d'un immeuble d'habitation), aucune TPS ne sera perçue au titre de la location, car il s'agit d'une « fourniture exonérée » (se reporter à la section 17.2.2). Par conséquent, vous ne pourrez réclamer des crédits de taxe sur intrants afin de récupérer la TPS payée à l'égard des services publics, des frais de gestion de l'immeuble et d'autres frais. Vous devez fixer le prix des loyers de façon à couvrir vos frais.

Les baux commerciaux sont assujettis à la TPS, sauf si le total des recettes (y compris celles provenant de toute entreprise que vous exploitez) n'excède pas 30 000 $ et qu'à titre de « petit fournisseur » vous choisissez de ne pas vous inscrire aux fins de la TPS (se reporter à la section 17.2.3). Si vous louez des locaux à une entreprise qui effectue des fournitures taxables (à peu près toute entreprise autre qu'une institution financière, un professionnel de la santé et un service de garderie ou d'enseignement), il est plus avantageux de vous inscrire, de percevoir la TPS (qui pourra être récupérée par votre locataire sous la forme de crédits de taxe sur intrants), et de réclamer des crédits de taxe sur intrants à l'égard de la TPS payée sur les dépenses afférentes comme les services publics et les frais de gestion de l'immeuble.

17.9.4   LES EMPLOYÉS ET LES ASSOCIÉS DEVRAIENT DEMANDER DES REMBOURSEMENTS POUR TPS

Lorsque des employés et des associés (qui ne sont pas inscrits aux fins de la TPS) engagent des dépenses non remboursées qui peuvent être déduites aux fins de l'impôt sur le revenu comme les frais d'utilisation d'une automobile, ils peuvent généralement demander un remboursement au titre de la TPS payée (se reporter aux sections 6.9 et 17.4).

Assurez-vous de tenir des registres pendant toute l'année et d'obtenir des factures qui indiquent le montant de TPS qui a été payé. Ici encore, la demande de remboursement se fait en même temps que la déclaration de revenus.

17.9.5   PRÉVOYEZ LA TPS SUR LES AVANTAGES ACCORDÉS AUX SALARIÉS

Un élément de TPS afférent aux avantages imposables accordés aux salariés sera habituellement inscrit sur votre feuillet T4. Veuillez vous reporter aux sections 6.1.2 et 6.4. L'employeur est tenu de remettre le montant de cet élément de TPS comme s'il avait perçu de la TPS.

En règle générale, votre employeur a toutefois droit à un crédit de taxe sur intrants à l'égard de la TPS payée lors de l'achat de l'avantage, et il doit remettre à Revenu Canada la TPS sur l'avantage imposable en question. Cependant, certains crédits de taxe sur intrants font l'objet de restrictions : par exemple, lorsque le coût d'une voiture est supérieur à 24 000 $ (se reporter à la section 17.1). En effet, si vous utilisez une voiture dont le prix excède le plafond de 24 000 $, il y aura un élément de double taxation étant donné que votre employeur ne pourra obtenir un crédit de taxe sur intrants intégral.

Il convient donc d'examiner attentivement les incidences de la TPS relativement aux avantages existants ou à tout autre avantage qui serait envisagé dans le cadre d'un emploi.

17.9.6   OBTENEZ UN CRÉDIT DE TPS LORSQUE VOUS DONNEZ EN ÉCHANGE UNE VOITURE D'OCCASION

Si, lors de l'achat d'une nouvelle voiture de 15 000 $, vous donnez en échange une voiture d'occasion valant par exemple 5 000 $, vous devrez acquitter une taxe de 7 % sur les 15 000 $. Le concessionnaire, cependant, pourra réclamer un crédit de taxe sur intrants fictif égal à $7/107$ des 5 000 $ représentant la valeur de reprise. Cela signifie que même si vous ne bénéficiez pas de la taxe sur la valeur de reprise, le concessionnaire reçoit un crédit comme si la valeur de reprise incluait la TPS.

Assurez-vous que le marché que vous avez finalement conclu reflète l'avantage que le concessionnaire recevra. De votre point de vue, le prix doit être rajusté de manière à ce que la TPS véritable que vous payez porte sur la différence de prix entre les deux voitures plutôt que sur le coût total de la nouvelle voiture — car cette différence représente le montant de TPS que le concessionnaire doit remettre à Revenu Canada.

| 17.9.7 | EFFECTUEZ VOS ACHATS CHEZ DE PETITS FOURNISSEURS |

Les achats effectués auprès de vendeurs itinérants ou d'autres fournisseurs dont le montant des ventes est inférieur à 30 000 $ par an ne seront pas généralement assujettis à la TPS (sauf si le vendeur est inscrit, comme il est indiqué à la section 17.2.3). Les hommes à tout faire ou les entrepreneurs non inscrits ne sont pas tenus de facturer la TPS. Vous devriez donc vous assurer que la facture présentée n'inclut pas la TPS sur leurs services. Par contre, s'ils décident de percevoir la TPS, ils devront inscrire sur la facture leur numéro d'enregistrement aux fins de la TPS.

| 17.9.8 | PENSEZ À LA TPS SUR LE PRIX DES ALIMENTS |

La plupart des aliments achetés dans les magasins ne sont pas taxés. La TPS s'applique, cependant, sur les grignotines (croustilles, bonbons, boissons gazeuses, etc. — si ça fait le délice de vos enfants, c'est probablement taxable). Les repas au restaurant sont taxables de même que la plupart des mets à emporter ou des repas préparés pour livraison, ainsi que les aliments achetés dans des distributrices automatiques.

Dans certains cas, vous pouvez éviter la TPS en achetant des aliments en quantité suffisamment importante pour qu'ils ne soient pas considérés comme des produits de consommation immédiate. Les portions individuelles de beignets ou autres pâtisseries sont taxables, mais si vous achetez un ensemble constitué d'au moins six portions, la taxe ne s'y applique généralement pas. De la même façon, un litre de crème glacée acheté au supermarché n'est pas taxable alors qu'un cornet de crème glacée le sera. Les emballages de portions multiples de jus de pomme ne sont pas taxables, alors que les portions individuelles le sont.

| 17.9.9 | SI VOUS AVEZ DES PARENTS OU DES AMIS QUI SÉJOURNENT AU CANADA |

Les non-résidents sont admissibles au remboursement intégral de la TPS payée sur les articles qu'ils achètent au Canada et qu'ils ramènent avec eux, de même que sur les factures d'hébergement à l'hôtel lors de leur séjour au pays (se reporter à la section 17.4). En conservant leurs reçus, ils peuvent produire une demande de remboursement une fois de retour dans leurs pays. Les voyageurs peuvent également faire leurs demandes aux boutiques hors taxe canadiennes de certains postes frontaliers (toutes les boutiques hors taxe situées dans les aéroports ont choisi de ne pas participer à ce programme de remboursement, compte tenu de leur incapacité à répondre au volume de demandes). Pour de plus amples renseignements concernant le programme de remboursement à l'intention des visiteurs, veuillez téléphoner au 1-800-66VISIT.

Les achats ou les services consommés au Canada, tels les repas au restaurant, l'essence ou les coupes de cheveux ne sont pas visés par ce remboursement.

Plusieurs provinces canadiennes ont aussi des programmes de remboursement de la taxe provinciale à l'égard des produits destinés à être utilisés à l'extérieur de la province. En ce qui concerne le Québec et le Manitoba, Revenu Canada traite les demandes de remboursement qui doivent être effectués en utilisant le même formulaire que pour le remboursement de la TPS. (L'Ontario a interrompu son programme de remboursement en 1993.)

17.9.10   DEMANDE DE CRÉDIT POUR TPS

Ainsi qu'il en a été fait mention à la section 1.5.2, le crédit pour TPS prévu dans le cadre du système de l'impôt sur le revenu, est destiné aux familles à revenus moyens et faibles. Si votre revenu familial est inférieur à la tranche variant entre 30 000 $ et 35 000 $ (selon le nombre d'enfants que vous avez), assurez-vous de réclamer le crédit pour TPS sur votre déclaration de revenus.

17.10   DOCUMENTS DE RÉFÉRENCE

Vous pouvez vous procurer un très grand nombre de publications en téléphonant ou en vous présentant au bureau de Revenu Canada, Accise, le plus près de votre localité. Ces publications comprennent des feuillets, des brochures, des guides et des « Memorandum-TPS », dont l'objet est semblable aux bulletins d'interprétation publiés par Revenu Canada, Impôt, sur des questions en matière d'impôt sur le revenu. La liste suivante ne constitue en fait qu'un petit échantillon des publications qui pourraient vous être utiles :

Feuillets et brochures

Méthodes comptables simplifiées à l'intention des petites entreprises

Renseignements à l'intention des acheteurs d'habitation

Produits et services — Remboursement de taxe aux visiteurs

Guides

Guide à l'intention de l'inscrit

Guide à l'intention des non-résidents qui font affaire au Canada

Guide à l'intention de la petite entreprise

Renseignements à l'intention des exploitants d'épiceries et de dépanneurs

Renseignements à l'intention des agriculteurs

Renseignements à l'intention des professionnels de la santé

Renseignements à l'intention des agences de voyages et des organisateurs de voyage et de congrès

Renseignements à l'intention des vendeurs indépendants

Renseignements à l'intention de l'industrie des arts et du spectacle

Renseignements à l'intention des détaillants

Guide d'instruction et demande de remboursement pour les demandes générales de remboursement

Guide d'instruction et demande de remboursement de TVF pour habitations neuves

Renseignements à l'intention des employeurs concernant les avantages accordés aux salariés

Renseignements à l'intention des gestionnaires immobiliers et des directeurs d'hôtels

ANNEXE I

Crédits d'impôt personnels pour 1994

	Crédit d'impôt fédéral	Québec
Crédit de base	1 098 $	1 180 $
Personne vivant seule	s.o.	210
Personne mariée (ou équivalent au fédéral)	915 [1]	1 180 [2]
Limite de revenu	538	
Enfant à charge		
18 ans ou moins	—	520 [3]
plus de 18 ans et étudiant à plein temps	s.o.	520 [2,3]
plus de 18 ans avec incapacité physique ou mentale	269 [1]	1 180 [3]
Limite de revenu	2 690	
Autres personnes à charge (18 ans et plus)		
En général	s.o.	450 [2]
Avec incapacité physique ou mentale	s.o.	1 180 [3]
Étudiant au niveau post-secondaire	s.o.	330 [2,4]
Limite de revenu	s.o.	
Personne de 65 ans et plus	592 [6]	440 [5]
Ascendants en ligne directe	s.o.	550
Frais d'adoption	s.o.	1 000 [7]
Incapacité physique ou mentale	720 [6]	440

[1] Le crédit sera réduit de 17 % du revenu net excédant le montant indiqué ci-dessous.

[2] Le crédit d'impôt est réduit de 20 % du revenu net de la personne à charge.

[3] Le crédit d'impôt est ramené à 480 $ pour le deuxième enfant et chaque enfant subséquent; un crédit d'impôt supplémentaire de 260 $ est accordé aux familles monoparentales.

[4] Le crédit d'impôt est limité à deux sessions, 330 $ par session.

[5] Les revenus d'emploi et d'entreprise du contribuable n'influeront pas sur ce crédit d'impôt.

[6] Le crédit d'impôt est transférable au conjoint. Le crédit admissible au transfert est le montant indiqué réduit d'un montant équivalent à 17 % de l'excédent du revenu net du cédant, moins 6 456 $. En 1994, au fédéral, le montant accordé en raison de l'âge (3 482 $) et servant à déterminer le crédit, sera réduit d'un montant équivalent à 7,5 % du revenu net excédant 25 921 $. Le taux sera porté à 15 % en 1995.

[7] À compter de 1994, un nouveau crédit d'impôt remboursable est accordé pour les premiers 5 000 $ de frais d'adoption.

ANNEXE II

Taux d'imposition fédéral sur le revenu pour 1994

Si le revenu imposable est :

supérieur à	mais n'excède pas	l'impôt est de	du montant excédant
0 $	29 590 $	0 $ + 17 %	0 $
29 590	59 180	5 030 + 26 %	29 590
59 180	—	12 724 + 29 %	59 180

Surtaxe fédérale

Une surtaxe de 3 % de l'impôt fédéral doit être ajoutée après avoir tenu compte de tous les crédits applicables. Lorsque l'impôt fédéral de base excède 12 500 $ après déduction de tous les crédits applicables, mais avant l'ajout de la surtaxe de 3 %, une surtaxe additionnelle de 5 % de l'impôt fédéral de base excédant 12 500 $ s'applique.

Taux d'imposition provinciaux sur le revenu pour 1994

	Pourcentage de l'impôt fédéral		Pourcentage de l'impôt fédéral
Colombie-Britannique	52,5 %[1]	Nouveau-Brunswick	64,0 %[7]
Alberta	45,5 %[2]	Nouvelle-Écosse	59,5 %[8]
Saskatchewan	50,0 %[3]	Île-du-Prince-Édouard	59,5 %[9]
Manitoba	52,0 %[4]	Territoires du Nord-	
Ontario	58,0 %[5]	Ouest	45,0 %
Québec	s.o.[6]	Yukon	50,0 %[10]
Terre-Neuve	69,0 %	Non-résidents	52,0 %

---

[1] Une surtaxe de 30 % s'applique à l'impôt de la Colombie-Britannique excédant 5 300 $ et une surtaxe additionnelle de 20 % s'applique à l'impôt provincial excédant 9 000 $.

[2] Une surtaxe de 8 % de l'impôt de base de l'Alberta excédant 3 500 $ et un impôt uniforme de 0,5 % du revenu imposable sont également perçus.

[3] Un impôt uniforme de 2 % du revenu net est perçu, de même qu'une surtaxe de 15 % sur l'impôt de la Saskatchewan à payer (incluant l'impôt uniforme) excédant 4 000 $. Une «surtaxe de déficit» de 10 % s'applique à l'impôt provincial de base, plus l'impôt uniforme.

[4] Une surtaxe correspondant à 2 % du revenu net excédant 30 000 $ et un impôt de base de 2 % du revenu net sont perçus au Manitoba.

[5] Une surtaxe de 20 % s'applique à l'impôt de base de l'Ontario excédant 5 500 $ et une surtaxe additionnelle de 10 % s'applique à l'impôt provincial excédant 8 000 $.

[6] Se reporter à l'annexe III pour le tableau des taux d'imposition au Québec.

[7] Une surtaxe de 8 % s'applique à l'impôt du Nouveau-Brunswick excédant 13 500 $.

[8] Une surtaxe de 20 % s'applique à l'impôt de la Nouvelle-Écosse excédant 7 000 $ et une surtaxe additionnelle de 10 % s'applique à l'impôt provincial excédant 10 500 $.

[9] Une surtaxe de 10 % s'applique à l'impôt de base de l'Île-du-Prince-Édouard excédant 12 500 $.

[10] Une surtaxe de 5 % s'applique à l'impôt de base du Yukon excédant 6 000 $.

ANNEXE III

Taux d'imposition provincial sur le revenu au Québec pour 1994*

Revenu imposable	Impôt du Québec	Sur les prochains	Taux marginal
Néant	Néant	7 000 $	16,0 %
7 000 $	1 120 $	7 000	19,0
14 000	2 450	9 000	21,0
23 000	4 340	27 000	23,0
50 000 et plus	10 550	le reste	24,0

---

*L'impôt payable au Québec peut être réduit par les crédits d'impôt personnels, tout crédit d'impôt pour les dividendes (11,09 % du montant réel des dividendes canadiens imposables), les crédits d'impôt étranger, les crédits pour l'acquisition d'actions de SODEQ, d'actions de catégorie A rattachées au Fonds de solidarité des travailleurs du Québec, et pour les contributions aux partis politiques provinciaux du Québec.

Les résidents du Québec reçoivent une réduction d'impôt fédéral correspondant à 16,5 % de l'impôt fédéral de base.

Une surtaxe de 5 % s'applique à l'impôt provincial excédant 5 000 $ et une surtaxe additionnelle de 5 % s'applique à l'impôt provincial excédant 10 000 $.

À compter de 1994, une réduction de l'impôt est accordée, à raison de 2 % de l'excédent de 10 000 $ sur l'impôt à payer, après avoir soustrait les crédits d'impôt non remboursables. Cette réduction diminuera donc au fur et à mesure que l'impôt augmentera, pour s'éteindre à 10 000 $ d'impôt.

Taux d'imposition combinés pour 1994—Fédéral et Québec[1]

Revenu imposable	Montants combinés—Impôt fédéral/Impôt du Québec[2]		
	montant	plus	du montant en excédent de
0 $ — 6 459 $	Néant	—	—
6 460 — 8 349	Néant	14,7 %	6 459 $
8 350 — 14 000	278 $	34,1 %	8 349
14 001 — 23 000	2 205	36,1 %	14 000
23 001 — 29 590	5 454	38,2 %	23 000
29 591 — 31 425	7 971	46,0 %	29 590
31 426 — 50 000	8 815	47,1 %	31 425
50 001 — 52 625	17 564	48,2 %	50 000
52 626 — 59 180	18 829	48,9 %	52 625
59 181 — 62 195	22 034	51,5 %	59 180
62 196 et plus	23 587	52,9 %	62 195

---

[1] Dans le cas d'un contribuable célibataire.

[2] Dans le cas d'un contribuable célibataire qui touche un revenu ordinaire et qui a uniquement droit aux crédits personnels de base (1 098 $ au fédéral et 1 180 $ au Québec).

ANNEXE IV

Feuilles de travail pour estimation de l'impôt à payer en 1994

Tableau 1—Revenu net estimatif pour 1994

	Réel 1993	Estimatif 1994
Revenu		
Revenu d'emploi	_____$	_____$
Pensions—Sécurité de la vieillesse ou RPC (Régime de pensions du Canada) ou RRQ (Régime des rentes du Québec)	_____	_____
—Autres		
Dividendes canadiens imposables (montant en espèces × ⁵/₄)	_____	_____
Intérêts	_____	_____
Revenu (perte) net de location	_____	_____
Gains en capital imposables moins pertes en capital déductibles	_____	_____
Revenu (perte) net d'entreprise et autre revenu (perte) d'un travail indépendant	_____	_____
Pensions alimentaires ou allocations de séparation reçues	_____	_____
Indemnités pour accidents du travail, prestations d'assistance sociale et versement net des suppléments fédéraux (ligne 147 de la déclaration 1993)	_____ A)	_____
Autres revenus	_____	_____
Total du revenu	_____$ T)	_____$
Déductions		
Cotisations à un régime de pension agréé ou à un régime enregistré d'épargne-retraite	_____$	_____
Cotisations syndicales et professionnelles	_____	_____
Frais de garde d'enfants	_____	_____
Frais financiers—placements	_____	_____
Frais de déménagement	_____	_____
Pensions alimentaires ou allocations de séparation versées	_____	_____
Pertes déductibles au titre d'un placement d'entreprise	_____	_____
Pertes et déductions au titre d'abris fiscaux	_____	_____
Autres déductions	_____	_____
Total des déductions	_____$ D)	_____$
Revenu avant la déduction au titre de l'impôt sur les prestations de sécurité de la vieillesse (T-D)	_____$ F)	_____$
Déduction au titre de l'impôt sur les prestations de sécurité de la vieillesse (voir tableau 3)	(_____)	(_____)
Revenu net	_____$	_____$*

*Reporter ce montant au tableau 2

Tableau 2—Impôt estimatif à payer pour 1994

	Fédéral	Québec
Calcul du revenu imposable		
Revenu net (voir tableau 1)	_____$	_____$
Moins:		
Choix de la déduction pour gains en capital	_____	_____
Pertes en capital nettes d'années antérieures	_____	_____
Déductions admissibles à l'égard d'investissements stratégiques	s.o.	
Autres déductions du revenu net, y compris le montant A) du tableau 1	_____	_____
Revenu imposable	_____$	_____$

Calcul de l'impôt (voir les taux aux annexes II et III)

Revenu imposable fédéral _____
  L'impôt sur la première tranche de _____ est de _____$X)
  Sur le reste _____ l'impôt à _ % est de _____ Y)
Impôt fédéral sur le revenu imposable (X + Y) _____$Z)
Revenu imposable au Québec _____
  L'impôt sur la première tranche de _____ est de _____$
  Sur le reste _____ l'impôt à _ % est de _____
Impôt du Québec sur le revenu imposable (U + V) _____$

	Fédéral	Québec
Moins le total des crédits d'impôt personnels (voir tableau 4)	(_____) E)	(_____) R)
Ajouter: Cotisations au RPC ou au RRQ des travailleurs autonomes (maximum 1 505 $)	s.o.	
Impôt fédéral de base (Z – E) et impôt du Québec (W – R)	_____$B)	_____$Q)
Surtaxe fédérale		
Ordinaire – 3 % de B)	_____	s.o.
Revenu élevé – 5 % de (B – 12 500 $)	_____	s.o.
Surtaxe du Québec		
5 % de Q)		
5 % de (Q – 10 000 $)	s.o.	_____ S)
Réduction du Québec 2 % × (10 000 $ – Q – S)	s.o.	
Impôt sur les prestations de sécurité de la vieillesse (voir tableau 3)	_____	s.o.
Impôt provincial (se reporter à l'annexe II pour les taux)		
Montant de base B) ci-dessus × _____%	_____$	
Surtaxe	_____	
Impôt uniforme	_____	
Impôt total estimatif	_____$C)	_____$C)
Acomptes provisionnels et autres crédits		
Abattement du Québec remboursable (16,5 % de l'impôt fédéral de base—B)	_____	s.o.
Impôt retenu à la source	_____	_____
Impôt payé par acomptes provisionnels	_____	_____
Crédit pour contributions politiques	_____	_____
Autres	_____	_____
Total partiel	_____ D)	_____ D)
Impôt estimatif à payer pour 1994 (C-D)	_____$	_____$

Tableau 3—Calcul de l'impôt sur les prestations de sécurité de la vieillesse

	Estimation 1994
Restriction 1	
Prestations de sécurité de la vieillesse reçues	﹦ $ D)
Restriction 2	
Revenu avant la déduction au titre de l'impôt sur les prestations de sécurité de la vieillesse—Montant A) du tableau 1	_____ $
Déduction statutaire	(53 215 $)
Montant assujetti à l'impôt spécial	_____
	× 15 %
	﹦ $ E)
Impôt sur les prestations de sécurité de la vieillesse	
Le moindre de D) et de E) ci-dessus	﹦ $*

---

* Déduire ce montant dans le calcul de votre revenu net au tableau 1 et reporter aussi ce montant au tableau 2 dans le calcul du montant estimatif de l'impôt fédéral à payer pour 1994.

Tableau 4—Calcul des crédits d'impôt personnels pour 1994

	Fédéral	Québec
Crédits d'impôt personnels (voir l'annexe I)		
De base	_____ $	_____ $
De personne mariée (ou équivalent au fédéral)	_____	_____
Pour d'autres personnes à charge	_____	_____
En raison de l'âge	_____ 1	_____
Pour incapacité physique ou mentale ascendants en ligne direct	_____	_____
Crédit d'impôt pour cotisations à l'assurance-chômage et au RPC ou au RRQ	_____ 2	_____
Crédit d'impôt pour frais de scolarité et pour études	_____ 3	s.o.
Crédit d'impôt pour étudiants au niveau post-secondaire	s.o.	_____
Crédit d'impôt pour frais médicaux	_____ 4	_____ 4
Crédit d'impôt pour dons de charité	_____ 5	_____ 5
Total partiel	_____ $M)	_____ $
Crédit d'impôt pour dividendes [13$^1/_3$ % (8,87 % au Québec) des dividendes canadiens imposables]	_____	_____
Crédit d'impôt pour revenu de pension	_____ 6	_____ 6
Crédits d'impôt transférés du conjoint (voir tableau 5)	_____	_____
Crédits d'impôt d'autres personnes à charge transférés (voir tableau 5)	_____	_____
Total des crédits d'impôt personnels	_____ $*	_____ $*

*Reporter ces montants au tableau 2 et déduire de l'impôt sur le revenu imposable

---

[1] En 1994, le montant accordé au fédéral en raison de l'âge (3 482 $) est déduit d'un montant égal au moindre de 1 741 $ ou de 7,5 % du revenu net supérieur à 25 921 $.

[2] Représente 17 % (20 % au Québec) des cotisations au RPC ou au RRQ et des primes d'assurance-chômage versées au cours de l'année.

[3] Le crédit pour frais de scolarité est égal à 17 % des frais de scolarité payés au cours de l'année. Le crédit pour études est égal à 13,60 $ pour chaque mois où le particulier était inscrit à plein temps à un programme de formation admissible offert par un établissement d'enseignement agréé.

[4] Représente 17 % (20 % au Québec) des frais médicaux excédant le moindre de 1 614 $ et de 3 % du revenu net du particulier.

[5] Représente 17 % des premiers 200 $ de dons et 29 % du montant des dons excédant 200 $ (20 % sur le montant total au Québec).

[6] Représente 17 % (20 % au Québec) du moindre du revenu de pension admissible et de 1 000 $.

Tableau 5—Crédits d'impôt transférés d'autres contribuables

	Fédéral	Québec		Fédéral	Québec
Revenu imposable du conjoint	____ $	____ $	Revenu imposable d'une autre personne à charge	____ $	____ $
Moins : limite de revenu	6 456	0	Moins : limite de revenu	6 456	0
Excédent	____	____	Excédent	____	____
	× 17 %	× 20 %		× 17 %	× 20 %
	____ $A)	____ $C)		____ $B)	____ $D)

Calcul du transfert des crédits d'impôt du conjoint

		Fédéral	Québec
Crédit en raison de l'âge	(592 $) ____ $	(450 $) ____ $	
Crédit d'impôt pour incapacité physique ou mentale	(720 $) ____	(450 $) ____	
Crédits d'impôt pour frais de scolarité et pour études	(maximum 680 $) ____	s.o.	
Crédit d'impôt pour revenu de pension [17 % (20 % au Québec) du moindre de 1 000 $ et du revenu de pension admissible]	____	____	
Moins : le montant	____ [1]A)	____ [1] C)	
Crédits d'impôt du conjoint transférés	____ $*	____ $*	

Calcul du transfert des crédits d'impôt d'autres personnes à charge

Crédit d'impôt pour incapacité physique ou mentale	(720 $) ____ $	(450 $) ____ $	
Crédits d'impôt pour frais de scolarité et pour études	(maximum 680 $) ____	s.o.	
Moins : le montant	____ [1] B)	____ [1] D)	
Crédits d'impôt d'autres personnes à charge transférés	____ $*	____ $*	

*Reporter ces montants au tableau 4

[1]Lorsque le conjoint ou une autre personne à charge a droit aux crédits d'impôt pour les cotisations au RPC ou au RRQ et les primes d'assurance-chômage, le montant de ces crédits devrait être retranché des montants A) ou B).

Tableau 6—Estimation de l'incidence de l'impôt minimum pour 1994

	Fédéral	Québec
Revenu imposable (voir tableau 2)	_____$	_____$
Ajouter:		
Déductions à l'égard de certains abris fiscaux	_____	_____
Déductions admissibles à l'égard d'investissements stratégiques	s.o.	_____
Partie non imposée des gains en capital ($^{1}/_{4}$)	_____	_____
Cotisations à un RPA et à un REER	_____ [1]	_____ [1]
Soustraire: Majoration des dividendes canadiens (25 % des dividendes en espèces)	(_____)	(_____)
Revenu imposable modifié	_____	_____
Exemption de base	(40 000)	(40 000)
Revenu imposable aux fins de l'impôt minimum	_____$	_____$
Taux de l'impôt minimum fédéral et du Québec	× 17 %	× 20 %
Impôt minimum avant les crédits d'impôt personnels	_____$	_____$
Crédits d'impôt personnels minimum de base (total partiel M) du tableau 4)	(_____)	(_____)
Impôt minimum	_____$	_____$
Impôt fédéral de base et impôt du Québec— Montant B) du tableau 2	_____$	_____$
Moins le crédit pour contributions politiques (voir tableau 2)	(_____)	(_____)
Impôt fédéral (et du Québec) régulier	_____$	_____$
Excédent, le cas échéant, de l'impôt minimum sur l'impôt régulier du fédéral et du Québec	_____$ [2]	_____$ [2]

---

[1] En général, seuls les transferts directs de fonds d'un régime agréé à un autre seront déductibles aux fins de l'impôt minimum (c.-à-d. qu'ils ne seront pas ajoutés dans le calcul du revenu imposable modifié). Un versement unique reçu d'un régime de retraite ou de pension, ou d'un régime de participation différée aux bénéfices (RPDB) qui a été transféré à un régime de revenu différé, sera déductible aux fins de l'impôt minimum s'il a été reçu à la suite : du retrait du régime, de la fin de l'emploi ou du décès d'une personne; de la résiliation d'un régime en satisfaction de tous les droits du bénéficiaire; ou d'une modification apportée au régime. Lorsqu'un particulier reçoit un bien provenant du REER d'un particulier décédé dont il est le conjoint ou dont il est à la charge en raison d'une incapacité physique ou mentale, une déduction sera admissible aux fins de l'impôt minimum si le montant reçu est transféré à un régime de revenu différé.

[2] Un excédent de l'impôt minimum fédéral (ou du Québec) sur l'impôt fédéral (ou du Québec) régulier montre que vous serez assujetti à l'impôt minimum en 1994. Il y a lieu de se reporter au chapitre 11 et à la section 14.2.16 du chapitre 14 pour une explication de ce concept. Votre impôt minimum fédéral à payer en 1994 représentera un total de l'impôt minimum, des surtaxes fédérales et de l'abattement du Québec pour les résidents du Québec.

ANNEXE V

Tableau comparatif du rendement des dividendes et intérêts (fondé sur le taux d'imposition provincial du Québec) pour 1994

Rendement du dividende	Rendement de l'intérêt équivalent pour chacun des niveaux de revenu imposable	
	29 590 $	62 196 $
4 %	5,04 %	5,20 %
6 %	7,55 %	7,81 %
8 %	10,06 %	10,41 %
10 %	12,58 %	13,01 %
12 %	15,10 %	15,62 %
14 %	17,62 %	18,22 %

Nota :

Ce tableau montre le taux d'intérêt requis pour obtenir le même rendement après impôt que les taux de dividendes indiqués. Par exemple, un taux d'intérêt de 5,04 % est nécessaire pour produire le même montant en espèces, après impôt, que celui que produirait un taux de dividende de 4 % à un niveau de revenu imposable de 29 590 $.

INDEX